2021年湖北省社科基金一般项目（后期资助项目）（项目号 2021040）成果

谢盛 著

明清西器东传研究

（1368—1840）

武汉大学出版社

WUHAN UNIVERSITY PRESS

图书在版编目(CIP)数据

明清西器东传研究:1368-1840/谢盛著.—武汉:武汉大学出版社,
2023.8
ISBN 978-7-307-23796-4

Ⅰ.明…　Ⅱ.谢…　Ⅲ.中国历史—研究—1368-1840　Ⅳ.K248.07

中国国家版本馆CIP数据核字(2023)第096958号

责任编辑:朱凌云　　　责任校对:李孟潇　　　版式设计:马　佳

出版发行:**武汉大学出版社**　(430072　武昌　珞珈山)
(电子邮箱:cbs22@whu.edu.cn　网址:www.wdp.com.cn)
印刷:武汉邮科印务有限公司
开本:720×1000　1/16　印张:23.75　字数:340千字　插页:2
版次:2023年8月第1版　　2023年8月第1次印刷
ISBN 978-7-307-23796-4　　定价:98.00元

前　　言

　　本书利用明清传统文献、传教士日记、自传、谈话录、各国使节的回忆录以及清代档案，探寻从明朝建立至清朝鸦片战争前的几百年间，西洋物质文明在中国的传播过程、社会各阶层接受情况、西器东传对中国近代文明的影响以及中国史书对西器东传现象的关注和书写等问题。

　　全书共分为六章，前五章为主体部分。第一章全面梳理了西器传播的类别、途径和传播区域。具体将西器分为军事武器、交通工具、生活用品、艺术物品、科学仪器、图书六大类进行阐述。第二章探讨了明清社会各阶层对西洋物质文明的接触与回应。其中包括皇室、文人士大夫、将领、民众等四个阶层。第三章讨论了西器在明清中国的仿制过程。本章分三节来叙述，第一节为明代西器的仿制与改进，第二节为清朝对西洋器物的仿制，第三节为清朝造办处的西器制作。第四章以内务府造办处档案材料为主体史料，展示了西器在清代皇宫中荟萃的盛况，以此说明清代以来西洋物质文明与中国传统文化已高度融合，并且得到了统治阶层的青睐。第五章探究了明清官史、野史、笔记小说对西器的关注与书写，从史学史和观念史的角度探寻明清文人与史学家对西洋物质文明的态度及其转变过程。第六章为结论部分，在全球史、中外文化交流史、物质文化史的视角下，分析了"西器东传"对国家与社会的历史作用，"西器东传"发生的历史必然性及其局限性，并指出"西器东传"具有逆向作用与文化交流的"互动性"，即文化的流动是双向的，西洋物质文明在抵触、融合、仿制过程中，潜移默化地获得了认同，并最终被本土文化融合。本章最后强调了"西器东传"物的属性。从"西器东传"反映了物以稀为贵的价值规律，社会成见无法阻止人对美好器物的追求，国家强制性措施无法完全阻隔物对人的吸引力等三方面进行总结，指出人们对西器的历史叙述应当跳出人的主观臆断，只有跨越了观念认知、价值判断，器物反映出最本质的特征，才能还原西器对中国的真实影响。

目　　录

绪　　论

一、选题缘起、研究目的及意义

明清处于传统社会末期，中央集权正从顶峰走向衰微，而西方国家已经逐渐走出黑暗的中世纪，并最终站在了科技文明的制高点，中国传统农业社会开始遭受冲击。从晚明传教士始入中国至鸦片战争结束，中国终由主动的、有选择性地接受西方文化，转向了被动的对外开放。西方先进文化如洪流般涌入，将中国数千年的农业社会卷入了近代化的进程。一时间，"西学东渐"成为了学界关注的热点，学界从文化角度探讨了西方文明对中国的渗透和影响，产生了大量的研究成果。但是，文化传播需由物质作为载体。因此，在西学东渐之初，理应存在着一个物质先行过程，即"西器东传"。

早在有识之士认识到西学之长，并高呼"师夷长技以制夷"之前的几百多年里，西器东传的现象便广泛存在。西器被视作异域珍奇，通过传教士、异国使臣、官僚商人、皇室成员等媒介的传播，流转于进贡、送礼和封赏的道途，辗转于宫廷、内府和宅第之间。因此，本书旨在厘清这四百多年中，西洋物质文明在中国的流传情况。这其中包括七个方面的研究任务：

第一，对明清时期传入中国的西洋奇器作一个细致的梳理和归类，这是开展西器东传研究的首要任务。这一时段传入中国的西器数量巨大且门类庞杂，需要对同一类别的西器进行识别和归纳，同时还要对不属于西器的物品进行辨识。例如火器类，既有西洋传入的佛郎机、红夷大炮、鸟铳

1

等，又有本土所制的"大将军炮""连珠炮""涌珠炮""神飞炮"等，对其来源进行追溯，厘清它们之间的关联，亦是本书研究的重点。

第二，社会史视角下的政治史研究。以往的西器东传研究，大多偏重于上层社会。不少论著以简明扼要的文字，系统介绍了故宫中珍藏的西洋器物状貌及对上层社会的影响，然而这里所描述的西器，仅限于王公贵族手中的玩物，不具备社会属性。改革开放之后，随着法国年鉴学派学术观念的传入，社会史在中国受到关注，西器东传研究逐步从宫廷史转向社会史。如《市民意识与上海社会》① 《西方物质文明与晚清民初的中国社会》② 等文，开始观照普通民众对西洋物质文明的体验。但不可否认，西器能在中国打开局面，上层社会的决策依然起主导性作用，用西器来吸引中国统治者的注意，也是最早一批来华传教士的手段之一。因此，西器东传的研究，仍然应与上层政治史紧密相连。因而在今后的研究中，需要做到既关注上层社会，又关注社会各个阶层与西器的接触和融汇，社会史取向的政治史研究，理应成为西器东传研究的重点。

第三，由静态向动态转变的西洋物质文明研究。目前学术界对"西器东传"的研究，大多数偏重于对西洋物质文明的静态描绘，即对"西器"的客观叙述。而对于"东传"，往往语焉不详，仅介绍其传入的途径，没有体现出"西器东传"作为一种物质文化现象的流动性。但不可否认，这些静态视角的论著，客观上开拓了国人的视野，加进了国人对西器的了解，同时也利于当代的甄别与收藏。这些论著为"西器东传"研究向前推进打下基石。随着"西学东渐"研究的升温，将与其联系甚密的"西器东传"研究，推向了新的高度。有三个问题值得关注。其一，西器在明清物质文化中处于怎样的地位。其二，随着西器不断传入，它们是如何在社会中流动。其三，西器的使用者和消费者对待西器的态度转变问题。对这三点问题的探索，不但能把"原本是静态的存在的物质文化，转换成一种与

---

① 唐振常：《市民意识与上海社会》，《二十一世纪》1992 年第 6 期。
② 苏生文、赵爽：《西方物质文明与晚清民初的中国社会》（上、下），《文史知识》2008 年第 1 期、第 2 期。

社会生产与消费紧密相连的动态过程"，而且能够"力图让实物呈现其深层的、更为复杂的社会构架"。① 近年来，已有学者沿着这条路径展开研究，如《清朝中期洋货进口对中国消费生活产生的影响》② 等，但这个研究方向仍然具有广阔的学术前景。

第四，中外交流史的双向互动研究。"西器东传"并非仅仅是西方先进文明传入中国的单一过程，传播的过程中展现了两种不同文明的双向互动。具体表现在两个方面，一是中国对西方物质文明的汲取与仿制。二是中国物质文明对西方文化的反作用。前者表现在明清时期对西洋器物的仿制与改良，尤其是大型官造机构造办处对西器的规模化仿制，而后者则集中表现在广州外销画、外销瓷以及带有西洋纹式的丝织品在欧洲国家的广泛传播。把握物质文明交流的互动特征，能加深"西器东传"研究的内涵。

第五，打破学科壁垒，充分借鉴其他相关学科进行研究。纵观"西器东传"研究论著，其作者不乏各个学科的优秀学者。如有许多音乐史专家致力于西洋乐器的研究，科技史专家则关注于西方传入的各类科学仪器的分析，自然科学史专家对西方光学的传播表现出了浓厚的兴趣，他们所撰写的文章分明地展现了各学科之间的差异，从技术上解决了文化史专家无法解答的问题。然而各学科之间彼此割裂，并未形成统一的整体。"西器东传"研究需要借助自然科学、文化学、心理学、宗教学等多学科的共同努力，才能客观公正的还原历史。

第六，从史学史的角度对"西器东传"进行文本研究，还原时人面对西器时的真实反应。通过比较明清官史和文人笔记小说对西器记载内容和

---

① 洪再新：《导读：大航海时代中国都市的艺术生活与文化消费》，载［英］柯律格：《长物——早期现代中国的物质文化与社会状况》，生活·读书·新知三联书店2015年，第5页。本段观点也是受到该书的启示。该书的"静态""动态"之说，主要针对奢侈文化消费品，即书中的"长物"。笔者认为，这些理论同样适用于西洋器物，因此借鉴之。

② 郭立珍：《清朝中期洋货进口对中国消费生活产生的影响》，《兰州商学院学报》2009年第2期。

叙述手法的差异，分析国家意识形态和非官方杂谈对西器的真实态度及背后的原因。

第七，从"西器东传"看中国近代转型。近代中国发生了不少大事变，这些扭转社会局面的事件吸引了众多学者的目光，他们从文化、制度和思想等方面考量西方世界对中国近代转型产生的影响，而西方的物质文明因过于平静的渗透着中国社会而被忽略。然而"西方物质文明的引进虽然只不过是中国近代化进程中的一些枝节或侧面，远不比维新、革命、运动那样有深度，但对社会造成的影响，是绝对不可小视的"①。因此，从"西器东传"看中国近代转型，"能够在整体上发现细微末节的重要性"②，是一条值得探索的道路。而将"西器东传"与"西学东渐"结合起来，也是探索中国近代转型的特殊路径。

目前，学界对于"西器东传"缺乏综合系统的研究，出版专著多为对某一类器物的探讨，这使得本书的研究具备了一定的学术价值。笔者旨在通过解读明清存留的大量文献与实物资料，充分了解时人对外来文化的态度，及其面对新事物所展现出的复杂心态，从而加深对中国传统社会的认识。

同时，"西器东传"研究也具备一定的现实意义。现代中国正处于一个全面复兴的阶段，在崛起的道路上依然会受到不同文化与价值观的冲击，通过"西器东传"的研究，我们能够吸取历史的经验教训，充分吸收优秀外来文化，抵制不良文化的侵袭。

二、概念界定

（1）明清：本书所研究的明清时段，是指从明朝建立开始至清朝鸦片战争前为止的历史时段。根据史料收集的具体情况，以本书论证需要，可能会将时间段适当上溯或下延。

（2）西器：是指西方（欧美）物质文明的成果、结晶和成品。本书特

---

① 苏生文、赵爽：《西方物质文明与晚清民初的中国社会》（上、下），《文史知识》2008 年第 1 期、第 2 期。

② 蒋梦麟：《西潮·新潮》，岳麓书社 2000 年，第 42 页。

指包含一定科技含量，且能代表西方先进物质文明的手工或工业产品。至于仅代表欧美地域特色的农副产品，则不在本书的探讨范围之内。明清传入中国的西器种类繁多，内容丰富，主要有武器（佛郎机炮、鸟嘴铳、红夷大炮、英式加农炮、卡宾枪等）、船舰、乐器（铁丝琴、自然乐）、光学制品（望远镜、千里镜、三棱镜）、计时器（自鸣钟、怀表、沙漏、日晷）、玻璃制品（玻璃灯、玻璃盏、眼镜）、天文地理仪器（观象仪、地球仪、坤舆全图）等。本书的西器还包括根据西器仿制的中国产品，故西器实为西式器物或西洋式产品。

（3）西器东传：指西方（欧美）器物传入中国的过程和现象。根据论证需要，西器传入东亚或者东南亚，继而转入中国的情况也会提及。西器东传与西学东渐既相关联，又相区别，后者主要是指西方精神文明传入中国的过程，如宗教（基督教）、科学（数学、化学、物理学、水利学、地理学）和文化（风俗、音乐、绘画、文学、史学、哲学）等。西器东传与西学东渐相伴随，但前者往往先于后者发生，因而西器东传是西学东渐的先导。

三、学术史回顾

"西器东传"涉及范围较广，相关成果丰富而零散，笔者试作缕述，以期尽可能地反映出研究的内在理路和发展阶段。下面从西器东传研究的分期、总述、分述等方面进行讨论，并对这一领域研究的前景作一展望。

（一）西器东传研究分期

1. 西器东传研究的起步阶段（20 世纪 20—70 年代）

从某种意义上来说，早期的西器东传研究始于红学。1928 年，昌群发表了《红楼梦里的西洋物质文明》[①]，揭开了西器东传研究的序幕。作者在养病期间翻阅《红楼梦》，为了印证曹雪芹在写作过程中是否受到了西洋物质文明的影响，将《红楼梦》中的西洋器物逐一列出，遂成此文。遗

---

① 昌群：《红楼梦里的西洋物质文明》，《贡献》1928 年第 3 卷第 2 期。

憾的是，本书止于枚举，并未作进一步论证。40 年代以来，方豪发表了一系列论著，更为深入地探究了《红楼梦》中的西洋物质文明。1944 年，他出版了著作《红楼梦新考》①，论证了《红楼梦》中出现的舶来品。四年后，《方豪文录》② 出版，其中收录了数篇相关论文，对机器、望远镜等西洋物品进行了细致考辨③。1969 年，在其出版的《方豪六十自定稿》中，也包涵了西器东传的若干研究成果④。毋庸置疑，方豪对早期的西器东传研究起到了巨大的推动作用。1975 年，周策纵发表了《〈红楼梦〉"汪恰洋烟"考》⑤，进一步细化了西器研究的类别。这一时期的西器东传研究，也不仅限于红学的范畴，如聂崇侯、刘炳森等学者，就直接探讨了东传的西洋器物⑥。此外，在 60 年代，西器东传研究在国内较为沉寂的时候，商务印书馆和三联书店出版了一系列中外关系史的译著，在这些英、美、德各国学者的相关著作中，均涉及了西器东传的内容，但尚不成系统⑦。

　　总体来说，早期西器东传研究成果不多，探讨的西器类别单一，且鲜有论及西器传播的过程和影响，偏向于"东传的西器研究"。尽管如此，

　　① 方豪：《红楼梦新考》，独立出版社 1944 年。

　　② 方豪：《方豪文录》，北平上智编译馆 1948 年。

　　③ 按：所收录论文共四篇，分别为《清初中国的自动机器》《红楼梦九十二回所记汉宫春晓围屏的来历》《康熙时曾经进入江宁织造局的西洋人》《伽利略生前望远镜传入中国朝鲜日本史略》。

　　④ 方豪：《从〈红楼梦〉所记西洋物品考故事的背景》，《方豪六十自定稿》，台湾学生书局 1969 年，420 页。

　　⑤ 周策纵：《〈红楼梦〉"汪恰洋烟"考》，《明报月刊》1976 年 4 月。此文初写于 1960 年夏，因未了部分讨论到鼻烟盒，想加以补充，便于 1975 年 10 月重写。

　　⑥ 聂崇侯：《中华眼镜史考》，《中华眼科杂志》1958 年第 4 号；刘炳森、马玉良、薄树人：《略谈故宫博物院所藏"七政仪"和"浑天合七政仪"——纪念哥白尼诞生五百周年》，《文物》1973 年第 9 期。

　　⑦ ［英］格林堡著、康成译：《鸦片战争前中英通商史》，商务印书馆 1961 年；［德］A. 利奇温著、朱杰勤译：《十八世纪中国与欧洲文化的接触》，商务印书馆 1962 年；［德］施丢克尔著、乔松译：《十九世纪的德国与中国》，生活·读书·新知三联书店 1963 年；［美］赖德烈著、陈郁译：《早期中美关系史（1784—1844）》，商务印书馆 1963 年。

这些具有开拓性的论著，为西器东传的后续研究奠定了基础。

2. 西器东传研究的发展阶段（20 世纪 80 年代—2000 年）

20 世纪 80 年代至 2000 年，是西器东传研究的发展阶段。这一时期的研究特点体现在三个方面。一是研究成果显著增加。众多介绍西器东传的文章被刊载于各类学术期刊上，尤其是故宫博物院主办的两种刊物《故宫博物院院刊》和《紫禁城》，一时间成为了介绍西洋物质文明的重要阵地。两刊自 80 年代以来，密集刊载了一系列介绍西器的文章，如《清宫档案所见之〈红楼梦〉器物》《流传清廷的英国钟表》《清宫做钟处》《清代耶稣会士与西洋奇器》① 等。二是学界关注的西器种类不断增多，大致可分为四类，即日常生活用品、工艺品、科学仪器、武器。相关论著将在下文详细介绍，此不赘述。三是西器东传研究专书问世。1999 年，刘善龄出版专著《西洋风——西洋发明在中国》②，此书系统地介绍了晚清时期由西方传入中国的 63 项发明，其内容翔实、种类繁多，是为西器东传研究的集成之作。

这一阶段的研究成果，仍未脱离"东传的西器研究"的倾向，但已有不少文章开始探讨西器的传入、发展及社会影响，其研究深度和广度都向前迈进了一大步。

3. 西器东传研究的成熟阶段（2000 年—至今）

21 世纪以来，西器东传研究趋于成熟，呈现出如下四个特征：

其一，"西器东传"概念的提出。2003 年，谢贵安在其文《西器东传与前近代中国社会》中③，首次使用了"西器东传"这一概念。据其文意可知，所谓"西器东传"是指西方器物文明传入中国的过程、事实

---

① 杨乃济：《清宫档案所见之〈红楼梦〉器物》，《紫禁城》1987 年第 4 期；朱培初：《流传清廷的英国钟表》，《紫禁城》1987 年第 2 期；鞠德源：《清代耶稣会士与西洋奇器》，《故宫博物院院刊》1989 年第 2 期；刘月芳：《清宫做钟处》，《故宫博物院院刊》1989 年第 4 期。

② 刘善龄：《西洋风——西洋发明在中国》，上海古籍出版社 1999 年。

③ 谢贵安：《西器东传与前近代中国社会》，《学术月刊》2003 年第 8 期。

和影响。

其二，相关论著的大量问世。著作方面，隋元芬、何新华①等人所撰专著，细致地研讨了不同时期传入中国的西洋器物。论文方面，直接论及西器东传的文章便有93篇，间接涉及或偶有提及的论文更是不可胜数。此外，这一阶段共有11篇硕博论文涉及了西器东传研究，这是前所未有的现象。这些论著及硕博学位论文在下文将会详细介绍，这里暂且不论。

其三，研究视角更加立体。如果说之前的研究偏重于"东传的西器研究"，那么这一阶段的研究则回归于"西器东传研究"。许多论著深层次地挖掘了"西器东传"所带来的社会影响、文化意义以及东方物质文明对西方世界的反作用，脱离了简单介绍"东传而来的西器"的研究倾向，丰富了"西器东传"的内涵。

其四，总结性的综述类论文出现。21世纪以来，随着西器东传研究的不断深入，学者们开始对前人的研究成果进行回顾和总结，如《十年来宫廷钟表史研究评述》《清代宫廷医学研究综述2003—2012》《70年来西洋火器传华研究的回顾与分析》② 等。这些带有归纳、反思和展望意味的综述，是西器东传研究趋于成熟的重要标志。

（二）西器东传的总体研究

西洋器物包含范围甚广，有关记载散见于各类史料，要将西器网罗殆尽并进行归类整理，是一项浩大的工程。因此西器东传总体研究的成果尚不多见。

著作方面，刘善龄所著《西洋风——西洋发明在中国》③ 一书，较为

① 隋元芬：《西洋器物传入中国史话》，社会科学文献出版社2011年；何新华：《清代贡物制度研究》，社会科学文献出版社2012年。
② 郭福祥：《十年来宫廷钟表史研究评述》，《故宫学刊》2014年第2期；关雪玲：《清代宫廷医学研究综述2003—2012》，《故宫学刊》2014年第2期；谢盛：《70年来西洋火器传华研究的回顾与分析》，《南都学坛》2020年第1期。
③ 刘善龄：《西洋风——西洋发明在中国》，上海古籍出版社1999年。

系统地缕述了明清时期传入中国的各种西洋事物。作者从浩瀚的时人笔记、陈年报章以及近代人物的传记年谱中收集了大量史料，以求准确生动地再现西洋物质文明传入中国时的情形。此书共十三章，分别介绍了晚清时期由西方传入中国的 63 项发明，内容详实有趣。只是，作者将此书定义为一部"闲书"，"凡有碍趣味的考证宁可割爱；尽管写作时引证过百余种书，但也没有像通常那样作出脚注或列出参考书目"。尽管如此，此书仍然是一本学术与趣味兼具的优秀读物。隋元芬的《西洋器物传入中国史话》①，将西洋器物分为日用消费品、市内交通工具、远距离交通工具、通信设备、文化娱乐用品、兵器、电器及其他等七部分进行介绍，大到飞机船舰，小到针线火柴，无所不包。此书对于全面了解西洋器物大有裨益。何新华从贡物的角度探研了西洋物质文明，其著作②几乎囊括了所有的西器种类。作者既分国别列举了荷兰、葡萄牙、意大利、英国、俄国所进贡的物品种类和数量，又将贡物分十大类进行考析，涉及了动物、药品、食品乃至武器、科技产品等，还以《红楼梦》为文本，分析了《红楼梦》中出现的西洋物品。本书条理清晰，内容客观详实，为进一步研究西器东传的社会影响及文化内涵奠定了基础。

论文方面，谢贵安的三篇论文③，以"西器东传"为题探讨了西洋物质文明传入中国的过程和作用。《西器东传与前近代中国社会》一文，定义了"西器"的概念和范畴，探讨了西方物质文明东传的过程和途径。同时还论述了西器东传对中国前近代社会生活及思想观念产生的影响，以及中国特殊的社会环境对西器东传的排斥。作者认为，近前代西器东传的规模虽然有限，却开启了近代大规模西器东传的先河。其另一篇论文《明至清中叶长江流域的西器东传》，将西器东传的研究范围集中在长江流域一

---

① 　隋元芬：《西洋器物传入中国史话》，社会科学文献出版社 2011 年。
② 　何新华：《清代贡物制度研究》，社会科学文献出版社 2012 年。
③ 　谢贵安：《西器东传与前近代中国社会》，《学术月刊》2003 年第 8 期；谢贵安：《明至清中叶长江流域的西器东传》，《中国文化》2004 年第 1 期；谢贵安：《明代西器东传探研》，《兰州大学学报》2006 年第 1 期。

带。该文分为两部分，第一部分总述了长江流域西器东传的概念、分期和
特点，第二部分分述了江西、江苏、浙江、上海等长江所流经的各省市
间，西器东传的种类和特征。作者经过研究发现，长江流域并非西器东传
的中心区域，但却是重要的中转站；前近代西器东传规模虽然不大，却为
晚清西器大规模东传打下了基础。探究明清时期长江流域的西器东传，有
助于更加深入地了解中国社会的近代演变与文化转型。第三篇文章《明代
西器东传探研》，探究了明代西洋器物传入中国的途径和种类，重点探讨
了火器、自鸣钟、玻璃制镜、西洋琴与西洋布等最能代表西方先进物质文
明的器物。作者认为，西器东传是西学东渐的先导，西洋奇器有限度地融
入了明代的社会生活之中，且处于观玩和应用相结合的阶段。这三篇文章
成功构造了"西器东传"这一命题的大致框架和研究理路。

（三）明清时期传入中国之西方器物的分类讨论

虽然西器东传总体研究的论著不多，但对西器进行分类探讨的文章却
浩如烟海。学界所研究的西洋器物归纳起来可分为四类：日常生活用品、
工艺品、科学仪器、武器。研究路径可分为三种：一是从器物本身的种
类、内外构造、原理及特征进行研究，二是从器物传播的源头、发展经
历、仿制过程、社会影响进行探讨，三是从器物现世的收藏和鉴赏价值来
论述。这三种研究路径或独自成文或互有交叉。以下按照器物的类别一一
叙述。

1. 日常生活用品

在日常生活用品中，眼镜受学界关注较多。2003 年，毛宪民出版专著
《故宫片羽》①，此书介绍了藏于故宫博物院的奇珍异宝，其中对眼镜这个
舶来品的书写，占据了较大比重。作者总述了眼镜在中国的历史、来源、
种类特点，分述了雍正朝宫廷眼镜的制作特点，康熙、雍正皇帝使用眼镜
的特点，揭示了乾隆、嘉庆、道光皇帝使用眼镜的微妙心态。作者指出，

---

① 毛宪民：《故宫片羽》，文物出版社 2003 年。

如今看似寻常的眼镜，放在当时的社会环境下，引来了极大的社会关注，从而改变了人们的生活。赵孟江所著《中华眼镜历史与收藏》①，是一部研究眼镜的专书，其内容包括：中国眼镜起源新探、中国眼镜发展的五个历史阶段、眼镜片的选材及发展史、眼镜工艺及发展史、眼镜文化发展史、眼镜的收藏与鉴赏、眼镜功能的发展及对社会的贡献等九章。作者认为，眼镜不仅仅是一种简单的生活用品，还是文化的组成部分。李慎的硕士论文《明清之际西洋眼镜在中国的传播》②，揭示了西洋眼镜的传播路径、传播载体、眼镜种类、眼镜仿制以及传入之初对上流社会的影响。

　　除了以上专书，也有论文若干，其发表时间跨度较长，从20世纪50年代至今。但大部分文章篇幅不长，科普意义重于学术性。③

　　洋纺织品作为明清日常生活用品，也进入了学者们的视线。黄谷所撰《乾隆皇帝徵买洋缎洋氈》④，陈述了乾隆皇帝一改"天朝物产丰盈，无所不有"的态度，向国外购买洋缎洋氈的史实。作者认为，民族和国家若要进步，便应虚心接受外来文化，切不可固步自封。此文虽然简短，却运用了《军机录副》的档案材料及外文文献。袁宣萍《清代丝织品中的西洋风》⑤一文，通过清宫档案和海关资料，介绍了清代进口的天鹅绒、洋金缎、洋剪绒、西洋绸绢等洋丝织品，并论及了中国丝织品在纹样、原料配制方式、组织结构等方面所受西洋元素的影响。此外，本书还叙述了洋丝

　　①　赵孟江：《中国眼镜历史与收藏》，四川美术出版社2004年。
　　②　李慎：《明清之际西洋眼镜在中国的传播》，暨南大学硕士学位论文2007年。
　　③　参见聂崇侯：《中国眼镜史考》，《中华眼科杂志》1958年第4号；朱晟：《玻璃·眼镜考及其他》，《中国科技史杂志》1983年第2期；洪震寰：《眼镜在中国之发始考》，《中国科技史料》1994年第1期；毛宪民：《故宫珍藏的眼镜》，《紫禁城》1996年第3期；毛宪民：《清代宫廷眼镜研究》，《文物世界》2002年第1期；赵孟江：《中国眼镜及眼镜文化概况初探》，《中国眼镜科技杂志》2002年第3期；周士琦：《眼镜东传小史》，《寻根》2002年第3期；邬久益：《明清眼镜盒》，《中国商报》2004年10月；胡源：《明清时期眼镜在京城的流行》，《科技潮》2009年第7期；杨艳丽：《乾隆皇帝与眼镜》，《文史天地》2014年第1期。
　　④　黄谷：《乾隆皇帝徵买洋缎洋氈》，《紫禁城》1990年第4期。
　　⑤　袁宣萍：《清代丝织品中的西洋风》，《丝绸》2004年第3期。

织品的获取途径，如外交使团和传教士的赠予，地方官员的进献以及中国的仿制。作者在论述过程中，比照清宫实物，配图予以说明，使文章更加生动而有说服力。该文总结道，清代丝织品中西洋风的盛行，与中西贸易和文化交流的扩大密切相关，但流行强度和广度都极其有限，远不如中国丝织品在欧洲的影响力。王元林、林杏容所撰《十四至十八世纪欧亚的西洋布贸易》①，从全球贸易的角度，将西洋布传入中国的过程分为三个时段：元、明王朝与东南亚、印度的西洋布贸易，16 世纪欧洲人侵占东南亚后的西洋布贸易，明后期西欧西洋布的传入。作者指出，西洋布一经传入便成为了上流社会喜爱的奢侈品。阙碧芬对明代起绒织物的起源做了较为具体的探讨②，认为素绒和剪绒织物在明代或属于本土技术，而提花绒的漳缎则最早应由葡萄牙或西班牙的商船从欧洲输入。作者认为，明末时国内已经学会该项技术，且福建漳州地区掌握的最为成熟，漳绒漳缎行销日本。

西药于明末传入中国，其作为日常用品贯穿了明清的社会生活。一些学者也对其进行了研究。③ 赵璞珊《西洋医学在中国的传播》④ 一文，叙述了金鸡纳（Cinchona）、依佛哪娜等西药的功用，并通过查阅《本草纲目拾遗》，列举出了数十种传入中国并受到重视的西药，如金艮露、薄荷露、玫瑰露、佛手露、日精油、刀创水、檀香油等。关雪玲所撰《康熙朝宫廷中的医事活动》⑤，介绍了治疗心悸的胭脂红酒、格尔墨斯、阿尔格而墨

---

① 王元林、林杏容：《十四至十八世纪欧亚的西洋布贸易》，《东南亚研究》2005 年第 4 期。

② 阙碧芬：《明代起绒织物探讨》，《东华大学学报》（社会科学版）2006 年第 3 期。

③ 有不少学者针对西医入华这一问题展开了深入的研究，取得了重要的成果。如董少新《形神之间——早期西洋医学入华史稿》，李经纬主编的《中外医学交流史》，马伯英、高晞、洪中立《中外医学文化交流史——中外医院跨文化传通》等，但这些著作更侧重于将西医视为一种外来文化，进行中外文化交流史方向的探讨，并未将器物（即西药）本身，做西方物质文明的研究，因此暂且不列入综述范围。

④ 赵璞珊：《西洋医学在中国的传播》，《历史研究》1980 年第 3 期。

⑤ 关雪玲：《康熙朝宫廷中的医事活动》，《故宫博物院院刊》2004 年第 1 期。

斯，解毒强心的复方阿片合剂以及助胃消食的绰科拉，并探究了清宫对这些西药的仿制。其另一篇论文《清宫医药来源考索》①，探研了清宫医药的来源途径。在撰写"官员进贡"和"外国使节馈赠"两种路径时，涉及了大量的西药，如歌尔德济德辣、德哩哑嘎、巴木撒木香避凤巴尔沙摩、番红花、巴尔白露、苏济尼等。作者在写作过程中使用了清代档案材料，内容详实，可信度高。此外，关雪玲还发表了一篇学术综述②，缕述了学界对清代西药研究的现状。刘世珣《底野迦的再现：康熙年间宫廷西药德里鸦噶初探》③ 一文，通过查阅清宫满文《西洋药书》、康熙朱批奏折及笔记文集，探讨了西药德里鸦噶的传入途径和药用价值，进而析论了清代宫廷用药中西并用的趋势，以及统治者在宫廷西药使用过程中的掌控与支配状况，是一篇单一研究西洋药品的文章。

2. 工艺品

工艺品不如日常生活用品传播广泛，但因其精巧而深受上层社会喜爱。学界对西洋工艺品的研究，主要集中在宫中珍玩上，如鼻烟壶等西洋玻璃制品。

鼻烟壶于明末清初传入中国，康熙朝风靡最甚。学者对其进行了大量研究，撰写了不少论著。朱培初、夏更起所著《鼻烟壶史话》④，对鼻烟壶的历史、渊源、收藏、鉴赏作了详尽论述。张荣、张健《掌中珍玩鼻烟壶》⑤ 一文，介绍了鼻烟壶在中国的发展历程，鼻烟壶的种类与鉴赏，帝王与鼻烟壶的关系，西洋文化对中国鼻烟壶发展的影响，国内外对中国鼻烟壶的收藏和研究等内容。故宫博物院出版的《故宫鼻烟壶选粹》⑥，将

①　关雪玲：《清宫医药来源考索》，《哈尔滨工业大学学报》（社会科学版）2007年第4期。

②　关雪玲：《清代宫廷医学研究综述2003—2012》，《故宫学刊》2014年第2期。

③　刘世珣：《底野迦的再现：康熙年间宫廷西药德里鸦噶初探》，《清史研究》2014年第3期。

④　朱培初、夏更起：《鼻烟壶史话》，紫禁城出版社1992年。

⑤　张荣、张健：《掌中珍玩鼻烟壶》，地质出版社1994年。

⑥　故宫博物院：《故宫鼻烟壶选粹》，紫禁城出版社1995年。

故宫所藏鼻烟壶网罗其中，并配有精美插图，具有重要收藏价值。章用秀的《盈握珍玩：鼻烟壶的鉴赏与收藏》①，叙述了鼻烟和鼻烟壶盛行中国的历程，并图文并茂地介绍了鼻烟壶的类别。王拴印所撰的《清宫造办处御制金属胎画珐琅鼻烟壶的历史演变及其艺术特色》②，利用《养心殿造办处各作成活计清档》资料，归纳了清宫造办处御制金属胎画珐琅鼻烟壶的发展历程，并分析其艺术特色，探研其由盛转衰的原因。

论文方面，汤伯达的《鼻烟壶：烙上中国印记的西洋舶来品》③，阐述了鼻烟壶的传入途径、器名原委、种类特征。此外《乾隆瓷制粉彩鼻烟壶》《寸天厘地乾坤大——浅说鼻烟壶》《十三行与鼻烟、鼻烟壶的发展》《鼻烟壶起源与收藏》《掌中珍玩——武汉博物馆藏鼻烟壶赏识》④ 等文，以图文并茂的方式，从鉴赏与收藏的角度论及鼻烟壶，具备较强的科普意义。

除鼻烟壶外，某些艺术价值极高的西洋玻璃制品，也进入了学者的视野。李晓丹的《康乾时期玻璃窗和玻璃制品探究》⑤ 一文，解释了中国传统的铅钡玻璃和西方钠钙玻璃的区别，并介绍了西式玻璃窗在康乾时期的普及。本书还提及了康乾时期清宫中其他进口玻璃制品，如多彩玻璃球、梳妆镜、玻璃花瓶、玻璃灯、玻璃匣、玻璃台座、西洋玻璃插屏、玻璃水法座等。陈畏在《明清时期的玻璃、镜及西洋玻璃画》⑥ 中，探讨了三棱

① 章用秀：《盈握珍玩：鼻烟壶的鉴赏与收藏》，百花文艺出版社 2006 年。
② 王拴印：《清宫造办处御制金属胎画珐琅鼻烟壶的历史演变及其艺术特色》，首都师范大学硕士学位论文 2007 年。
③ 汤伯达：《鼻烟壶：烙上中国印记的西洋舶来品》，《东方收藏》2011 年第 3 期。
④ 高晓然：《乾隆瓷制粉彩鼻烟壶》，《紫禁城》1999 年第 4 期；李竹：《寸天厘地乾坤大——浅说鼻烟壶》，《故宫博物院院刊》2003 年第 3 期；冷东：《十三行与鼻烟、鼻烟壶的发展》，《广州社会主义学院学报》2012 年第 2 期；北京紫砂艺术馆：《鼻烟壶起源与收藏》，《艺术市场》2013 年第 9 期；孙黎生：《掌中珍玩——武汉博物馆藏鼻烟壶赏识》，《收藏家》2013 年第 12 期。
⑤ 李晓丹：《康乾时期玻璃窗和玻璃制品探究》，《清史研究》2007 年第 3 期。
⑥ 陈畏：《明清时期的玻璃、镜及西洋玻璃画》，《名作欣赏》2014 年第 6 期。

镜、玻璃画等西洋舶来艺术品。石云里《从玩器到科学——欧洲光学玩具在清朝的流传与影响》① 一文，介绍了十七十八世纪通过传教士传入中国的光学玩具。作者认为，这些玩具在宫廷和民间都得到了广泛的传播，它们与望远镜、眼镜等光学制品一道，促进了中国早期光学工业的发展。

除此之外，明清时期西洋乐器的传入亦值得关注。学者围绕扬琴、钢琴、手风琴、八音盒等西洋奇器，对其起源、原理、制造工艺、传播途径、社会影响等多方面展开了论述。②

3. 科学仪器

明清时期传入的西器中，科学仪器最具代表性。这些划时代的产物，一经传入便产生了极大的社会影响。学者们对这一领域的研究大体集中在天文仪器、机械钟表、计算器、温度计、湿度计这几类物件上。

天文仪器方面，望远镜的研究最为集中。王锦光、洪震寰在其专著

---

① 石云里：《从玩器到科学——欧洲光学玩具在清朝的流传与影响》，《科学文化评论》2013 年第 2 期。

② 陈迁：《西乐器的传入和在我国的发展》，《乐器》1985 年第 4 期；王霖：《康熙皇帝弹奏钢琴》，《中国音乐》1991 年第 3 期；李晓杰：《清宫西洋音乐》，《紫禁城》1991 年第 5 期；汤开建：《16 世纪中叶至 19 世纪中叶西洋音乐在澳门的传播与发展》，《学术研究》2002 年第 6 期；周湘：《夷乐与洋琴——清诗中所见西乐东传》，《学术研究》2002 年第 7 期；汤开建：《明清之际西洋音乐在中国内地传播考略》，《故宫博物院院刊》2003 年第 2 期；陈慧灵：《鸦片战争前传入中国的西洋乐器》，《音乐探索》2003 年第 3 期；温显贵：《清史稿乐志研究》，上海师范大学博士学位论文 2004 年；张娟、陈四海：《康熙皇帝与古钢琴》，《新疆师范大学学报》（哲学社会科学版）2004 年第 4 期；徐冶敏：《自动演奏乐器——八音盒的前世今生》，《音乐生活》2006 年第 9 期；张娟：《明清时期西方键盘乐器在中国传播管窥》，陕西师范大学硕士学位论文 2006 年；王晨曦：《"康乾盛世"时期小提琴音乐宫廷传播史料考》，《金华职业技术学院学报》2008 年第 2 期；肖承福：《清前期西洋音乐在华传播研究》，暨南大学硕士学位论文 2010 年；徐爽爽：《关于钢琴传入中国时间的思考——兼说"古钢琴"与现代钢琴的关联》，《文史杂志》2012 年第 6 期；吴琼：《清代扬琴考》，武汉音乐学院硕士学位论文 2013 年；金石：《键盘乐器的起源与发展（之十一）古钢琴传入中国之历史溯源（上）》，《音乐生活》2014 年第 11 期；金石：《键盘乐器的起源与发展（之十二）古钢琴传入中国之历史溯源（下）》，《音乐生活》2014 年第 12 期。

《中国光学史》① 中，缕述了西方光学的传入过程，其中便对望远镜这种光学仪器有所论述。此书为国内外第一部光学史专著。方豪《伽利略生前望远镜传入中国朝鲜日本史略》② 一文，介绍了伽利略望远镜传入中国的经历。作者指出，汤若望是首位将伽利略式望远镜带入中国的传教士。此外还有若干文章对明清时期望远镜的传入、传播、制造、样式、社会文化影响等方面进行了探讨。如《清宫望远镜管窥》《明清之际望远镜在中国的传播与制造》《望远镜传入中国》《西洋望远镜与阮元望月歌》《明清之际西方光学知识在中国的传播及其影响——孙云球〈镜史〉探究》《明清之际望远镜的传入对中国天文学的影响》《我国制造望远镜第一人薄珏及其与西学关系之考辨》《欧洲望远镜在明代中国社会的早期传播》等文。③除此之外，学者们对天球仪、地球仪、象限仪、日晷等天文仪器均有涉猎。刘炳森、马玉良、薄树人在《略谈故宫博物院所藏"七政仪"和"浑天合七政仪"——纪念哥白尼诞生五百周年》④ 一文中，介绍了七政仪和浑天合七政仪的外观、内部构造及用途。邓可卉所撰《面东西日晷在清代的发展》⑤，缕述了西方日晷的传入、发展和仿制，探讨了面东西日晷的制

① 王锦光、洪震寰：《中国光学史》，湖南教育出版社 1986 年。
② 方豪：《伽利略生前望远镜传入中国朝鲜日本史略》，《方豪文录》，北平上智编译馆 1948 年。
③ 毛宪民：《清宫望远镜管窥》，《紫禁城》1997 年第 1 期；戴念祖：《明清之际望远镜在中国的传播与制造》，《燕京学报》2000 年第 11 期；刘善龄：《望远镜传入中国》，《世界知识》2001 年第 1 期；王川：《西洋望远镜与阮元望月歌》，《学术研究》2004 年第 4 期；孙承晟：《明清之际西方光学知识在中国的传播及其影响——孙云球〈镜史〉探究》，《自然科学史研究》2007 年第 3 期；王广超、吴蕴豪、孙小淳：《明清之际望远镜的传入对中国天文学的影响》，《自然科学史研究》2008 年第 3 期；纪建勋：《我国制造望远镜第一人薄珏及其与西学关系之考辨》，《史林》2013 年第 1 期；汤开建：《欧洲望远镜在明代中国社会的早期传播》，《北京行政学院学报》2019 年第 2 期。
④ 刘炳森、马玉良、薄树人：《略谈故宫博物院所藏"七政仪"和"浑天合七政仪"——纪念哥白尼诞生五百周年》，《文物》1973 年第 9 期。
⑤ 邓可卉：《面东西日晷在清代的发展》，《中国科技史料》1999 年第 1 期。

作原理和使用方法。作者指出，面东西日晷是中西汇通的产物。张柏春《明末欧洲式天文仪器的试制与使用》①　一文，记述了明末传教士发现中国天文仪器的不足，继而推介欧洲天文仪器的史实，并探究了西式天文仪器在中国的早期试制和使用情况。樊军辉、葛彬、杨江河在《浅谈明清传教士传播天文知识的贡献及其局限性》②　中，列举了明清时期由传教士带入中国的天文仪器、天文历算和天文著作。作者指出，传教士的天文传播具有局限性，如"日心说"没有及时传到中国，望远镜也没能在中国正常使用。

机械钟表方面，《清朝皇家贵族使用的进口钟表》《清宫钟表珍藏》《时钟之美》《日升日恒——故宫珍藏钟表文物》《故宫里的古董钟表》《你应该知道的 200 件钟表》《清宫收藏的雅克·德罗钟表浅析》《清宫钟表集萃：北京故宫珍藏》《故宫钟表》③　等文，介绍了实物钟表种类、构造、样式特征；《欧洲机械钟的传入和中国近代钟表业的发展》《流传清廷的英国钟表》《清宫做钟处》《明清时期欧洲机械钟表技术的传入及有关问题》《中国近代机械计时器的早期发展》《明清之际西洋钟表在中国的传播》《清朝前期西洋钟表的仿制与生产》《明清之际自鸣钟在江南地区的传播与生产》《中国计时仪器通史》（近代卷）、《揭秘清宫"御制"仿西洋

①　张柏春：《明末欧洲式天文仪器的试制与使用》，《中国科技史料》2000 年第 1 期。

②　樊军辉、葛彬、杨江河：《浅谈明清传教士传播天文知识的贡献及其局限性》，《湖南文理学院学报》（社会科学版）2008 年第 4 期。

③　齐凤山、谢宇：《清朝皇家贵族使用的进口钟表》，《中国对外贸易》1994 年第 12 期；故宫博物院：《清宫钟表珍藏》，紫禁城出版社 1995 年；罗戴：《时钟之美》，《东南文化》2002 年第 10 期；陈浩星：《日升日恒——故宫珍藏钟表文物》，澳门艺术博物馆 2004 年；侯燕俐：《故宫里的古董钟表》，《中国企业家》2005 年第 8 期；关雪玲：《你应该知道的 200 件钟表》，《故宫收藏丛书》，紫禁城出版社 2007 年；关雪玲：《清宫收藏的雅克·德罗钟表浅析》，《中国历史文物》2007 年第 3 期；郎秀华、秦小培：《清宫钟表集萃：北京故宫珍藏》，外文出版社 2008 年；故宫博物院：《故宫钟表》，《故宫经典丛书》，紫禁城出版社 2008 年。

式木楼钟——记一座清宫"御制"西洋式木楼钟的修复》① 等文，论述了西洋钟表的传播与仿制；《清朝皇帝与西洋钟表》《清代图像上的西洋钟表》② 等，探究了西洋钟表对上层社会的影响；《明清之际广州市场的自鸣钟贸易》《明清时期广州与西洋钟表贸易》《广州十三行与清代中期钟表业的发展》③ 等，阐述了西洋钟表在华贸易的情况。陈开来《"自鸣钟"与近代社会的变迁》④ 一文，通过描述"自鸣钟"一词发生、发展、兴衰的变迁，揭示了西方物质文明融入中国社会过程中，对中国物质文化和精神文化的影响。各类研究论著洋洋大观、不甚枚举。所幸郭福祥《十年来宫廷钟表史研究评述》⑤，不但对近十年钟表史研究做了细致的综述，同时也对早期钟表史研究进行了回顾。此文缕述了大量钟表研究论著和近年来实物、档案资料汇编，此不赘述。

此外，学者还对计算器、温度计、湿度计等科学仪器进行了研究。刘宝建所撰《清帝的手动计算器》⑥，介绍了西方发明的纳白尔算筹、手摇

---

① 陈祖维：《欧洲机械钟的传入和中国近代钟表业的发展》，《中国科技史料》1984 年第 1 期；朱培初：《流传清廷的英国钟表》，《紫禁城》1987 年第 2 期；刘月芳：《清宫做钟处》，《故宫博物院院刊》1989 年第 4 期；张柏春：《明清时期欧洲机械钟表技术的传入及有关问题》，《自然辩证法通讯》1995 年第 2 期；戴念：《中国近代机械计时器的早期发展》，《中国计量》2004 年第 2 期；汤开建、黄春艳：《明清之际西洋钟表在中国的传播》，《暨南史学》2005 年第四辑；汤开建、黄春艳：《清朝前期西洋钟表的仿制与生产》，《中国经济史研究》2006 年第 3 期；汤开建、黄春艳：《明清之际自鸣钟在江南地区的传播与生产》，《史林》2006 年第 3 期；陈美东、华同旭：《中国计时仪器通史》（近现代卷），安徽教育出版社 2011 年；亓昊楠：《揭秘清宫"御制"仿西洋式木楼钟——记一座清宫"御制"西洋式木楼钟的修复》，《文物世界》2013 年第 5 期。

② 李素芳：《清朝皇帝与西洋钟表》，《紫禁城》2006 年第 2 期；李理：《清代图像上的西洋钟表》，《荣宝斋》2014 年第 4 期。

③ 黄春艳：《明清之际广州市场的自鸣钟贸易》，《商场现代化》2006 年第 15 期；叶农：《明清时期广州与西洋钟表贸易》，《广东社会科学》2008 年第 2 期；冷东：《广州十三行与清代中期钟表业的发展》，《岭南文史》2012 年第 1 期。

④ 陈开来：《"自鸣钟"与近代中国社会的变迁》，《文化遗产》2018 年第 2 期。

⑤ 郭福祥：《十年来宫廷钟表史研究述评》，《故宫学刊》2014 年第 2 期。

⑥ 刘宝建：《清帝的手动计算器》，《紫禁城》2006 年第 7 期。

计算器，以及我国自制的数台手动计算器。潘吉星《温度计、湿度计的发明及其传入中国、日本和朝鲜的历史》① 一文，介绍了温度计、湿度计的形制和运作原理，并通过史料证明中国制造和使用这两种仪器的时间要早于日本和朝鲜。

4. 武器

西方列强利用坚船利炮轰开了中国的大门，将其拉入了近代化轨道。西方发明制造的先进武器，作为西器东传的一部分，也受到学界瞩目。

在专著方面，出现了名符其实的传华西洋火器专著，明确肯定西洋火器进入中国所带来的积极影响。2013 年，中国台湾学者周维强的《佛郎机铳在中国》出版，是第一部专门探讨西洋火器在中国传播和影响的专著，共分七章，对正德至万历嘉靖年间佛郎机铳的输入和传播、仿造应用、对明清战争的影响、清代仿制的子母炮等均作了研究。② 2014 年，尹晓冬的《16—17 世纪西方火器技术向中国的转移》和孙烈的《德国克虏伯与晚清火炮》，在山东教育出版社出版。2015 年，刘鸿亮在科学出版社出版了《中西火炮与英法联军侵华之役》的专著。值得指出的是，2017 年李伯重出版的《火枪与账簿：早期经济全球化时代的中国与东亚世界》，超越了西器东传的框架，从 15 世纪末至 17 世纪早期经济全球化的角度，通过"火枪与账簿"这两个最具有代表性的事件，来窥探世界的变化以及中国在东亚的命运，不再局限于西器本身的讨论，而是从世界和东亚格局的变化角度加以把握。③

在论文方面，林文照、郭永芳的《佛郎机火铳最早传入中国的时间考》④ 一文，考证了佛郎机铳传入中国、开始仿制和批量生产的时间。李

---

① 潘吉星：《温度计、湿度计的发明及其传入中国、日本和朝鲜的历史》，《自然科学史研究》1993 年第 3 期。
② 周维强：《佛郎机铳在中国》，社会科学文献出版社 2013 年。
③ 李伯重：《火枪与账簿：早期经济全球化时代的中国与东亚世界》，生活·读书·新知三联书店 2017 年。
④ 林文照、郭永芳：《佛郎机火铳最早传入中国的时间考》，《自然科学史研究》1984 年第 4 期。

映发《明末对红夷炮的引进与发展》①，探讨了明万历年间红夷炮的传入和引进途径，认为红夷炮传入中国，不仅丰富了我国的火器类别，而且使我国获得了火器制造中的西洋科学技术。张柏春在《中国近代机械工程一百年》② 中，叙述了中国对西方近代船炮的接受、采用及仿制。顾卫民《明末耶稣会士与西洋火炮流入中国》③ 一文探究了西洋火器的传入途径，以及明末较大规模输入中国的原因。庞乃明在西洋火器研究上颇有建树，发表了一系列成果。他在《"船坚炮利"：一个明代已有的欧洲印象》④ 中提出，晚明才是"船坚炮利"之欧洲印象的源头所在，其与鸦片战争前后"船坚炮利"的相关表述一脉相承。在《明中后期鸟铳在西南地区的传播与应用》⑤ 中指出，明中后期的鸟铳在西南地区卫所和土司军队中迅速装备，并在西南战场发挥了重要作用，离不开当地文武官员的大力支持。他还在《火绳枪东来：明代鸟铳的传入路径》⑥ 一文中探讨了域外鸟铳传入中国的五大路径。郭晔旻在《从"佛郎机"到"红衣大炮"大明王朝的拿来主义》⑦ 中指出，明朝引进佛郎机、红衣大炮，是一种开放的态度，属于"拿来主义"。谢盛、谢贵安在其论文《开放的先声：明代"中国长技"概念的形成及其"师夷"特征》中认为，整个明朝上至皇帝，中至朝臣，下至前线将士，对引进西洋先进武器都充满期待，并骄傲地称之为"中国

①　李映发：《明末对红夷炮的引进与发展》，《西南师范大学学报》（哲学社会科学版）1991 年第 1 期。

②　张柏春：《中国近代机械工程一百年》，《自然辩证法通讯》1991 年第 3 期。

③　顾卫民：《明末耶稣会士与西洋火炮流入中国》，《历史教学问题》1992 年第 5 期。

④　庞乃明：《"船坚炮利"：一个明代已有的欧洲印象》，《史学月刊》2016 年第 2 期。

⑤　庞乃明：《明中后期鸟铳在西南地区的传播与应用》，《南开学报》2018 年第 4 期。

⑥　庞乃明：《火绳枪东来：明代鸟铳的传入路径》，《国际汉学》2019 年第 1 期。

⑦　郭晔旻：《从"佛郎机"到"红衣大炮"大明王朝的拿来主义》，《国家人文历史》2016 年第 8 期。

长技"，除刘宗周等少数人外，一般都没有排斥之心。①

此外《天启二年红夷铁炮》《耶稣会士与火器传入》《明清时期红夷大炮的兴衰与两朝西洋火器发展比较》《明末清初西方火器传华的两个阶段》《中国疆域底定视域下的西洋火器之海上传入及使用》《明郑集团火炮在中西火器交流史上的地位》等文，也都涉及了西方武器的传入、使用和仿制，各具特色。② 还有些文章对武器的样式、构造和类别进行了研究。如张一文所撰《太平军所使用的兵器》③，介绍了太平军所用洋枪洋炮的种类及特点。冯震宇《论佛郎机在明代的本土化》④ 一文，概括了佛郎机的子母铳结构、铁箍木裹、最大射程、有效射程等技术要素，提出了佛郎机的主要量化标准，分析了佛郎机优于传统火器的原因。王全福《军事博物馆藏明代火器》⑤ 一文，介绍了军事博物馆所藏 30 余件火器，并将其按照发展特点分为四个历史时期。赵凤翔《明代佛郎机铳核心技术特征及其转变研究》⑥ 一文，探讨了明代仿制佛郎机的核心结构特征、关键制约因素、核心技术参数等相关问题。此外，部分学者对明末清初的火器著作进行研究，以期进一步了解西洋火器的结构、种类、用途及铸造方法。如《明末一部重要的火器专著——〈西法神机〉》《明末两部"西洋火器"文献考辨》《明末清初几本火器著作的初步比较》《17 世纪传华西洋铜炮制造技

---

① 谢盛、谢贵安：《开放的先声：明代"中国长技"概念的形成及其"师夷"特征》，《学术研究》2019 年第 3 期。

② 周铮：《天启二年红夷铁炮》，《中国历史博物馆馆刊》1983 年第 5 期；康志杰：《耶稣会士与火器传入》，《江汉论坛》1997 年第 10 期；刘鸿亮：《明清时期红夷大炮的兴衰与两朝西洋火器发展比较》，《社会科学》2005 年第 12 期；尹晓冬、仪德刚：《明末清初西方火器传华的两个阶段》，《内蒙古师范大学学报》（自然科学版）2007 年第 4 期；于逢春：《中国疆域底定视域下的西洋火器之海上传入及使用》，《江西社会科学》2013 年第 11 期；逯鹏：《明郑集团火炮在中西火器交流史上的地位》，《南方文物》2019 年第 3 期。

③ 张一文：《太平军所使用的兵器》，《军事历史》1997 年第 1 期。

④ 冯震宇：《论佛郎机在明代的本土化》，《自然辩证法通讯》2012 年第 3 期。

⑤ 王全福：《军事博物馆藏明代火器》，《文物春秋》2018 年第 5 期。

⑥ 赵凤翔：《明代佛郎机铳核心技术特征及其转变研究》，《自然辩证法通讯》2017 年第 3 期。

术研究——以〈西法神机〉〈火攻挈要〉为中心》《16 世纪中西方火器的特点及〈神器谱〉对欧洲火器的改良》① 等。

（四）不同视域下的西器东传研究

长期以来，学界对于西器的研究讨论不胜枚举，但研究视域大体集中在四个方面：

1. 以传教士为线索的西器东传研究

西器最初是以传教士为载体传入中国的，因此在研究明清传教士的论著中，不少与西器东传研究直接相关。较有代表性的专著有刘大椿所撰《西学东渐——中国近现代科技转型的历史轨迹与哲学反思（第一卷）》②，该书详尽地论述了耶稣会士传入的欧洲科学与技术，以及传教士利玛窦与晚明大学士之间的交流与合作。韩琦所著《通天之学——耶稣会士和天文学在中国的传播》③ 以耶稣会士和天文学为主题，系统查阅研读了国内外所藏清代历算著作、官方文献和清人文集，并与欧洲所藏第一手西文档案资料互证，在全球史和跨文化的视野下系统阐述天主教传教士与欧洲天文学传入中国的诸面相。论文方面，鞠德源所撰《清代耶稣会士与西洋奇器》④，以耶稣会士的相继入华为线索，对传入中国的西洋物品进行了考察，探究了西洋物质文明在中国传播和产生影响的过程，以及科学技术在明朝有所进步，在清朝却止步不前的缘由。顾卫民《明末耶稣会士

---

① 林文照、郭永芳：《明末一部重要的火器专著——〈西法神机〉》，《自然科学史研究》1987 年第 3 期；徐新照：《明末两部"西洋火器"文献考辨》，《学术界》2000 年第 2 期；尹晓冬：《明末清初几本火器著作的初步比较》，《哈尔滨工业大学学报》（社会科学版）2005 年第 2 期；尹晓冬：《17 世纪传华西洋铜炮制造技术研究——以〈西法神机〉〈火攻挈要〉为中心》，《中国科技史杂志》2009 年第 4 期；易弘扬、白鸿叶：《16 世纪中西方火器的特点及〈神器谱〉对欧洲火器的改良》，《江苏科技大学学报（社会科学版）》2019 年第 3 期。

② 刘大椿：《西学东渐——中国近现代科技转型的历史轨迹与哲学反思（第一卷）》，中国人民大学出版社 2018 年。

③ 韩琦：《通天之学——耶稣会士和天文学在中国的传播》，三联书店 2018 年。

④ 鞠德源：《清代耶稣会士与西洋奇器》，《故宫博物院院刊》1989 年第 2 期。

与西洋火炮流入中国》① 一文，论述了西洋火炮始入中国、大规模输入以及铸改新炮这三个阶段分别与传教士的关系。顾宁《汤若望进呈顺治皇帝的新法地平日晷》② 介绍了由德国传教士进呈，现藏于故宫博物院的新法地平日晷的形制及特点，并以此为切入点，缕述了西式日晷在中国的传入、发展和制造历程。加拿大蒂尔贡、李晟文所撰《明末清初来华法国耶稣会士与"西洋奇器"——与北美传教活动相比较》③，探讨了法国传教士入华所携带西洋物品的数量与种类。作者认为，法国传教士传入中国的"奇器"，数量上大大超过了北美，种类上大体可分为五类，即日常用品与工具、科技工艺品、宗教艺术品、传教用具以及武器。作者还指出，这些可贵的西方科技成果并未得到充分利用，随着传教士的离开，这些奇器大多销声匿迹，或者弃置深宫。杨泽忠《利玛窦与西方投影几何之东来》④，介绍了利玛窦来华所带地图、星盘、日晷、圣母像、三棱镜等物品的形制和用途，以及物品所蕴含的投影几何概念、原理和性质。张国刚《耶稣会传教士与欧洲文明的东传——略述明清时期中国人的欧洲观》⑤ 一文，缕述了明清时期由传教士带来的西方物质文明，包括各类武器、纺织品、玻璃制品、各式花露、葡萄酒等，其中着重介绍了火炮和机械钟表。作者认为，耶稣会士介绍西方文明的初衷并非是要把中国推向近代化潮流，而是为了传播上帝的福音，使中国人皈依天主教。董建中所撰《传教士进贡与乾隆皇帝的西洋品味》⑥，总结了传教士进贡的三种方式，并通过传教士进

① 顾卫民：《明末耶稣会士与西洋火炮流入中国》，《历史教学问题》1992 年第5 期。

② 顾宁：《汤若望进呈顺治皇帝的新法地平日晷》，《中国科技史料》1995 年第1 期。

③ ［加拿大］蒂尔贡、李晟文：《明末清初来华法国耶稣会士与"西洋奇器"——与北美传教活动相比较》，《中国史研究》1999 年第2 期。

④ 杨泽忠：《利玛窦与西方投影几何之东来》，《科学技术与辩证法》2004 年第5 期。

⑤ 张国刚：《耶稣会传教士与欧洲文明的东传——略述明清时期中国人的欧洲观》，《世界汉学》2005 年第1 期。

⑥ 董建中：《传教士进贡与乾隆皇帝的西洋品味》，《清史研究》2009 年第3 期。

贡折射出乾隆皇帝的西洋品味，一是对西洋器物无限好奇，二是对西洋物品广泛喜爱，三是对西洋绘画持久热爱。

有些论著着眼于研究传教士本身，或分析其在中西文化交流史层面的意义，涉及西方物质文明的内容较少。虽然这些论著同样对于西器东传研究具有启示性作用，但限于篇幅，故不一一叙述。①

2. 明清小说中的西器东传研究

明清小说里的故事情节固然是虚构的，但作者在写作过程中不可避免的会受到时代的影响，将现实的生活场景、社会风尚、典章制度融入作品之中。多年来，不少学者通过明清小说对西洋器物进行考辨，成果卓著。《红楼梦》作为明清四大名著之一，又是一本展现明清生活画卷的小说，自然备受瞩目。20世纪以来，研究《红楼梦》中西洋物质文明的论著比比皆是。1928年，昌群所撰《红楼梦里的西洋物质文明》②，将《红楼梦》中所记载的西洋器物进行了细致地罗列，并提出《红楼梦》作者曾受到西洋物质文明影响的观点。其后，方豪发表数篇论文，如《红楼梦新考》《康熙时曾经进入江宁织造局的西洋人》《红楼梦所记钟表修理师》《红楼

---

① 这些论著散见于明清传教士研究综述中，笔者将其列出，以供参考。耿昇：《法国近年来对入华耶稣会士问题的研究》，《中国史研究动态》1987年第3期；何桂春：《近十年来中国基督教史研究综述》，《世界宗教研究》1991年第4期；何桂春：《十年来明清在华耶稣会士研究述评》，《中国史研究动态》1992年第5期；王美秀：《西方的中国基督宗教研究》，《世界宗教研究》1995年第4期；耿昇：《法国学者近年来对中学西渐的研究》（专著部分上、中、下），《中国史研究动态》1995年第4、5、9期；陈伟明：《近年明清中外文化交流史研究述评》，《中国史研究动态》1995年第12期；莫小也：《近年来传教士与西画东渐研究评述》，《中国史研究动态》1996年第11期；张先清：《1990—1996年间明清天主教在华传播史研究概述》，《中国史研究动态》1998年第6期；[法]詹嘉玲著，耿昇译：《法国对入华耶稣会士的研究》，《东西交流论谭》第1辑，上海文艺出版社1998年；王丽：《近十年基督教在华活动研究综述》，《首都师范大学学报》（社会科学版）2004年第3期；张西平：《百年利玛窦研究》，《世界宗教研究》2010年第3期；林金水、代国庆：《利玛窦研究三十年》，《世界宗教研究》2010年第6期；孙彩霞：《明末清初天主教传华史研究的回顾与反思》，《中州大学学报》2014年第2期。

② 昌群：《红楼梦里的西洋物质文明》，《贡献》1928年第3卷第2期。

梦九十二回所记汉宫春晓围屏的来历》《从〈红楼梦〉所记西洋物品考故事的背景》等，皆对《红楼梦》中的西洋器物进行了考释，并以此探究曹雪芹所生活的时代背景。① 此后，《红楼梦》与西方物质文明研究逐渐成为热点，随之涌现大量论著，如《〈红楼梦〉中的进口物品与对外贸易》《红楼器物谈》《清宫档案所见之〈红楼梦〉器物》《〈红楼梦〉中的外国货》《"始知创物智，不尽出华夏"——〈红楼梦〉中的西方器物形象研究》②，总述了红楼梦中的西洋器物。《洋漆、眼镜、金星玻璃——〈红楼梦〉中外洋方物三题》《重识"玻璃槛"》《琉璃、玻璃与〈红楼梦〉》《〈红楼梦〉中的玻璃》《玻璃的富贵》《论〈红楼梦〉中的玻璃制品》等文③，探讨了《红楼梦》中所出现的玻璃制品。此外，不少文章分别对《红楼梦》中的钟表、织物、鼻烟、药品、自行船等物品进行了考辨。④除《红楼梦》之外，学者们对清初作家李渔所著短篇小说集《十二楼》之《夏宜楼》中出现的西洋器物进行了探研。郭永芳《清初章回小说〈十二

---

① 前四篇文章皆收录于吕启祥、林东海所编《红楼梦研究稀见资料汇编》，人民文学出版社 2001 年。后一篇出自《方豪六十自定稿》，台湾学生书局 1969 年，第 420 页。

② 顾宗达：《〈红楼梦〉中的进口物品与对外贸易》，《红楼梦学刊》1984 年第 4期；朱松山：《红楼器物谈》，《红楼梦学刊》1987 年第 4 期；杨乃济：《清宫档案所见之〈红楼梦〉器物》，《紫禁城》1987 年第 4 期；王伟瀛：《〈红楼梦〉中的外国货》，《中国档案报》2003 年 8 月 15 日；王雪羚：《"始知创物智，不尽出华夏"——〈红楼梦〉中的西方器物形象研究》，上海师范大学硕士学位论文 2013 年。

③ 盖东升：《洋漆、眼睛、金星玻璃——〈红楼梦〉中外洋方物三题》，《艺术信息与交流》2000 年第 2 期；臧寿源：《重识"玻璃槛"》，《红楼梦学刊》2004 年第4 期；孟晖：《琉璃、玻璃与〈红楼梦〉》，《紫禁城》2004 年第 2 期；苗圃：《〈红楼梦〉中的玻璃》，《学理论》2008 年第 17 期；孟晖：《玻璃的富贵》，《紫禁城》2009年第 3 期；刘相雨：《论〈红楼梦〉中的玻璃制品》，《红楼梦学刊》2010 年第 5 期。

④ 彭昆仑：《"汪恰洋烟"新释》，《红楼梦学刊》1990 年第 4 期；张寿平：《〈红楼梦〉中所见的钟与表》，《红楼梦学刊》1995 年第 4 期；于波：《〈红楼梦〉中织物考辨》，《红楼梦学刊》2005 年第 2 期；童力群：《论以"西洋自行船"来确定〈红楼梦〉庚辰本定稿于乾隆三十五年以后》，《唐都学刊》2006 年第 1 期；原ščí贤、暴连英：《西学东渐的历史明证——〈红楼梦〉中的西洋药考释》，河南教育学院学报（哲学社会科学版）2007 年第 2 期。

楼〉中的一份珍贵光学史料》一文①，介绍了小说《十二楼》中所描写的
有关望远镜的珍贵史料。任增强所撰《〈夏宜楼〉中的西洋望远镜》② 指
出，李渔在利用望远镜推动故事发展的同时，不经意地对望远镜的来历、
构造和仿制情况进行了科普。因此，作者反驳了有些论者声称"夏宜楼"
是科幻小说的观点，认为它是介绍西方先进物质文明的科普小说。

3. 以通商贸易为口径的西器东传研究

晚清五口通商后，大规模的西洋器物通过各通商口岸涌入中国，这为
西器东传的研究提供了口径，也使西器东传的研究具备了区域性的特征。
因此，一些探究明清区域商品经济或对外贸易的论著中，也部分包含着西
器东传的内容。欧阳跃峰、叶东所撰《近代芜湖海关与对外贸易》③，提
及了由芜湖海关进入的洋纱、洋布、洋油、洋烟、玻璃、鸦片等数十种进
口商品，并论述了这些洋货对芜湖经济社会产生的不良影响，认为外国商
品过多输入芜湖市场，抑制了芜湖民族工商业的发展，而鸦片更是极大危
害了芜湖民众的身心健康。周德钧、汪培、王耀《近代武汉商业革命述
论》④ 一文指出，武汉开埠之后，洋纱、洋布、洋油、洋火、洋药、五金
电料、化工染料等西方工业品大量涌入武汉市场，给武汉传统商品市场带
来了巨大的冲击。这些文章受主题所限，并未对西器作过多的具体描述。
2005 年以后，几篇有关区域商品贸易的硕博士论文，更为详细涉及了晚清
以来的西器东传。蒋建国《晚清广州城市消费文化研究》⑤，详细介绍了
广州市场中洋货的进口数额、品种、发展状况、宣传和推销情况，论述了
大众西洋观的形成和消费观的改变，并论及洋货对传统工商业的冲击和推

---

① 郭永芳：《清初章回小说〈十二楼〉中的一份珍贵光学史料》，《中国科技史
料》1988 年第 2 期。

② 任增强：《〈夏宜楼〉中的西洋望远镜》，《科技导报》2014 年第 7 期。

③ 欧阳跃峰、叶东：《近代芜湖海关与对外贸易》，《北华大学学报》（社会科学
版）2009 年第 6 期。

④ 周德钧、汪培、王耀：《近代武汉商业革命述论》，《江汉大学学报》（社会科
学版）2008 年第 2 期。

⑤ 蒋建国：《晚清广州城市消费文化研究》，暨南大学博士学位论文 2005 年。

动。赵树廷所著《清代山东对外贸易研究》①，罗列了烟台、青岛开埠之后的进口洋货的种类和数量。作者指出，烟台所进口的大宗洋货中，鸦片为当时最主要的商品，其次是棉布、毛织品、棉纱等轻纺织品，再次为机制金属品和矿产品，其余为生活用品。青岛开埠晚于烟台，因而进口产品种类和数量有所不同，鸦片、棉纱、毛织品不再是主要进口商品，糖、铁路材料、开矿材料的进口量则显著增加，此外青岛还进口了纸张、火柴和染料。王少清的博士论文《晚清上海：西方物质文明与新知识群体的近代体验（1843—1894）》②，列举了开埠之后进入上海的西洋物质文明，如缝纫机、煤气灯、电灯、电话、电报、自来水、火车等，并一一作了详细介绍。作者认为，"以晚清上海为重要窗口的西方近代物质文明的进入在中国近代化进程中有着无可替代的影响"，并引用唐振常的观点指出"物质文明相对政治制度和思想来说更容易移植和引进，比精神层面的东西更容易被中国人接纳"③。杨志军《近代湖南区域贸易与社会变迁（1860—1937）》④，将湖南进口洋货分为四大类：一为饮食品和烟草，二为原料及半制品，三为制造品，四为杂货。作者指出，洋货的大量涌入对湖南原有的城乡手工业造成了极大破坏，湖南本土的棉纺织业和煤铁业在与进口棉布、棉纱、煤铁的竞争中迅速衰落，这极大地破坏了湖南农村原有的生产力。

4. 西器东传对中国社会生活影响的探讨

西方物质文明传入中国后，对人们的消费观念和社会生活都产生了影响，不少学者从这个角度对西器东传展开了研究。卢汉超《西方物质文明在近代上海》⑤ 一文，论述了交通、照明、给水等"洋玩意儿"进入中国

---

① 赵树廷：《清代山东对外贸易研究》，山东大学博士学位论文 2006 年。

② 王少清：《晚清上海：西方物质文明与新知识群体的近代体验（1843—1894）》，南开大学博士学位论文 2009 年。

③ 唐振常：《市民意识与上海社会》，《二十一世纪》1992 年第 6 期。

④ 杨志军：《近代湖南区域贸易与社会变迁（1860—1937）》，湖南师范大学博士学位论文 2010 年。

⑤ 卢汉超：《西方物质文明在近代上海》，《史林》1987 年第 2 期。

的历程，探寻了市民从疑惧到接受的心理过程，揭示了西方物质文明对中国社会生活产生的影响。苏生文、赵爽所撰《西方物质文明与晚清民初的中国社会》（上、下）①，探究了西器的传入对大众思想观念产生的影响。作者指出，鸦片战争之前，西方的"精奇器物"只是皇家和富贵人家的摆设，对中国社会的影响较小。而鸦片战争之后，西方的物质文明和生活方式对中国社会产生了颠覆性的影响，中国社会经历了从视洋物为"奇技淫巧"到"仿洋改制"，从"最恶洋货"到"以洋为尚"，从"文明排外"到"逆流而上"的三个历史分期。作者认为，西方物质文明的引进虽不比维新、革命运动有深度，但是却对社会造成了巨大影响，因为对于老百姓而言，饮食、服饰和风俗习惯与其息息相关，只要稍微作一改变，就可能引起惊涛骇浪。郭立珍《清朝中期洋货进口对中国消费生活产生的影响》② 一文，探讨了清中期洋货进口的种类、规模及构成特点，作者认为，清中期进入中国的洋货逐步增多，得到了皇室、贵族和富商的青睐，崇洋的消费现象已经在沿海和京城地区萌芽，这些地区的消费结构和消费观念也随之发生了变革。李长莉《晚清"洋货"消费形象及符号意义的演变》③，介绍了晚清时期进入中国的洋货，由初销到流行再到普及的三个阶段，并探讨了洋货在国人心中的消费形象由"奢侈品"到"时尚品"再到"实用品"的转变过程。王敏在《近代"洋货"入侵与洋货消费观念变迁研究》④ 中谈到，鸦片战争后，面对洋货大规模涌入中国的现实，民众最初赋予其"妖魔化"的想象，但在切身感受到"洋货"的优越性之后，开始全面接受"洋货"。作者认为，正是中国人通过亲身经历体验到了西方

---

① 苏生文、赵爽：《西方物质文明与晚清民初的中国社会》（上、下），《文史知识》2008 年第 1 期、第 2 期。

② 郭立珍：《清朝中期洋货进口对中国消费生活产生的影响》，《兰州商学院学报》2009 年第 2 期。

③ 李长莉：《晚清"洋货"消费形象及符号意义的演变》，《城市史研究》2013 年第 29 辑。

④ 王敏：《近代"洋货"入侵与洋货消费观念变迁研究》，《云南大学学报》（社会科学版）2015 年第 1 期。

物质文明的优越，才引发了"师夷长技以制夷"的现代化诉求。

（五）西器东传研究的不足

综上所述，自西器东传研究进入学者视线以来，出现了一些相关的优秀论著，提供了不同的研究理念，但同时也存在着一些不足。第一，史料挖掘尚不充分。纵观西器东传论著，鲜有用到清代档案。档案是珍贵的第一手资料，如果忽视档案的利用，学术性和可信度都会大打折扣。另外，囿于语言方面的限制，外文资料运用较少。第二，研究深度欠缺。目前学界对"西器东传"作系统研究的论著较少，多为通俗性读物，旨在突出著作的科普性、趣味性和可读性；单一器物研究的文章较多，但多数仅展示了器物的特征和收藏鉴赏价值。第三，研究过于专业，缺乏学科间的联结。不少相关文章具有很强的专业性，在介绍某一器物的过程中，常有一些深奥的专业术语，但这类文章往往就事论事，并未将科学论述与社会文化意义有机结合。

四、本书的特点与创新

本书写作具有较大的难度，一是研究对象繁杂。明清两朝东传西器品类繁多，留存史料浩如烟海，不但涉及各类档案材料，还有大量国外译著，特别是传教士日记、自传、谈话录、各国使节的回忆录等。如何对材料进行分类、取舍、合理解读，是研究者亟待解决的难题。二是涉及的知识面较广，其中包括军事常识、自然科学、天文历法、人类学、心理学理论等相关内容，需要查阅大量的相关学科知识。因此，要想创新诚属不易。

经过努力，本书也有一定的创新之处：第一，选题有所创新。目前在这一研究领域，综合系统且遵循学术规范的学术专著尚不多见。本书试图在充分吸取前人研究成果的基础上，写成一部全面研究明清西器东传面貌的论著。第二，本书结构有一定的特点。本书以文化传播为基本观照，以西器传播—迎受过程为线索，建构全书的框架，保证了全书的完整性和合理性。第三，多角度观察和多学科应用。本书从传播史、社会史、政治史、文化史乃至史学史的角度去观察明清的西器东传过程。与此相应，在研究方法上也有所创新，尽量打破学科壁垒，将历史学研究方法与社会学、自然科学相结合。

第一章 传入：西洋器物在中国的传播

自明代中期开始，分散的世界史已开始向统一的全球史演进①。经过欧洲文艺复兴后的西方近代文化，开始向世界各地传播和渗透，同时也向东方的中国扩散。西方文化既包括内层的观念（基督教教义、科学思想等精神文明），也包括外层的器物（手工或工业产品等物质文明）。相比于基督教教义的繁文缛节，以及西方各类科学读物的晦涩难懂，西洋器物最为直观且令人心生悸动。当琳琅满目的西洋奇器，通过不同的载体，远渡重洋送入中国的时候，潜移默化的影响就开始发端了。

从明朝时期葡萄牙鼓浪东来，到清朝盛世的万国来朝，西方人的逐利和冒险精神从未停歇。在明清几百年间，输入中国的西洋物质文明浩如烟海。通过这些西洋器物，中国人开始了解西方文化，拉近了中国与世界的距离。首先，我们来了解西器传播的方式。

第一节 西器的传播载体

西洋物质文明之所以能够传入中国，是经由以下六类载体进行传播的。

---

① 吴于廑指出："到了十五十六世纪，资本主义在西欧萌芽滋长。随着'地理大发现'，西方国家的海外殖民扩张，以及世界市场的形成，过去长期存在的各国、各地区、各民族间的闭关自守状态才在越来越大的程度上被打破，整个世界在经济、政治、文化等各方面也才逐步形成为密切联系的、互相依存又互相矛盾的一体。"见吴于廑为其主编的《世界史》（高等教育出版社 2011 年）所写的《总序》。在吴于廑影响下，陈隆波、李植楠等主编了《从分散到整体的世界史》（全 5 册，湖南人民出版社 1989年）一书，由吴于廑担任顾问。持全球史观念并予以实践的还有美国斯塔夫里阿诺斯的《全球通史——1500 年以后的世界》（上海科学院出版社 1999 年）。

一、西方传教士来华携入

西方入华传教士是西器东传的重要载体。16 世纪以来，西欧天主教派遣了大量传教士前往中国传教。绝大多数的传教士来自耶稣会，会员多出自贵族或有产市民阶层，接受过先进而良好的文化教育。他们在宣传教义的同时，也将西方先进的物质文明带入中国，让中国各阶层都感受到了西洋奇器的精巧。

传教士传播西洋奇器的方式以上层路线为主，即直接将西欧最为精美的器物，以馈赠的方式献给中国上流社会的达官贵人，从而获取在华传教的权利。① 或是利用其良好的科学技术知识，在宫廷供职，负责西器的宣传、鉴别、购置、仿制，成为西器传播的桥梁。这种直接与上层社会联系的方式，属于对西洋物质文化的主动输出。

最早入华的传教士是沙勿略（St. Francois Xavier）。在即将踏足中国之前，他的挚友迪埃郭·皮来拉（Diego Pereira）告诉他，携带些礼物会对他有所帮助，并将自己的船和财货以及三万金币赠与了沙勿略。迪埃郭是一位成功的商人，深谙礼尚往来之道，因此他的建议和帮助是十分及时的。遗憾的是，沙勿略的传教之旅并不顺利，最终客死广东台山上川岛。随后，罗明坚承其遗志，于 1579 年 7 月来到澳门。他为了获取传教的权利，将随身携带的西洋器物赠与当地官员，以博取他们的好感。在澳门时，罗明坚曾经送给广东总兵黄应甲一块手表，"这是一种用许多小金属齿轮安装成套的计时工具"。又送给兵部尚书兼两广总督陈瑞纯丝的衣料、带褶的衣服和三棱镜。利玛窦作为明清之际中外交流成就卓著、影响最为深远的耶稣会士，也与罗明坚一样，擅用西洋奇器疏通其在中国的传教之路。利玛窦在广东传教时，曾将自鸣钟和世界地图送给肇庆知府王泮，并用铜和铁自制了西洋天球仪、地球仪和日晷送给其他官员。他还曾将三棱镜送给了惠州知府黄时雨，又将一个天球仪和一只沙漏，送给了时任广东

① 参见谢贵安：《利玛窦"送礼"初探》，（澳门）《文化杂志》2008 年春季刊。

兵备道的徐大任。在江西传教时，利玛窦在吉安将一面三棱镜送给了一位将军，换得去南京的通行证。在南昌，利玛窦向官员们拼制日晷并演示如何利用它计时。在建安王朱多㸅的宴会上，利玛窦送给他一座卧钟、天球仪、地球仪、小雕像、玻璃器以及两部按欧洲样式装订的书籍。他还送给江西巡抚陆万垓"一只瞄准北极的夜钟""一幅星盘"①。在丹阳，利玛窦将一面三棱镜送给了好友瞿太素，瞿太素十分喜爱，将其放在银盒里，用金线结成环状。有人愿意出价五百金购买这件物品，遭到拒绝。在北京，利玛窦先后将世界地图、自鸣钟、十字架像、圣母雕像、八音琴、三棱镜、风琴、亚麻布、沙漏等物赠送给万历皇帝。② 据明人顾起元记载，"利玛窦后入京，进所制钟及摩尼宝石于朝。上命官给馆舍而禄之"③。摩尼宝石即指玻璃三棱镜。通过馈赠西洋奇器，利玛窦获得了在京居住和传教的权利。利玛窦在中国的巨大成功，吸引了更多优秀传教士来华，如金尼阁和汤若望等人，都对西器东传做出了重大贡献。他们在利玛窦死后，曾将"千里镜"拿到南方去展示。"明末番僧利玛窦有千里镜，能烛见千里之外，如在目前。以眡天下星体，皆极大，以眡月，其大不可纪，以眡天河，则众星簇聚，不复如常时所见。又能照数百步蝇头字，朗朗可诵。玛窦死，其徒某道人挟以游南州，好事者皆得见之。"④ 这一举动，促进了西器在中国的传播。

明清易代，西洋传教士的传教活动并未受到影响。相反，有学识和技术的西洋人受到清政府的支持和保护。

意大利传教士利类思（Ludovic Bugli）于明崇祯九年（1636）抵达澳门，崇祯十一年（1638）来到中国内陆进行传教活动，明末动乱时，曾在

---

① ［意］利玛窦、［法］金尼阁著，何高济等译：《利玛窦中国札记》，中华书局1983年，第289、213、301、305页。

② ［意］利玛窦、［法］金尼阁著，何高济等译：《利玛窦中国札记》，中华书局1983年，第334、400页。

③ （明）顾起元：《客座赘语》卷六，中华书局1987年，第193~194页。

④ （明）郑仲夔：《耳新》卷八《宝遗》，《丛书集成新编》第88册，新文丰出版公司1985年，第673页。

张献忠起义军中供职，顺治四年（1647）为清军俘虏，后于顺治八年（1651）释放。随后，清廷仍然允许利类思在华传教，并建立教堂。顺治十二年（1655），利类思奏报敬献西洋奇器，以表顺治帝的隆恩厚重。据清代档案记载：

> 大西洋耶稣会士远臣利类思、臣安文思谨奏：为微臣感恩无地，敬进西国方物，以表臣忱事。
>
> 臣等产于西洋，从幼弃家修道，明季东来，至蜀居堂传教，历有年所。不意遭寇掳待戮，于顺治三年幸逢大兵西剿，恭遇肃王恩释，依随来京，仰荷皇上隆恩，特送礼部及光禄寺图赖固山家豢养，朝夕焚祝万寿，经今五载，感激无涯。兹有方物陆种，躬献阙庭，伏祈皇上俯赐敕收，则异国微忱，荷蒙天鉴，俾得择净焚修，安心行教，仰答皇恩，而虔祝万寿永无疆矣。臣等无任虔切悚息之至。为此，具本亲赍，谨具奏闻。
>
> 计开：方物陆件，天主圣像西书一本、西洋大自鸣钟一架、西洋万像镜一架、西洋按刻沙漏一具、西洋鸟枪一枝、西洋画谱一套。
>
> 自为字起至套字止，计二百二十一字。右谨奏闻。
>
> 顺治十二年二月二十七日。
>
> 大西洋耶稣会士远臣利类思 臣安文思①

从利类思所述可知，清政府对传教士采取了宽容的统治策略，以此收买人心、为我所用。这种政策起到了积极的效果。传教士们因清廷不计前嫌并支持其继续传教而感佩不已，在心理上迅速接纳了新的统治者。作为回报，他们不遗余力地搜寻西洋奇器来取悦清廷，并竭其所长为清室服务。清廷亦用同样的方法，将曾经服务于明廷的汤若望等人也招致麾下。

---

① 中国第一历史档案馆、澳门基金会、暨南大学古籍研究所合编：《明清时期澳门问题档案文献汇编（一）》，人民出版社1999年，第43页。

作为回报，他们将西洋器物和科学技术推介给新政府，"顺治元年，修政立法，西洋人汤若望，进浑天球一座，地平、日晷、窥远镜各一具，并與地屏图，更请诸历悉依西洋法推算，从之"①。

清初，传教士来华规模不断扩大，西洋奇器及其先进技术更全面地在中国传播开来。这些精美的器物，一部分是传教士从欧洲携带而来，另一部分是就地取材，利用所学科技知识，用中国的原材料制作而成。康熙帝的科学启蒙老师南怀仁，曾被钦天监监正杨光先及四名辅政大臣诬陷入狱，康熙八年（1699）获释，后被任命为钦天监监副。在位期间，大力改造观象台，重新打造适用于西洋历法的科学仪器。康熙十二年（1673）造成 6 件大型天文仪器：黄道经纬仪、赤道经纬仪、地平经仪、象限仪、纪限仪和天体仪。他将欧洲最新的机械加工工艺与中国铸造技术结合，易被中国人所接受。仪器制作精良，兼具实用性与观赏性，既是科学用品，又是艺术珍品。康熙二十四年（1685），洪若翰（Jean de Fontaney）、张诚（Jean Francois Gerbillon，1654—1707）、白晋（Joachin Bouvet）、李明（Louis-Daniel Le Comte，1655—1728）、刘应（Claude de Visdelou，1656—1737）、塔夏尔（Guy Tachard，1648—1712）等六名耶稣会士以法国"国王的数学家"的身份，带着科学仪器、礼品，从法国布雷斯特港搭乘"飞鸟号"（Oiseau）三桅船扬帆东来。除了塔夏尔滞留泰国，其余五人于康熙二十六年（1687）七月抵达宁波，次年二月抵达北京。②

欧洲国王和教会也常赠予传教士们一些西洋奇器，作为物质上的援助。《利玛窦中国札记》提到，西班牙国王的皇家监督官罗曼（Jean Baptiste Roman）曾给肇庆神父们致信，愿意提供支持：

　　鉴于他们的共同宗教信仰，他们亟愿提供可能有助于教团发展的

①　（清）赵翼：《瓯北诗话》，凤凰出版社 2009 年，第 124 页。
②　［法］杜赫德编，耿升等译：《耶稣会士中国书简集：中国回忆录》，大象出版社 2005 年，第 9 页。

一切援助。他们正以布施的方式送去捐款和别的赠品，其中有一只精美的钟是靠齿轮运动而不靠重力来计时的。①

耶稣会会长阿瓜维瓦（Caudio Aquaviva）神父也曾致函教团，承诺会给予人力与物资上的帮助。

他在那方面，他答应尽可能给予援助，首先是祈祷，他号召整个耶稣会都进行祷告，其次是补充人员，这些人员随后被派往传教团。他还送去一些对传教工作非常有用的礼物，其中一幅为罗马著名艺术家绘制的基督画像，四件制作精致、样式美观的计时器。第三件是表，可用带子系在项上，所以很容易看得见这些精巧的机械作品。第四件要大些，是摆在桌上的一座钟。它比表更贵重，因为它结构复杂，没有摆锤，也因为它不仅准确计时，还在每一刻钟和每半个钟点响三下。这只钟成为整个中国议论和羡慕的对象，托上帝之福，它注定要产生迄今仍然是很明显的效果。②

在肇庆教堂建立之时，日本区主教柯罗（Gaspare Coehlo）送来一幅由尼古拉（Giovanni Nichola）创作的精美的基督画像。菲律宾群岛某教派的一位牧师送来了一幅圣母画像，由澳门神学院院长交给中国传教团。

除了外界慷慨馈赠，传教士亦会根据需要主动索取。利玛窦曾在致高斯塔神父的书信中写道：

您如方便给我寄些东西，我将万分高兴，如一些美丽的油画像、

---

① ［意］利玛窦、［法］金尼阁著，何高济等译：《利玛窦中国札记》，中华书局1983年，第184页。

② ［意］利玛窦、［法］金尼阁著，何高济等译：《利玛窦中国札记》，中华书局1983年，第194页。

精印的印刷品、威尼斯生产的多彩三棱镜等，这在意大利不值几文，但在中国可谓价值连城，我们可以当礼品呈献给中国皇帝或要人。①

康熙以来，大批掌握西洋先进科技的传教士被允许在清宫供职。雍正元年（1723）造办处创立，巴多明、宋君荣等人任职其中，他们的职能之一便是鉴别宫中西洋奇器。时清宫造办处档案记载：

> 雍正四年正月十一日，首领太监王进玉持来步行表一件，传旨："着认看，记此。"本日据西洋人巴多明认看得系步行日晷，等语，仍交首领太监王进玉持去，讫。②
>
> 雍正四年正月，十一日，首领太监王进玉持来檀香油六瓶，一小匣，西洋书一本，传旨："着西洋人认看。"于本日据西洋人巴多明、费隐等认看，得此檀香油只可闻香用，别无用处。西洋书一本，系显微镜解说，等语员外郎海望呈进讫。③
>
> 雍正四年五月初六日，据圆明园来贴内称太监杜寿交通天气表一件，传旨："交给海望仝（同）西洋人认看是何用法，认看准时，着海望面奏，钦此。"于初六日据西洋人巴多明、宋君荣认看得系红毛国的。上头玻璃管内水银，天气热往上走，天气寒往下走。中间玻璃管内红，天气热往上走天气寒往下走，等语。④
>
> 五月，初六日，据圆明园来贴内称太监杜寿交西洋日晷一件，传旨："交给海望仝（同）西洋人认看是何用法，认看准时，着海望面奏，钦此。"于本日据西洋人巴多明、宋君荣认看得有玻璃为圈子，

---

① ［意］利玛窦著，罗渔译：《利玛窦书信集》下册，光启出版社、辅仁大学出版社 1986 年，第 259 页。

② 中国第一历史档案馆、香港中文大学文物馆编：《清宫内务府造办处档案总汇》第 2 册，人民出版社 2005 年，第 306 页。

③ 中国第一历史档案馆、香港中文大学文物馆编：《清宫内务府造办处档案总汇》第 2 册，人民出版社 2005 年，第 319 页。

④ 中国第一历史档案馆、香港中文大学文物馆编：《清宫内务府造办处档案总汇》第 2 册，人民出版社 2005 年，第 306 页。

日晷中间是水平，下头是地平，等语。①

造办处任职的传教士如郎世宁、戴进贤、徐懋德、沙如玉等人，都为西洋物质文明东传添砖加瓦。

入华传教士在日常生活中，也会频繁地使用到西器。这是传教士传播西器的另一种方式，即被动的文化输出，以潜移默化的方式影响身边的人。

利玛窦客居肇庆时，曾将西洋奇器放置在教堂的圣堂中，引得游人如织。《利玛窦中国札记》中记载：

> 利玛窦神父单独住在教堂里，在那里接待了异常之多的各个阶层的中国客人。这些来访可能是由收藏的欧洲珍奇而引起的。客人们最称美的是他为教堂和邻居所竖立的那座钟。它靠一口大铃来报时，不仅把一天的时间告诉过客，而且告诉远处的人；他们始终弄不明白它怎么能不用人敲击就自己发声。②

不惟如此，利玛窦居住在南昌时，他在耶稣会的会院所陈列的西器也引得市民摩肩接踵的探视。《利玛窦书信集》中记载：

> 会院所展示的三棱镜、油画、精装书籍、世界地图以及各种科学仪器，都是以往不曾见过的器物，民众颇感新奇。③

利玛窦在北京居住时，在宣武门内修建了一座名为"南堂"的教堂，

① 中国第一历史档案馆、香港中文大学文物馆编：《清宫内务府造办处档案总汇》第2册，人民出版社2005年，第350页。

② ［意］利玛窦、［法］金尼阁著，何高济等译：《利玛窦中国札记》，中华书局1983年，第209~210页。

③ ［意］利玛窦著，罗渔译：《利玛窦书信集》上册，光启出版社、辅仁大学出版社1986年，第208~211页。

并在里面陈列西洋科学仪器，吸引了大批官员和儒士前来参观。刘侗、于奕正所著《帝京景物略》对南堂中陈列的西洋奇器有着详细的记载：

> 其国俗工奇器，若简平仪（仪有天盘，有地盘，有极线，有赤道线，有黄道圈，本名范天图，为测验根本），龙尾车（下水可用以上，取义龙尾，象水之尾尾上升也。其物有六：曰轴、曰墙、曰围、曰枢、曰轮、曰架。潦以出水，旱以入，力资风水，功与人牛等），沙漏（鹅卵状，实沙其中，颠倒漏之，沙尽则时尽，沙之铢两准于时也，以候时），远镜（状如尺许竹笋，抽而出，出五尺许，节节玻璃，眼光过此，则视小大，视远近），候钟（应时自系有节），天琴（铁丝弦，随所按，音调如谱）之属。①

各国传教士送礼的多寡在某种程度上能够影响其国家的商贸格局。英国商人曾忧心忡忡地表示，法国人在同中国的贸易往来中占有很大的优势——"他们在此处的利益比我们现在所有的大得多，因此他们派特使到朝廷去，还有很多耶稣会传教士在各处；他们送给皇帝大量礼物；所有官员都受了礼，不会干涉他们。"②

明清之际，西欧各国和基督教教团向中国派出的传教士数以千计，他们在华的生活方式、对西器的使用，都对中国社会产生了一定的影响。

二、外国使节访华"贡"入

各国外交使节访华亦是西器传播的重要方式。15世纪地理大发现以后，欧洲各国相继鼓浪东来，这其中包括葡萄牙、西班牙、意大利、荷兰、俄罗斯、英国等。他们带来的往往是经过精挑细选，代表最新科技前沿和最高制作水准的西洋奇器，这些西器因其珍贵，成为中外各国间互酬

---

① （明）刘侗、天奕正：《帝京景物略》卷四《天主堂》，上海远东出版社1996年，第229~230页。

② ［美］马士著，区宗华译，林树惠校：《东印度公司对华贸易编年史（1635—1834）》第一、二卷，中山大学出版社1991年，第92页。

的国礼贡品。

荷兰于 16 世纪末脱离西班牙的统治，在 17 世纪成为海上强国，被誉为"海上马车夫"，在世界各地建立殖民地和贸易据点。清代中国幅员辽阔，成为荷兰觊觎的目标。17 世纪，荷兰不断派遣使节来华，企图打开中国市场。来华使节也将西洋器物带到了中国。

清政府对荷兰使节"入贡"有着法定的约束："凡荷兰入贡，其贡使有正使、副使，或专以正使一员，其下为从人。凡入京者，不得过二十名。其贡物：大尚马、珊瑚珠、照身镜、琥珀、丁香、檀香、冰片、鸟枪、火石、哆啰绒、哔叽缎、织金毡、自鸣钟，凡十三种。皆无定数。使臣有自进方物者，俱照例题明准其收受。"① 经礼部议定，荷兰进贡年限为"五年一贡"，后因道路险远为由，改为"八年一贡"。

顺治十三年（1656），荷兰派遣贡使德·豪伊尔（Pieter de Goyer，又译作哔呖哦悦）为正使，惹诺皆色（Jacob Keyzer，又译作嘢哈哇喏）为副手抵京，向顺治帝进献礼品，共计 29 种，其中西洋奇器有：镶金铁甲 1 副，镶金马鞍 1 副，镶金刀、镶银剑各 6 把，鸟铳 13 口，镶金鸟铳 4 口，短铳 7 口，细铳 2 口，玻璃镜 4 面，镶银千里镜、八角大镜各 1 面，哆啰绒 5 匹，哔叽缎 4 匹，西洋布 100 匹，大毯 1 床，中毯 2 床，毛缨 6 头；进献皇后的礼品有 17 种，其中西器有：镜 1 面，玻璃匣各 1 个，哆啰绒 2 匹，哔叽缎 3 匹，西洋布 18 匹，白倭缎 1 匹，花毯 1 床，花被面 2 床，玻璃杯 4 个，蔷薇露 10 壶。② 除荷兰国王赠送的礼物外，荷兰使臣以个人名义进献③的西洋奇器包括：哆啰绒、倭缎各 2 匹，哔叽缎 6 匹，西洋布 24

---

① （清）梁廷楠：《海国四说》《粤道贡国说》卷三《荷兰国》，中华书局 1993 年，第 204 页。

② （清）梁廷楠等：《粤海关志》卷二二《贡舶二》，文海出版社 1983 年，第 1627～1629 页。

③ 按：《粤道贡国说》中将使臣个人名义进献西器的时间记载为顺治十二年（1655），经汤开建考证，顺治十二年使臣只到了广州，尚未进京，顺治十三年荷兰使臣进京。国王贡物与使臣贡物均在顺治十三年进献。梁廷楠《粤海关志》（广东人民出版社点校本 2002 年）卷二二《贡舶》二《荷兰国》第 441～442 页所载同误。汤开建：《顺治时期荷兰东印度公司与清王朝的正式交往》，《文史》2007 年第 1 期。

匹，镜 1 面，人物镜 4 面，镀金刀、镶银刀各 1 把，鸟枪、长枪各 2 杆，玻璃杯 2 个，西洋酒 12 瓶，蔷薇露 20 壶。① 对于荷兰人向中国派遣使臣一事，弗兰科潘解释说："17 世纪 60 年代，在失去台湾后不久，荷兰人带着马车、盔甲、珠宝、纺织品和眼镜来到北京，试图博取中国皇帝的好感。"② 荷兰人的努力一直在持续。

康熙六年（1667）五月，荷兰入贡西洋奇器：荷兰五色大花缎、大紫色金缎、红银缎、大珊瑚珠、五色绒毯、五色毛毯、西洋五色花布、西洋白细布、西洋小白布、西洋大白布、西洋五色花布裤、大玻璃镜、玻璃镶灯、荷兰地图、琉璃器皿 1 箱。又，使臣进贡西器：二眼长枪、二眼马铳、小鸟铳各 2 把，铁甲 1 领，白尔善国缎裤 1 条，哆啰绒 10 匹，铜炮 2 对，刀 2 把，照水镜 4 面，蔷薇露 20 罐。

康熙二十五年（1686），荷兰人进贡西洋奇器有：哆啰绒 10 匹，乌羽缎 4 匹，倭缎 1 匹，哔叽缎 20 匹，织金花缎 5 匹，织金大绒毯 4 领，照身镜、江河照水镜各 2 面，照星月水镜 1 面，自鸣钟 1 座，琉璃灯 1 架，琉璃杯 580 个，象牙 5 枝，镶金鸟铳、镶金马铳、小马铳、起花佩刀各 20 把，马铳、鸟铳、镶金刀、剑、利阔剑各 10 把，起花剑 6 把，火石 1 袋，丁香油、蔷薇花油、檀香油、桂皮油各 1 罐，葡萄酒 2 桶。使臣进贡的西器有：西洋刀头 6 柄，荷兰花缎、哆啰呢、羽缎各 1 匹；哆啰绒 4 匹，倭绒、织金线缎、哔叽缎各 2 匹，西洋甘马氏布、西洋毛裹布、西洋沙喃匏布、西洋佛咬唠布各 20 匹。

荷兰人为了打开商贸局面，从印度到中国都花了巨大的工夫。"另一份于 1711 年前往拉合尔的荷兰代表团的礼单，以及一组描绘使团向北行进途中在乌代普尔（Udaipur）接受招待的图画显示出，荷兰人为奉承当地人、争取合作付出了极大的努力。他们带来的礼物包括日本的漆器、锡兰

---

① （清）梁廷楠：《海国四说》《粤道贡国说》卷三《荷兰国》，中华书局 1993 年，第 205 页。

② ［英］彼得·弗兰科潘著，邵旭东、孙芳译，徐文堪审校：《丝绸之路：一部全新的世界史》，浙江大学出版社 2016 年，第 749 页。

大象、波斯马、荷兰殖民地的香料，以及来自欧洲的货物：大炮、望远镜、六分仪和显微镜。"① 这些礼品中的一些器物如望远镜等，也被送入中国清代宫廷。

乾隆五十九年（1793），荷兰使节至京，此次进献西器与前几次相比更为喜庆与隆重，有：万年如意八音乐钟 1 对，时刻报喜各式金表 4 对，镶嵌金小盒 1 对，镶嵌带版 4 对，千里镜 2 枝，风枪 1 对，金银线 30 斤，各色花毡 10 版，各色羽缎 10 版，各色大呢 10 版，西洋布 10 匹，地毯 2 张，大玻璃镜 1 对，花玻璃壁镜 1 对，玻璃挂灯 4 对。②

俄罗斯使团最早到访中国是在顺治十年（1653），沙皇俄国派巴伊科夫使团前往中国。

费奥多尔·伊萨科维奇·巴伊科夫是奉俄皇谕旨前往中国的第一位使节。沙皇在给巴伊科夫的谕旨中写道："博格德汗对俄国朝廷的态度，他是否打算派遣使者和商人携带货物前往俄国？中国人对他——巴伊科夫被派到他们那里去是否满意？中国人对待使者和专使的礼遇如何？中国人的信仰如何？中国的人力、财力、兵力有多雄厚？有多少城市？他们是否在与别人进行战争？原因何在？他们有哪些贵重首饰及宝石？是当地的手工制品，还是外来货？是从何处和如何运去的？俄国人同中国人之间通商能否持久？向进口货物征收多少税？粮食、辛香作料及蔬菜的收成怎样？最后还要探明由俄国边界到中国走哪条道路最近？由西伯利亚去中国沿途住有哪些领主？他们归顺于谁？"③ 博格德汗是俄国人对中国皇帝的称呼。从此训令中可以看出，沙皇对这次出使甚是重视，对中国的经济、文化、军事实力、习俗信仰都充满着好奇，可谓一次"凿空"之旅。为了旅途顺

① ［英］彼得·弗兰科潘著，邵旭东、孙芳译，徐文堪审校：《丝绸之路：一部全新的世界史》，浙江大学出版社 2016 年，第 749 页。

② （清）梁廷楠：《海国四说》《粤道贡国说》卷三《荷兰国》，中华书局 1993 年，第 214 页。

③ ［俄］尼古拉·班蒂什-卡缅斯基编著：《俄中两国外交文献汇编（1619—1792）》，商务印书馆 1982 年，第 23~24 页。

利，俄国使团给中国皇帝准备了一些欧洲的礼物。① 该使团于顺治十二年
（1655）到达中国，但因两国在礼仪上的分歧，致使礼物被中国官员退回。
这次出使虽然以失败而告终，但就此拉开了两国外交的序幕。

顺治十五年（1658），大君主又下令派遣塔拉城的军役贵族伊万·佩
尔菲利耶夫和布哈拉人谢伊特库尔·阿勃林作为专使从西伯利亚前往中
国。他们"携带了大君主致博格德汗的一封新国书，还有一些礼物和从事
贸易的钱款"。专使奉命用二百卢布给博格德汗购买的礼物有"貂皮四十
张、玄狐皮十三张、上等呢料四幅以及银鼠皮袄和镜子多件"②。呢子是一
种较厚的毛织品，用以制作大衣和制服。十六十七世纪在俄罗斯盛行的女
式连衣裙"萨拉范"，其冬款就是用厚呢、粗毛或毛皮制成。沙皇赠给顺
治皇帝的上等呢料有可能是上乘的羊皮制品。

康熙二十五年（1686），沙俄专使维纽科夫和法沃罗夫到达北京，他
们将准备的礼品送至宫中。这些礼品是：

> 银座钟一对，法国银表一只，德国小表一对，土耳其制小表一
> 只，海象牙九只，精制玻璃眼镜六副，珊瑚串珠一百三十颗，带框的
> 德国镜子一面，德式饰金帽子两项，单筒望远镜两个，法国精制玻璃
> 望远镜两副，土耳其地毯一块。③

康熙看见这些礼品后，考虑到他们千里迢迢赶来，便令他们将礼品都
拿回去，随意定价出售，只象征性地留下了两枚海象牙。这些礼品变为商
品之后无人敢买，兜兜转转后又回到了康熙手里。

---

① 文献资料中并未具体指出巴伊科夫使团带给顺治皇帝的礼物是什么，但从随
后几次出使的材料可以推断，其中不乏西洋奇器。
② ［俄］尼古拉·班蒂什-卡缅斯基编著：《俄中两国外交文献汇编（1619—
1792）》，商务印书馆1982年，第26~27页。
③ ［俄］尼古拉·班蒂什-卡缅斯基编著：《俄中两国外交文献汇编（1619—
1792）》，商务印书馆1982年，第65页。

康熙三十一年（1692），沙皇派遣专使伊兹勃兰特前往中国，赠送礼品有"精制玻璃枝形大吊灯一盏、琥珀大烛台一对、琥珀框镜子一面"①。

康熙五十九年（1720），沙俄伊兹马伊洛夫使团出使中国，以沙皇名义赠送给康熙帝的礼品清单如下：

> 镶着雕花镀金镜框的大镜一面，台镜一面（镜框是雕花镀金的，台子也是雕花镀金的并带有两只烛台），镶着水晶镜框的长方形镜子多面，英国自鸣挂钟一座，镶宝石怀表一对，罗盘一只，数学制图仪器四套，大君主用的绘有波尔塔瓦战役图的望远镜四架，显微镜一架，晴雨计二只，还有毛皮、黑貂皮、狐皮、北极狐皮、银鼠皮多件，共值五千零一卢布又八十三戈比。②

使臣以私人名义进献给康熙帝的礼品有：

> 金质怀表一只、镶有珐琅的金质烟盒一个、英国金盒一个、法国银剑一柄、银质有柄大杯一只、狗二十四只（俄国狼狗十二只、法国猎犬十二只）及丹麦马一匹。③

雍正四年（1726），俄国弗拉季斯拉维奇伯爵出使中国，向雍正皇帝进献礼品，礼品在宫廷中展览了十天，吸引了宫中许多显赫的中国人观赏。其中大玻璃镜、自鸣钟等西洋奇器令大臣大为惊讶。俄国使臣在离开中国前，与中国首辅大学士富察·马齐结识，并许诺如果能公正、顺利地

---

① ［俄］尼古拉·班蒂什-卡缅斯基编著：《俄中两国外交文献汇编（1619—1792）》，商务印书馆 1982 年，第 88 页。

② ［俄］尼古拉·班蒂什-卡缅斯基编著：《俄中两国外交文献汇编（1619—1792）》，商务印书馆 1982 年，第 115 页。

③ ［俄］尼古拉·班蒂什-卡缅斯基编著：《俄中两国外交文献汇编（1619—1792）》，商务印书馆 1982 年，第 116 页。

议定边界条约，将赠送给他二千卢布的礼品。①

意大利在明清时期被称为意达里亚国，梁廷楠在《粤道贡国说》中指出其地理位置，"《会典》所称之意达里亚。东与哪吗接壤，地在博尔都噶尔雅之南稍西，佛兰西之东，荷兰之东南，并居大西洋中"②。与欧洲其他各国目的不同，意大利教皇派遣使者出使中国，是为了保全外国传教士在中国的传教权利。

雍正元年（1723），雍正帝采纳闽浙总督保满、福建巡抚黄国材的建议，开始严行禁教措施。雍正三年（1725），意大利教皇本笃十三世（Benedict XIII）派遣使节葛哒都来到中国，以祝贺雍正帝登基之名，请求清政府对入华传教士网开一面。随团共进献物品六十余种，其中不乏西洋奇器。其中有工艺品如各色玻璃鼻烟壶、玻璃棋盘棋子、珐琅小圆牌、镶牙片玛瑙刀柄鼻烟壶、各宝鼻烟壶玩器、咖什伦③鼻烟罐、盖杯绿石鼻烟盒、圆球、镶宝石花线花画、皮画、皮扇面画等，也有科学观测及绘制用品如纽火漆八宝显微镜、火镜、照字镜、小漏盘、小铜日晷、番银笔、裹金规矩、周天球等，也有一些纺织品如香枕囊、大红羽缎等，还有西药巴尔萨木油等。④

雍正五年（1727），其国又遣使来华，据《海国四说》记载，所进礼物清单如下：

大珊瑚珠、宝石素珠、金镶咖什伦瓶、金珐琅盒、金镶蜜蜡盒、银镶咖什伦盒、金镶玛瑙盒、银镶蓝石盒、银镀金镶云母盒、银镀金镶玳瑁盒、玻璃瓶贮各品药露、金丝缎、金银丝缎、金花缎、洋缎、

①　［俄］尼古拉·班蒂什-卡缅斯基编著：《俄中两国外交文献汇编（1619—1792）》，商务印书馆1982年，第164页。

②　（清）梁廷楠：《海国四说》《粤道贡国说》卷四《西洋诸国·意达里亚国》，中华书局1993年，第222页。

③　按：咖什伦应为"khorshid"的音译，即意大利威尼斯盛产的温都里那石。

④　《皇朝通典》卷六〇《礼·宾》，《景印文渊阁四库全书》第643册，台湾"商务印书馆"1986年，第278页。

大红羽毛缎、哆啰呢、洋制银柄武器、洋刀、长剑、短剑、针银花火器、自来火长枪、手枪、上品鼻烟、石巴依瓦油、圣多默巴尔撒木油、璧露巴尔撒木油、伯肋西理巴尔撒木油、各品衣香、巴斯第理葡萄红露酒、葡萄黄露酒、白葡萄酒、红葡萄酒、咖什伦各色珐琅料、乌木镶青石桌面、乌木镶黄石桌面、乌木镶各色石花条桌、织成各种远视画。①

从史料中可以看出，这次带来的西器种类有装饰品、纺织品、武器、药露、酒类、家具、西洋画，与雍正三年的贡物相比，纺织品和药露种类显著增加，并多出了武器类物品。这些西器皆为珍品，即使在欧洲也售价不菲，可见其诚意十足。

葡萄牙在明清文献中被称为博尔都噶尔雅国，其国也常派遣使臣来华，带来了大量精美西器。如雍正五年（1727），葡萄牙布拉干萨王朝国王若奥五世派遣使者麦德乐进献礼品。其中包含的西器有武器，包括洋制银柄武器1具、洋刀1柄、长剑1柄、短剑1柄、针银花火器1具、自来火长枪1把、手枪2柄；药露香薰，包括玻璃瓶贮各品药露54瓶、右巴依瓦油4瓶、圣多默巴尔撒木油4瓶、璧露巴尔撒木油2瓶、伯肋西理巴尔撒木油2瓶、各品衣香12瓶、巴斯第理12瓶；纺织品，包括金丝缎1匹、金银丝缎1匹、金花缎1匹、洋缎3匹、大红羽毛缎2匹、大红哆啰呢2匹；工艺艺术品，包括金镶咖什伦瓶1个、金珐琅盒1个、金镶蜜蜡盒1个、银镶咖什伦盒1个、金镶玛瑙盒1个、银镶蓝石盒1个、银镀金镶云母盒5个、银镶金镀玳瑁盒1个、织成各种远视画9张。②

乾隆十八年（1753），葡萄牙布拉干萨王朝国王若泽一世，遣使臣巴

① （清）梁廷楠：《海国四说》《粤道贡国说》卷四《西洋诸国·意达里亚国》，中华书局1993年，第227页。

② （清）梁廷楠：《海国四说》《粤道贡国说》卷四《西洋诸国·博尔都噶尔雅国》，中华书局1993年，第228页。

哲格等进献礼品。据广东巡抚苏昌所奏，葡萄牙使臣一行二十人需从广州府进入北京，入京人员所需的夫马船只廪粮确查清楚，分别造册详缴，"并备移粮驿道，填给勘合应付，并详奉批，委广州府佛山同知毛维锜、抚标右营把总陈贵显伴送进京"。沿途知府知县对待葡进贡品万分小心，分类装箱，并造册详录。"第一箱内，盛自来火长鸟枪二把、自来火手把鸟枪四把、珐琅把洋刀一把；第二箱内，盛西洋小赤金文具一个、噶石瑜鼻烟盒一个、螺钿鼻烟盒一个、玛瑙鼻烟盒一个、绿石鼻烟盒二个……"①此次礼品与前次无甚差异，其中包括：自来火鸟枪，珐琅洋刀，银装蜡台，赤金文具，咖什伦文具，螺钿文具，玛瑙文具，绿石文具，赤金鼻烟盒，咖什伦鼻烟盒，螺钿鼻烟盒，玛瑙鼻烟盒，绿石鼻烟盒，银装春、夏、秋、冬四季花，金丝花缎，银丝花缎，金丝表缎，银丝表缎，各色哆啰呢，织人物花毡，露酒，白葡萄酒，红葡萄酒，巴尔撒木酒，鼻烟，洋糖果，香饼，共计28种。使臣又进献御前礼品，包括：银盘玻璃瓶，银架玻璃瓶，意大石文具，银圆香盒、银长香盒、蜜蜡香盒、剪子各1对，意大石牙签、玻璃牙签各1根，异石鼻烟盒1盒。②

英国在乾隆五十八年（1793）派遣马戛尔尼使团访华，携带了大量前沿的科技产品，据使团成员巴罗在其《巴罗中国行纪》中所记，当时英国送给乾隆的寿礼，耗费了大量的人力来搬运："走在前头的是3000搬运工，运送600件行装；其中有的行李既大又重，需要32人搬运；还有相当多的小官押送，每名官员负责监管一支队伍。接着是85辆车、39辆手推车，各为一轮，运载酒、黑啤酒及其他欧洲食品、弹药，还有笨重不易打碎的物件。送给皇帝礼物中的8门轻型野战炮是这支队伍的押尾。"③ 这些

① 中国第一历史档案馆、澳门基金会、暨南大学古籍研究所合编：《明清时期澳门问题档案文献汇编（一）》，人民出版社1999年，第261~262页。

② （清）梁廷楠：《海国四说》《粤道贡国说》卷四《西洋诸国·博尔都噶尔雅国》，中华书局1993年，第229页。

③ ［英］乔治·马戛尔尼、约翰·巴罗著，何高济、何毓宁译：《马戛尔尼使团使华观感》，商务印书馆2013年，第163~164页。

礼物包括科学仪器如地球仪、望远镜、透镜、秒表，以及英国最大的、装备有最大口径的火炮110门的"君主号"战舰的模型，还有各类武器，其中热兵器有榴弹炮、迫击炮以及手提武器卡宾枪、步枪、连发手枪，冷兵器有利剑。此外，还有韦奇伍德瓷器、布料、啤酒等生活用品。①

总之，外国使节携带礼物访华，是西洋奇器传入中国的一个重要途径，特别是在外贸尚未发展起来的时期，更是如此。

三、外国贸易商人贩入

前往中国进行贸易的欧洲商人，也将西洋奇器带入中国。在商人手中，西器具有两种属性。

其一是将西器作为商品。

葡萄牙窃居澳门后，立刻积极开展贸易活动，澳门成为了外国商船来华贸易的聚集地。大量西洋工业品远渡重洋到达中国，成为交易的商品。据儒塞斯描述："欧洲与东洋的贸易，全归我国独占。我们每年以大帆船与圆形船结成舰队而航行至里斯本，满载上毛织物、绯衣、玻璃精制品、英国及富朗德儿出的钟表以及葡萄牙的葡萄酒而到各地的海港上换取其他的物品。"②

英国作为资本主义国家中的后起之秀，也积极来华贸易，将西洋工业品带到中国。据英国东印度公司的档案显示，明清时期的中英贸易中，常常会涉及西洋器物。仅1681年贸易季度，一艘"巴纳迪斯顿号"（Barnardiston），便将如下物资运到厦门：③

---

① [法] 佩雷菲特：《停滞的帝国——两个世界的撞击》，读书·生活·新知三联书店1993年，第84~169页。
② 曲金良主编，马树华、曲金良分册主编：《中国海洋文化史长编》（明清卷），中国海洋大学出版社2011年，第345页。
③ [美] 马士著，区宗华译，林树惠校：《东印度公司对华贸易编年史（1635—1834）》第一、二卷，中山大学出版社1991年，第48页。

	镑	镑
50000 元		12500
72 捆宽幅绒布（432 匹）	6953	
20 捆粗绒（400 匹）	940	
18 捆长发绒（360 匹）	1104	
200 桶火药	700	
6 箱火机毛瑟枪	300	
200 块铅（约 480 担）	426	
6 箱淡黄色的（酒）	27	10450
		22950

英国商人将这些物资作为本金交给中国的代理商洪顺官（Hunshunquin），然后再由其购买中国货物作为商船回程的投资。这种用货物代替资金拨付给代理商的方式，间接促进了西洋物品的传播。但这些运往中国的大宗物资中，除了毛瑟枪属于富含科技的西洋奇器，剩下的都是些寻常的日用品。此外，其他年份的贸易纪录也显示，运往中国的大宗商品以洋纺织品为主，而最能代表西方特色的精巧器物未列其中。例如 1716 年的贸易季度，英国从伦敦派遣三艘船开往广州，一共载有毛织品 30 匹，长厄尔绒 983 匹，铅 120 吨及一些琥珀。1717 年贸易季度，英国派遣两艘船开往广州，"埃塞克斯号"（Essex），300 吨，资金 36212 镑；"汤森号"（Townshend），370 吨，资金 38440 镑。两船载有一些铅、18 捆毛织品和 135 包长毛绒。1719 年，"森德兰号"（Sunderland），350 吨，资金 33688 镑；"埃塞克斯号"，300 吨，资金 33923 镑。两船都携带"一些毛织品、铅和一些琥珀"①。由于洋商用于贸易的物品同时也是购买中国货物的本金，为了保障资金的流动性，商人选择的都是大宗的易销品，而精美西器

---

① ［美］马士著，区宗华译，林树惠校：《东印度公司对华贸易编年史（1635—1834）》第一、二卷，中山大学出版社 1991 年，第 152、155、157 页。

的价值虽然高昂，但缺乏一个统一的定价，市场也不够庞大，因此不大可能成为贸易商品。尽管如此，英国东印度公司对于精巧西洋奇器的商业价值，还是了然于胸，其档案中提道："（1721）一只镶满宝石和涂上珐琅质的表，或一个精巧坚硬的器械，会吸引广州的买主"，然后再用交易西器的钱购买中国珍品卖到欧洲，能够牟取暴利，"一把高雅的绘扇，一个精美的象牙雕刻，一条华美的刺绣袍褂，伦敦的买主会用一镑交换成本一两的货物——利润200%"①。据内务府档案记载：

> （雍正十年）四月初四日，据圆明园来帖内称自鸣钟处太监张玉持来银盒银套小表一件，系汗策凌敦多布进，金花盒玳瑁套小表一件，内金钉不全，系达尔嘛巴拉进，蓝珐琅小表一件，珐琅有坏处，系尚古尔喇嘛进，说太监王常贵传旨："交造办处，钦此。"②

上述三人中，策凌敦多布为西蒙古土尔扈特人的首领，达尔嘛巴拉为策凌敦多布之母，尚古尔喇嘛则是其首要的神职人员。据郭福祥推测，他们进献的钟表很可能是通过贸易获得的。③

魏源在《海国图志》中指出，"与天下万国通商"的英国"所运进广州府之货物"有玻璃器、钢、自鸣钟、时辰表、大呢、羽缎、哔叽、小绒、洋布、花布、手巾。④显然，这些西器通过贸易商人运进中国，从而在中国传播开来。

其二，将西器作为礼品。

---

① ［美］马士著，区宗华译，林树惠校：《东印度公司对华贸易编年史（1635—1834）》第一、二卷，中山大学出版社1991年，第76页。

② 中国第一历史档案馆、香港中文大学文物馆编：《清宫内务府造办处档案总汇》第5册，人民出版社2005年，第248页。

③ 郭福祥：《雍正朝宫中钟表的来源与使用》，《哈尔滨工业大学学报》（社会科学版）2001年第3期。

④ （清）魏源辑：《海国图志》卷五一《大西洋·英吉利国广述上》，岳麓书社1998年，第1407页。

制作精美、造价高昂的西洋奇器，通常被洋商作为打点中国官商的见面礼，随商船夹带而来。例如1684年5月26日，当英国商船"快乐号"到达厦门，商人便被县令召见。第二天，县令下属便来到商船上询问船货的细目表，并替县令索要礼物。待洋商打点了县令及其下属之后，又被要求给福建总督和将军礼品。① 又如1732年，英国东印度公司董事部交给商船英国茶碟、家具，以及一些优质绒布，让其带给中国的唐康官（行商）。② 1775年，英国商船"莫尔斯号"的二副福克泽尔（Foxall）私自将一些钟表和其他珠宝带上船，粤海关监督得到消息之后立刻要求赏玩，船长只得将下舱的几个包裹搬到甲板的后舱上，让海关监督进入该舱将每一包的东西玩赏并品评了几个钟头，然后买了几样并立即叫人拿到他的舢板上去。③

四、中国使臣从国外带入

中国使臣出使国外将西器带回，也是西器入华的传播方式。据内务府档案记载：

> （雍正十一年）二月十三日，据圆明园来帖内称郎中张文斌交鄂尔斯国自来火花铁鸟枪一杆，长四尺，自来火素铁鸟枪一杆，长三尺，系差往鄂尔斯国去，回来内阁学士德新、内阁侍读学士巴延泰进。④

① ［美］马士著，区宗华译，林树惠校：《东印度公司对华贸易编年史（1635—1834）》第一、二卷，中山大学出版社1991年，第53～54页。
② ［美］马士著，区宗华译，林树惠校：《东印度公司对华贸易编年史（1635—1834）》第一、二卷，中山大学出版社1991年，第208页。
③ ［美］马士著，区宗华译，林树惠校：《东印度公司对华贸易编年史（1635—1834）》第一、二卷，中山大学出版社1991年，第337页。
④ 中国第一历史档案馆、香港中文大学文物馆编：《清宫内务府造办处档案总汇》第5册，人民出版社2005年，第631页。

德新与巴延泰代表清廷出使沙俄一事，在俄方史料中也得到印证：

> 1730 年，俄国新皇登基，清廷派内阁学士德新，内阁侍读学士巴延泰为使臣，率团携礼赴俄祝贺。①

由此可知，两位内阁学士带回来的两只俄罗斯鸟枪，应该是沙皇回赠的礼品。自来火鸟枪即为燧发枪，其技术领先于清军装备的火绳枪。

五、战争缴获

还有一部分西器是中国在对外战争中俘获，随之传入中国。嘉靖元年（1522）中葡早期的军事冲突——广东新会"西草湾"之战中，葡萄牙两艘船舰被广海道副使汪铉缴获，船上西器尽为所得，其中便有 20 余门佛郎机炮以及鸟嘴铳。康熙年间，清朝还曾从俄罗斯手中缴获火器。清人称"俄罗斯有火器"，并引《平定罗刹方略》言："康熙二十三年正月十一日，我师抵雅克萨，以其鸟枪归。"除了缴获鸟枪外，还缴获了俄罗斯的三尊火炮。《异域录》言：清将图理琛"入其境"，俄罗斯"具枪炮、旗帜以迎。土尔扈特又借之以卫我使者。今雅克萨城有康熙时获俄罗斯炮三位"②。战争俘获是中国获得西器的另一方式，也是西器传入中国的一种特殊方式。

六、中国地方官员的采买与进献

明代利玛窦赠给神宗的西洋礼品之所以能够顺利直达宫廷，实际上有赖于地方官的进献。天津税官马堂为了揽功，在扣下利玛窦的礼物后，上疏进献给皇帝，客观上促进了西器在统治阶层的传播。清代以来，东南沿

---

① 《清代中俄关系档案史料选编》第一编下册，中华书局 1981 年，第 541~543 页，第 545~562 页。
② （清）魏源辑：《海国图志》卷五六《北洋俄罗斯国沿革》，岳麓书社 1998 年，第 1544 页。

海官员通过职务之便，向西洋商人购置西器，再将这些西洋奇物进献给皇帝。由于西器的巨大吸引力，当贸易季度来临时，皇帝也会主动要求地方官员采买西器。康熙五十五年（1716），两广总督赵弘灿"钦遵圣谕，时刻留心，随差家人三名跟李秉忠至澳门寻买西洋物件"。并奏报所到洋船的数量，"先到洋船十八只""今又续到澳门四只"①。可见康熙对新到洋船动向的关注。

清朝宫中奇器，许多都来自东南沿海官员的采买、进献。所进之物多为钟表、天文仪器、西洋玻璃等物。钟表方面，有些钟表直接进口于海外，有些则是经过中国化的加工改造之后呈进。如雍正六年二月初七日，福建巡抚常赉向朝廷进献一件用柏木匣盛装的圣寿无疆表，此表应当就是为刻意迎合雍正而造。而同一天由求寿进献的珐琅套西洋人物表和黑子兜皮套西洋人物表，应当是直接从西洋商人处采买。② 清宫内务府造办处档案中记载了大量进献时钟的史料，此不赘述。

天文仪器也是地方官吏进献的热门物品。雍正五年（1727）十月十四日，太监王太平交来大日晷一件，系福建巡抚常赉进。雍正五年十月二十日，太监张玉柱交来仪器一件，随乌木匣盛，系巡抚杨文乾进。首领太监李从明持来仪器一件、日晷一件，系年希尧进。雍正五年十一月二十三日，郎中海望呈进江西烧造磁器处年希尧送来豆绿磁天球罇一件。雍正十年十月二十三日，广东总督鄂弥达进献千里镜九件、罗镜一件。雍正十一年十月二十三日，广东总督鄂弥达进献象牙嘴千里眼九件，广东巡抚杨永斌进铜嘴千里镜五件。雍正十一年十月二十七日，毛克明、郑伍赛进献铜嘴千里眼大小四件、千里眼水平仪器一件。与钟表一样，这些物品有些是进口于海外，有些是仿造于国内。此外，各地官员还进献西洋玻璃制品。大块玻璃镜、玻璃挂镜、玻璃挂灯是最常见的玻

---

① 中国第一历史档案馆编：《康熙朝汉文朱批奏折汇编》第 7 册，档案出版社 1984 年，第 440~441 页。

② 中国第一历史档案馆、香港中文大学文物馆编：《清宫内务府造办处档案总汇》第 3 册，人民出版社 2005 年，第 25 页。

璃贡品。

因此官员的采买和进献，是西器在宫中传播的重要途径。

以上六条便是西器在中国的基本传播方式，需要指出，传教士、外国使臣、外国贸易商人的身份会有重叠。有时传教士是代表着教皇或本国君主的使节，而大多数外国使节也是为了寻求贸易的机会才远渡重洋来到中国，随团都带有商队。甚至有些商人并非具备使节的资格，而是为了利益浑水摸鱼而来。明末传教士曾经感叹："这些为数众多的来宾并不是以真正的使节资格到中国来的。他们来是为了赚钱，带来礼物并希望皇帝赏赐。为了不失伟大君王的尊严，这些赏赐远远超过他所收到的礼物的价值。"① 万历年间的神父们曾在这些商人进贡皇上的礼品中看到一把剑，"那简直就是一块钢片粗陋地从铁砧上打铸出来的，住在这房子里的某个人给它配了一个斧头手柄一样的木把"，此外，"还有用皮条粗制滥造编成的胸甲，他们还带来马匹，但饲养得极差，一到北京就饿死了"②。显然这些物品在东传西器中属于次等品。但是，质量并未影响它们流入中国。或许，统治者接纳西器的目的，除了领略其精美，更享受的是这种四方来朝的威仪感。

第二节　西器的传播路径

在勾勒了西器的六种传播方式之后，西器的传播路径已隐约可见。本节对此作进一步的探讨。明清以降，西洋奇器虽然无孔不入地渗透进中国社会，但其传播路径大致遵循着海路和陆路两线，而从海路进入中国的西器，又与陆路的某些线路结合，开展陆上传播之旅。

---

① ［意］利玛窦、［法］金尼阁著，何高济等译：《利玛窦中国札记》，中华书局1983年，第413页。

② ［意］利玛窦、［法］金尼阁著，何高济等译：《利玛窦中国札记》，中华书局1983年，第413页。

一、海路—东南沿海—内陆

从 15 世纪地理大发现到 19 世纪苏伊士运河建成前，欧洲各国商人、传教士、外交使臣来华的最优选择便是搭载循季风南下的商船，从欧洲本土起航，沿非洲东海岸南下，绕过好望角，向东经过马六甲海峡，抵达中国东南沿海地区。其次，便是经西班牙通过墨西哥横穿太平洋，到达马尼拉，进而到达中国东南沿海地带。随船而来的西器便汇聚于此，通过贸易、朝贡、馈赠乃至缴获等多种形式进入中国腹地。

欧洲早期殖民国家葡萄牙、西班牙和荷兰到达东方后，在中国东南沿海一带活动，广东、福建、浙江各沿海港口成为西器进口和传入的落脚之地。采取闭关锁国政策的明朝政府，严厉禁止国民与葡萄牙、西班牙等国开展贸易活动。这些西欧国家便与"倭寇"勾结，在中国东南沿海一带从事走私活动，违禁买卖商品和货物。他们首先将目标对准广东。1522 年，葡萄牙与明朝水师在广东新会西草湾发生军事冲突，明朝海道副使汪鋐从葡萄牙手中缴获了佛郎机炮和鸟嘴铳等西洋火器。同时期，葡萄牙人来到福建从事走私贸易，并于 1516 年来到厦门。30 年后，西班牙商船于 1547 年也来到厦门一带贸易。康熙十九年（1680）清廷从郑成功手中收复厦门，康熙二十二年（1683）便取消"海禁"，并在厦门设立闽海关，厦门港得到空前的发展，"番船往来，商贾翔集，物产糜至"，各国货物纷至沓来，西洋奇器源源不断地进入中国。葡萄牙一度占据福建漳州的浯屿，并进而通过泉州与走私华商开展贸易。嘉靖五年（1526）邓獠招引葡萄牙人到双屿岛交易，每年夏季来，冬季去，以为常态。嘉靖十九年（1540），海盗许一、许二、许三、许四等人勾引葡萄牙人，络绎至双屿、大猫等港。是年，葡萄牙还与中国海寇许栋、徽商王直、李光头等人勾结，宁波双屿港成为葡萄牙的海上走私据点，西器遂从宁波进入中国大陆。福建的泉州与漳州月港同为 17 世纪闽商"泛海通商"活动的主要基地。漳州港成为荷兰东印度公司商船常到之地。除福建外，浙江也是西洋各国从事贸易的目标。1526 年，葡萄牙到达浙江宁波双屿港与私商展开违禁贸易。清朝康熙二十四年（1685）在宁波设浙海关，康熙三十七年（1698）在宁波和定海分别设立浙海关分关，同年定海县城外道头街西新建红毛馆一处，以为外国商人及船员馆宿之地。此地遂成为西洋货品进入中国的桥头堡。

在西器传入的东南沿海，以广东的广州和澳门最为突出。16—19世纪，绝大多数西器从广东抵岸。广州长期成为与西洋各国通商的唯一口岸。广州"十三行"则成为中国与西洋各国贸易的垄断性华商。明代的嘉靖朝，清代的康熙、乾隆二朝，均胶执广州"一口通商"的政策，让广东成为对外贸易的中心，葡、西、荷、英、美各国先后携带西洋奇器，在此汇聚和交易。1784年，美国商船"中国皇后号"到达广州，带来西洋货品。除了广州外，广东的澳门也成为中西商品贸易的重要口岸。1557年，葡萄牙正式入居澳门，此地遂成为西器的集散地，"每一舶至，常持万金，并海外珍异诸物，多有至数万者"①。澳门流出的海外珍奇，经过广东、江西、江苏，沿京杭大运河北上，运抵首都北京或其他地区。明代，葡萄牙人占据澳门后，为了垄断与广州的贸易，曾坚决反对其他国家与中国通商，西班牙、荷兰、英国商人皆受到阻扰，甚至在澳门附近和广东沿海发生过海战。阳江等地有不少西洋沉船，明末地方官员曾从上面打捞出许多红夷大炮和西洋大炮，运往北京和辽东前线。

葡萄牙占据澳门后，以此为据点，建构了一个由葡萄牙人控制的海上贸易网络。据万明称，"在东方，葡萄牙人建立贸易网络，转运贸易的重要中心之一是澳门。广州每年夏冬两季有定期集市，在冬季的集市上成交的货物，大多是输出到印度、欧洲和菲律宾；在夏季成交的货物，则大多输往日本。中外贸易航线自广州起航，经澳门出海，作为广州的外港，中国的生丝和丝绸等商品从澳门大量出口，经由果阿销往欧洲，通过长崎销往日本，也经马尼拉销往美洲西班牙殖民地"。葡萄牙人经营的海上贸易

---

① （明）周玄暐：《泾林续记》，《丛书集成新编》第89册，新文丰出版公司1985年，第83页。

网络，包括以澳门为中心开辟的多条国际贸易航线，其中联通中国与欧洲的是"澳门—果阿—欧洲"航线。澳门经果阿运往欧洲的商品，主要是中国的生丝、丝绸、瓷器、药材等。欧洲经果阿和马六甲运到澳门的商品，每年由从事贸易的大帆船队"载有 200 到 600 和 800 吨货物的船只"① 从里斯本启航，满载着"毛织品、红布、水晶、玻璃制品、英国时钟、佛兰德工业品、葡萄酒"②，前来东方，沿途在各个港口进行贸易交换活动，到达印度果阿后，再驶向马六甲，将大部分货物交换香料、檀香木、暹罗的皮制品等，随后由马六甲航向澳门。到达澳门以后，将"这些货物换成丝"，之后船队又驶向日本，去交换日本的白银。③ 可见，从里斯本装运的西洋织品、玻璃制品和英国时钟、佛兰德工业品和葡萄酒等物，沿途交换，会有部分西器直运澳门，与中国丝绸交换后，运往中国内地。显然，这是丝绸之路在明清时的特殊表现。

作为北京的东南门户天津，也有部分西器由此登岸，运往首都。明代宫廷用品的运输在天津港占有重要地位。明朝漕运、漕船捎带的私物不征收赋税，促进了民间贸易的繁荣。大量南方私物经港口进入天津。清代乾隆年间，海禁开放，江浙闽广的商船由海道进入天津，外国洋货和奇器也随船进入此地。天津城靠近港口的北门外和东门外，出现了"洋货街"，成为西器在北方沿海的重要中转地和扩散地。

中国南方的某些朝贡国，曾将西洋奇器作为自己的"方物"和贡品，通过海路运抵中国沿海地区。如中国的朝贡国暹罗就通过海路，将贡船驶抵广州，然后再由陆地北上。明天启六年（1626）二月，暹罗国王遣使中国，从海路抵达广州。广东市舶提举司唐允中上报住在怀远驿的暹罗使团的入贡金叶表，表中特别表明使臣是"乘船一只，捧赍金叶表文，装载方

---

① ［瑞典］龙斯泰著，吴义雄等译：《早期澳门史》，东方出版社 1997 年，第 100 页。

② C. R. Boxer: Fidagos in the Far Eeast，1550～1770，Martinus Nijhoff，The Hague，1948，p. 15.

③ 万明：《中葡早期关系史》，社会科学文献出版社 2001 年，第 151～154 页。

物译书，用罗字五号勘合，从广东省送诣阙下贡献"，所贡方物中有西洋遮那密段六端、西洋红地绣金绵毹帕二条。① 这些"方物"都是将西洋织品转贡中国。清朝康熙四年（1665）十一月，暹罗国王遣陪臣等赍金叶表文至京朝贡，所携礼物有西洋闪金缎等物。康熙五十一年（1712），暹罗国王郑华再次遣使入贡御前方物，其中有西洋毡、西洋红布等物。② 嘉庆元年，暹罗国王复遣使赍金叶表文，庆贺太上皇帝归政，恭进金钢钻、荷兰毯、红毛厘布等物。③ 不言而喻，这些西洋贡品是朝贡国转贡的，是从海上乘船抵达广州，然后再运往北京。

西洋商品和器物运到中国沿海各口岸后，进而登陆运至各地。明代万历年间，以利玛窦为代表的耶稣会士，从澳门登陆中国内陆，先到广州，后至肇庆，在两广总督陈瑞的帮助下，于肇庆建立教堂，后又从肇庆出发，来到韶州府，继续北上，在赣州、南昌居留并传教，然后来到南京，等时机成熟时，继续北上，沿运河，经济宁、临清、天津，最终抵达大明帝国的首都北京。沿路赠送三棱镜、日晷、自鸣钟等西洋奇器，使沿途成为传播西器的重要线路。当然，在陆上行走时，又常常从西江、赣江、运河中乘船而行，将陆上的水路与旱路相结合，是西洋器物在陆上最常见的运输和传播方式。1793年，英国马戛尔尼使团来华时，先从海路抵达宁波，舍舟登岸，陆行至运河，再沿运河乘船北上首都，将赠送乾隆的寿礼（大量的西器）卸于圆明园中。此次礼物的搬运，声势浩大，无形中宣传了英国工业的进步和西洋物质文明的先进。

二、由陆路通道运抵中国

西洋器物除了从海上进入中国大陆外，还有陆上通道可供选择。事实

---

① （清）谈迁：《枣林杂俎·逸典》，中华书局2006年，第69~70页。

② 赵尔巽等：《清史稿》，中华书局1976年，第14690、14694页。

③ 《大清会典事例》卷五〇三《礼部·朝贡》"贡物二"，文海出版社1992年，第123页。

上，明清时期，不少西器都是从陆路运进中国的。陆路通道有两条，一是欧洲—回疆—中国，一是西欧—俄罗斯—中国。前者是经中亚、中国新疆、河西走廊运达中国，后者是经东北亚运抵中国。在海道尚未大通的明朝前期，西洋器物往往是通过上述陆路通道运至中国的。

明代中期以前的西器多经过陆路传入中国。元明时期，玻璃多由阿拉伯人从欧洲经中亚、河西走廊运至大都或北京。元代皇帝将经阿拉伯传来的西洋玻璃，建造成玻璃宫殿。据明代吴节（1396？—1481）在《故宫遗录》中讲："新殿后有水晶二圆殿，起于水，通用玻璃饰，日光回彩，宛若水宫。中建长桥，远引修衢而入。周伯琦（1298—1369）《水晶殿诗》：巧思曾经修月手，通明元在五云中。"① 这座玻璃宫殿便是元代皇帝所建，其材料由陆路运达。明代的眼镜，也是从欧洲经过中亚，再经新疆、河西走廊传入中国。明代景泰、天顺间官员张宁（1426—1496）在其《方洲杂言》中称他曾在孙景章参政家中见到过一副眼镜。据孙景章说是"以良马易得于西域贾胡"。明代都指挥使司军官霍子麒曾告诉打听眼镜来历的郎瑛，说自己收藏的眼镜，是他"旧任甘肃，夷人贡至而得者"②。甘肃处于与西域相连的河西走廊上，显然，这里的眼镜是从欧洲，经中亚、西域、河西走廊传来。明代著名的鲁密枪，也是从陆上传过来的。鲁密是当时的奥斯曼帝国（今土耳其），曾于嘉靖年间派人进贡火绳枪——鲁密铳，但未受到重视。万历二十六年（1598）五月，文华殿中书赵士桢将其改进，向神宗贡上西域鲁密番鸟铳一门，并随铳进上《神器谱图说》一本。《武备志》评价鸟铳中"唯鲁密铳最远最毒"。鲁密枪很可能是奥斯曼帝国从欧洲所获并加改进的西洋火器，由奥斯曼帝国使臣经中亚、西域和河西走廊传至北京。

---

① （清）姚之骃：《元明事类钞》卷二九《宫室门》，上海古籍出版社1993年，第463页。

② （清）陈元龙：《格致镜原》卷五八《燕赏器物类二·眼镜》，《景印文渊阁四库全书》第1032册，台湾"商务印书馆"1986年，第169页。

第三节　明清时期传入中国西器的类别

从明朝正德年间，葡萄牙人与中国官方正式交往开始，到清朝鸦片战争之前，经海路和陆路传入中国的西器不甚枚举。以下就武器、交通工具、生活用品、艺术物品、科学仪器以及图书六大类进行分类详述。

一、军事武器

在众多西器中，中国人对火器接触最早、运用最广。具有代表性的是佛郎机、鸟铳、红夷火炮等。

佛郎机来源于 15 世纪的鹰炮（falconetto），流行于 15—16 世纪的欧洲。葡萄牙人制造的佛郎机一般用作舰炮，现今在里斯本军事博物馆与日本东京的游就馆均有陈列。与当时明军装备的火铳相比，佛郎机具有射速快、装弹室大、壁管厚、安装了瞄准器、两侧有炮耳等多个特点。[1] 起初，"佛郎机"一词是东南亚的伊斯兰教徒对葡萄牙的称法，明人袭用之。"有佛郎机者，自称干系蜡国，从大西来。"[2] 国人对其多有忌惮。《明史》记载："佛郎机，近满剌加。正德中，据满剌加地，逐其王。十三年遣使臣加必丹末等贡方物，请封，始知其名。诏给方物之直，遣还。其人久留不去，剽劫行旅，至掠小儿为食。已而夤缘镇守中贵，许入京。武宗南巡，其使火者亚三因江彬侍帝左右。帝时学其语以为戏。其留怀远驿者，益掠买良民，筑室立寨，为久居计。"[3] 1517 年，葡萄牙舰队在未经中国政府允许的情况下，开进广州内河。"正德十二年，驾大舶突至广州澳口，铳

---

① 王兆春：《中国火器史》，军事科学出版社 1991 年，第 119~120 页。

② （明）张燮：《东西洋考》卷五《东洋列国考·吕宋》，中华书局 1981 年，第 89 页。

③ （清）张廷玉等：《明史》卷三二五《外国传六》，中华书局 1974 年，第 8430 页。

声如雷，以进贡为名。"① 舰船所载火炮给明朝留下深刻的印象，"铳炮之声，震动城郭"②。其后数年，在葡萄牙与明朝不断的接触与摩擦中，国人进一步了解了西洋火炮的威力。明人将这种火炮取其国名佛郎机而称之，其后此炮被广泛应用于明末的军事行动中。其来历及形制也见诸于《明史》，"白沙巡检何儒得其制，以铜为之。长五六尺，大者重千余斤，小者百五十斤，巨腹长颈，腹有修孔。以子铳五枚，贮药置腹中，发及百余丈，最利水战。驾以蜈蚣船，所击辄糜碎"③。"佛郎机"在明末纷繁的战火中，被越来越广泛地应用。隆庆"后，辽东巡抚魏学曾请设战车营，仿偏箱之制，上设佛郎机二，下置雷飞炮、快枪六，每车步卒二十五人"。将佛郎机置于战车之上。④ 也有明军将佛郎机安置在福船上，"广东船，铁栗木为之，视福船尤巨而坚。其利用者二，可发佛郎机，可掷火球"⑤。崇祯初年，督师袁崇焕平叛平辽总兵官毛文龙前，"登岸试放佛郎机，远者闻五六里，近者三四里"⑥，大大提高了军队的士气。

鸟铳即火绳枪，因能击落飞鸟而得名。"十发有八九中，即飞鸟之在林，皆可射落，因是得名。"⑦ 鸟铳由枪管、火药池、枪机、枪柄和准星构成。枪管比明军传统火铳要长，射程较远，精度较高。射击时用火绳点燃火药将铅弹射出。戚继光在《练兵实纪》中指出，鸟铳从日本传入，比之传统火器优势明显，"此器中国原无，传自倭夷始得之。此与各色火器不

---

① （明）张燮：《东西洋考》卷五《东洋列国考·吕宋》，中华书局1981年，第93页。

② 《明武宗实录》卷一九四，正德十五年十二月己丑，"中央研究院"历史语言研究所1962年，第3630页。

③ （清）张廷玉等：《明史》卷九二《兵志四》，中华书局1974年，第2264页。

④ （清）张廷玉等：《明史》卷九二《兵志四》，中华书局1974年，第2268页。

⑤ （清）张廷玉等：《明史》卷九二《兵志四》，中华书局1974年，第2268页。

⑥ （明）柏起宗：《东江始末》，《丛书集成新编》第119册，新文丰出版公司1985年，第701页。

⑦ （明）茅元仪：《武备志》卷一二四《军资乘·火六·火器图说三·鸟嘴铳》，华世出版社1984年，第5098页。

同，利能洞甲，射能命中，弓矢弗及也"①。日本鸟铳源自于葡萄牙，后经改进传入中国。鸟嘴铳的输入，对明末的军事战争起到了巨大的作用。在防御上，鸟铳成为守城利器。万历三年（1575），"知县王许之以城垣径直，难以制外，于四城之外建敌楼十二座以拒敌，开四孔以通鸟铳"②。万历《雷州府志》记载，雷州府东西南北四门皆有部队用鸟铳镇守③。在进攻上，鸟铳成为了排兵布阵的重要选择。《倭变事略》载，嘉靖三十五年（1556）四月初六日，倭寇"至吾盐北王桥，指挥徐行健率兵迎战，隔河而阵，以鸟铳击杀十余贼"④，后因寡不敌众，壮烈牺牲。此外，鸟铳也和佛郎机一样，用以武装船舰。《明经世文编》卷三百五十四记载，为抵御广东海贼，都察院命巡海道征集商民大船，将其武装，防守要害，"除枪标刀牌之类，令各自备外，每船官给佛郎机铳二门、鸟铳十门、粗火药五十斤、细火药三十斤、火绳二斤、大小铅子各十斤、喷筒十个、火炮五个、火箭二十枝"⑤。

红夷火炮是 1600 年前后欧洲制造的前装滑膛舰载加农炮的通称，这是当时世界上最为先进的火炮。"红夷"即指荷兰人，《东西洋考》指出，"红毛番自称和兰国，与佛郎机邻壤，自古不通中华。其人深目长鼻，毛发皆赤，故呼红毛番云"⑥。明朝官员误认为火炮是荷兰人生产，故取名为红夷火炮。实际上，明朝所购火炮大部分都是葡萄牙铸造的。红夷火炮又被称为红衣大炮，据陈其元称："谓'红衣'者，即'红夷'音之转，盖

① （明）戚继光：《练兵实纪》，中华书局 2001 年，第 317 页。
② （明）曹志遇：《（万历）高州府志》卷一《城池》，书目文献出版社 1990 年，第 15 页。
③ （明）欧阳保：《（万历）雷州府志》卷一二《兵防志一》，书目文献出版社 1990 年，第 348~349 页。
④ （明）采九德：《倭变事略》卷四，《丛书集成新编》第 120 册，新文丰出版公司 1985 年，第 95 页。
⑤ （明）涂泽民《行监军巡海二道（调拨兵船）》，载（明）陈子龙等编《明经世文编》卷三五四《涂中丞军务集录》，中华书局 1962 年，第 3814 页。
⑥ （明）张燮：《东西洋考》卷六《外纪考·红毛番》，中华书局 1981 年，第 127 页。

指红毛也。"① 另一种说法指出，"红衣大炮"因明朝官员将大炮盖上红布而得名。其与佛郎机从战争中缴获并自主仿制不同，红夷火炮是明朝开明官员大规模向欧洲国家购买，并延请欧洲制炮专家进行仿制。其炮形制巨大，"长二丈余，重者至三千斤，能洞裂石城，震数十里"。比之佛郎机威力更甚。沈德符称："数年来，因红毛夷入寇，又得其所施放者，更为神奇，视佛郎机为笨物，盖药至人毙，而敌犹不觉也，以此横行天下，何虏敢当之!"② 此炮传入中国后受到明军重视，"天启中，锡以大将军号，遣官祀之。"③红夷大炮在明末战争中扮演了重要的角色。在防御上被用作守城利器，"红夷炮铸铁为之，身长丈许，用以守城。中藏铁弹并火药数斗，飞激二里，膺其锋者为齑粉"④。天启六年（1626）正月，后金率大军进攻宁远，枢臣王永光题疏，要将宁远城中红夷大炮撤至山海关，遭致主战派反对："此炮如撤，人心必摇。"⑤《明史》也以清军视角记载了这段历史："六年正月，我大清以数万骑来攻，远迩大震，桂与崇焕死守。始攻西南城隅，发西洋红夷炮，伤攻者甚众。"⑥ 红夷火炮也被用于攻城战。清军入关后，在攻打南明王朝的过程中，就多次利用红衣大炮攻城拔寨。清军南征金华时，南明军队誓死抵抗，"伤清师士卒数万，固守月有五日不下。清师取民间耕牛载红衣大炮集城下，向一处击之，城崩"⑦。

　　除了佛郎机、火绳枪、红衣大炮这三类武器，如臼炮、燧发枪等更为

---

① （清）陈其元：《庸闲斋笔记》，中华书局 1989 年，第 270 页。

② （明）沈德符：《万历野获编》卷一七《火药》，中华书局 1959 年，第 433 页。

③ （清）张廷玉等：《明史》卷九二《兵志四·火器》，中华书局 1974 年，第 2265 页。

④ （明）宋应星著，潘吉星译注：《天工开物译注》，上海古籍出版社 1993 年，第 189 页。

⑤ （明）刘若愚：《酌中志》卷三，北京古籍出版社 1994 年，第 21 页。

⑥ （清）张廷玉等：《明史》卷二七一《满桂传》，中华书局 1974 年，第 6958 页。

⑦ （清）三余氏：《南明野史》附录《鲁监国载略》，台湾银行 1960 年，第 252 页。

先进的武器也不断进入中国。臼炮后被康熙改进成为了威远将军炮，在亲征噶尔丹的战争中大放异彩。燧发枪以燧石点火，其性能优于清军常备的火绳枪，但始终未能普及。

二、交通工具

西洋奇器最先呈现在中国东南沿海人民面前的就是葡萄牙、荷兰等国的独特的帆船。"海上马车夫"荷兰的帆船，是当时最为先进的海上交通工具，明人对此多有描绘和想象。李日华称，万历三十七年（1609）九月七日，一群等候按察司兵备道副使周幼华接见的人，坐在一起聊天。其中有在闽、广做官的人，"因谈海事"，说荷兰人"其船甚长大，可载千人，皆作夹板，皮革束之。帆樯阔大，遇诸国船，以帆卷之，人舟无脱者。横行海中，有窥据日本之意"①。这是对荷兰帆船的奇幻想象。明末清初，广东人屈大均对西洋帆船已有更清晰的认识，指出："洋舶之大者，曰独樯舶，能载一千婆兰，一婆兰三百斤，番语也。次牛头舶，于独樯得三之一。次三木舶，于牛头得三之二。次料河舶，于三木得三之一。底二重，皆以铁力木厚三四尺者为之。锢以沥青、石脑油、泥油，填以礵石。矴以独鹿木，扎以藤，缝以椰索。其碇以铁力、水杪，钉以桃榔、篦箬，淬钉以蛇皮内膏。盖海水咸，烂铁，妨磁石，故皆不用铁物云。"他还介绍了西洋船的桅杆："桅凡三，一桅常植。二桅以风而植。桅长者十四五丈或二三接，中皆横一杆，上有望斗，容四十余人。又以木为人，或升或降，遍置梯绳之间，前木照后柁，以黑鬼善没者司之。"指出西洋船上"皆有舵师、历师，然必以罗经指南"。然后，他介绍了荷兰人的帆船："尝有贺兰国舶至闽，有客往观之，谓其舶崇如山岳，有楼橹百十重，上悬五色幡帜，环飞庐皆置木偶以疑远，内则含伏大佛郎机百位，外则包裹牛革数重，月以丹漆涂塈一周以为固，梯以藤结而上下。"船上装备有火炮，客人"登未及半，则施放火器，黄雾蔽人，咫尺渺不相见，声如丛雷，轰阗

① （明）李日华：《味水轩日记》卷一，上海远东出版社1996年，第43页。

足底"。翻译解释说是敬客礼仪。屈大均还介绍了荷兰船的帆："帆以布，凡七张之，绳以棕细藤"，船舱的"窗牖以玻璃嵌之"。屈大均对西洋船的描述并非道听途说，他曾亲自登临："贺兰舶亦尝至广州，予得登焉。"他发现："舶腹凡数重，缒之而下，有甜水井、菜畦。水柜水垢浊，以沙矾滤之复清。悬釜而炊。张锦绷白氋而卧，名曰奥床。"①

明末清初福建侯官人高兆，写了一首《荷兰使舶歌》，对荷兰的帆船作了描写："横流蔽大舶，望之若山坠。千重列楼橹，五色飘幡帜。飞庐环木偶，（舶上周遭，刻木偶如人以疑远。）层舰含火器。（大佛郎机百位，含伏舰中。）画革既弥缝，（外裹牛革。）丹漆还涂墁。（每月涂伽马漆一周，故坚固。）叩舷同坚城，连锁足驰骑。伫立望崇高，真非东南利。"然后说自己也曾以宾客身份登临其船："某也亦宾客，缒藤许登跂。番儿候雀室，探首若鬼魅。（上下以藤结梯，雀室舶中候望之宝，番儿见客，缘梯从宝探首，以手援引。）摄衣升及半，火攻炫长技。烟雾横腰合，雷电交足至。（客登舶诸炮为敬。）译使前致辞，此其事大义。"据其诗讲，荷兰人的船"上容千人"，甚至可以并辔行车。船中央楼中有指南针，其桅杆"凌云百丈植"，桅樯皆用铁裹束。"七帆恒并张，八风无定吹。"帆用布做成，共七张，可受八面之风。船舱"雕桅障玻璃"，窗户皆用玻璃。他还看到了荷兰船上的航海地图："绘事江海迹，水道何太备。岛屿分微茫，山川入详委。"他解释道："是日，于其贮笔处得一卷，长丈许，绘画山水，各有番字如蚁，分识其下，考之皆五虎门内外沿海地图，及水深浅处，诘问译人，以识水停舶为对，时使者相视旁皇。"高兆敏感察觉到荷兰人的侵略意图，"观图见包藏，宁惟一骄恣"②。西洋坚船巨舶到达中国的同时，也带来了西方殖民者包藏的祸心，其船舶的先进和威力的确给中国人带来了巨大的震撼。

---

① （清）屈大均：《广东新语》卷一八《舟语·洋舶》，中华书局 1985 年，第 481~483 页。

② （清）卓尔堪编：《（明）遗民诗》卷六高兆《荷兰使舶歌》（代友人纪事），《四库禁毁书丛刊》集部第 21 册，北京出版社 2005 年，第 566~567 页。

三、生活用品

这类用品更加贴近生活，能引起国人的好感，易于传播，主要有西洋眼镜、钟表、洋纺织品、瓶装药露等。

西洋眼镜发明于欧洲，据学者推断发明时间在 1270—1280 年。① 西洋眼镜在宣德年间就已传入中国。据明人张宁称，自己曾经在指挥胡豅的寓所，见到了明宣宗赐给胡豅父亲宗伯公的眼镜，其形制"如钱大者二，其形色绝似云母石，类世之硝子，而质甚薄，以金相轮廓而衍之为柄，纽制其末，合则为一，歧则为二，如市肆中等子匣"，从功能上来看应当是老花眼镜。"老人目昏，不辨细字，张此物于双目，字明大加倍。"② 西洋眼镜分为老花眼镜、近视眼镜和平光眼镜，这副显然是老花眼镜。眼镜一部分经西域传入中国，一部分从马六甲海域传来。前文所述的张宁，还曾在孙景章参政住所见到了另一副眼镜，便是孙景章以"良马易得于西域贾胡满剌"。③ 赵翼指出："古未有眼镜，至有明始有之，本来自西域。"郎瑛指出："少尝闻贵人有眼镜，老年观书，小字看大，出西海中，虏人得而制之，以遗中国，为世宝也。"④ 眼镜在明代文献中又名"叆叇"，"盖叆叇，乃轻云貌，如轻云之笼日月，不掩其明也。若作暖睫亦可"⑤。其中单片眼镜被称为单照，双镜片的称为双照。眼镜在明代可谓珍奇稀罕之物，罗懋登在《西洋记》中描绘满剌伽国国王致信三宝太监，并递上一张进贡

---

① 黄荫清：《眼镜的历史考证》，《中华医史杂志》2004 年第 2 期。

② （明）张宁：《方洲杂言》，《四库存目丛书》子部第 239 册，齐鲁书社 1997 年，第 355 页。

③ （明）张宁：《方洲杂言》，《四库存目丛书》子部第 239 册，齐鲁书社 1997 年，第 355 页。

④ （明）郎瑛：《七修类稿》续稿卷六《事物类·眼镜》，上海书店出版社 2001 年，第 603 页。

⑤ （明）慎懋官：《华夷花木鸟兽珍玩考》卷八《叆叇》，《四库存目丛书》子部第 118 册，齐鲁书社 1997 年，第 589 页。

的礼单，上面写有"嗳嗳十枚（状如眼镜，观书可以助明，价值百金）"①。在马麟所撰《续纂淮关统志》中，淮安关现行征收则例里，每十副眼镜仅按一分例收税，足可见当时眼镜的贸易量微乎其微。② 有清一代，眼镜逐渐普及，价格也越渐廉惠。出生于天启三年（1623）的叶梦珠，在其著《阅世编》中提到，在他年幼时，"偶见高年者用之，亦不知其价，后闻制自西洋者最佳，每副值银四五两"。顺治之后，"其价渐贱，每副值银不过五六钱"。到了康熙中，"苏、杭人多制造之，遍地贩卖，人人可得，每副值银最贵者不过七八分，甚而四五分，直有二三分一副者，皆堪明目，一般用也。惟西洋有一种质厚于皮，能使近视者秋毫皆晰，每副尚值银价二两，若远视而年高者带之则反不明，市间尚未有贩卖者，恐再更几年，此地巧工亦多能制，价亦日贱耳"③。他对眼镜价值的描述符合市场的规律。西洋眼镜因其显著的实用性，赢得了中国自上而下的一致好评。无论是帝王还是普通官僚乃至平民百姓，皆对眼镜赞不绝口，这在明清存留的各类文献中可见一斑。

西洋机械时钟出现在公元13世纪，在公元1232年到公元1370年，欧洲一共制造出了39座时钟。这些早期的机械时钟利用重锤驱动擒动装置运转，制作粗糙，体形庞大，只能摆放在大型的公共场所、修道院和教堂里。④ 明代由传教士带入中国的机械时钟，便是这种由"重锤驱动的自鸣钟或稍加改进的产品"⑤。这些时钟因能自动报时，故称为自鸣钟。据文献载："西僧利玛窦有自鸣钟，中设机关，每遇一时辄鸣。"⑥ 据明人顾起元

① （明）罗懋登：《三宝太监西洋记》中，《中国古典文学名著丛书》，华夏出版社2013年，第434页。

② （明）马麟：《续纂淮关统志》，北京方志出版社2006年，第140页。

③ （清）叶梦珠：《阅世编》，上海古籍出版社1981年，第163页。

④ ［英］斯蒂芬·F.梅森著，周煦良等译：《自然科学史》，上海译文出版社1980年，第99页。

⑤ 戴念祖：《中国近代机械计时器的早期发展》，《中国计量》2004年第2期。

⑥ （明）谢肇淛：《五杂俎》卷二《"天部"二》，辽宁教育出版社2001年，第40页。

描述："自鸣钟，以铁为之，丝绳交络，悬于簏，轮转上下，夏夏不停，应时击钟有声。器亦工甚，它具多此类。"① 在欧洲，制钟技术不断发展，到了16世纪，纽伦堡就造出了怀表。② 耶稣会士罗明坚在广州曾经送给总兵黄应甲一块用许多小金属齿轮安装成套的表。③ 这些不远千里来到中国的传教士们，将自鸣钟作为站稳脚跟的筹码，赠予当地的当权者。万历八年（1580），罗明坚将一座自鸣钟送给两广总督陈瑞，以此获取当地官员的好感。万历二十九年（1601），利玛窦与庞迪我来到北京，将自鸣钟送给万历皇帝，获得了明神宗的信任。清朝伊始，随着宫廷中对钟表需求的逐步增大，官方开始了钟表的大规模制造，清宫内务府造办处的做钟处应运而生，已经能够满足皇室的需求。在地方上，江南各省、福建、广州的钟表制造业也有相应的发展。④

明代中国虽为纺织大国，但在用料和编制方法上并未能做到包罗万象，这为洋纺织品在中国的传播打开了缺口。在棉麻纺织品方面，利玛窦指出中国人不认识亚麻布，老百姓用棉花织布做衣服穿。⑤ 而苎麻织物要属法兰得斯（Flanders）所产最为精细。此地位于法国东北部、比利时与荷兰西南部，出产的西洋布就是用苎麻类织物"利诺草"编织而成的，其布料在明朝中后期被介绍到中国。⑥ 清代梁廷楠在《海国四说》中指出，西洋所产"苎麻之类名利诺干，为布绝细而坚，轻而滑，敝则捣为纸，极

---

① （明）顾起元：《客座赘语》卷六，中华书局1987年，第193~194页。

② ［英］斯蒂芬·F.梅森著，周煦良等译：《自然科学史》，上海译文出版社1980年，第99页。

③ ［意］利玛窦、［法］金尼阁著，何高济等译：《利玛窦中国札记》（上册），商务印书馆2017年，第171页。

④ 参见汤开建、黄春艳：《清朝前期西洋钟表的仿制与生产》，《中国经济史研究》2006年第3期。

⑤ ［意］利玛窦、［法］金尼阁著，何高济等译：《利玛窦中国札记》（上册），中华书局1983年，第13页。

⑥ 王元林、林杏荣：《十四至十八世纪欧亚的西洋布贸易》，《东南亚研究》2005年第4期。

坚韧"①。在毛纺织品方面，中国人对羊毛的使用不如欧洲人熟练，不懂如何把羊毛织成衣服。② 皮革类织物主要是动物皮毛做成的衣料，需求主要来自于中国的北部寒冷地区。在中俄外交史料中，常见俄罗斯使团向中国赠送动物皮料的记载。如1658年2月6日，俄国君主派遣塔拉城的军役贵族伊万·佩尔菲利耶夫和布哈拉人谢伊特库尔·阿勃林作为专使从西伯利亚前往中国，其中便携带了貂皮四十张、玄狐皮十三张、上等呢料四幅以及银鼠皮袄作为礼物。③ 西洋绒织物是用全丝做成的衣料，据国内外学者研究指出，这种全丝做成的料子应该就是天鹅绒。④ 西洋绒织物传入中国时，中国人还未掌握这种纺织品的生产技术。到了明末，福建漳州地区已经成熟掌握此种技术，漳绒、漳缎声名远扬。

明清时期，西方医药的成品传入中国。这些药品常以瓶装药露的形式引进中国，不但外观引人注目，效用也甚为出众。最早将西方医药传入中国的是葡萄牙人，他们在占据澳门后开始建立医院。明隆庆三年（1569），卡内罗主教在澳门创建了圣加礼医院，当时中国人称为"医人庙"⑤。隆庆四年（1570），葡萄牙人又在澳门建立了辣匝禄麻风院，中国人称为"发疯寺"，"内居疯蕃，外卫以兵，月有廪"⑥。

较早将西医西药知识传入中国内地的是传教士邓玉函等人，"函善其国医，言其国剂草木，不以质咀，而蒸取其露，所论治及人精微。每尝中

　①　（清）梁廷楠：《海国四说·粤道贡国说》卷四《西洋诸国》，中华书局1993年，第217页。

　②　［意］利玛窦、［法］金尼阁著，何高济等译：《利玛窦中国札记》（上册），中华书局1983年，第14页。

　③　［俄］尼古拉·班蒂什-卡缅斯基编著：《俄中两国外交文献汇编（1619—1792）》，根据外务委员会莫斯科档案馆所藏文献于1792—1803年辑成，商务印书馆1982年，第26~27页。

　④　袁宣萍、赵丰：《16—19世纪中国纺织品上所见之欧洲影响》，《国际汉学》第26辑，大象出版社2014年，第219页。

　⑤　（清）印光任、张汝霖：《澳门纪略》，成文出版社1968年，第215页；刘善龄：《西洋风——西洋发明在中国》，上海古籍出版社1999年，第259页。

　⑥　（清）印光任、张汝霖：《澳门纪略》，成文出版社1968年，第216页。

国草根，测知叶形花色、茎实香味，将遍尝而露取之，以验成书"，虽在中国提炼西药"未成"，但将西医西药知识传入中国。①

清代康熙时，传教士将治疟疾之药金鸡纳霜传入中国。康熙三十二年（1693）康熙帝染上疟疾，甫入中国的法国传教士洪若翰、白晋和李明三人乘机献上一磅金鸡纳，康熙服用后很快痊愈。他感叹道："西洋有一种树皮名金鸡勒，以治疟疾，一服即愈。"② 康熙曾把所余金鸡纳赐给身边的大臣，高士奇便曾获赐此药。他在《田间恭记诗》的注中称："蒙赐金吉那，乃大西洋西野国所产，能已疟。"曹寅得疟疾后，康熙硃笔批示："今欲赐治疟的药，恐迟延，所以赐驿马星夜赶去。但疟疾若未转泄痢，还无妨，若转了病，此药用不得。金鸡挐专治疟疾，用二钱末，酒调服。若轻了些，再吃一服，必要住的。"③ 雍正五年（1727），葡萄牙遣使入清并进献西药，"西洋博尔都噶尔国王若望，遣陪臣麦德乐等具表庆贺，恭请圣安，进献方物：……玻璃瓶贮各品药、露五十四瓶"④。乾隆时，广州进口了治梅毒的药，"通过广州从西方进口来的汞丸也许地可医治"所谓的"广州病"⑤。清前期战争频仍，"巴尔萨木油"因其治疗刀伤的功效而深受军队将士的青睐，据内务府造办处档案记载，雍正十二年（1734）二月初六日，内大臣海望奉旨："据额附策凌奏称，巴尔萨木油军前深为适用，尔可将此油多多料理些，用盛郑家茶锡瓶盛装，务期监固包裹，带与额附

①　（明）刘侗、于奕正：《帝京景物略》卷五，"利玛窦坟"条，上海远东出版社1996年，第303～304页。

②　（清）查慎行：《人海记》卷下《圣祖论医》，《续修四库全书》第1177册，上海古籍出版社2002年，第250页。

③　转引自刘善龄：《西洋风——西洋发明在中国》，上海古籍出版社1999年，第269页。

④　（清）梁廷楠：《海国四说·粤道贡国说》卷四《西洋诸国·博尔都噶尔雅国》，中华书局1993年，第228页。

⑤　［法］佩雷菲特著，王国卿等译：《停滞的帝国——两个世界的撞击》，生活·读书·新知三联书店1995年，第181页。

策凌应用，钦此。"①

　　总之，明清时期各类功效不一的西药传入中国。如"格尔莫斯"能治疗心脏病，"德里鸦噶"能治疗脾胃虚弱②，番红花能够活血化瘀，"金鸡纳霜"因为治愈康熙帝的疟疾而名噪一时。大部分药物都是采用各种草本植物蒸馏而成，用精美瓶罐封装，药效显著，逐渐被中国人所接受。

四、艺术物品

　　明清时期传入中国的西洋工艺品制作精美，种类繁多，有玻璃制品，也有铁艺制品。利玛窦初到中国时，就曾随身携带了三棱镜等工艺品。三棱镜由玻璃制成，利用折射原理将射入其中的光芒呈现出五彩斑斓的色彩。明中后期，罗明坚、利玛窦等传教士将其作为见面礼赠送给广东官员们，后者称其为"无价宝石"③。鼻烟壶也是东传艺术品的一个重要品类，鼻烟是将烟烘烤、去茎、磨粉、发酵，加入香料配制而成的一种烟草制品，用鼻嗅服。17世纪，鼻烟在欧洲开始流行，后传入中国。清代顺治时期，程荣章制造了一个装载鼻烟的容器——铜雕云龙鼻烟壶。康熙时期，清宫造办处雇佣了一批通晓玻璃鼻烟壶制作和画珐琅的西洋人，开始大量制作玻璃鼻烟壶，如西洋珐琅镶银母鼻烟壶、月白玻璃夔龙鸡心角鼻烟壶等。乾隆时，拥有精致鼻烟壶成为了尊贵身份的象征。此外，传入中国的玻璃制工艺品还有西洋玻璃玩偶，如玻璃人、玻璃鸡、玻璃鸭等④，各类西洋玻璃镜、玻璃插屏、玻璃面西洋画片吊屏等装饰物。

　　西洋画也是具有代表性的西传艺术品，明末传教士传入的宗教画像，

---

　　① 中国第一历史档案馆、香港中文大学文物馆编：《清宫内务府造办处档案总汇》第6册，人民出版社2005年，第322页。

　　② 刘世珣：《底野迦的再现：康熙年间宫廷西药德里鸦噶初探》，《清史研究》2014年第3期。

　　③ ［意］利玛窦、［法］金尼阁著，何高济等译：《利玛窦中国札记》（上册），中华书局1983年，第165页。

　　④ 中国第一历史档案馆、香港中文大学文物馆编：《清宫内务府造办处档案总汇》第3册，人民出版社2005年，第540页。

因其逼真的视觉感受而获得赞许。利玛窦曾在肇庆的传教室挂上一幅圣母像，中国的官员、学者、普通百姓"始终对这幅画的精美称羡不止"，因为"那色彩，那极为自然的轮廓，那栩栩如生的人物姿态"①。中国传统文献中也对利玛窦传教室中的人物肖像画给予了极高的评价，"中供耶苏像，绘画而若塑者，耳鼻隆起，俨然如生人"②。利玛窦在谈到中西绘画差异时指出："华人仅能画阳面，故无凹凸。吾国兼画阴阳，故四面皆圆满也。"③清代宫廷也收藏了许多体现西洋技法的油画、玻璃画、铜版画。清宫造办处还专门雇佣了一批西洋画师，传授西洋绘画技巧，创作西洋画作。

西洋乐器也作为艺术品传入中国，16 世纪中叶，葡萄牙占据澳门时，西洋乐便已传入。据明末清初学者屈大均记载：

> 男女日夕赴寺礼拜，听僧演说。寺有风乐，藏革匮中不可见，内排牙管百余，外按以囊，嘘吸微风入之，有声呜呜自匮出，音繁节促，若八音并宣，以合经呗，甚可听。④

文中所言"风乐"，便属于西洋风琴一类，葡萄牙在澳门建立据点之后，传教士便在此建立教堂，在善男信女赴教堂做礼拜时，奏起西洋颂章。清前期，海外乐器仍持续不断输入中国，据《清稗类钞》记载："康熙时，有自海外输入之乐器，曰洋琴，半于琴，而略阔，锐其上而宽其下，两端有铜钉，以铜丝为弦，张于上，用锤击之，锤形如箸。其音似

---

① ［意］利玛窦、［法］金尼阁著，何高济等译：《利玛窦中国札记》，中华书局 1983 年，第 168 页。

② （清）吴长元：《宸垣识略》，北京古籍出版社 1982 年，第 125 页。

③ 徐珂：《清稗类钞》第 9 册《艺术类·焦秉贞今西洋画》，中华书局 1986 年，第 4089 页。

④ （清）屈大均：《广东新语》，中华书局 1985 年，第 37 页。

筝、筑，其形似扇，我国亦能自造之矣。"①今天仍称此类琴为洋琴。该书还记载了钢琴，"披亚诺，俗称洋琴，似风琴而大，箧中张钢弦数十，弦一小锤，与琴面键盘相连，以指按键，小锤即击钢弦发声，其声清越"②。是书对管乐也有细致的描述："风琴，外为长方形木柜，内列多数管簧，以音之清浊高下为序。上有键盘，下连鞴韛，牵引踏板，使鞴韛鼓气，以振动鼓簧，手按其键则发声。"此外，明清时期传入中国的还有小号、笛子、吉他、八音盒等乐器。

五、科学仪器

传华的科学仪器主要可以归纳为天文类、地理类科学仪器。

天文类科学仪器有望远镜、天体仪、浑仪、日月晷等。望远镜最早由汤若望于天启二年（1622）传入中国③，这是一种经由伽利略改造，一凸一凹两组透镜组成的单筒望远镜，汤若望在《远镜说》中对此种望远镜的形制和原理做了详细说明。随着欧洲望远镜的发展，到了清朝，反射望远镜也传入中国。望远镜在中国影响深远，用处广泛，被用来观测天象和进行军事侦察，甚至在清代顺治年间李渔所撰的小说《十二楼》中，还被拿来窥探隐私。天体仪是一种球状天体模型，用以标识星宿的位置，在17世纪传入中国，康熙时期，比利时传教士南怀仁曾经在宫中仿制。浑仪也是一种球形观测仪器，由子午圈、地平圈、赤道圈、黄道圈等对应于天球上带刻度的圆圈及窥管构成，用以测定天体方位。现藏于故宫博物院的铜镀金月象演示仪，就是一种演示月球在一个月内周期变化的浑仪，其制成于法国巴黎，据考证，制作时间应早于康熙六十年（1721），由康熙朝的西

---

① 徐珂：《清稗类钞》第10册《音乐类·洋琴》，中华书局1986年，第4963页。

② 徐珂：《清稗类钞》第10册《音乐类·披亚诺》，中华书局1986年，第4962页。

③ 王士平、李艳平、刘树勇编：《细推物理：戴念祖科学史文集》，首都师范大学出版社2008年，第237页。

方传教士传入。此外，清宫还藏有两架18世纪从英国传入的七政仪，其也属于浑仪的一种。① 日晷按形制的差别，分为地平式日晷和赤道式日晷。地平式日晷是指晷针与晷盘面的夹角度数等于测时当地的纬度，即使用时晷盘面与当地水平面平行，再由晷针投在晷盘上的日影求得时刻。清宫所藏铜镀金八角形地平公晷仪和铜镀金方形地平公晷仪，便是18世纪从法国传入中国的。赤道式日晷虽然是中国古代的传统日晷，但是在刻度上已经受到西方的影响，将"百刻制"改成了"九十六时刻制"。除了日晷，还有月晷、星晷等西洋仪器传入中国，其原理与日晷相似，通过测月和测星求得时刻。故宫陈列的一件16世纪制作的铜圆盘日月星晷仪，既可以通过测日也能通过测月测星定时，这件仪器上用拉丁文写有科隆（COLON）和用罗马数字镌刻的1541年，据推测是汤若望从科隆带入中国的。②

地理类的科学仪器主要包括地球仪、象限仪、全圆仪、半圆测角仪、绘图仪器等。明朝后期，西方传教士为了宣传地圆说而将地球仪带入中国，利玛窦就曾将地球仪赠予万历皇帝。象限仪是测量纬度、高度和天顶距的仪器。17世纪之前就已经在欧洲普及，崇祯时期，徐光启便开始使用象限仪。现存于故宫的象限仪，多是由英法等国传入的。绘图仪器有计算尺、比例规、绘图笔等物件。雍正十二年（1734）造办处的旧存里就有西洋铜木尺八件、西洋小文具一套（内盛象牙制片四片、铜笔一枝、算法一分、测量度数铜盘一件）等物。③ 绘图仪器多为成套装配，故宫中藏有一盒18世纪从欧洲传入的黑漆木胎盒绘图仪器，盒长20厘米、宽7.3厘米、厚2.2厘米，盒内装有成套绘图仪器共计11件，有半圆规、鸭嘴笔和各类量尺等。④

此外，西传而来的科学仪器还有算学仪器，如17世纪初英国数学家纳

---

① 刘潞主编：《清宫西洋仪器》，商务印书馆1998年，第5、7页。
② 刘潞主编：《清宫西洋仪器》，商务印书馆1998年，第14、23、45页。
③ 中国第一历史档案馆、香港中文大学文物馆编：《清宫内务府造办处档案总汇》第6册，人民出版社2005年，第574页。
④ 刘潞主编：《清宫西洋仪器》，商务印书馆1998年，第155页。

白尔（John Napier）发明的算筹及法国科学家巴斯加（Blaise Pascal）发明的手摇计算机等。另外，清中期宫中已有西方制药用的蒸馏器。

六、图版书籍

明清时期传入中国的图书主要有地图和西式装帧的书籍。明朝中后期，传教士将世界地图传入中国。利玛窦在肇庆传教时，曾将一幅由英文字母标识的世界地图挂在教堂接待室的墙上。这幅世界地图受到了前来参观的中国知识分子的关注和赞美。在肇庆知府王泮的支持下，利玛窦绘制了一张由汉字标识且比例更大的世界地图。① 此外，传教士罗明坚、龙华民、金尼阁、邓玉函、利玛窦等人出于传教目的，携带大量宗教书籍来华，引起轰动。随后，传教士又将西学书籍，如医学、音乐、科技类书籍传入中国。这些按照西式风格装帧且内容生动的图书，给国人留下了深刻的印象。

进入晚清后，西洋器物种类更加繁多，物品更加丰富，除上述类别外，还出现了生产工具类，如蒸汽机、挖掘机、印刷机等；电器类，如电灯、电报、电话等。有些类别中的西器品种较前大为丰富，如交通工具类，以前多为荷兰帆船、英国的马车模型等，而晚清时则出现了火轮船、蒸汽火车、汽车等更为先进的西式交通工具。但这已超出了本书的研究范围，兹不赘述。

---

① ［意］利玛窦、［法］金尼阁著，何高济等译：《利玛窦中国札记》，中华书局1983年，第181页。

第二章　接触：西洋器物与中国社会各阶层

一石激起千层浪。西洋器物传入中国后，使中国平静的传统社会激起了层层波澜，对社会各阶层成员产生了或微或显的影响。上至皇帝，中至文人士大夫，下至百姓，都对西器产生了浓厚的兴趣，表明了各自的态度，甚至改变了自己的某些生活习惯和方式，中国的社会有了不同程度的改观。

第一节　皇帝、皇族与西器

明末至清中叶，西器并未向社会大众普及，特别是精美奇器，最终都汇聚到了上流社会。皇帝及皇族作为传统社会的最为显贵的阶层，其接触西器的机会远超常人，他们能够最先得见先进的西洋物质文明，也能最先对其作出反馈。皇帝是中国社会的最高统治者，皇族是指皇帝的家族，成员包括太后、皇后、妃嫔、太子、藩王（亲王、郡王等）、公主、驸马等，有时也包括皇族的家奴宦官。由于时代背景不同，明清皇帝及皇族接触西器的品类、对待西器的态度又有所不同，在此分别叙述。

一、明代皇帝与西器

明代中后期是西洋物质文明与中国交汇的初期，奇器之于中国拥有着巨大的吸引力。作为传统社会的最高权利阶层，皇帝及其家族成员必然是西器最先的体验者和享用者。帝都与西器东来的落脚之地——东南沿海地区虽然相去甚远，但广东官僚、西洋传教士、来华商人及外交使节出于各自的目的，都迫切将西器进献给大明皇帝。

明代皇帝成批接触到的西器，就是传教士利玛窦等人进献的贡品，包括世界地图、西式图书、自鸣钟、十字架、圣母雕像、八音琴、三棱镜、铁丝琴、亚麻布、沙漏等物。在利玛窦将这些礼品呈进万历皇帝之前，西洋奇器就已获得明朝皇帝及皇室的瞩目。代表西洋纺织技术的精美绒织物，已经出现在皇室的日常生活中。据袁宣萍推测，日本人策明在《入明记》中记载的永乐四年（1406）和永乐五年（1407）间，明朝皇室赠予日本国的"白天鹅绒丝觉衣"，便极有可能是欧洲产品的转赠。① 至明中期，绒织物开始由东南沿海地区的葡萄牙、西班牙商人输入，因正逢海禁，外国商船只得在东莞屯门、宁波双屿、泉州浯屿、漳州月港、诏安梅岭等地与当地倭寇（实为中国走私商人）进行走私贸易，故明廷将西洋绒织物称为倭缎。② 1517 年，葡萄牙舰队在未经中国政府允许的情况下，开进广州内河。"正德十二年，驾大舶突至广州澳口，铳声如雷，以进贡为名。"③洋船发射的"铳炮之声，震动城廓"④，给明廷留下深刻印象。西洋织物和火器虽然新奇，但却蒙上了殖民入侵和贸易走私的阴影。出于对西洋人的疑惧，明朝推行严厉的闭关锁国政策，以至于携带西洋奇器的传教士们一直未能获得进京的机会。在沙勿略止步于上川岛后的半个世纪，利玛窦神父才首次获准觐见万历皇帝。此时，琳琅满目的西洋奇器终与明代皇室相遇。

利玛窦想通过进贡"方物"的方式，达到在中国传教的目的。据刘

---

① 袁宣萍、赵丰：《16—19 世纪中国纺织品上所见之欧洲影响》，《汉学国际》第 26 辑，大象出版社 2014 年，第 292 页。

② 阙碧芬指出，在明代长期实施海禁之下，百姓的国际观念可能不足，因为倭寇长期在沿海出没，而误将在沿海从事海上贸易的外国人都称为"倭"人，将经由海运贸易进口的提花绒织物，称为倭缎，这是合理的情况。参见阙碧芬：《明代起绒织物的探讨》，《东华大学学报》（社会科学版）2006 年第 3 期。

③ （明）张燮：《东西洋考》卷五《东洋列国考·吕宋》，中华书局 1981 年，第 93 页。

④ 《明武宗实录》卷一九四，正德十五年十二月己丑，"中央研究院"历史语言研究所 1962 年，第 3630 页。

侗、于奕正《帝京景物略》称："万历辛巳，欧罗巴国利玛窦，入中国。始到肇庆（督府驻地），刘司宪某（指刘继文，时任两广总督），待以宾礼。持其贡，表达阙庭。所贡耶稣像、万国图、自鸣钟、铁丝琴等，上启视嘉叹。"① 文中所谓刘继文"持其贡"，显然有误，但所载进贡给皇帝的礼品名称，则完全正确。可见当时士大夫对这批进贡之西器的认知度很高。

在众多西器中，自鸣钟令神宗兴味最浓。早先利玛窦等人困居天津时，皇帝从奏疏中得知传教士携带有自鸣钟，于是便主动命他们进京，急于目睹自鸣钟的风采。利玛窦的贡物之所以能够直达天庭，应该说是受到太监马堂歪打正着的"帮助"。马堂在山东临清将利玛窦的礼品扣住，为了讨好皇帝，直接上疏神宗，描述了利玛窦所送礼品的情况。几个月后，神宗突然想起马堂提到过的自鸣钟，迫切询问道："那座钟在哪里？我说，那座自鸣钟在哪里？就是他们在上疏里所说的外国人带给我的那个钟。"皇帝随身的太监答道："陛下还没有给太监马堂的信回话，外国人怎么能够未经陛下许可就进入皇城呢？"② 于是，万历皇帝急令找出马堂的奏疏，批复道："方物解进，玛窦伴送入京，仍下部译审具奏。"③ 就这样，利玛窦等人意外地受到明朝最高领导人的关注。

1601年2月，利玛窦进京，具疏入贡，开列进贡西洋物品目录中就有"报时自鸣钟二架"。其中一座是楼式的，体型巨大，刚送入宫时尚未调好，神宗立即委派神父修理，并钦点了四名钦天监的历算家学习维护时钟。此钟因过于高大而被放置于御花园中，万历随后命人专为自鸣钟建立了一个装饰豪华的钟楼。据记载，神宗"皇帝第一次看见那座较大的钟

---

① 刘侗、于奕正：《帝京景物略》卷五，"利玛窦坟"条，上海远东出版社1996年，第303~304页。

② ［意］利玛窦、［法］金尼阁著，何高济等译：《利玛窦中国札记》，中华书局1983年，第400页。

③ 《明神宗实录》卷三五四，万历二十八年十二月甲戌，"中央研究院"历史语言研究所1962年，第6619页。

时，钟没有调好，也不走，因此它既不守时，又不报点。于是他命令立刻召见神父们"，以便调整或修复。① 于是太监奉命来到传教士们的住处，神父们告诉负责接待修钟传教士的太监："这些钟是一些非常聪明的工匠创制的，不需要任何人的帮助就能日夜指明时间，它们还有铃铛自动报时，有一个指针指出不同的时间。"他们还说明"这些机器必须有人管理，而且这种操作并不难，仆人们两三天内即可学会"②。第二年，"皇帝把它（大钟）送在工部那里，命他按照神父们所画的图样为它修建一个合适的木阁楼。这座木阁楼真配得上作为帝王的陈设，其装饰品就超过了材料的价值。那上面刻满了人物和亭台，用鸡冠石和黄金装饰得闪闪发光；在这种艺术方面中国人毫不亚于欧洲人。工部花了一千三百金币建这座楼，它是一座不大的建筑。但考虑到这种制品价格低廉，欧洲人会说他是花费得太多了。遵照圣谕，这座楼修建在第二道墙之外的一个很漂亮的花园里"③。另一座体型较小，神宗十分喜爱，放在宫中时时把玩，甚至一刻也不能离开，"安排的三天学习时间还没有过去，皇帝就要钟了。钟就被遵命搬到他那里去，他非常喜欢，立刻给这些太监晋级加俸"。学习修钟的太监中"有两个人被准许到皇帝面前给一个小钟上发条。皇帝一直把这个小钟放在自己面前，他喜欢看它并听它鸣时"④。对于利玛窦所贡自鸣钟，顾起元曾在南京时见过："所制器有自鸣钟，以铁为之，丝绳交络，悬于簾，轮转上下，戛戛不停，应时击钟有声。器亦工甚，它具多此类。利玛窦后入京，进所制钟及摩尼宝石于朝。"⑤

---

① ［意］利玛窦、［法］金尼阁著，何高济等译：《利玛窦中国札记》，中华书局1983年，第403页。

② ［意］利玛窦、［法］金尼阁著，何高济等译：《利玛窦中国札记》，中华书局1983年，第404页。

③ ［意］利玛窦、［法］金尼阁著，何高济等译：《利玛窦中国札记》，中华书局1983年，第406页。

④ ［意］利玛窦、［法］金尼阁著，何高济等译：《利玛窦中国札记》，中华书局1983年，第406页。

⑤ （明）顾起元：《客座赘语》卷六，中华书局1987年，第193~194页。

除了最爱自鸣钟，神宗还接受了十字架、西式图书、图画和西洋琴等奇器。"皇帝保留了一个最小的耶稣受难十字架，把它放在他心爱的房间里。这是耶稣会会长神父所赠送的一件珍贵的艺术品。"① 神宗还接受了利玛窦进献的西式地理著作《万国图志》，此是1570年出版的第一部欧洲印制的世界地图集，利玛窦"希望中国天子认识整个世界的真貌，发现中国以外尚有辽广的天下""但万历皇帝的兴趣……在那玲珑精致的欧式小闹钟"上。② 从马堂曾在临清扣留的利玛窦的礼品来看，神宗应该还接受了"装订精致的罗马祈祷书、翼琴和一本奥特里乌斯所编的《世界舞台》"等西式图书。③ 神宗还收到"一幅绘有威尼斯的圣马可教堂和广场以及威尼斯共和国的一些旗帜的画"，当他从画上看到教堂建筑是楼房后，让太监向传教士询问所以，"皇帝当听到欧洲的王公们住在楼上时，大笑起来，他认为上下楼梯即使不危险，也很不方便"④。神宗接受的西器，还有西洋琴。在利玛窦进京后所提供的进贡西洋物品目录中，便有"西琴一张"，可能就是马堂在临清扣留后退还的"翼琴"。神宗皇帝对贡品中的西洋翼琴一度产生了浓厚兴趣，指令身边演奏弦乐器的4名太监拜利玛窦手下的传教士庞迪我为师，学习了一个多月的西翼琴演奏技巧。利玛窦还应邀编写了8支歌曲，称为《西琴曲意八章》。利玛窦回忆此事时称："万历二十八年，岁次庚子，窦具赍物赴京师献上。间有西洋乐器雅琴一具，视中州异形，抚之有异音，皇上奇之。因乐师问曰：'其奏必有本国之曲，愿闻之。'窦对曰：'夫他曲旅人罔知，惟习道语数曲，今译其大意，以圣朝文

---

① ［意］利玛窦、［法］金尼阁著，何高济等译：《利玛窦中国札记》，中华书局1983年，第403页。

② 沈定平：《明清之际中西文化交流史——明代：调适与会通》，商务印书馆2001年，第387页。

③ ［意］利玛窦、［法］金尼阁著，何高济等译：《利玛窦中国札记》，中华书局1983年，第394页。

④ ［意］利玛窦、［法］金尼阁著，何高济等译：《利玛窦中国札记》，中华书局1983年，第407页。

字，敬陈于左。'"① 关于利玛窦所贡的这架西洋琴，一般被称为翼琴或西翼琴，何高济等解释为"钢琴的前身"，而刘侗、于奕正等称利玛窦所贡之物为"铁丝琴"②。据刘善龄称，利玛窦献给万历皇帝的"大西洋风琴，只是一种铜楔击弦的键盘乐器，它的洋名是'克拉维科德'，和另一种羽管或皮管片拨弦的键盘乐器'哈普西科德'同为现代钢琴的祖先，也就是古钢琴"③。

由于神宗喜欢传教士们送来的西洋奇器，因此爱屋及乌地对传教士们充满好感："皇帝陛下对这些新奇的钟如此着迷，于是他不仅想看看其他的礼品，也想看看这些送来礼物的异国人。"④ 虽然最后并未召见利玛窦等人，但却允许他们住在北京，并最终赐给住所和墓地。

神宗晚年下令禁教，打算将传教士驱逐出境，但因边防危机、历法失修，西洋天文仪器和火器需要制造，熹宗即位后，在徐光启的力荐下，又将邓玉函、龙华民、阳玛诺、艾儒略、毕方济、汤若望、罗雅谷等传教士先后请来北京任职。他们带来或仿制西洋天文仪器和火器为皇室服务。西洋天文仪器较为精准，对钦天监修订历法大有裨益，使百姓不误农时。火器在明末连绵不断的战争中发挥巨大作用，力保江山社稷的稳定。同时，传教士还仿制过另一类纯粹赏玩之物，如三棱镜、西洋画、西洋钟表等。西洋钟表虽然具备计时功能，但因技术不成熟、误差较大，未能取代中国传统计时器，仍被视为工艺品点缀皇宫。明熹宗朱由校性好木工，按说应该酷爱西器，但并未见到这方面的记载。据宦官刘若愚透露，熹宗倒是对红夷大炮的重要性颇为知悉。天启六年（1626）正月，清兵犯宁远，熹宗

---

① ［意］利玛窦：《西琴曲意八章》，《重刻畸人十篇》附录，《四库全书存目丛书》第 93 册，齐鲁书社 1997 年，第 499 页。

② （明）刘侗、于奕正：《帝京景物略》卷五《利玛窦坟》，上海远东出版社 1996 年，第 303~304 页。

③ 刘善龄：《西洋风——西洋发明在中国》，上海古籍出版社 1999 年，第 225 页。

④ ［意］利玛窦、［法］金尼阁著，何高济等译：《利玛窦中国札记》，中华书局 1983 年，第 406 页。

"日夜焦思，未遑自安。见枢臣王永光题疏，要将宁远城中红夷大炮撤归山海守关"，他十分着急地说："此炮如撤，人心必摇。"① 与兄长熹宗一样，崇祯朱由检也对西洋火器十分看重，曾在驳斥刘宗周时强调："火器终为中国长技！"② 当时崇祯帝在中左门上朝，"御史杨若侨者，荐西夷汤若望善用火器，请上召试"，但受到刘宗周的反对，认为应该重视人心的整顿，"不恃人而恃器，国威所以愈顿也"。他指出汤若望"唱邪说以乱大道""今又作为技巧，以惑君心，其罪愈无可道"，要求皇上将汤"放还本国，以永绝异端"！崇祯帝严正指出："火器乃中国长技，汤若望不过命监制，何必深求？"但对刘宗周"火器终无益于成败之数。国家大计，当以法纪为主"的见解也表示理解。③ 崇祯年间，钦天监中的传统士大夫推算日蚀、月蚀频繁出错，遭致思宗不满，传教士被引荐至北京，龙华民、汤若望、罗雅谷等人利用西洋仪器，博得圣宠，甚至深入宫廷。明末皇帝对西器的迫切渴求，令其放弃了对物品背后所包藏的政治目的和宗教意图的追究和警惕。

二、明代皇族与西器

明代皇族成员甚众，既包括太后、皇后、妃嫔、太子、藩王（亲王、郡王等），也包括公主、驸马、仪宾等。由于传统社会重男轻女，史书中对明代皇族女眷们留下的记载很少，而关于她们接触西器的史料更为鲜见。有些史料，是依赖传教士的记载才得以存留。

据耶稣会士利玛窦记载，神宗对其赠送的圣母雕像不感兴趣，把它转送给了自己的母亲慈圣李太后。李太后"是笃奉她那没有生命的佛像的，

---

① （明）刘若愚：《酌中志》卷三《恭纪先帝诞生》，北京古籍出版社1994年，第21页。

② 《崇祯实录》卷一五，崇祯十五年闰十一月甲子，"中央研究院"历史语言研究所1962年，第455页。

③ （清）刘汋编撰：《先君子蕺山先生年谱》卷下《甲午二十八日拜疏申饬宪纲》，《儒藏 史部 儒林年谱》第24册，四川大学出版社2007年，第437~439页。

看到活生生的神的形象也感到不安。她害怕这些雕像的逼真的神态，于是下令把它们放到她的库藏里，在那里太监们偶尔给一些官员们观看一下"①。李太后的这种反应，不过是传教士的揣度而已。兴许太后只是不久便审美疲劳，而将圣母雕像弃置不顾。传教士还在回忆录中分享了一则趣闻：

> 皇太后听说有人送给皇上一架自鸣钟。他们谈到它时使用了这个名词。她要皇上叫太监把它送来给她看。皇帝想到她可能会喜欢它，到时候就决定留下了，同时他又不想拒绝她的要求，便把管钟的人叫了来，要他们把管报时的发条松开，使它不能发声。皇太后不喜欢不能鸣时的钟，就把它还给了她儿子。②

从这段轶事中看到，为了不失去钟意的自鸣钟，神宗竟对太后耍起了小心思。明代君主庄严肃穆的神化形象背后，人性化的一面展现得淋漓尽致，西洋奇器魅力之大可见一斑。

明代的藩王也是较早接触西器的阶层。据清人记载，正德十二年（1517），宁王朱宸濠暗中准备叛乱，"私制……佛郎机铳兵器，日夜造作不息"③。因为此段是清人所记载，不能确定朱宸濠一定于此时接触并仿造西洋火器，但藩王是具备接触并仿造火器的条件的。嘉靖四十三年（1564），伊王朱典楧暗中图谋不轨，"遣军校张礼等至云南，估制环铠皮甲，而于该府鸠匠锻造甲胄六百副，枪三千杆，铸行营火炮、佛郎机等数

---

① ［意］利玛窦、［法］金尼阁著，何高济等译：《利玛窦中国札记》，中华书局1983年，第402页。

② ［意］利玛窦、［法］金尼阁著，何高济等译：《利玛窦中国札记》，中华书局1983年，第420页。

③ （清）谷应泰等：《明史纪事本末》第二册卷四七《宸濠之叛》，中华书局2015年，第693页。

百座。一日，父子戎装率其宗仪校，从控弦持戟千骑，前驱出城，至河南卫教场，演武竟日，剽其大将军等火器而还"①。伊王在王府内私铸佛郎机等火炮，并将洛阳的河南卫教场上的大将军炮剽窃回来，此事触怒了皇帝，将朱典楧废为庶人，押发凤阳高墙禁住，削除世封。

依照祖制，明代藩王禁止结交外部势力，但初来乍到的传教士们并不懂得这个规矩，因此积极地与藩王来往，赠送西洋奇器。罗明坚曾因拜访桂林的靖江王而被视为交通宗王遭到驱赶，利玛窦在这方面做得较为稳妥。在南昌时，他首次拜见建安王朱多㸅时，送给了这位宗王许多礼物，朱多㸅对此爱不释手。利玛窦将一个天文卧钟和天球仪、地球仪等物送给了建安王朱多㸅："客人先献礼，礼品中有中国人所珍视的欧洲物品。其中有一座卧钟，是按他们的计法制作的，在黑色中国大理石上刻出黄道带。这只钟还指示日出和日没的时刻、每月昼夜的长短。时辰还刻在每个月的开始和中间。"利玛窦声称，"这份礼物受到极大的赞美。以前在中国还从没见过这样的东西"。显然，朱多㸅已被这座卧钟的工艺所震惊。利玛窦还"送给主人一个天球仪，标有天轨，另外还有地球仪、小塑像、玻璃器皿以及其他这类欧洲产品"。作为王公贵胄的朱多㸅回赠了大量的礼物。在"建安王接收的礼物中，最使他高兴的莫如两部按欧洲样式装订、用日本纸张印刷的书籍，纸很薄，但极坚韧，确实到了很难说哪部质量更好的地步。其中一部书附有几幅地图、九幅天体轨道图，四种元素的组合，数学演示以及对所有图画的中文解说"②。建安王还收到利玛窦赠送的一幅圣·劳伦佐的蚀镂像，十分喜爱，用珍贵的木材和精致的图案装潢起来。建安王还接收了利玛窦自制的一座日晷和一架地球仪。日晷上附有黄道十二宫，还有中文书写的一些格言，这个中西合璧的仪器拉近了彼

① 《明世宗实录》卷五三〇，嘉靖四十三年二月己酉，"中央研究院"历史语言研究所 1962 年，第 8634 页。

② ［意］利玛窦、［法］金尼阁著，何高济等译：《利玛窦中国札记》，中华书局 1983 年，第 301 页。

此文化的距离，令朱多燂爱不释手。① 这是中国宗藩最早接受到大量西洋奇器。

明末，封在山东兖州的鲁王也接触过西洋奇器。据张岱记载："兖州鲁藩烟火妙天下"，每次放烟火时必张灯笼，所糊的灯笼有"五色火漆塑狮、象、橐驼之属百余头，上骑百蛮，手中持象牙、犀角、珊瑚、玉斗诸器，器中实'千丈菊''千丈梨'诸火器，兽足蹑以车轮，腹内藏人，旋转其下，百蛮手中瓶花徐发，雁雁行行，且阵且走。移时，百兽口出火，尻亦出火，纵横践踏。端门内外，烟焰蔽天，月不得明，露不得下。看者耳目攫夺"②。这里的千丈菊、千丈梨火器，似是西洋火器改进的形状。显然，鲁王府已将西式火器艺术化，糊成灯笼，施诸烟火了。

三、清代太宗、世祖、圣祖三朝皇帝与西器

明清易代，西器东传的脉络并未中断，明王朝被推翻之后，清政府对西洋人采取了开明的态度。为明廷服务过的传教士，依然能够在北京传教和任职。一部分追随南明小朝廷的传教士，在南明覆亡后，押送至北京，后被赦免留京。此外，清政府建立之后，欧洲各国为了获取在中国的贸易权利，都纷纷派使节来华，积极与新政权建立良好外交关系。

清代皇帝对西洋奇器的热忱与前代相比有增无减。一方面，17—18世纪属于资本主义高度发展的时代，西方物质文明不断丰富，科技产品如自鸣钟、火器、洋琴等，都比明代传入中国的更加精致实用；另一方面，来华的西方国家的数量大大超过前朝，清代皇帝能够获得更多精致的西器。与明代皇帝相比，清代皇帝接触和享用西洋奇器的机会更多。据《国朝宫史》载，端凝殿南为旧设自鸣钟处。朱彝尊等人叙述："旧设自鸣钟处恭悬圣祖御书额曰'敬天'。皇上御书联曰：'帘萦香篆斋心久，座殷钟声问

---

① ［意］利玛窦著，罗渔译：《利玛窦书信集》上册，光启出版社、辅仁大学出版社1986年，第189页。

② （明）张岱：《陶庵梦忆》卷二，上海古籍出版社1982年，第12页。

夜遥。'"① 可见皇帝往来频繁，且亲自书联悬挂。清朝在圆明园的勤政殿安装了玻璃。"丁酉冬，将书房添前廊，南向开门，北安窗，炕倚窗，设御座炕之西头。东南向窗间设大玻璃，以防苑外人窃听。"② 清代前期在窗上安装玻璃并非改善采光条件，而是为了防范偷听，但也算是与西洋奇器朝夕相处了。

清代开国皇帝努尔哈赤没有机会接触到更多的西洋奇器。他本人在明朝宁远守军的红夷炮火中被击伤，含恨而死。因此，继任的皇太极特别重视西洋火器，对红衣大炮（清忌夷字，故改衣字）不遗余力地引进和仿制。天聪四年（1631）吴桥兵变后，渡海逃到辽东投降后金的孔有德等人带去了当时中国最先进的红衣大炮，受到皇太极的热烈欢迎。自天聪五年（1632）起，清朝始铸红衣大炮。"先是，未备火器，造炮自此始。其年征明，久围大凌河而功以成，用大将军力也。自后师行，必携之。"③ 天聪五年五月乙巳，皇太极率师攻克五里台后，"以红衣炮攻锦州"④。崇德二年（1637）正月庚戌，清睿亲王多尔衮、安平贝勒杜度先后进攻朝鲜南汉山城，皇太极派人要求安平贝勒杜度"速送红衣大将军炮及一切火器前来"，不管是否骡马可运，都要将红衣大炮运来。⑤ 这说明，清代皇帝对红衣大炮等西洋火器已经相当重视。红衣大炮还成为清代皇帝阅兵观礼的绝佳仪仗。皇太极通过阅武，观赏西洋火器的威力。据《清史稿》记载，天聪七年（1634），"太宗始举大阅之典。八旗护军、汉军马步、满洲步军咸集。分八旗为左右翼，汉军、满洲步兵为二营，四方环立，前设红衣炮三十位。上擐甲乘马，诸贝勒率护军如对严敌，亲军为后盾。传令闻

① （清）朱彝尊、于敏中：《日下旧闻考》卷一四，北京古籍出版社1981年，第186页。

② （清）姚元之：《竹叶亭杂记》，中华书局1982年，第4页。

③ （清）嵇璜、刘墉等：《皇朝文献通考》卷一九四《兵考十六·军器》，《景印文渊阁四库全书》第636册，台湾"商务印书馆"1986年，第461~462页。

④ 赵尔巽等：《清史稿》，中华书局1976年，第71页。

⑤ （清）阿桂等撰：《皇清开国方略》卷二三《太宗文皇帝》，《景印文渊阁四库全书》第341册，台湾"商务印书馆"1986年，第340页。

炮而进，闻蒙古角声而退。次汉军马步，次满洲步军，进攻炮军。大阅礼成"①。

如果说以武力开创大清的太祖、太宗接触更多的是火器，那么统一全国的清世祖福临接触的西器则以礼品和贡品居多。世祖在入关后，继承了明朝的观象制历事业，因此也接受了西洋传教士进献的西式天文仪器。顺治元年，"修政历法，汤若望进所制浑天星球、地平日晷、窥远镜各一具，请所有应用诸历，永依西洋新法推算"②。1655 年，荷兰贡使向顺治进献西器，据当事人描述，皇帝和宫廷官员对其带来的所有礼物极为满意：

> 甚至礼品尚未拿出来，鞑靼人似乎已经出奇地满意，并愿向我们提供各种方便，但汤若望见到我们的人把大量的物品，特别是武器、马鞍、大毛毯（alcatijven）、红珊瑚、镜子众奇珍异品一件件摆出来时，从内心里发出一声长叹。③

因为自身的利益，西欧各国在向中国进献西器的问题上存在竞争关系。汤若望代表的是葡萄牙政府的利益。当看到顺治如此欣赏荷兰使者进献的礼物，汤若望害怕荷兰会获得与葡萄牙一样的传教和商贸权利，心生忧虑，因为他深知世祖皇帝对这些西器的魅力是缺乏抵抗力的。世祖虽然欣赏西器，但如果进献西器的国家，不遵循中国礼仪、损害国家威信，他也坚决不予通融。俄国出使中国的第一个使团——巴伊科夫使团因不肯按中国的礼仪给顺治帝叩头，世祖愤而将其礼物退还，④ 这其中包括毛织物

---

① 赵尔巽等：《清史稿》，中华书局 1976 年，第 4121 页。
② （清）赵慎畛：《榆巢杂识》，中华书局 2001 年，第 9 页。
③ 程绍刚译注：《荷兰人在福尔摩莎（1624—1662）》，联经出版事业公司 2000 年，第 482 页。
④ ［俄］尼古拉·班蒂什-卡缅斯基编著：《俄中两国外交文献汇编（1619—1792）》，商务印书馆 1982 年，第 26 页。

和一面精美的大镜子。①

圣祖玄烨是生于承平之时的皇帝。康熙时，随着清朝对四方的平定和国力的增强，西洋诸国急于与大清建立贸易关系，因此不断派使者带来各种西洋礼品，中国人将之视为贡品。这些礼品中，有不少都是西洋奇器。因此，在康熙帝的周围，不乏西器环绕。康熙二十五年（1686），荷兰国王耀汉连氏、甘勃氏，遣陪臣宾先巴芝表"贡方物"，其中有哆啰绒十疋，乌羽缎四疋，哔叽缎二十疋，照身镜、江河照水镜各二面，照星月水镜一面，自鸣钟一座，琉璃灯一架，聚耀烛台一悬，琉璃杯五百八十个，镶金鸟铳、镶金马铳、小马铳各二十把，马铳、鸟铳各十把，葡萄酒二桶。后来，康熙帝覆准："荷兰道路险远，航海艰辛，嗣后进贡方物酌量减定。令贡珊瑚、琥珀、哆啰绒、织金毯、哔叽缎、自鸣钟、镜、马、丁香、冰片、鸟铳、火石，余均免贡。"②留下来的"贡品"都是玄烨喜好的西洋奇器。

康熙二十年（1681）九月二十九日，圣祖驾御乾清门听政，兵部尚书折尔肯汇报奉差往看八旗试炮的成绩，称"三炮俱中者甚多，其两炮中者半之，间有一炮中者"。圣祖问道："比向年何如？"折尔肯奏道："以臣观之，火器甚好，胜向年多矣。"圣祖又特意问道："新制西洋炮何如？"折尔肯奏曰："西洋炮诚为无敌，百发百中，从来所未有。"圣祖"颔之"③。可见圣祖对西洋火炮十分关注。至十月十九日，圣祖便"幸芦沟桥观放红衣大炮"④。从此前往军中阅兵，观放红衣大炮，成为常态。康熙皇帝比较重视火器的训练。康熙二十四年（1685）十一月十八日，圣祖谕兵部道："国家武备不可一日懈弛。旧例每岁必操练将士，试发火炮。今朕于十八

---

① 程绍刚译注：《荷兰人在福尔摩莎（1624—1662）》，联经出版事业公司2000年，第482页。

② （清）梁廷楠：《海国四说·粤道贡国说》卷三《荷兰国》，中华书局1993年，第209页。

③ 中国第一历史档案馆整理：《康熙起居注》，中华书局1984年，第757页。

④ 中国第一历史档案馆整理：《康熙起居注》，中华书局1984年，第766页。

日亲加阅视，尔部即传谕八旗都统等，预为整备。"并同意在京的蒙古喀尔喀、厄鲁特等部落贵族一起观看。前锋官军起芦沟桥夹道，分列至王家岭山麓，"其东则排枪官军层叠并立，其西则红衣臣炮次第毕陈"。圣祖登王家岭，升御座后，命吹螺发炮为号，开始阅兵。于是"排枪并发，前后相继，声络绎不绝者久之，且无不中的"。圣祖轻御黄幄，"命将士所列红衣巨炮四，各发二次。又八旗所列红衣将军及诸火器一时尽发，凡二次，声震天地。巨炮所击，树侯栏墙莫不应声而倒"。众蒙古贵族"惊惧失色，有仆地者，有匍匐不能起者，有起而战栗不止者"。他们说："火器如此轰烈，不但目所未睹，亦耳所未闻，真足惊心破胆，更有何敌能当此耶？"蒙古各部阿海台吉等人又见"枪手击小侯，红衣击远侯"，各称羡不已。①通过阅兵，圣祖树立了极大的威严。康熙二十六年（1687）二月初五日清晨，圣祖"幸芦沟桥，大阅军容，试放火器"。自芦沟桥至王家岭山麓，"其南则排枪官军照旗分排，其北则设红衣将军及诸火器，亦照旗分，以次陈列。八旗官军巨炮、排枪排列整齐，军容严肃"。圣祖"按辔徐行，沿途阅视。过芦沟桥，登王家岭，升座后，三吹螺角，三发巨炮，八旗排枪一时并发。发毕者，退而装药，装毕者，进而复发。进退皆有节度，故络绎相继，久之不绝。既毕，上移御黄幄，令试冲天炮。所列红衣四巨炮，各发二次。又将八旗所列红衣、将军及诸火器一时尽发，凡二次，所树侯正莫不击仆，炮声震天地"。此时，请各蒙古王公随行，"见试放排枪，红衣、将军诸火器，皆惊惧失色"②。圣祖通过阅兵施放红衣大炮，震慑蒙古贵族。康熙二十七年（1688）初八日，圣祖"至晾鹰台，御黄幄内，令火器营官兵俱擐甲胄，有鹿角兵列于东，无鹿角兵列于西，挨次进放火器，以观军容"③。阅兵并观看红衣大炮发射，已成为圣祖的保留节目。

---

①　中国第一历史档案馆整理：《康熙起居注》，中华书局 1984 年，第 1393～1395 页。

②　中国第一历史档案馆整理：《康熙起居注》，中华书局 1984 年，第 1590 页。

③　中国第一历史档案馆整理：《康熙起居注》，中华书局 1984 年，第 1812 页。

除了火器外，圣祖还对自鸣钟等奇器怀有浓厚兴趣，他曾作《戏题自鸣钟》一诗，曰："昼夜循环胜刻漏，绸缪宛转报时全。阴晴不改衷肠性，万里遥来二百年。"并自注道："此器至中国二百年矣。"①

西洋奇器在康熙的生活中占据重要地位，其主要表现在以下五个方面：

其一，西洋奇器已经融入康熙的生活。仍以自鸣钟为例，在康熙三十八年（1699）的南巡中，自鸣钟便作为报时器出现在康熙的御船上。据史料记载：

> 康熙三十八年三月，恭逢圣祖南巡，廷桢献诗。四月朔日，上自浙江回銮，伏谒平望河干。上召见，命作御舟即事，韵限三江一绝。吴援笔立就，云："金波溶漾照旌幢，共庆回銮自越邦。"正在构思，闻自鸣钟响，宋中丞荦奏曰："将到吴江矣。"吴遂得续句云："御幄裁诗行漏报，计程应已到吴江。"上得诗，甚喜，称赏。次日引见，命廷桢写擘窠大字讫，问廷桢曰："苏州民既庶矣，看来是庶而未富。"对曰："并非不富，只因皇上视民如伤之心太切了，觉得如此。"天颜甚豫，遂命礼部注册复还举人。其明年会试中进士，入翰林，官至宫谕。②

此时的自鸣钟兼具玩赏性与实用性的双重功用，既为康熙南巡作计时之用，也成了供吟诗作对、君臣同乐的艺术品。

其二，康熙常下谕旨，令各地督抚及相关人员在辖区内搜寻西洋奇器，送至京城。从内务府档案来看，康熙四十八年（1709），内务府赵昌传旨各地督抚的晚辈男子，凡是遇到西洋人所进物件，立刻送往京城：

---

① （清）玄烨：《圣祖仁皇帝御制文第二集》卷四五《古今体诗五十九首》，《景印文渊阁四库全书》第1298册，台湾"商务印书馆"1986年，第741页。

② （清）钱泳：《履园丛话》丛话一《旧闻》，中华书局1979年，第22页。

　　（康熙四十八）正月二十八日，内务府赵昌传旨与福建巡抚张柏
（伯）行弟男子侄，以后凡本处西洋人所进皇上上用物件并启奏的
书字，即速着妥当家人雇包程骡子，星夜送来，不可误了时刻，
钦此。①

　　（康熙四十八）正月二十八日，赵昌传旨与广东总督（赵弘灿）
弟男子侄：以后凡本处西洋人所进皇上上用物件并启奏的书字，即速
着妥当家人雇包程骡子，星夜送来，不可误了时刻，钦此。②

　　（康熙四十八）二月初三日，据养心殿赵昌奉旨传与江西巡抚郎
廷极之子，以后凡本处西洋人所进皇上上用物件并启奏的书字，即速
着妥当家人雇包程骡子，星夜送来，不可误了时刻，钦此。③

　　张柏行、赵弘灿、郎廷极皆是康熙的股肱之臣，又是封疆大吏，必然
对皇帝的要求尽心尽力，不日便将搜集到的西洋奇器呈献京城。

　　江西巡抚郎廷极于二月二十六日，寻得传教士殷弘绪送来西洋葡萄酒
六十六瓶，西药哈尔各斯默一瓶，瓶口有西洋文字封识。三月初一，又寻
得珠谷腊八锡瓶，瓶口有西洋文字封固。此举令康熙甚为满意，他在朱批
中写道："此折奏来的甚是，已后，你有西洋人有进之物，折子上写明并
奏闻。"④ 随后，郎廷极又积极搜寻江西下属各府县，寻得建昌府天主堂马
若瑟进格尔墨斯一瓶、洋酒四瓶；临江府天主堂传圣泽进洋酒八瓶；抚州
府天主堂沙守信进洋酒六瓶；九江府天主堂冯秉正进洋酒六瓶；赣州府天

　　① 中国第一历史档案馆编：《康熙朝汉文朱批奏折汇编》第 2 册，档案出版社
1984 年，第 370~371 页。
　　② 中国第一历史档案馆编：《康熙朝汉文朱批奏折汇编》第 2 册，档案出版社
1984 年，第 380~382 页。
　　③ 中国第一历史档案馆编：《康熙朝汉文朱批奏折汇编》第 2 册，档案出版社
1984 年，第 334~336 页。
　　④ 中国第一历史档案馆编：《康熙朝汉文朱批奏折汇编》第 2 册，档案出版社
1984 年，第 334~336 页。

主堂毕安进洋酒二瓶、德利亚尔噶一盒；南昌府天主堂穆泰来进洋酒二瓶。①

　　两广总督赵弘灿寻得西洋人穆德我等交来的葡萄酒一箱、洋烟一箱，西洋人毕登庸交来的葡萄酒一箱，西洋人景明亮交来的葡萄酒一箱、西药一瓶、字三封。四月二十六日，据香山协守备朱映奎具禀送到西洋人郭天宠所进葡萄酒一箱，据称计九瓶，又与北京天主堂书一封。七月初十日，觅得西洋小表一个、伽南香一块。② 康熙四十九年（1710）二月十八日，赵弘灿又交西洋人李国震进献皇上的葡萄酒十五瓶。四十九年（1710）闰七月十四日，又搜到加纳列国葡萄酒一箱，七十小瓶。伯尔西亚国葡萄酒二箱，共二十大圆瓶。波尔图噶国葡萄酒二箱，共二十四方瓶。十月初三日，赵弘灿又得到大西洋岛国加纳利的葡萄酒二箱。

　　福建巡抚张伯行于三月二十日，仅寻得西洋人利国安恭进皇上的葡萄酒二箱。此后档案中未见其进献记录。

　　从三位地方大员所进西器来看，江西巡抚郎廷极最为积极，不惜举全省之力迎合康熙之好，甚至下令搜寻所属六府。广东总督赵弘灿占据对外贸易中心广州，也是竭其所能为康熙搜集西洋物品。张伯行的表现则耐人寻味，他并未积极地满足康熙的需求。纵观张伯行的人生经历，其人秉性耿直、不擅迎合、居官清廉，对腐败现象深恶痛绝，遭致官员排挤。《清史稿》载：四十六年（1707），康熙南巡，至苏州，谕从臣曰："朕闻张伯行居官甚清，最不易得。"时命所在督抚举贤能官，伯行不与。上见伯行曰："朕久识汝，朕自举之。他日居官而善，天下以朕为知人。"擢福建巡抚，赐"廉惠宣猷"榜。③ 如此看来，张伯行并不热衷搜集西器，便也能够理解了。

---

　　① 中国第一历史档案馆编：《康熙朝汉文朱批奏折汇编》第 2 册，档案出版社1984 年，第 385~387 页。

　　② 中国第一历史档案馆编：《康熙朝汉文朱批奏折汇编》第 2 册，档案出版社1984 年，第 540~541 页。

　　③ 赵尔巽等：《清史稿》，中华书局 1976 年，第 9937 页。

除以上所述三人，就连地处中国腹地的湖南官员，也向皇帝积极进献西洋葡萄酒。康熙四十八年（1709）四月初九日，偏沅巡抚赵申乔进上葡萄酒。①

从以上史料看来，康熙在四十八年（1709）前后，对洋酒、洋药兴趣浓厚。偏沅巡抚积极进献西洋葡萄酒，或许跟其子身处京城，悉知康熙当下西洋品味有关。赵申乔在一封奏疏中曾经提到，康熙四十八年（1709）正月十七日，其子赵熊诏"在畅春园门外伺候，十九日，内侍李玉传旨：着随翰林官在内行走"②。赵申乔之子作为康熙近臣，应当悉知康熙当下的西洋趣味。三个月后，赵申乔便从湖南将葡萄酒送到京城了。

地方官员通常有两种方法搜寻西器。一种是向当地西洋人索取。如康熙五十八年（1719）正月，澳门西洋人理事官唛嗉哆交给两广总督杨琳洋锦缎三匹、珊瑚二树、西洋香糖粒九瓶、玻璃器四件、鼻烟十二罐、衣香一盒、槟榔膏六罐、珊瑚珠二串共二百零七粒、金线带五丈、火漆一小盒、水安息香共二十个、鼻烟盒六个、戒指六个、保心石大小共二十个、银盒一个（内小盒六个）、绒线狗四个。③ 由杨琳将物件如数呈进给康熙，这其中包含不少西洋奇器。另一种是每年的贸易季度，派人去新到洋船打探和购买。如康熙五十五年（1716），两广总督赵弘灿"钦遵圣谕，时刻留心，随差家人三名跟李秉忠至澳门寻买西洋物件"。并奏报所到洋船的数量，"先到洋船十八只""今又续到澳门四只"④。康熙帝也会密切关注新到洋船动向。康熙五十八年（1719），他在两广总督杨琳的奏折中批示：

① 中国第一历史档案馆编：《康熙朝汉文朱批奏折汇编》第 2 册，档案出版社1984 年，第 410 页。
② 中国第一历史档案馆编：《康熙朝汉文朱批奏折汇编》第 2 册，档案出版社1984 年，第 313 页。
③ 中国第一历史档案馆编：《康熙朝汉文朱批奏折汇编》第 8 册，档案出版社1984 年，第 383 页。
④ 中国第一历史档案馆编：《康熙朝汉文朱批奏折汇编》第 7 册，档案出版社1984 年，第 440～441 页。

"倘洋船再有来者，着速报闻。"①虽寥寥数语，但从中不难看出，康熙对新到西器的迫切渴求。

其三，康熙积极寻找掌握西方先进科学技术并擅长制造、维护西器的能人巧匠，令其进入造办处、钦天监等地为皇室服务。据乾隆朝内务府造办处档案追述：

前有西洋人修士苏霖泛海东来，寄居江南江宁府，康熙二十七年三月十三日治理历法，臣徐日昇传旨：礼部速差员往江宁府天主堂取西洋人苏霖赴京，钦此。派员前往。苏霖遵照即赴京居住宣武门堂内，因精于视学，专管远视、近视、存目、老（花）等各玻璃镜，小心供奉，历四十九年。②

苏霖被召入京本因治历所需，或被委任制作天文光学设备，因精于视学，转为皇帝制作眼镜。又如康熙五十八年（1719），两广总督杨琳奏报：

本年五月十二日到有法兰西洋船一只，据报，装载燕窝、胡椒、绒毡等货，内有法兰西行医外科一人，名安泰，年二十六岁，又会烧画法瑯技艺一人，名陈忠信，年二十八岁。奴才等随催令安泰、陈忠信即速赴京，据二人回称，在洋船日久，天气又热，必稍得歇息方可起身，奴才等现在捐备衣服行装，令其于六月十八日即公同遣人伴送来京。③

---

① 中国第一历史档案馆编：《康熙朝汉文朱批奏折汇编》第 8 册，档案出版社 1984 年，第 490 页。

② 中国第一历史档案馆、香港中文大学文物馆编：《清宫内务府造办处档案总汇》第 7 册，人民出版社 2005 年，第 203 页。

③ 中国第一历史档案馆编：《康熙朝汉文朱批奏折汇编》第 8 册，档案出版社 1984 年，第 506 页。

鉴于康熙求贤若渴的态度，总督对有技术的西洋人给予了极大的礼遇和尊重。康熙五十八年（1719）六月十八日，杨琳再次上奏，为康熙寻得法国外科医生及珐琅技艺匠人。八月十二日，两广总督上奏称，"澳门彝船自小西洋贸易回棹搭西洋人徐茂升一名，据称晓得天文律法"，遂即刻差送其进京。①

康熙帝并非对所有西洋人都一视同仁。康熙四十六年（1707）五月二十六日，康熙传旨广东总督赵弘灿，"见有新到西洋人若无学问只传教者，暂留广东，不必往别省去，许他去的时节另有旨意。若西洋人内有技艺巧思或系内外科大夫者，急速著督抚差家人送来，钦此"②。八月十三日，总督赵弘灿回复："今查有新到西洋人十一名，内唯庞嘉宾据称精于天文，石可圣据称巧于丝律，林济格据称善于做时辰钟表，均属颇有技艺巧思。其余卫方济、曾类思、德玛诺、孔路师、白若翰、麦思理、利奥定、魏格尔等八名俱系传教之人，并非内外科大夫，遵即暂留广东，不许往别省去，见在候旨遵行。今将庞嘉宾、石可圣、林济格三人，臣等专差家人星飞护送进京。为此缮折伏乞皇上睿鉴谨具奏闻。"③ 赵弘灿谨遵圣旨，将寻得的 11 名传教士中懂天文、识乐律、会做钟表的 3 人送往京师，其余 8 人留在广东。康熙四十七年（1708）正月初十，赵弘灿又向皇帝奏明，之前滞留广东的 8 人中，"有会刨制药的魏哥儿，会天文的德玛诺、孔禄世三人"④，已经派人送往京城。康熙五十五年（1716）七月，赵弘灿再次向康熙奏称，查询本年所到洋船十八只，寻得两名西洋人，一人知天文，另

---

① 中国第一历史档案馆编：《康熙朝汉文朱批奏折汇编》第 8 册，档案出版社 1984 年，第 588 页。

② 中国第一历史档案馆编：《康熙朝汉文朱批奏折汇编》第 1 册，档案出版社 1984 年，第 626~627 页。

③ 中国第一历史档案馆编：《康熙朝汉文朱批奏折汇编》第 1 册，档案出版社 1984 年，第 703~704 页。

④ 中国第一历史档案馆编：《康熙朝汉文朱批奏折汇编》第 1 册，档案出版社 1984 年，第 790~791 页。

一人懂音乐，便送往京城。① 康熙五十八年（1719），两广总督杨琳上奏："今于六月十一日到嘆咭唎洋船……二船内并无搭有西洋学问技艺之人。"② 可见，传教士有无一技之长是能否入京的重要指标，清朝皇室对西洋人重视与否，本质上取决于对西洋物质文明的热情。

对于掌握西洋技术的中国人，康熙也甚为赏识。焦秉贞，山东济宁人。"康熙中，官钦天监五官正。工人物楼观，通测算，参用西洋画法，剖析分刌，量度阴阳向背，分别明暗，远视之，人畜、花木、屋宇皆植立而形圆。"③ 因其掌握西洋画的透视技巧，而受到康熙的嘉奖，命绘耕织图四十六幅，镌版印赐臣工。

康熙同时也积极平反"康熙历狱"中被诬陷下狱的西洋巧匠。康熙初年，杨光先、鳌拜等人引发"康熙历狱"，将汤若望、南怀仁等人判刑，康熙亲政后立刻为其平反，令南怀仁任职钦天监。康熙在西洋人修历之地的门额上御书"天文历法，可传永久"八字。④ 在康熙的支持下，南怀仁制作了一系列的西洋天文仪器，并运用了中国的制作工艺，达到了中西合璧的效果。

四、清代世宗皇帝与西器

雍正时期，西洋物质文明进一步传入中国，清世宗对西器的欣赏和重视比前朝更甚。雍正对西洋物质文明持接纳的态度。在日常生活中，他对这些鼓浪东来的洋玩意儿甚是热衷。现今珍藏于故宫博物院的著名画作《雍正行乐图》里，还赫然保留着他穿西装、戴假发的画像。在清宫档案材料中也能看到，雍正对地球仪、西洋玻璃、鼻烟壶、眼镜、钟表、千里

---

① 中国第一历史档案馆编：《康熙朝汉文朱批奏折汇编》第 1 册，档案出版社 1984 年，第 331~332 页。

② 中国第一历史档案馆编：《康熙朝汉文朱批奏折汇编》第 8 册，档案出版社 1984 年，第 548 页。

③ 赵尔巽等：《清史稿》，中华书局 1976 年，第 13911 页。

④ 徐珂：《清稗类钞》第 2 册《教育类·顺天书院金台书院》，中华书局 1986 年，第 565 页。

镜、显微镜、西洋染料、西洋画等物兴味颇浓。

世宗在位期间，至少接受过两次西洋国家的进贡，贡献之物颇多。一次是雍正三年（1725），"西洋意达里亚国教化王伯纳第多，遣陪臣噶哒都易德丰奉表，谢圣祖仁皇帝抚恤恩，并贺世宗宪皇帝登基，贡方物……咖石喻鼻烟罐一对、各色玻璃鼻烟壶十二、各宝员球八十二、各宝鼻烟壶十六……镶牙片鼻烟盒十一、银花素鼻烟盒一对……绿石鼻烟盒各一……玛瑙鼻烟壶一……鼻烟五十罐"①。另一次是雍正五年（1727），"西洋博尔都噶尔国王若望，遣陪臣麦德乐等具表庆贺，恭请圣安，进献方物：……玻璃瓶贮各品药、露五十四瓶……上品鼻烟十二瓶……各色珐琅料十四块"②。鼻烟壶是来自西洋的手工艺品，不仅拥有玻璃制造的技术，还蕴有内壁绘画的艺术，十分珍贵。

当然，世宗接触到的更多西器，则是清廷造办处仿制的西式器物。笔者通过查阅清宫档案，发现了大量的史料，证明世宗与西器（包括西式器物）有密切的、频繁的接触，并对之颇为欣赏。下面一一陈述。

第一，与天文仪器的接触。

地球仪的传入让雍正帝接触到了新的地理观念，引起了他极大的好奇。雍正八年（1730）九月初五日，宫殿监督领侍陈福传雍正谕旨："着向造办处查地球或铜的或合牌的，若无，武英殿或西洋人处亦查，钦此。"③十月二十六日，陈福查得武英殿收贮黑漆地球一件、白油地球一件，畅春园收贮白油地球二件。内侍将其中一件拿给雍正查看，引得雍正极大的兴趣，问询地球仪上写的西洋文字是何解，并提出按照怡亲王的建

①（清）梁廷楠：《海国四说·粤道贡国说》卷四《西洋诸国·意达里亚国》，中华书局1993年，第225页。

②（清）梁廷楠：《海国四说·粤道贡国说》卷四《西洋诸国·博尔都噶尔雅国》，中华书局1993年，第228~229页。

③ 中国第一历史档案馆、香港中文大学文物馆编：《清宫内务府造办处档案总汇》第4册，人民出版社2005年，第394页。

议，修改俄罗斯地区的图样。①

第二，与西洋玻璃的接触。

雍正时期的玻璃仍属奢侈品，特别是作为玻璃窗的原材料——大尺寸的平板玻璃，完全依赖进口，更是极其珍贵。尽管如此，西洋玻璃仍然使用在宫殿的各个角落。许多传统建筑中安置了西洋玻璃窗，如皇帝的居室养心殿，就安装了大量的玻璃窗户。据造办处档案载，雍正元年（1723）十月初一日，郎中保德奉旨："养心殿后寝宫西次间后窗下一扇，中心开一活窗，宽一尺五寸九分，高一尺五寸七分。钉合扇钩搭窗外，做三面窗罩一个，宽一尺五寸九分，高二尺五寸二分，入深六寸。两头小面安玻璃顶，后面或安板子，或做窗户。穿堂北边东西窗安玻璃两块，高一尺八寸五分，宽一尺四寸七分亦可，宽九寸七分亦可，钦此。"于十月十三日，"照尺寸做得，安玻璃顶罩一件，玻璃两块，郎中保德领匠役持进，将窗罩安在养心殿后寝宫西次间新开活窗上，讫。将玻璃两块安在穿堂北边东西窗上"②。此外，玻璃也被用作装饰品。如玻璃吊屏、玻璃玩偶、玻璃球等。雍正元年（1723）十月初七日，郎中保德传旨："养心殿后寝宫西次间内，用玻璃横吊屏一件，直吊屏一件，其大小照西暖阁的玻璃大小一样做，钦此。"③ 后于十月二十五日做得高三尺四寸五分、宽五尺四寸五分玻璃横吊屏一件；于十一月初二日，做得高四尺五寸、宽二尺九寸五分玻璃直吊屏一件。又如雍正七年（1729）四月二十二日，据圆明园来帖内称，本月十一日郎中海望持出西洋玻璃鸡一支，西洋玻璃鸭子二支，紫檀木匣，奉旨："着配玻璃罩送进，钦此。"④ 另外还持出一件玻璃圆球巧工，

---

① 中国第一历史档案馆、香港中文大学文物馆编：《清宫内务府造办处档案总汇》第 4 册，人民出版社 2005 年，第 644 页。

② 中国第一历史档案馆、香港中文大学文物馆编：《清宫内务府造办处档案总汇》第 1 册，人民出版社 2005 年，第 218 页。

③ 中国第一历史档案馆、香港中文大学文物馆编：《清宫内务府造办处档案总汇》第 1 册，人民出版社 2005 年，第 219 页。

④ 中国第一历史档案馆、香港中文大学文物馆编：《清宫内务府造办处档案总汇》第 3 册，人民出版社 2005 年，第 540 页。

也奉旨配做玻璃罩。西洋玻璃也被制作成镜子供皇室使用。如雍正元年（1723）十月二十七日，郎中保德传旨："着做半截腿靠墙安的玻璃镜一面，钦此。"① 后于十一月二十七日，制作完成，由郎中保德呈进。

第三，与眼镜的接触。

雍正对眼镜的喜爱可以谓之痴迷。雍正一朝对西洋眼镜的收集和仿制更甚前朝，从雍正即位伊始，清宫内务府造办处就开始大规模地制作眼镜。直至雍正去世，十三年里，清宫《活计档》中登记在册的特制眼镜超过 250 副，皆是雍正下旨督造。造办处有时按照材料划分眼镜类别，进行批量制作。如雍正元年（1723）十月二十日，郎中保德奉怡亲王谕："将水晶、茶晶、墨晶玻璃眼镜，每样多做几副，俱要上好的，遵此。"于雍正二年（1724）七月初九日做得墨晶眼镜一副，水晶眼镜三副，茶晶眼镜一副，玻璃眼镜五副，由保德呈进；于七月十二日，做得玻璃眼镜一副，由保德呈进；于雍正三年（1725）四月十二日，做得茶晶眼镜二副，由怡亲王呈进。② 有时按照佩戴眼镜年龄（度数）进行批量生产，据档案记载，雍正四年（1726）七月初九日，据圆明园来贴内称首领太监李从明来说怡亲王谕："着做三十岁墨晶眼镜五副，茶晶眼镜五副，遵此。"后于九月初十日做得墨晶眼镜三副，茶晶眼镜三副。③ 又如雍正六年（1727）三月十三日，"员外郎沈瑜唐英传做赏用玻璃眼镜三十岁、四十岁、五十岁、六十岁、七十岁，每样做五副"④。这里所指的眼镜年龄类似于今天所说的度数。据档案记载，雍正在 62、63 岁的时候，会要求造办处同时制造出多副四十岁、五十岁、六十岁、七十岁的眼镜。这一方面说明了雍正对眼镜

① 中国第一历史档案馆、香港中文大学文物馆编：《清宫内务府造办处档案总汇》第 1 册，人民出版社 2005 年，第 81 页。

② 中国第一历史档案馆、香港中文大学文物馆编：《清宫内务府造办处档案总汇》第 1 册，人民出版社 2005 年，第 79、142 页。

③ 中国第一历史档案馆、香港中文大学文物馆编：《清宫内务府造办处档案总汇》第 2 册，人民出版社 2005 年，第 4、353 页。

④ 中国第一历史档案馆、香港中文大学文物馆编：《清宫内务府造办处档案总汇》第 3 册，人民出版社 2005 年，第 48 页。

甚为喜爱，有种求全、求多的心态。另一方面，可能由于雍正终日操劳，视力也时而清晰时而模糊的缘故。造办处有时还会按照时辰将眼镜分为十二种类别来进行制作。如档案记载，雍正八年（1729）十二月十六日，太监焦进朝交来近视玻璃眼镜九副，内子时一副、丑时一副、寅时一副、卯时二副、辰时一副、巳时一副、申时一副、亥时一副，传："此内少午未酉戌等时眼镜四副，着添做，再富余卯时眼镜一副，少子丑等时眼镜十一副，亦添做，共凑二十四副，其交出眼镜，俱着收拾，钦此。"① 造办处常将其他物件用作制作眼镜的材料。如档案记载，雍正元年（1723）八月十二日，郎中李璘从造办处拿来水晶座黑玻璃仙人二件，领旨将其"做眼镜用"②。又如雍正元年（1723）十二月二十一日，怡亲王从造办处拿来墨晶图书二方，接旨将图书"挑好处做眼镜用"③。由于雍正的喜爱，进口眼镜也大量进入造办处。仅雍正九年（1731）八月三十日，首领萨木哈便奉旨将"外进的眼镜一百副，着配做匣子"④。

　　雍正对眼镜的喜爱不仅限于个人的占有，他也常将眼镜赏赐给王公大臣及其亲属。雍正三年（1725）六月十一日，雍正令海望传旨："着做三四十岁眼镜做几付，赏怡亲王，钦此。"⑤ 怡亲王胤祥是圣祖康熙帝第十三子，与雍正关系最为亲密。同样受到赏赐的还有诚亲王，据档案记载，雍正七年（1729）九月初五日，郎中海望持出玳瑁圈钢梁掐子三十岁水晶眼

---

① 中国第一历史档案馆、香港中文大学文物馆编：《清宫内务府造办处档案总汇》第4册，人民出版社2005年，第438页。

② 中国第一历史档案馆、香港中文大学文物馆编：《清宫内务府造办处档案总汇》第1册，人民出版社2005年，第64页。

③ 中国第一历史档案馆、香港中文大学文物馆编：《清宫内务府造办处档案总汇》第1册，人民出版社2005年，第88页。

④ 中国第一历史档案馆、香港中文大学文物馆编：《清宫内务府造办处档案总汇》第4册，人民出版社2005年，第754页。

⑤ 中国第一历史档案馆、香港中文大学文物馆编：《清宫内务府造办处档案总汇》第1册，人民出版社2005年，第782页。

镜一副，奉旨："着将水晶眼镜片取下配做上用装修钢簧眼镜，赏诚亲王。"① 雍正也会将眼镜赏赐给身边的太监，据史料载，雍正十年（1732）十月二十一日，雍正下旨赏赐太监"郑爱贵眼镜一副"②。在外带兵的将领也会受到赏赐。如雍正十一年（1733）三月十九日，太监高玉传旨："着将上用玻璃眼镜一副，赏总兵稽曹筠，钦此。"③ 雍正一朝，赏赐眼镜的数量较多，因此内务府档案中常有造办处大量制造专供赏用的眼镜的记载。例如雍正六年（1728）正月三十日，员外郎沈瑜、唐英便传旨"做赏用五十岁玻璃眼镜十副，六十岁玻璃眼镜十副，七十岁玻璃眼镜十副"④。

第四，与钟表的接触。

雍正朝也延续了前朝对钟表的喜爱，据档案记载，钟表被陈设在雍正活动的各个地方。如雍正四年（1726）七月初九日，郎中海望持出风琴时钟问钟一座，随乌木架，奉旨："着收拾妥当，安在四宜堂，钦此。"四宜堂是雍正帝在圆明园的书房，是其常去的场所，御制诗集《四宜堂集》和雍正在位期间的书法作品《四宜堂法帖》就因此命名。又如雍正十三年（1735）闰四月二十三日，首领太监赵进忠来说，库内备用时钟一件，内大臣海望"着将钟上铜饰件贴金，收拾好，陈设在紫萱堂"⑤。同样，紫萱堂也位于圆明园内，是雍正经常游览的去处。雍正不仅在固定场所安装钟表，在其行舆中，也安置钟表。据档案载，雍正六年（1728）正月十三日，首领太监赵进忠来说，内大臣佛伦传旨："自今以后，出入轿内右边

---

① 中国第一历史档案馆、香港中文大学文物馆编：《清宫内务府造办处档案总汇》第 3 册，人民出版社 2005 年，第 634 页。

② 中国第一历史档案馆、香港中文大学文物馆编：《清宫内务府造办处档案总汇》第 5 册，人民出版社 2005 年，第 322~323 页。

③ 中国第一历史档案馆、香港中文大学文物馆编：《清宫内务府造办处档案总汇》第 5 册，人民出版社 2005 年，第 638 页。

④ 中国第一历史档案馆、香港中文大学文物馆编：《清宫内务府造办处档案总汇》第 3 册，人民出版社 2005 年，第 19 页。

⑤ 中国第一历史档案馆、香港中文大学文物馆编：《清宫内务府造办处档案总汇》第 6 册，人民出版社 2005 年，第 600 页。

前头，着安表，钦此。"① 又雍正七年（1729）八月二十二日，首领太监赵进忠来说，随侍自鸣钟太监武进庭传："大礼轿内着安表匣一件，记此。"② 在行舆中安装钟表也表明了雍正一朝时间观念的增强。此外，雍正还会挑选一些制作上乘的钟表随身携带。据档案记载，雍正六年（1728）十月二十日，首领太监赵进忠来说："本月十八日，随侍自鸣钟首领太监薛勤传旨：'着向养心殿造办处要好些的表一件，随侍用，钦此。'"③ "随侍用"说明自鸣钟表已充分融入雍正帝的生活之中。

雍正朝收集的钟表种类繁多，如圆表小问钟、珐琅盖双针表、洋漆格子钟等。盛放钟表的器皿也是别具匠心，雍正四年（1726）十二月十五日，郎中海望奉旨："着做有栏干紫檀木小盘几件，内盛表用。或一盘盛两个表，或一盘盛三四个表，其盘内做拱绣花卉垫子，拱绣的枝梗花头余空处要放得稳，钦此。"④ 又如档案载，雍正六年（1728）正月十九日，内务府造办处"做得糊锦面红绫里嵌玻璃合牌匣一件内盛表一件，领催白士秀交太监赵进忠持去。"⑤ 其盛表容器之考究可见一斑。

雍正帝也会将钟表赏赐给亲信，如雍正八年（1230）十月十八日，据圆明园来帖内称八月三十日首领太监赵进忠来说："太监刘希文传旨：'着将豆瓣楠木小架自鸣钟赏给果亲王，钦此。'"⑥

第五，与望远镜的接触。

---

① 中国第一历史档案馆、香港中文大学文物馆编：《清宫内务府造办处档案总汇》第 3 册，人民出版社 2005 年，第 343 页。

② 中国第一历史档案馆、香港中文大学文物馆编：《清宫内务府造办处档案总汇》第 3 册，人民出版社 2005 年，第 630 页。

③ 中国第一历史档案馆、香港中文大学文物馆编：《清宫内务府造办处档案总汇》第 3 册，人民出版社 2005 年，第 145 页。

④ 中国第一历史档案馆、香港中文大学文物馆编：《清宫内务府造办处档案总汇》第 2 册，人民出版社 2005 年，第 113 页。

⑤ 中国第一历史档案馆、香港中文大学文物馆编：《清宫内务府造办处档案总汇》第 3 册，人民出版社 2005 年，第 343 页。

⑥ 中国第一历史档案馆、香港中文大学文物馆编：《清宫内务府造办处档案总汇》第 4 册，人民出版社 2005 年，第 583 页。

西洋望远镜也是雍正帝的喜好之物。此时造办处的望远镜制作已经达到了较高的水准，加之从外地不断进献的望远镜，雍正朝的望远镜种类甚为丰富。如雍正七年（1729）五月初五的档案记载，当天从造办处持出的望远镜便有驼骨筒千里眼、黑子儿筒千里眼、影子木筒千里眼、竹筒千里眼、乌木筒千里眼、象牙箍影子木筒千里眼，等等，共 15 种千里镜，计 20 件。① 可谓洋洋大观。雍正帝常将望远镜陈设在园林盛景之中。据史料载，雍正五年（1727）七月初十日，据圆明园来贴内称清茶房总管太监李英传旨："着将造办处收贮好些的千里眼送些来，陈设在万字房对瀑布处、莲花馆对西瀑布处、一号房抱厦处、蓬莱洲流杯亭等处，其流杯亭处将千里眼挂在柱子上，钦此。"② 用西洋远镜观瀑布，别具风味。

第六，与西洋画的接触。

雍正所感兴趣的西洋物质文明还有西洋画和西洋染料等。珐琅料属于舶来品，造办处烧珐琅调色需用"多尔那们油"。据史料载，雍正六年（1728）七月十四日，造办处查得"武英殿露房旧存收贮多尔那们油十六斤十两二钱，西洋国来使麦德罗进的多尔那们油四半瓶，连瓶净重十二斤四两，从蒋家房抄来的多尔那们油一瓶，连瓶净重一斤四两，共重三十斤二两二钱"③。这段史料证实了"多尔那们油"属于西洋进口物品，同时揭示了此物在雍正时期获取的三种途径，即前朝遗留、西洋进献和抄家所得。雍正时期，宫中已经留用了大量的西洋画师，专为皇室作画，其影响最大的当属郎世宁。雍正朝的清宫内务府造办处档案中，多次记载了皇室要求郎世宁为其作画的谕令。既有西洋画作，又有中式画作，还有中西合璧之作，反映了当时中西文明相互影响的过程。

---

① 中国第一历史档案馆、香港中文大学文物馆编：《清宫内务府造办处档案总汇》第 3 册，人民出版社 2005 年，第 554 页。

② 中国第一历史档案馆、香港中文大学文物馆编：《清宫内务府造办处档案总汇》第 2 册，人民出版社 2005 年，第 493 页。

③ 中国第一历史档案馆、香港中文大学文物馆编：《清宫内务府造办处档案总汇》第 3 册，人民出版社 2005 年，第 424 页。

　　雍正对待西洋画师也很宽厚，档案材料中常有雍正赏赐西洋画师的例子，如雍正元年（1723）十月十一日，怡亲王奉旨："赏给西洋人马国贤暗龙白磁碗一百件，五彩龙凤碗四十件，五彩龙凤磁杯六十件，上用缎四疋，钦此。"① 赏赐的物品十分丰厚。西洋画师郎世宁也受到雍正的特别关照，除了赏赐大量财物，连他位于白虎殿的画房，也多次修缮。例如，雍正七年（1729）四月二十六日，雍正便下旨"为西洋人郎石宁白虎殿画画房前后窗户着找补糊纸"②。

　　雍正在大量接触西器之后，拥有了适应异质文化而又符合本土文明的欣赏眼光，对西式器物的工艺产生了更高的要求，形成了欣赏西洋艺术的品位。雍正对于西洋器物有着独特的审美追求。他常常会对造办处发布谕令，命其根据自身喜好，对西器进行改造和仿制。我们能从这些谕旨中，窥见雍正的西洋艺术品位。下面分条详述。

　　一，对尺寸的要求。

　　雍正对西洋物件的尺寸大小十分敏感。在命造办处仿制西器的过程中，会不断对仿制品的尺码提出具体要求。例如，雍正五年（1727）正月初六日，太监王太平传旨："西洋人郎世宁画的者尔得（满文：枣红色）小狗虽好，但尾上毛甚短，其身亦小些，再着郎世宁照样画一张，钦此。"③ 认为西洋传教士郎世宁所作西洋画的构图尺寸偏小。又如，雍正六年（1728）二月初七日，郎中海望奉旨："着照先进的万国来朝吊屏样再做几件，吊屏上不必做堆纱的。着郎世宁画。画片上罩玻璃转盘，吊屏不必照先做过的尺寸样做，但量玻璃尺寸做小些亦可，钦此。"④ 同样建议将

---

　　① 中国第一历史档案馆、香港中文大学文物馆编：《清宫内务府造办处档案总汇》第1册，人民出版社2005年，第79页。

　　② 中国第一历史档案馆、香港中文大学文物馆编：《清宫内务府造办处档案总汇》第3册，人民出版社2005年，第543页。

　　③ 中国第一历史档案馆、香港中文大学文物馆编：《清宫内务府造办处档案总汇》第2册，人民出版社2005年，第422页。

　　④ 中国第一历史档案馆、香港中文大学文物馆编：《清宫内务府造办处档案总汇》第3册，人民出版社2005年，第29页。

尺寸缩减。又如，雍正七年（1729）四月十一日，郎中海望拿来一块西洋八角玻璃，雍正便下旨令西洋技师将其打磨成多目镜或者其他有用物件，并要求"做小些使的使不的"①。有时他也会要求将物件的尺寸扩大。如雍正七年（1729）八月二十一日，郎中海望拿来一件镶象牙藤桶千里眼，他便要求造办处按照原件式样"放长些或放粗些"②。雍正对这些西洋仿制品尺寸的把控，反映了他对物件精细的审美追求。

二，对纹样的喜好。

雍正不仅对西器的尺寸大小有所要求，对西器上的图案纹饰也会格外关注。对于精美的西洋纹样，雍正会给予正面评价，并要求造办处仿制。雍正元年（1723）四月二十一日，怡亲王拿给造办处一件西洋银壶，传雍正口谕："着壶身上西洋花纹甚好，再做壶时照此花纹做，比此壶收小些的，亦做一分，不必做架子，遵此。"③ 又如，雍正十年（1732）二月十六日，雍正向造办处下旨提及两件西洋玻璃茶圆，指出"此茶圆颜色花纹甚好，着玻璃厂照此颜色花纹仿好款式烧造些"④。

对于不好的纹样，雍正也会给予批评。例如雍正六年（1728）二月十七日，郎中海望向造办处下达皇帝谕旨，其中不乏严厉批评和劝导："近来烧造珐琅器皿花样粗俗材料亦不好，再烧造珐琅时，务要精心细致。"⑤又如雍正十年（1732）二月十六日，雍正在对造办处下达的谕旨中提及一件西洋亮绿画红蓝白三色丝玻璃茶圆，认为"此玻璃颜色好但花纹碎些，

---

①　中国第一历史档案馆、香港中文大学文物馆编：《清宫内务府造办处档案总汇》第 3 册，人民出版社 2005 年，第 517 页。

②　中国第一历史档案馆、香港中文大学文物馆编：《清宫内务府造办处档案总汇》第 3 册，人民出版社 2005 年，第 629 页。

③　中国第一历史档案馆、香港中文大学文物馆编：《清宫内务府造办处档案总汇》第 1 册，人民出版社 2005 年，第 36 页。

④　中国第一历史档案馆、香港中文大学文物馆编：《清宫内务府造办处档案总汇》第 5 册，人民出版社 2005 年，第 224 页。

⑤　中国第一历史档案馆、香港中文大学文物馆编：《清宫内务府造办处档案总汇》第 3 册，人民出版社 2005 年，第 34 页。

不必照此花纹。着玻璃厂做好款式，照绿玻璃颜色另画云式花纹烧造些"①。对于前所未见的西洋新奇纹样，雍正则表现出浓厚的兴趣，要求造办处学习模仿，并运用在宫廷物品之上。例如雍正六年（1728）十月二十六日，太监张玉柱、王常贵交来糊西洋纸合牌匣一件，传旨："其匣上纸的花纹看着新样，将此花样画下，嗣后造办处或做彩漆，或织锦或做砚盒或做小式活计，仿此花纹做，钦此。"② 总之，雍正对于纹样的好恶，反映了雍正的审美趣味。

三，对西洋制作工艺的态度。

世宗对于西洋器物中体现出的制作工艺十分关注。若是他觉得精巧的西洋款式，便会命造办处进行仿制。例如雍正十二年（1734）四月十一日，雍正向造办处提及一件由太监沧洲所交的西洋孔雀尾珐琅鼻烟壶，认为其"款式甚好"，并令造办处"亦照样烧造几件"③。雍正对西器的品评，不单单是对这件物品的整体作出评价，对于这件物品的每一个制作工序，凡是有值得借鉴的细节，雍正都会格外留意。例如，雍正十年（1732）二月十六日，雍正向造办处下旨，认为一件西洋玻璃烧珐琅白拱番花五彩人物杯的"拱花甚好"，希望造办处在"做珐琅鼻烟壶时，墙子上照样烧造"④。又如雍正八年（1730）二月十七日，雍正对造办处下旨，对其仿制的西洋做法扇面式盒盖上玻璃衬垫颜色给予肯定，并要求"照此盒上衬垫，将大些的各样款式盒做几件"⑤。

---

① 中国第一历史档案馆、香港中文大学文物馆编：《清宫内务府造办处档案总汇》第 5 册，人民出版社 2005 年，第 224 页。

② 中国第一历史档案馆、香港中文大学文物馆编：《清宫内务府造办处档案总汇》第 3 册，人民出版社 2005 年，第 149 页。

③ 中国第一历史档案馆、香港中文大学文物馆编：《清宫内务府造办处档案总汇》第 5 册，人民出版社 2005 年，第 347 页。

④ 中国第一历史档案馆、香港中文大学文物馆编：《清宫内务府造办处档案总汇》第 5 册，人民出版社 2005 年，第 225 页。

⑤ 中国第一历史档案馆、香港中文大学文物馆编：《清宫内务府造办处档案总汇》第 4 册，人民出版社 2005 年，第 313 页。

雍正帝也会对不太满意的西洋器物或仿制品提出改进意见。例如，雍正四年（1726）七月十九日，郎中海望交给造办处一件嵌玻璃镜黑珠皮匣，内盛一件西洋人物画片银托板，并传达雍正谕旨："银托板内人物拿的鬼脸不好看，着换做纱扇，钦此。"① 显然，雍正对银托板中所画西洋人物不甚满意。又如，雍正六年（1728）十月二十八日，郎中海望持出各色玻璃鼻烟壶 41 个，传旨："此鼻烟壶款式甚俗不好，可惜材料，尔等持出，放在无用处罢，钦此。"② 雍正认为这些鼻烟壶制作的太过俗气，但弃之可惜，只能作为次品放置在无关紧要的地方。有些史料也能体现出雍正对工艺品制作细节的挑剔。例如雍正七年（1729）四月十一日，郎中海望持出月白玻璃夔龙鸡心角鼻烟壶一件，传旨："此做法甚文雅，但其玻璃走硝，另做玻璃二面镶上，将此鼻烟壶存样，钦此。"③ 雍正虽然对这件鼻烟壶的制作工艺表示满意，但因为玻璃烧制的有气眼或是色泽有瑕疵，便要求另换两面玻璃镶上。大体看来，雍正对工艺品的审美旨趣偏向于朴素淡雅。据档案记载，雍正十年（1732）八月十七日，据圆明园来帖内称本日司库常保来说，太监沧洲传旨："鼻烟壶口袋甚华丽了，将朴素文雅些的做几个，钦此。"④

世宗对西洋器物或西洋仿制品制作工艺的关注，显示了雍正注重细节、精益求精的性格特点。

四，对中西元素的调适。

雍正皇帝深受中国传统文化的熏陶，在对西洋器物进行加工或仿制时，常会融入中国传统元素。这种例子在造办处档案材料中屡见不鲜。例

---

① 中国第一历史档案馆、香港中文大学文物馆编：《清宫内务府造办处档案总汇》第 2 册，人民出版社 2005 年，第 8 页。

② 中国第一历史档案馆、香港中文大学文物馆编：《清宫内务府造办处档案总汇》第 3 册，人民出版社 2005 年，第 151 页。

③ 中国第一历史档案馆、香港中文大学文物馆编：《清宫内务府造办处档案总汇》第 3 册，人民出版社 2005 年，第 516 页。

④ 中国第一历史档案馆、香港中文大学文物馆编：《清宫内务府造办处档案总汇》第 5 册，人民出版社 2005 年，第 293 页。

如，雍正三年（1725）四月十二日，雍正传旨，令造办处将一副玻璃眼镜"着另换整圈梁，梁上中间雕一'寿'字"①。西洋眼镜上雕刻"寿"字，使其烙下了强烈的中国传统色彩。雍正四年（1726）五月初六日，雍正传旨，令西洋人巴多明、宋君荣认看一件西洋通天气表（温度计），并令其仿制一件，且"不必写西样字，写汉字"②。除了在西洋器物上雕刻汉字，雍正有时也会要求将西洋配饰改变成中式配件。例如雍正八年（1730）十月二十七日，雍正下旨，令造办处将一件玻璃面西洋美人金边吊屏，更"换紫檀木边"③，紫檀木镶边使其具有了浓厚的传统中式色彩。又如雍正四年（1726）七月十九日，"据圆明园来贴内称郎中海望持出嵌玻璃镜黑珠皮匣一件，内盛西洋人物画片银托板一件。奉旨：银托板内人物拿的鬼脸不好看，着换做纱扇，钦此。"④ 画片上西洋人拿的鬼脸或是西洋面具一类的东西，换成纱扇则更添中式韵味。

关于雍正对于中国传统艺术风格的坚持，从雍正五年（1727）的一道谕旨可以看出端倪。

　　（雍正五年）闰三月初三日，据圆明园来帖内称：郎中海望奉上谕：朕从前着做过的活计等项，尔等都该存留式样，若不存留式样，恐其日后再做，便不得其原样。朕看从前造办处所造的活计好的虽少，还是内廷恭造式样，近来虽其巧妙，大有外造之气，尔等再做时，不要失其内廷恭造之式，钦此。⑤

① 中国第一历史档案馆、香港中文大学文物馆编：《清宫内务府造办处档案总汇》第 1 册，人民出版社 2005 年，第 412 页。
② 中国第一历史档案馆、香港中文大学文物馆编：《清宫内务府造办处档案总汇》第 2 册，人民出版社 2005 年，第 306 页。
③ 中国第一历史档案馆、香港中文大学文物馆编：《清宫内务府造办处档案总汇》第 4 册，人民出版社 2005 年，第 404 页。
④ 中国第一历史档案馆、香港中文大学文物馆编：《清宫内务府造办处档案总汇》第 2 册，人民出版社 2005 年，第 8 页。
⑤ 中国第一历史档案馆、香港中文大学文物馆编：《清宫内务府造办处档案总汇》第 2 册，人民出版社 2005 年，第 646 页。

雍正虽然大方肯定了"外造之气"的巧妙，但仍希望造办处还是能够不失"内廷恭造之式"，其对传统社会的忠诚与维护可见一斑。

尽管雍正偏爱中国传统元素，但他也会理性地根据具体需求，令造办处合理调配仿制品的风格。例如，雍正十年（1732）九月二十六日，雍正下旨要做一件西洋珐琅水盂，两件掐丝珐琅水盂，一件套红玻璃水盂，一件阳文做法黄玻璃，一件雨过天晴玻璃水盂，一件钩阴花做法呆白玻璃、一件黑玻璃水盂。至于这些西洋仿制品采用怎样的纹样，雍正采取了开明的态度，指出："花纹照银盒子上的西洋番花做，如番花不甚配合，即做夔龙。"① 认为中式西式皆可。

雍正有时也会要求中西物件相互搭配，以此达到一种中西合璧的效果。例如，雍正五年（1727）六月二十七日，雍正命郎中海望传旨："万字房西南角屋内陈设的竹节式书格四架甚苗细，若摆古董惟恐沉重，尔等用通草做些盆景，俱安玻璃罩，钦此。"② 在陈设上摒弃了古董的沉重，而采取通草盆景搭配西洋玻璃罩。又如，雍正六年（1728）六月二十日，雍正下旨，令造办处制作一件西洋画平头案，并在案上"陈设古董八件"③。

虽然雍正喜好在仿制西器的过程中融入中式的元素，但对于纯进口的西洋器物，还是会区别对待。例如雍正十一年（1733）十月二十六日，太监刘沧洲交造办处西洋玻璃眼镜六副，传雍正旨意："着照上用做法做，其盒子鞔红皮，上安一象牙签，签上刻西洋玻璃眼镜六字，钦此。"④ 雍正要求将其特意立签与仿制品区别开来，体现出对进口器物的

---

① 中国第一历史档案馆、香港中文大学文物馆编：《清宫内务府造办处档案总汇》第 5 册，人民出版社 2005 年，第 311 页。

② 中国第一历史档案馆、香港中文大学文物馆编：《清宫内务府造办处档案总汇》第 2 册，人民出版社 2005 年，第 486 页。

③ 中国第一历史档案馆、香港中文大学文物馆编：《清宫内务府造办处档案总汇》第 3 册，人民出版社 2005 年，第 93 页。

④ 中国第一历史档案馆、香港中文大学文物馆编：《清宫内务府造办处档案总汇》第 5 册，人民出版社 2005 年，第 703 页。

格外重视。

五、清代高宗皇帝与西器

清高宗乾隆帝作为世宗雍正帝的继任者，对待西器的态度与其父一脉相承。但是在个人喜好和文化品位上，又有所差别。乾隆与雍正最大的差异，在于对待眼镜的态度。尽管造办处对西洋眼镜的仿制已经达到了炉火纯青的地步，但乾隆始终拒绝佩戴眼镜。他曾用眼镜考翰林，却声称厌恶眼镜。乾隆四十一年（1776）以前，他写过一首《眼镜》诗，曰："器有眼镜者，用助目昏备，或以水晶成，或以玻璃制。玻璃云害眼，水晶则无弊。水晶贵艰得，玻璃贱易致。老年所必须，佩察秋毫细。然我厌其为，至今未一试。挥毫抚牋际，原可蝇头字。抑更有进焉，絜矩具精义。赖彼作斯明，斯明已有蔽。敬告后来人，吾言宜深思。"[①]

乾隆四十六年（1781），他写了一首《御制眼镜》的诗，称："眼镜不见古，来自洋船径。胜国一二见，今则其风盛。玻璃者过燥，水晶温其性。目或昏花者，戴之藉明映。长年人实资，翻书棐几凭。今四五十人，何亦用斯竞。一用不可舍，舍则如瞽定。我兹逮古稀，从弗此物凭。虽艰悉蝇头，原可读论孟。观袖珍逊昔，然斯亦何病。絜矩悟明四，勿倒太阿柄。"他自己注解道："言一用眼镜，则不可舍，将被彼操其权也。"尽管他在册尾作"蝇头细书"时"目力颇觉逊前矣"，但依然顽固的拒绝佩戴眼镜。乾隆四十八年（1783），皇帝又作诗调侃眼镜。他在诗注中自述道："甲戌，岁驻此，题庙中四景诗，并写屈蟠松图，携归。戊戌及今巡，再叠旧韵，俱亲书卷中，兹以诗字较多，限于图幅，因勉作蝇头细书。年逾古稀，目力尚能不资眼镜，因示皇子及军机大臣等，并命赓和《四景诗》元韵，题于卷末，留弄此处。"其诗曰："二老圣之清者处，为图题句置斋中。重来抚卷心难惄，便以拈毫意有融。促就八叉原则惯，闲寻四景本相

---

① （清）弘历：《御制诗集四集》卷二七《眼镜》，《景印文渊阁四库全书》第1307册，台湾"商务印书馆"1986年，第724页。

同，蝇头作不资眼镜，似胜据鞍矍铄翁。"① 乾隆五十三年（1788），他再次写下了《御制眼镜》诗："眼镜有二种，水晶与玻璃。玻璃价实廉，水晶货居奇。水晶虽艰致，用之无害滋。玻璃出冶炼，薰蒸火气贻。长年目力衰，视物或可资。今率五旬用，何异同佩觽。予古稀有八，依然弗用斯。蝇头虽难工，豆颗恒书之。以小可喻大，常理非奇思。藉已明于他，其道乖君师。"他不仅不用眼镜，而且还用歪理为之辩解："诗成，既而思之，明目达聪，非藉己明于他人乎？盖明目达聪，公也；寄耳目于左右，私也。此其间迹相似而道不同，差之毫釐，谬以千里，故大舜好问好察，固明目达聪之公，犹必执两端，而用其中。若后世庸主，以猜忌之私，寄耳目于左右，求其明适成其暗，是故申而论之。"② 其实，眼镜好比贤臣，乾隆戴上之后便能防止昏聩，更加清晰高效地阅览奏章，体察民情。然而，乾隆帝竟颠倒黑白，强为之说。乾隆六十年（1795），高宗在《御制文余集》中又一次戏谑眼镜，作《戏题眼镜诗》。在"识语"中称："眼镜古无此物，自元明始来自西洋，今则其用寖广，有玻璃、水晶二种。玻璃出于冶炼，不若水晶无火气为良。余向以其资人巧而失天真，从不用之。详见辛丑、辛亥旧作计。辛丑作诗时，予年逾古稀，辛亥则已过八旬，今且将望九矣。虽目力较逊于前，然披阅章奏及一切文字，未尝稍懈。有以眼镜献者，究嫌其借物为明，仍屏而弗用。因戏成此诗示意，并以识岁月。"③ 其顽固且不易接受新事物的个性跃然于纸上。

　　乾隆帝重视排场，原装呈进的西洋奇器已难满足他的需求。造办处为了迎合上意，常会对西器作出改造。当时，"内府有自鸣钟，下一格，有

　　① （清）阿桂等撰：《八旬万寿盛典》卷一〇《于画境遂勉为之辄成此律》，《景印文渊阁四库全书》第 660 册，台湾"商务印书馆"1986 年，第 143 页。
　　② （清）阿桂等撰：《八旬万寿盛典》卷一〇《于画境遂勉为之辄成此律》，《景印文渊阁四库全书》第 660 册，台湾"商务印书馆"1986 年，第 143~144 页。
　　③ （清）弘历：《御制文余集》卷二《戏题眼镜诗识语》，《景印文渊阁四库全书》第 1301 册，台湾"商务印书馆"1986 年，第 701 页。

铜人长四五寸许，屈一足跪前，承以沙盘。钟鸣时，铜人手执管于盘中划沙，作'天下太平'字，钟响寂，则书竟矣。"① 乾隆七十大寿时，普天同庆，皇帝"禁大僚毋许贡金玉"，于是各地督抚想方设法出奇招讨皇帝的欢心。两广总督昭信伯李侍尧"备进自行洋人一套"："奁广仅盈尺，高稍过之。启其钥，有黄发婢辟门而出，逡巡复入，携出一椅一几，几上置多盛盘，文房悉具。安置甫毕，奁中一碧眼夷官，闯然来就坐，婢为磨墨展纸，碧眼人握管作'万寿无疆'四字。婢献茶一杯，夷官饮之，乃起入奁，婢捡点既尽，亦敛身入，而门自铿然闭矣。"李侍尧认为"万寿无疆"四字用满文书写更为得体，于是又命承办官员进行改造，"以羽纱裹首，缚之数匝，携手步层楼"，又"增小轮一规，并拨易发条数处，夷官所写已成清汉合璧"。不得不说，中国人的学习与模仿能力极其强大。记载此事的许仲元指出："谓智出于脑，须缚之急，乃能构思，何其神也！"② 其实，这些灵感皆以西洋人的巧思为蓝本。西洋人投皇帝之所好，贡献类似奇巧："乾隆二十九年，西洋贡铜伶十八人，能演《西厢》一部。人长尺许，身躯耳目手足，悉铜铸成；其心腹肾肠，皆用关键凑接，如自鸣钟法。每出插匙开锁，有一定准程，误开则坐卧行止乱矣。张生、莺莺、红娘、惠明、法聪诸人，能自行开箱着衣服。身段交接，揖让进退，俨然如生，惟不能歌耳。一出演毕，自脱衣卧倒箱中。临值场时，自行起立，仍上戏毯。西洋人巧一至于此。"③ 在这些奇巧之物的影响下，李侍尧等人起而效仿并后来居上。

　　根据清代档案得知，乾隆元年（1736）广储司六库之折银库藏着"俄罗斯小玻璃镜七百六十六个（内破坏十五个），盛露玻璃瓶二百三十二个（内破坏二百五十二个），新造玻璃窗镜二百六十五块（内破坏一百六十三），嵌玻璃自鸣钟架二个（破坏），玻璃眼镜十三副（内破坏二副），玻

---

①　（清）沈初：《西清笔记》卷二《纪庶品》，中华书局1985年，第19页。

②　（清）许仲元：《三异笔谈》，卷三《西洋巧器》，重庆出版社1996年，第53页。

③　（清）袁枚：《子不语》，浙江古籍出版社2017年，第271页。

璃鼻烟瓶三十六个"①。由此可见当时玻璃收藏之富及应用之广。其中
"新造玻璃窗镜"的记载说明当时已能仿制西洋玻璃窗镜。

在诸西器中，西洋乐器在其他社会阶层少见，而在皇宫中则时有所
见。不仅明代神宗时获赠西洋铁丝琴，演奏西琴八章，而且在清宫中，也
有西洋乐器奏响的华章。乾隆时宫中在"应变卖物件"中，有"武英殿应
变卖西洋琴八件系，大立玄琴一架，自响风琴一架，风丝合琴二架，小三
角琴一架，新样风琴一架，打琴一架，小铜丝琴一架"②。可以想见，它们
所奏西洋乐曲也曾环绕在宫梁之上。

乾隆之后，嘉庆和道光时期西器仍然为皇帝所欣赏和应用，但受到
"礼仪之争"的影响，已不如康雍乾时期盛行了。道光二十年（1840），鸦
片战争爆发，中国紧闭的国门被打开，西洋商品汹涌而至，中国历史进入
近代时期，近代的西器东传不在本书研究范围之内，故兹不赘。

六、清代皇族与西器

皇族中，太后作为皇帝母亲地位尊崇。只要她喜欢，也是常常可以获
得西洋奇器的。圣祖嫡母（非生母）孝惠章太后在六十大寿时，得到圣祖
赠送的寿礼，其中便有西洋奇器。

康熙三十九年（1700）十月，太后六十万寿，上制万寿无疆赋，并奉
佛像、珊瑚、自鸣钟、洋镜、东珠、珊瑚、金珀、御风石、念珠、皮裘、
羽缎、哆罗呢，沈、檀、芸、降诸香，犀玉、玛瑙、甆、漆诸器，宋、
元、明名画，金银、币帛"③，其中自鸣钟、洋镜、羽缎、哆罗呢均来自
欧洲。这类西器，在康熙四十九年（1710）太后七十大寿时再次进献。
据乾隆十六年（1751）查得，"康熙四十九年大庆宁寿宫皇太后万寿恭

---

① （清）总管内务府：《呈为广储司六库不堪应用物件数目清单》，乾隆元年二
月，中国第一历史档案馆藏，档案编号05-0004-009。

② （清）总管内务府：《呈为应变价物件单》，乾隆元年二月二十五日，中国第
一历史档案馆藏，档案编号05-0003-035。

③ 赵尔巽等：《清史稿》，中华书局1976年，第8907页。

进倭缎三十六匹、哆啰呢九块、花哔叽缎九块、玻璃镶合牌锦罩玉仙人一座"①。

高宗母亲孝圣宪太后也因寿辰，得到了许多西洋奇器。乾隆十五年（1750），高宗为了给孝圣宪太后祝寿，将颐和园中的万寿山和昆明湖加以改造，并在山湖之间开始修建清漪园，此后不断将西器陈列其中。据档案记载，"乾隆十六年正月十一日柏唐阿、福明持来汉字帖一件，内开，为本年正月初十日太监胡世杰传旨：万寿山着做大墙表一分。钦此。于本日首领孙祥画得清平五福纸样一张持进，交太监胡世杰呈览。奉旨：照样准做，所用楠木向工程处要。钦此"②。又"乾隆十六年五月十二日柏唐阿福明来说，为本年五月初七日太监胡世杰传旨：万寿山乐寿堂寝宫楼上或钟或表安一分，静宜园烟霏蔚秀寝宫楼上或钟或表亦安一分。钦此。于本年本月十一日首领孙祥将库贮旧坏不全钟表二分交太监胡世杰呈览。奉旨：将此钟穰二分应添补之处添补收拾见新，得时安在乐寿堂一分，烟霏蔚秀一分。钦此"③。乾隆命造办处将库存的旧坏不全的钟表加以收拾添补，再重新陈设在母亲的寝宫，这似乎有些"吝啬"，但也可能是投母亲"节俭"之好。清代皇族中，慈禧太后接触到和获得的西器，不仅为一般后妃所不及，而且为很多皇帝所望尘莫及，但因属于晚清史的范畴，便不在本书叙述之列。

清高宗孝贤纯皇后也多得高宗西器之赏，其弟傅恒也雨露均沾，得到了许多珍贵的怀表，引起同时代人赵翼的赞叹："傅文忠公家所在有钟表，甚至仆从无不各悬一表于身，可互相印证，宜其不爽矣。"④

清朝皇族中，亲王获得西洋奇器的渠道也很多。首先是皇帝赏赐。世

---

① 中国第一历史档案馆、故宫博物院编：《清宫内务府奏销档》第41册，故宫出版社2014年，第168~172页。

② 张荣选编：《养心殿造办处史料辑览》第5辑《乾隆朝》，故宫出版社2015年，第90页。

③ 张荣选编：《养心殿造办处史料辑览》第5辑《乾隆朝》，故宫出版社2015年，第91页。

④ （清）赵翼：《簷曝杂记》卷二《钟表》，中华书局1982年，第36页。

宗常将眼镜赏赐给王公大臣及其亲属。雍正三年（1725）六月十一日，世宗令海望传旨："着做三四十岁眼镜做几付，赏怡亲王，钦此！"① 怡亲王胤祥是圣祖康熙帝第十三子，与雍正关系最为亲密，故得到皇帝的亲自关照。同样受到赏赐的还有诚亲王，据档案记载，雍正七年（1729）九月初五日，郎中海望拿出玳瑁圈钢梁掐子三十岁水晶眼镜一副，世宗下旨："着将水晶眼镜片取下，配做上用装修钢簧眼镜，赏诚亲王。"② 其次是直接从宫中造办处领取。雍正元年（1723）十月二十日，郎中保德接到怡亲王的口谕："将水晶、茶晶、墨晶玻璃眼镜，每样多做几副，俱要上好的，遵此。"③雍正四年（1726）七月初九日，据圆明园来贴内称首领太监李从明来传怡亲王的谕令："着做三十岁墨晶眼镜五副，茶晶眼镜五副，遵此。"九月初十日最终做成墨晶眼镜三副，茶晶眼镜三副。④ 怡亲王从造办处拿走西式器物，目的是为了进献皇帝，但也借此充分接触到了西洋先进物质文化。如雍正三年（1725）四月十二日，造办处做得茶晶眼镜二副，由怡亲王呈进。⑤ 又如雍正五年（1727）六月二十五日，圆明园来贴内称，首领太监赵进忠来说，总管太监李英传旨："将怡亲王进的自鸣钟并敖尔思进的自鸣钟安在万字房。钦此。"⑥ 怡亲王等人由于负责造办处事宜，而获得了充分接触西器的机会。

---

① 中国第一历史档案馆、香港中文大学文物馆编：《清宫内务府造办处档案总汇》第 1 册，人民出版社 2005 年，第 782 页。

② 中国第一历史档案馆、香港中文大学文物馆编：《清宫内务府造办处档案总汇》第 3 册，人民出版社 2005 年，第 634 页。

③ 中国第一历史档案馆、香港中文大学文物馆编：《清宫内务府造办处档案总汇》第 1 册，人民出版社 2005 年，第 79 页。

④ 中国第一历史档案馆、香港中文大学文物馆编：《清宫内务府造办处档案总汇》第 2 册，人民出版社 2005 年，第 4、353 页。

⑤ 中国第一历史档案馆、香港中文大学文物馆编：《清宫内务府造办处档案总汇》第 1 册，人民出版社 2005 年，第 142 页。

⑥ 中国第一历史档案馆、香港中文大学文物馆编：《清宫内务府造办处档案总汇》第 2 册，人民出版社 2005 年，第 485 页。

七、明清皇室家奴——宦官与西器

作为皇室的家奴，明代宦官不仅可以借势扬威，而且由于皇权的畸形扩张，代表皇权的宦官机构逐渐成为国家权利机关，以司礼监太监为代表的高级宦官掌握了政治、经济、军事等各种大权，因此，他们亦很容易利用手中的权柄，率先获得接触、观赏和占有西洋奇器的机会。

在利玛窦决定进京面圣之初，南京礼部尚书王弘海"决定带着神父们同他一起去北京。一旦到了那里，他认为可以通过与他关系友好的宫廷太监把礼品献给皇帝"①。可见，宫廷宦官在传教士与皇帝之间扮演着媒介角色，也因此容易得见西洋奇器。到京后，王弘海约见了宦官，"这个太监也答应尽力促成这件如此重要的事，并要求看看神父们和他们给皇帝带来的礼品"。于是，"在约好的那天，太监和尚书（王弘海）一同到神父们的住处来看礼品"。"利玛窦神父让他们看了自鸣钟、十字架像、一尊圣母雕像、一座八音琴，这类东西是中国人甚至于闻所未闻的，还有两个玻璃三棱镜。当那尊圣母像被抬起来放在地上时，它从搬夫的手中脱落，被摔成了三段。那在欧洲就会失去它的价值了，但在中国却只会增加它的价值。当几段又拼合起来后，雕像就呈现出古董的样子，而较它完整时更有价值。""太监和所有其余的人都对礼品非常喜欢。"② 但这次进京并未达到面见皇帝的目的。回到南京，利玛窦又与南京守备太监冯保见了面，冯保在"会见结束时就拿出一件厚礼送给利玛窦神父。神父没有接受，也没有答应把主人所要的玻璃三棱镜送给主人"③。显然，冯保对三棱镜产生了兴趣，只是遭到利玛窦的拒绝。1600 年 5 月 18 日，利玛窦等人再次从南京

---

① ［意］利玛窦、［法］金尼阁著，何高济等译：《利玛窦中国札记》，中华书局 1983 年，第 320 页。

② ［意］利玛窦、［法］金尼阁著，何高济等译：《利玛窦中国札记》，中华书局 1983 年，第 334 页。

③ ［意］利玛窦、［法］金尼阁著，何高济等译：《利玛窦中国札记》，中华书局 1983 年，第 359 页。

出发，前往北京，搭乘一位身居要职的太监运送丝绸的船只，旅途中"太监更邀请他的朋友们到船上来鉴赏献给皇帝的礼品""太监给自己弄到了优先通过的待遇，但他之所以弄到是靠请其他船只的船长到他船上来观赏一下送呈皇帝的礼品，从而使他们为他的船让路"①。船进入山东临清，被税监马堂扣留。与利玛窦同行的那位太监告诉马堂及其手下人"有一只船上有些外国人要向皇帝进呈礼物，那些都是极为新颖而且非常贵重的礼品"。他向马堂他们保证这些礼物足以使马堂得到君王的恩宠。"为了证明他所说的是实事，他遮遮掩掩地把他们带到船上去看那些雕像和钟表。"②马堂提出要帮助神父们把礼物献给皇帝，随即"命令把礼品转移到他的船上，以便更仔细地检查它们。他看到这些礼品大为高兴，说这些礼品大为配得上献给皇帝，那怕是中国皇帝。他敬畏地跪倒在雕像之前，并许诺圣母玛利亚他将在皇宫里给安排一席地位"③。于是，马堂将利玛窦连人带物弄到天津扣留。"列完清单后，马堂立刻占有了这些礼物，把它们运到他的府里。随后利玛窦神父被问到他是否还有什么别的东西。因此除了雕像、钟表和玻璃三棱镜外，他又不得不交出他那装订精致的罗马祈祷书、翼琴（钢琴的前身）和一本奥特里乌斯所编的《世界舞台》。"④马堂"还拿去一只神父们用来做弥撒的银质圣餐杯"⑤。然后，马堂将杯子和钱袋都还给了神父，"把较大件的礼品和他放在一旁的其他掠夺品都集中起来，总共约有四十件。他挑了一件飘垂的长袍、一些印度棉布、几只玻璃瓶、日晷、沙漏以及其他的新奇玩意儿。他吩咐把这些都运到家中妥善保存。

---

① ［意］利玛窦、［法］金尼阁著，何高济等译：《利玛窦中国札记》，中华书局1983年，第385页。

② ［意］利玛窦、［法］金尼阁著，何高济等译：《利玛窦中国札记》，中华书局1983年，第389页。

③ ［意］利玛窦、［法］金尼阁著，何高济等译：《利玛窦中国札记》，中华书局1983年，第390页。

④ ［意］利玛窦、［法］金尼阁著，何高济等译：《利玛窦中国札记》，中华书局1983年，第394页。

⑤ ［意］利玛窦、［法］金尼阁著，何高济等译：《利玛窦中国札记》，中华书局1983年，第396页。

那座较大的钟和圣母雕像则留给了神父们"①。马堂将利玛窦的礼品列单奏上皇帝，皇帝让他将礼品连人一起带入北京。利玛窦进入北京后，原来准备送给皇帝的三棱镜，却未见开列，可能被马堂私吞。② 从上面利玛窦的叙述可见，无论是王弘诲约见的北京太监，还是随船同行的太监和税监马堂，由于特殊的地位，都容易接触、观赏甚至占有西洋奇器。

利玛窦去世后，为了避免宦官对钦赐天主教堂的骚扰，庞迪我拜会宫内总管太监，准备送给他一全套西洋天主教及数学书籍、"一个好看的圣母座像、一个象牙制作的日晷和几件神父们带来的新奇物品"。在等候总管太监接见时，庞迪我等人"向其他非常好奇想看礼品的太监出示了他们的礼物"。庞迪我见到总管太监后，总管太监保证他们产业的安全，拒绝收下他们赠送的礼物。"他观看了礼物，特别被圣母座像所吸引，但是拒绝接收任何谢礼。"③ 虽然没有接受礼品，但总管太监还是观看了这些西洋奇器。

明代派往各地的宦官，亦有可能接触到西器。万历三十二年（1604），荷兰人要求与明朝通市，福建税监高寀"遣周之范往报夷，因索方物。夷酋麻韦郎赠饷甚侈"④。索要的"方物"就是西洋器物。万历四十二年（1614），高寀在福建横征暴敛的同时，"造府院，建敌楼，以象大内，北台丹垩，俨然皇居，上筑箭垛驰道，已预设不逞之谋。近且摆列发煩、神飞炮、百子铳、佛郎机各样火器，放则百丸齐发，杀人千步之外"⑤。如此看来，高寀掌握了诸多的西洋火器。

---

① ［意］利玛窦、［法］金尼阁著，何高济等译：《利玛窦中国札记》，中华书局1983年，第397页。

② ［意］利玛窦、［法］金尼阁著，何高济等译：《利玛窦中国札记》，中华书局1983年，第394页。

③ ［意］利玛窦、［法］金尼阁著，何高济等译：《利玛窦中国札记》，中华书局1983年，第638、639页。

④ （明）张燮：《东西洋考》卷八《税珰考》，中华书局1981年，第156页。

⑤ （明）张燮：《东西洋考》卷八《税珰考》，中华书局1981年，第162页。

能与西洋器物频繁接触的明代宦官，要属太监统领的内府兵仗局的太监。该局设掌印太监一员，管理、佥书十余员，军器库提督一员，掌关防司一员，掌司、写字、监工数十员。除了负责制造冷兵器外，还负责制造热兵器。"逆贤时，凡解宁远、皮岛等处佛郎机等件，本局库中物为多。"①

到了清代，宦官专权之弊虽被铲除，但他们倚仗皇室家奴的身份，仍然掌握着许多权利，拥有接触和享用西器的机会。入清后，西洋奇器更多地进入宫廷和各地，为宦官们接触和占有西器提供了更多的机会。乾隆时，英国马戛尔尼使团来华，带来了大量的西洋礼品，在圆明园中组装，园中太监得以见到这些新式西器。乾隆时期，在抄没太监张玉柱家产的清单中，发现了洋布一块、玻璃带一个、玻璃瓶一个、玻璃套杯十个、洋磁盒二个、玻璃水盛一个、玻璃小镜一块、玻璃一块、眼镜一个、玻璃鼻烟壶二个、小千里眼一个、新旧表套八个。② 这些西洋器物应是张玉柱利用职务之便私拿的。另据《造办处档案》载，当时宫内遍布自鸣钟、眼镜、玻璃器等西洋器物，宦官们负责保管和除尘，对此早已见惯不怪。宣宗时，甚至有了"自鸣钟殿"③ 和"自鸣钟太监刘得英"④ 的记载，表明清朝已经专设保管自鸣钟的宦官。如交泰殿"殿中设宝座，左安铜壶刻漏，右安自鸣钟"⑤，负责擦试打扫的便是宫内太监。太监们甚至在圆明园大门旁干起了私卖西洋奇器的勾当。道光二年（1822），宣宗皇帝告谕总管内

① （明）刘若愚：《酌中志》卷一六《内府衙门职掌》，北京古籍出版社1994年，第111页。

② 中国第一历史档案馆、故宫博物院编：《清宫内务府奏销档》第37册，故宫出版社2014年，第39~46页。

③ 《清宣宗实录》卷四七六，道光三十年正月丁未，中华书局1986年，第996页。

④ 《清宣宗实录》卷一二一，道光七年七月辛亥，中华书局1986年，第1031页。

⑤ （清）朱彝尊、于敏中：《日下旧闻考》卷一四，北京古籍出版社1981年，第189页。

务府大臣："据御史佟济奏'圆明园出入贤良门外，向有太监携卖洋表等物与大小各官，其价约日带还，且卖与外官可得善价'等语。圆明园为警跸出入之地，该太监等辄私带货物，售给内外各官，殊与体制不合。"要求总管内务府大臣"查明禁止，以除积习"①。由此折射出宦官对西式器物支配权利之大。

第二节　文人士大夫与西器

文人士大夫是中国的官僚阶层，是上承皇族、下启民众的中间阶层。他们之间因为官职品级的差异，能够接触和享用的西器也不尽相同。比之皇族与民众阶层，文人士大夫们在对待西洋奇器的态度上亦有所不同，但他们表现出的诉求却是殊途同归的。

一、明清文人士大夫认识西器的途径

明清文人士大夫接触到西洋奇器的途径，大致有购买、获赠、参观、工作、受赐、攫取、阅读书籍等。下面逐一叙述。

第一，购买。

明代参政孙景章曾从西域胡商那里购买了一副眼镜，是"以良马易得于西域贾胡。满剌似闻其名为僾逮（眼镜）"。张宁目睹此物后，与烧不烂的火浣布进行对比指出："二物皆世所罕见，若论利用于人，则火浣虽全玉，亦当退处于僾逮也。"② 这是明代官员购买眼镜的最早记录。又如万历年间，肇庆知府王泮乘传教士罗明坚回澳门求助之际，"听说澳门制造钟表，就要求给他定做一个，答应给以善价"③。

---

① 《清宣宗实录》卷四七，道光二年十二月戊午，中华书局1986年，第829页。
② （明）张宁：《方洲杂言》，《四库存目丛书》子部第239册，齐鲁书社1997年，第355页。
③ ［意］利玛窦、［法］金尼阁著，何高济等译：《利玛窦中国札记》，中华书局1983年，第173页。

清代地方官员亦从外国商人手中收购珍奇西器。他们对西器迫不及待地搜寻，一方面出自好奇心的驱使，另一方面则来自上级的压力。自明朝末年传教士将西洋奇器带入中国权利中枢以来，统治阶层对西器的兴趣与日俱增，这在清康雍乾三朝尤盛。皇室或京中政要常委托西洋传教士或东南沿海地区的亲信大员，搜猎西洋奇器。而往来于中欧两地的商船便成为了首要目标。葡萄牙传教士穆经远（Liannes mourao）（又作慕敬远）曾在一封给雍正帝的奏折中写道：

> 慕敬远谨奏，六月二十五日，我曾称奏，俟艾国祥自澳门返还后遣往京城等情。艾国祥自澳门还，理应当即遣往，因思以后来船或可得到新历法书及其他书籍、物件，遂留住数日，于十月初八日遣往。今年来船并无新历法书、新仪器等物。兹觅得船中带有物件，以一半交付艾国祥带去，其余物件由我亲自带往……再，我到澳门后，彼处西洋人纷纷感激皇恩。据言称，我等无以报称，谨觅我西洋方物数件进献等语。交付与我，并言去时将此带往。慕敬远祈求皇上，将艾国祥带去之物，赏我一桌后尽纳之。据闻吕宋船本月将到，俟该船到时，再详加寻觅。①

澳门是葡商往来中国的门户，在京任职的传教士穆经远（Liannes mourao）等人，途径澳门时刻意停留，便是为了搜集来华商船中的海外奇器进献给雍正。除了搜寻欧洲的商船，他们也会留意东南亚的船只。

沿海地区的官员坐拥近水楼台之便，每年的贸易季度都会派人仔细搜寻、购买来自西洋的精美奇器，进献给皇帝换取升迁的可能。据内务府造办处档案记载：

---

① 中国第一历史档案馆、澳门基金会、暨南大学古籍研究所合编：《明清时期澳门问题档案文献汇编（一）》，人民出版社 1999 年，第 180~181 页。

（雍正五年）十月十四日，太监王太平交来乐钟一件，大日晷一件，系福建巡抚常赉进。奉旨："着收拾，俟明年随往圆明园陈设，钦此。"①

常赉（？—1746），纳喇氏，属于满洲镶白旗，是镇安将军玛奇之子，在雍正还是皇子时便侍奉在侧，在九子夺嫡的激烈政治斗争中立场坚定。雍正即位后被委以重任，于雍正元年（1723），授工部员外郎，迁郎中。雍正二年（1724），调户部。雍正三年（1725），授广东布政使。雍正四年（1726），擢福建巡抚。作为皇帝的亲信，常赉理应了解雍正对西洋器物的兴味，并用实际行动满足他的需要。

不仅福建官员向皇帝积极进献西器，广东官员也是如此。据档案记载：

（雍正八年）四月十九日，首领太监李久明萨木哈持来玻璃镜大小八件，系总督郝玉林进，说太监张玉柱传旨着交与海望，钦此。②

郝玉林即郝玉麟（？—1745），字敬亭，清汉军镶白旗人，骁骑校出身，清代前期较为著名的封疆大吏，历任云南提督、广东总督、福建总督、闽浙总督等职。雍正八年（1730）正在广东总督任上。此时的广州、澳门一带，法、荷、葡、英等国商船云集，广东地方官员借丈量船只、接见外商之机，囊获各种西洋奇器。

雍正十年（1732），鄂弥达接替张溥成为新一任广东总督。从上任之日起，他便向京都源源不断地输送西器。雍正十一年（1733）十月二十三日，内务府收到鄂弥达进献象牙嘴千里眼九件。雍正十二年（1734）四月

———————————
① 中国第一历史档案馆、香港中文大学文物馆编：《清宫内务府造办处档案总汇》第2册，人民出版社2005年，第552页。
② 中国第一历史档案馆、香港中文大学文物馆编：《清宫内务府造办处档案总汇》第4册，人民出版社2005年，第335页。

初十日，圆明园收到鄂弥达所进火炮八座，雍正十二年（1734）五月初七日、六月初八日圆明园又收到其所进火炮共计二十位。①

时任广东巡抚的杨永斌也向清廷进献西器。雍正十一年（1733）十月二十三日，内务府收到杨永斌所进铜嘴千里眼五件、玻璃灯二对。②

此外，广州左翼副都统毛克明、广东海关副监督郑伍赛也频繁进献西洋奇器。雍正十一年（1733）十月二十七日，内务府收到毛克明、郑伍赛所进镶嵌蜜蜡玻璃时钟乐钟一架、大玻璃镜二面、紫檀木边框玻璃灯五对、铜嘴千里眼大小四件、千里眼水平仪器一件。③ 雍正十二年（1734）四月二十五日，造办处又收到紫檀木边座嵌玻璃门风琴时钟一架、玻璃镜四块。④ 又雍正十二年（1734）十月二十四日，内务府收到二人所进表钟一对、玻璃镜四面、千里眼五件、紫檀木边镶玻璃罩匣一件。⑤ 雍正十三年（1735）闰四月十八日，清宫内务府收到毛克明进紫檀木架时钟乐钟一座。⑥ 毛克明、郑伍赛的职位虽不如郝玉麟、鄂弥达、杨永斌显贵，但由于毛克明兼任海关监督，郑伍赛为海关副监督，他们有着得天独厚的条件去接触外国商船，因此他们向皇帝进献西洋奇器的数量和种类都要远多于前者。郑伍赛于雍正十三年（1735）继毛克明任，成为新一任海关监督。因此在乾隆朝的早期档案中，时常能见到其进献西器的记载。

---

① 中国第一历史档案馆、香港中文大学文物馆编：《清宫内务府造办处档案总汇》第5册，人民出版社2005年，第700页；中国第一历史档案馆、香港中文大学文物馆编：《清宫内务府造办处档案总汇》第6册，人民出版社2005年，第358、365页。

② 中国第一历史档案馆、香港中文大学文物馆编：《清宫内务府造办处档案总汇》第5册，人民出版社2005年，第700、701页。

③ 中国第一历史档案馆、香港中文大学文物馆编：《清宫内务府造办处档案总汇》第5册，人民出版社2005年，第704、705页。

④ 中国第一历史档案馆、香港中文大学文物馆编：《清宫内务府造办处档案总汇》第6册，人民出版社2005年，第353、442页。

⑤ 中国第一历史档案馆、香港中文大学文物馆编：《清宫内务府造办处档案总汇》第6册，人民出版社2005年，第394页。

⑥ 中国第一历史档案馆、香港中文大学文物馆编：《清宫内务府造办处档案总汇》第6册，人民出版社2005年，第658页。

雍正年间来华贸易的英国商人，亲见了沿海地区官员迎合上意的行为，一语道出了其中的奥妙："（中国官员）要保住位置或升官，是以他进贡皇帝及朝中大臣的礼物多寡为转移的。"① 因此，地方官员争相从外国商人手中购买西洋奇器，极大助长了外国商人贩卖西器的行为。

官僚士大夫们也购买西器留以自用。嘉庆道光年间，士大夫争购西洋自鸣钟，以成时尚。昭梿在其《啸亭续录》卷三"自鸣钟"中指出："近日泰西氏所造自鸣钟表，制造奇邪，来自粤东，士大夫争购，家置一座以为玩具。纯皇帝恶其淫巧，尝禁其入贡，然至今未能尽绝也。"② 道光初，阮元在广东任职时，曾购买了一个西洋铜灯，为此还写诗吟咏，赞叹不止。

第二，获赠。

明代苏州人吴宽，成化八年（1472）中状元，授翰林修撰，曾侍奉太子（孝宗）读书。孝宗即位后，迁左庶子，进少詹事兼侍读学士，弘治八年（1495）升任吏部右侍郎，十六年升礼部尚书，仍任翰林学士、掌詹事府事，次年卒于任。当时同僚屠滽（1441—1512，曾做过吏部尚书）给吴宽送了一副从西域传入的西洋眼镜，他很高兴，于是赋《谢屠公送西域眼镜诗》以咏其事："眼镜（一作此镜）从何来，异哉不可诘。圆与荚钱同，净与云母匹。又若台星然，两比半天出。持之近眼眶，偏宜对书帙。蝇头琐细字，明莹类椽笔。余生抱书滛，视短苦目疾。及兹佐吏曹，文案夕未毕。太宰定知我，投赠不待乞。一朝忽得此，旧疾觉顿失。谢却拨云膏，生白讶虚室。扁鹊见五脏，未必有奇术。随身或持此，遂使目光溢。世传离娄明，双睛不能没。千年黄壤间，化此直百镒。闻之西域产，其名殊不

---

① ［美］马士著，区宗华译，林树惠校：《东印度公司对华贸易编年史（1635—1834）》第一、二卷，中山大学出版社1991年，第247页。
② （清）昭梿：《啸亭续录》卷三"自鸣钟"条，中华书局1980年，第468~469页。

一。博物有张华，吾当从彼质。"① 此诗后来为清人姚之骃在其《元明事类钞》中加以转抄。②

明代士大夫亦获得了传教士赠送的大量西器。明代肇庆知府王泮曾从利玛窦手中获赠坤舆地图和自鸣钟："就在地图绘完时，长官在大堂上曾拒绝接受的那只钟刚好也竣工；利玛窦就同时把两样东西都送给他。他收到礼物无比高兴，用最和蔼的词句来表达他的满意，并回赠了几样礼品。"王泮获赠西式地图后，"自己出钱多制了几幅地图，分赠给他在当地的友人，并命令把其余的图送到各省去"。对于获赠的自鸣钟，"几个月后，他发现家里没有人能上钟，就把它送回去，在教堂里用以供来客们取乐"③。漕运总督刘东星在山东济宁的总督府中迎来了利玛窦神父。"利玛窦神父正式回访，作为交换礼物，他送给总督一些欧洲饰物，这些东西制作新奇，他们缺乏估价。"④ 在北上的过程中，利玛窦将类似的器物作为礼品沿途赠送，从广东肇庆、韶州、赣州、南昌直至南京，后从济宁前往北京。

第三，参观。

明清官僚士大夫们还通过参观同僚的收藏和各地天主教堂的陈设，得以接触西洋奇器。明代官员张宁在胡𪩘家参观了宣宗赐给其父的眼镜。嘉靖间身患疾病、淡于功名的文人郎瑛就曾在都指挥使司军官霍子麒家中见到过眼镜。⑤ 万历时肇庆一带的官员皆前往罗明坚、利玛窦新建的西洋教堂观摩建筑式样，并参观室内陈设的自鸣钟、三棱镜、西式地图等奇器。

---

① （明）吴宽：《匏翁家藏集》卷二三《谢屠公送西域眼镜诗》，《明别集丛刊·第一辑》第 55 册，黄山书社 2013 年，第 379~380 页。

② （清）姚之骃：《元明事类钞》卷三〇《器用门·眼镜》，上海古籍出版社 1993 年，第 490 页。

③ ［意］利玛窦、［法］金尼阁著，何高济等译：《利玛窦中国札记》，中华书局 1983 年，第 182 页。

④ ［意］利玛窦、［法］金尼阁著，何高济等译：《利玛窦中国札记》，中华书局 1983 年，第 386 页。

⑤ （清）陈元龙：《格致镜原》卷五八《燕赏器物类二·眼镜》，《景印文渊阁四库全书》第 1032 册，台湾"商务印书馆"1986 年，第 169 页。

明末官员刘侗参观了北京城外的天主教堂，称"堂在宣武门内东城隅"。他亲见"堂制狭长，上如覆幔，傍绮疏藻，绘诡异其国藻也。供耶稣像其上，画像也望之如塑"，而摆在教堂中的西器，亦是为了吸引百姓参观而陈列的。刘侗指出："其国俗工奇器，若简平仪，仪有天盘，有地盘，有极线，有赤道线，有黄道圈。本名范天图，为测验根本。龙尾车，下水可用，以上取义龙尾，象水之尾，尾上升也。其物有六，曰轴，曰墙，曰围，曰枢，曰轮，曰架，潦以出水，旱以入力，资风水功与人牛等。"并记录了他所看到的器物。

> 沙漏，鹅卵状，实沙其中，颠倒漏之，沙尽则时尽，沙之铢两准于时也，以候时。
>
> 远镜，状如尺许竹笋，抽而出，出五尺许，节节玻璃，眼光过此，则视小大，视远近。
>
> 候钟，应时自系有节。
>
> 天琴，铁丝弦，随所按音调如谱之属。①

清代官员也经常到天主教教堂参观，从而欣赏西洋奇器。乾隆时，赵翼参观了宣武门内的天主教堂，参观了教堂建筑："堂之为屋圆而穹，如城门洞，而明爽异常。"又看到了西洋望远镜："堂之旁有观星台，列架以贮千里镜。镜以木为笥，长七、八尺。中空之而嵌以玻璨，有一层者、两层者、三层者。余尝登其台以镜视天，赤日中亦见星斗。视城外，则玉泉山宝塔近在咫尺间，砖缝亦历历可数。而玻璨之单层者，所照山河人物皆正，两层者悉倒，三层者则又正矣。"在教堂，他还看到了西洋乐器："有楼为作乐之所。一虬髯者坐而鼓琴，则笙、箫、磬、笛、钟、鼓、铙、镯之声无一不备。其法设木架于楼，架之上悬铅管数十，下垂不及楼板寸

---

① （明）刘侗、天奕正：《帝京景物略》卷四《天主堂》，上海远东出版社1996年，第229~230页。

许。楼板两层，板有缝，与各管孔相对。一人在东南隅，鼓嘴以作气。气在夹板中尽趋于铅管下之缝，由缝直达于管。管各有一铜丝系于琴弦。虬髯者拨弦，则各丝自抽顿其管中之关捩而发响矣。铅管大小不同，中各有窾窍，以象诸乐之声，故一人鼓琴而众管齐鸣，百乐无不备，真奇巧也。又有乐钟，并不烦人挑拨，而按时自鸣，亦备诸乐之声，尤为巧绝。"① 嘉庆元年（1796）进士、翰林院编修赵慎轸，在北京宣武门（他误记为崇文门）内参观了天主教堂，称"客厅东、西两壁，画人马凯旋之状。堂内供奉彼国圣人，皆图画全相。四围男女老少聚集嬉戏，千态万状，奕奕如生。堂宽数丈，高以十数丈计，不架一木，全以砖砌成。人巧夺天工，信然。"② 他对天主教堂的建筑风格和西洋油画印象深刻。

此外，康熙初福建文人高兆还曾登上荷兰人的巨舰，见证了欧洲器物的新奇和先进。③

第四，工作。

明清官僚士大夫们还因工作关系，得以接触和使用西器。在明代礼部和钦天监工作的士大夫，常能利用工作之便，见到民间罕见的西洋天文仪器。晚明时，传教士罗雅谷和汤若望将天文望远镜带入中国，为时任礼部要员的徐光启所接受。徐光启指出其材质和功能："若夫窥筒，亦名望远镜。前奉明问，业已约略陈之，但其制两端，俱用玻璃，而其中层叠虚管，随视物远近以为短长，亦有引伸之法，不但可以仰窥天象，且能映数里外物，如在目前；可以望敌施炮，有大用焉。此则远西诸臣罗雅谷、汤若望等从其本国携来而茸饰之，以呈御览者也。"④

① （清）赵翼：《簷曝杂记》卷二《西洋千里镜及乐器》，中华书局 1982 年，第 36~37 页。

② （清）赵慎轸：《榆巢杂识》卷上《崇文门内天主堂》，中华书局 2001 年，第 124 页。

③ （清）卓尔堪编：《（明）遗民诗》卷六高兆《荷兰使舶歌》（代友人纪事），《四库禁毁书丛刊》集部第 21 册，北京出版社 2005 年，第 566~567 页。

④ （明）徐光启等：《新法算书》卷三，《景印文渊阁四库全书》第 788 册，台湾"商务印书馆" 1986 年，第 52 页。

由于与利玛窦等传教士交往密切，徐光启等人获得了较为先进的科学知识，撰写了解释玻璃仪器光学原理的《远镜说》，对望远镜及与之相关的眼镜的原理和制作情况作了详细的解说。他指出"凡人视近与大易，视远与小难。远镜则无远近无大小者也"。一利于仰观，可以仰观月亮、金星、太阳、木星诸星。二利于直视，可以直观楼台，观察风景，可以远察敌军动向，可作预防；可以遥望大海，观察情势。① 至清，汤若望一度入主钦天监，在此工作的中国官员都得以接触西洋观测仪器。这在《大清会典》中有明确的记载。

第五，受赐。

大臣时常会获得皇帝的恩赏。明代宣德年间，欧洲传教士和西洋商船尚未进入中国，可礼部尚书胡濙已从宣宗处获赐眼镜。清代以降，皇帝将西洋奇器赏赐给重臣的情况亦常发生。康雍时期的权臣年羹尧，乾隆时期的宠臣和珅，均屡受皇帝嘉奖。对于镇守边陲的地方要员，皇帝也频繁赏赐西器及其仿制品。雍正六年（1728）五月初七日，雍正特意下旨嘱咐造办处，赏给外地官员的西式物品如眼镜等，"虽系赏用，不可粗糙，务要精细，使外边人员敬重钦赐之物"②。

第六，攫取。

官员攫取，一般是对下级或百姓实施，亦有少数官员直接攫取宫中之物。据载："孙士毅自越南归，待漏宫门外，与珅值，珅见孙所持鼻烟壶而索观之，则大如雀卵之明珠所琢成者也。珅欲之，孙大窘，曰：'昨已奏闻，即当呈进奈何？'珅微哂曰：'相戏耳。'其后复相遇于直庐，和以昨亦得一珠壶告孙，出示之，即前日物，孙意以为上所赐也。旋侦之，知珅出入禁庭，遇所喜者，径攫以出，不复关白也。"因此，"和珅伏诛时，

<hr />

① （明）徐光启等：《新法算书》卷二三《远镜说》，《景印文渊阁四库全书》第788册，台湾"商务印书馆"1986年，第358~360页。

② 中国第一历史档案馆、香港中文大学文物馆编：《清宫内务府造办处档案总汇》第3册，人民出版社2005年，第76页。

仁宗尝谓其私取大内宝物，诚然"①。和珅攫取之物，乃是欧洲传入中国的鼻烟壶，在中国仿制后开始流行，此鼻烟壶用大珍珠雕琢而成，尤为珍贵。

第七，阅读书籍。

官僚士大夫多为科举出身，具有相当高的文化水平。他们对西器的了解，往往是通过书籍获知。清御史姚之骃了解西器"天琴"，是从明代于奕正、刘侗的《帝京景物略》中看到的："西洋有天琴，铁丝弦，随所按音调如谱。案：天琴亦名自鸣琴。"并引吴伟业诗："异物每邀天一笑，自鸣钟应自鸣琴。"② 显然，他并未见过实物。通过书籍获得前代和远方的知识，是文人的一大优势。姚之骃对"自鸣钟"的认知，也是通过前代书籍达成的。晚明陶珽重辑的《篷窗续录》："西人利玛窦有自鸣钟，仅如小香盒，精金为之。一日十二时，凡十二次鸣。"姚之骃在案语中称："自鸣钟亦名候钟，见《帝京景物略》。"明朱国祚《琐里行》："巧将制器媚中涓，自鸣钟献黄金殿。"③ 可见，除了《篷窗续录》外，《帝京景物略》和《琐里行》也是他认识西器的渠道。清人陈元龙认识自鸣钟，是通过明代谢肇淛的《五杂俎》"西僧利玛窦制自鸣钟，中设机关，每遇一时辄鸣，经岁无顷刻差讹"的记载获知，然后在其《格致镜原》中抄录的。④ 清代著名思想家、政治家魏源在《海国图志》中所述之西洋奇器，其中不少都是从林则徐给他的欧洲报刊资料中所知："西洋奇器，如水琴、风琴、风锯、水锯、风磨、水磨、吊桥（城门吊桥重数千斤，早晚开闭一人可挽）、千斤称（式如筒以铁为之，中用螺铨，一人可铨，虽厦屋巨舟，铨之立即欹

---

① 徐珂：《清稗类钞》第7册《豪侈类·和珅有真珠鼻烟壶》，中华书局1986年，第3278页。

② （清）姚之骃：《元明事类钞》卷二七《礼乐门》，上海古籍出版社1993年，第440页。

③ （清）姚之骃：《元明事类钞》卷二七《礼乐门》，上海古籍出版社1993年，第441页。

④ （清）陈元龙：《格致镜原》上，广陵古籍刻印社1989年，第10页。

斜）、显微镜、自鸣钟、自来火、自转锥，飞禽走兽，自能鸣动，木偶如
生，不可毕举。"①

二、明代各级官僚与西器的接触

西器进入中国之初，尚未被纳入官僚阶层的等级分配之中。有些官僚
虽级别不高，却近水楼台先得月，率先接触西器。明隆庆年间，占据满剌
加的葡萄牙商人（南海贾胡）将眼镜等西洋奇器贩卖到东南沿海地区，时
为浙江提学副使的林大春得以率先获得。"叆叇即眼镜也。提学副使潮阳
林公有二物，如大钱形，质薄而透明如硝子，石如琉璃，色如云母。每看
文章，目力昏倦不辨细书，以此掩目，精神不散，笔画倍明。中用绫绢联
之，缚于脑后。"眼镜在当时实属罕见，因此"人皆不识"。参政孙景章也
有一副眼镜，但不是来自南海，而是得诸西域，以良马易得。② 可见，当
时的士大夫获得眼镜，方式不一，各显其能。

明代各级官员无论贵贱，皆在不同程度上接受了西洋物质文明的浸
染。以下逐一叙述。③

第一，内阁大臣。嘉靖时期内阁首辅严嵩，把持朝政二十余年，家中
收藏的西洋器物，有玻璃、洋布、洋锦、琐幅等。这些贵重物品，在抄家
时被籍没。④ 其中的琐幅，也写作"锁袱"，是用鸟兽细毛制成的服饰，
产自葡萄牙人占领下的满剌加："满剌加哈烈出锁袱，一名梭服，鸟毳为

---

① （清）魏源重辑：《海国图志》卷九四《西洋器艺杂述》，岳麓书社1998年，第2172页。
② （明）慎懋官：《华夷花木鸟兽珍玩考》卷八《叆叇》，《四库存目丛书》子部第118册，齐鲁书社1997年，第588~589页。
③ 下面对各官接受西器的叙述，参见谢贵安：《利玛窦"送礼"初探》，《文化杂志》2008年春季刊。
④ （清）查继佐：《罪惟录》卷三二《外志·严嵩籍没案》，浙江古籍出版社2012年，第1082页。

之，纹如纨绮。今闽中最多，价不甚高，非羽纱羽缎比。"① 有学者指出，严嵩家查抄出的洋布、洋锦、琐幅属于占据东南亚地区的葡萄牙或西班牙人进贡或销来的织物。根据抄家清单《天水冰山录》，严嵩家未见藏有自鸣钟、自鸣琴、三棱镜、望远镜等物，这些西洋奇器，要等到万历间利玛窦等传教士来华，才会出现在中国。当然，像鸟嘴铳这类的火器已传入中国，但在严嵩抄家清单中未见，则说明当时火器管理严格，亦或是严嵩对其并不感兴趣。万历朝内阁首辅沈一贯与利玛窦私交甚好，对利玛窦赠送的用乌木精制的凹形日晷仪十分喜欢。他也常盛情邀请神父们出席有其他大臣作陪的宴会。②

第二，六部卿贰。祖籍肇庆的兵部侍郎石星是利玛窦认识的第一位六部卿贰官。万历二十三年（1595），石星探亲后返回北京，途经韶州，主动邀请利玛窦同船北上。至赣州，因船翻死人，利玛窦担心石星迁怒于他，便赠送一只三棱镜给石星。③ 南京礼部尚书王弘诲（忠铭）准备从南昌前往北京，利玛窦为了与他同行，"带给他一些欧洲礼品，他特别喜欢他曾在韶州见过的玻璃三棱镜，他认为这是一块具有巨大价值的宝石"④。1598 年 7 月至 1600 年 5 月，利玛窦居于南京，与南京礼部侍郎叶向高亦有礼尚往来。

第三，总督。万历九年（1581），年逾七十、坐镇肇庆的两广总督陈瑞，见到了传教士罗明坚等人赠送的西洋珍品：纯丝衣料、带褶的衣服、水晶镜子、自鸣钟、三棱镜等。于是一改此前严肃和傲慢的态度，用隆重

---

① （清）王士禛：《香祖笔记》卷一，《景印文渊阁四库全书》第 870 册，台湾"商务印书馆" 1986 年，第 382 页。

② ［意］利玛窦、［法］金尼阁著，何高济等译：《利玛窦中国札记》，中华书局 1983 年，第 423 页；沈定平：《明清之际中西文化交流史——明代：调适与会通》，商务印书馆 2001 年，第 385 页。

③ ［意］利玛窦、［法］金尼阁著，何高济等译：《利玛窦中国札记》，中华书局 1983 年，第 282~283 页。

④ ［意］利玛窦、［法］金尼阁著，何高济等译：《利玛窦中国札记》，中华书局 1983 年，第 316 页。

仪式欢送罗明坚一行离开肇庆。此前陈瑞还收到罗明坚送给他的"一件漂亮的用铜制作而自动报时的钟表"。督修黄河故道兼理漕运的总督刘东星也收到利玛窦送的西器，在利氏前往北京、途经山东济宁时给与关照。

第四，巡抚。万历应天巡抚赵可怀，对利玛窦所绘的《山海舆地全图》颇感兴趣，热情邀请利玛窦从南京到句容作客，并以隆重的礼遇接待他①。赵可怀积极的态度，应与利玛窦赠予他的礼物甚合心意有关。崇祯时期甘肃巡抚梅之焕（字长公，一字彬文）被劾回家乡黄冈麻城后，带领乡人抵御流寇，命令"一参将领辰兵护关厢，南赣大炮，东粤红夷炮，架楼橹，募猎户，操药弩矢，分伏关隘"。结果"自是贼游兵相及，不敢犯麻城者八年"②。

第五，道员。岭西道黄时雨在肇庆时，曾收到利玛窦所赠三棱镜，后在肇庆乡绅与天主教堂发生冲突时，帮利玛窦解除困境。广东兵备道徐大任曾收到利玛窦赠送的一只沙漏和一个天球仪。而徐大任却在升任南京工部侍郎后，暗中逼迫旅馆老板将利玛窦赶出南京城外。

第六，知府。肇庆知府王泮允许罗明坚、利玛窦等传教士在肇庆建教堂并赠送匾额，收到利玛窦赠给的一座大自鸣钟，因不会维修，又还给了教堂。韶州知府陈奇谋曾收到利玛窦赠送的衣料、玫瑰香精等物，但未能获得其心仪已久的自鸣钟和三棱镜。南昌知府王佐则收到了利玛窦赠送的两座石制日晷。王佐希望传教士为他制造"其他具有智慧性的器物"，于是利玛窦便为他绘制了一幅更精致的世界地图。对于西洋人送奇器礼品的行为，明人谭元春一针见血地指出，其本质是"私将礼乐攻人短，别有聪明用物残"③。

---

① ［意］利玛窦、［法］金尼阁著，何高济等译：《利玛窦中国札记》，中华书局1983年，第320~324页。

② （清）钱谦益：《牧斋初学集》卷七三《传四·梅长公传》，文海出版社有限公司1986年，第1625页。

③ （明）刘侗、于奕正：《帝京景物略》卷五《利玛窦坟》，上海远东出版社1996年，第304页。

亦有一部分官僚，很早便与传教士们结下情谊，长期受到西洋物质文明的浸染，并大力推广，因此不便将其归为以上某类群体。例如晚明名臣徐光启，在万历二十一年（1593）赴韶州任教时，便与传教士郭居静（L. Cattaneo）相识，并有幸观看了世界地图。万历二十八年（1600年），他赴南京拜见恩师焦竑，又与传教士利玛窦结识。万历三十一年（1603年），他在南京由耶稣会士罗如望（Jean de Rocha）受洗加入天主教，获教名保禄（Paul）。一年后，徐光启高中进士，仕途由此展开。此后，无论他在何处为政，始终对西器推崇备至。他不但与利玛窦等人合作著书，传播西方科技文化，并在掌握了西器原理后，积极仿制西洋仪器。《明史·天文志》称："万历中，西洋人利玛窦制浑仪、天球、地球等器。"崇祯七年（1634），辅臣徐光启言："定时之法，古有壶漏，近有轮钟，二者皆由人力迁就，不如求端于日星，以天合天，乃为本法，特请制日晷、星晷、望远镜三器。"督修历法右参政李天经奉命接管仿制工作，敢先言其略："若夫望远镜，亦名窥筒，其制虚管层叠相套，使可伸缩，两端俱用玻璃，随所视物之远近以为长短。不但可以窥天象，且能摄数里外物如在目前，可以望敌施炮，有大用焉。至于日晷、星晷皆用措置得宜，必须筑台，以便安放。"于是，崇祯帝命太监卢维宁、魏国征至局"验试用法"，正式仿制。① 与徐光启情况类似的还有李之藻、杨廷筠等人，皆与传教士们交往甚密，长期为推广西方先进科技文化尽心尽力。

在此需要指出，由于明末传教士携带西器毕竟有限，各阶层官僚未能获赠者亦不在少数。传教士们会将部分西器在教堂中公开陈设，通过展览进一步扩大西器及天主教在官僚队伍中的影响力。这种宣传效果立竿见影，参观者络绎不绝，部分文人士大夫还将参观后的印象记载了下来。1598 年 7 月至 1600 年 5 月，利玛窦暂居南京，在南京的教堂里，利玛窦向部分士大夫展示了各式西洋器物，成为这些官僚津津乐道的谈资。1606

---

① （清）张廷玉等：《明史》卷二五《天文志一》，中华书局 1974 年，第 359～362 页。

年，顾起元来到南京担任国子监司业，因慕利玛窦之名，在南京教堂中参观了西洋奇器，留下了对西式书籍和自鸣钟的论述："携其国所印书册甚多，皆以白纸一面反复印之，字皆旁行，纸如今云南绵纸，厚而坚韧，板墨精甚。间有图画人物屋宇，细若丝发，其书装钉如中国宋折式，外以漆革周护之，而其际相函，用金银或铜为屈成钩络之，书上下涂以泥金，开之则叶叶如新，合之俨然一金涂版耳。""所制器有自鸣钟，以铁为之，丝绳交络，悬于簧，轮转上下，戛戛不停，应时击钟有声。"① 明代官僚能够亲见西洋物质文明的成就并持有好感，离不开传教士们不遗余力地传播。

三、清代官僚士大夫与西器的接触

清代以来，随着西器东传的进一步深入，官僚阶层接触西器的机会也越来越多。西器多从海路运来，因此广东、福建、江苏、浙江等地的官员常能借职务之便，率先感受西洋物质文明之精巧。京都皇宫中陈列的不少精美西器，亦来自他们的呈进。清代内务府档案中，多有粤海关监督毛克明、副监督郑伍赛等人向皇帝进献乐钟、大玻璃镜、望远镜、西洋水平仪等西器的记载。不在粤海关任职，但就职于东南沿海地区的官员，因裙带关系，也容易获得或购置西洋奇器。档案亦记载了雍正时期历任广东总督、巡抚对皇帝的进献，如总督郝玉麟进献玻璃镜，继任总督鄂弥达进献望远镜、西洋火炮，广东巡抚杨永斌进献铜嘴千里镜等。嘉庆二十二年（1818）至道光六年（1826）任两广总督的阮元，曾购买一个令他念念不忘的大西洋铜灯。他在道光十五年（1835）（乙未年）作《大西洋铜灯》一诗，在序中称："予于道光初在广州以银一斤，买得大西洋铜灯，用之蓄油于上瓶，而下注于横管，横管之末安为灯炷，螺旋之，其光可大可小，其油摄而不漏，输而不滞，花烬甚少，不劳剪拨，其螺旋之巧，非笔舌所能述也。今十余年不用烛矣。洋舶颇售此灯，惜知而买用者少。诗以

---

① （明）顾起元：《客座赘语》卷六，中华书局 1987 年，第 193~194 页。

誉之。"其诗曰:"泰西之人智,制器巧且精。钟表最得用,其次铜灯檠。高只一尺许,譬如人立擎。屯膏于首颈,一臂伸且平。手指撚棉炷,输膏使火明。首臂通手指,不洩亦不盈。无烟不剪剔,其光静且清,胜于巨烛焰,一炷澈五更。照我十余年,不便老眼昏。足酬秀才时,灯火火荧青。"① 这些事例皆可说明,沿海地区官员较早且较充分地接触了西洋物质文明。此外,清代盐政官员也常以为朝廷办贡、采买之名接触西洋奇器,在乾隆十三年(1748)的一份抄没长芦盐政家产奏折的清单中,有洋磁簪一枝、银珐琅锁二挂、漳绒镶毯褥二床、漳绒镶氆氇褥一床、玻璃挂镜三面、玻璃鼻烟壶五个、洋磁小碟六个、洋磁带头一个、洋磁杯十二个、洋磁托碟十二个、眼镜一个、各色绒一小包、青哆啰呢大褂一件、小玻璃镜三面、大小玻璃洋磁破鼻烟壶二十二个、破玻璃轿镜三块等。② 其中不乏西洋奇器及西洋仿制品。

京中官员,只要备受皇帝宠信,获得西器亦非难事。乾隆时权臣和珅,就不断获得高宗赏赐的西洋奇器。嘉庆时,和珅被抄家籍没,搜出"大自鸣钟十九座,小自鸣钟十九座,洋表一百余个""白玉烟壶八百余个,批玺烟壶三百余个,玛瑙烟壶一百余个,汉玉烟壶一百余个""金嵌玻璃炕床二十三张",从其"玻璃器皿库一间"中搜出"八百余件"玻璃制品,从其"洋货库两间"中搜出"五色大呢八百板,鸳鸯一百十板,五色羽缎六百余板,五色哔叽二百余板",另有"洋钱五万八千元,估银四万零六百两"③。这些西洋奇器,有的是和珅受贿所得,有的则为皇帝所赐。乾隆时,在宫中造办处任职的司库刘山久,擅长设计器物造型和纹样,深得皇帝信任,后被革职籍没,家中查出小玻璃画镜一块(估银二

---

① (清)阮元:《揅经室集续集》卷一一《文选楼诗存第十八》,《续修四库全书》第1479册,上海古籍出版社1997年,第571页。

② 中国第一历史档案馆、故宫博物院编:《清宫内务府奏销档》第37册,故宫出版社2014年,第214~281页。

③ (清)薛福成:《庸庵笔记》卷三《轶闻·查抄和珅住宅花园清单》,《丛书集成三编》第77册,台湾新文丰出版公司1997年,第104~105页。

钱），小玻璃挂镜一面（估银五钱），画玻璃一块（一尺七寸、宽一尺二寸，估银四两），小银表四个（估银十六两），时辰表一个（估银二两），洋镜一个（连架）（估银二钱），小洋圆镜大的一面（估银五钱），石青倭缎夹褂一件（估银四两），石青洋缎夹褂一件（估银四两），棕色倭缎夹袍一件（估银六两），蓝洋缎夹袍一件（估银四两），时辰钟一个（估银八两），画玻璃一块（估银六钱）。①所藏西器十分丰富。

随着造办处对西器大量仿制的成功，不少被前代认定为奇器的西器开始普及，一些皇室尊享的西器开始走进官僚们的生活。其中，对官僚士大夫生活产生较大影响的非玻璃制品及西洋钟表莫属。

玻璃制品中，玻璃窗对官僚阶层的影响最甚。清代中期，官员们已经开始在窗户上安装玻璃。玻璃窗的安装，改善了房间的亮度，给官员们营造了一个明亮的世界。

袁枚于乾隆十四年（1749）辞官隐居于南京小仓山，在其居住的随园中安装了玻璃窗，吸引了众文人的参观并赋诗。"玻璃在国初尚为珍宝，故袁子才所建随园，以紫玻璃镶窗，一时咏之者几及百人。"② 李斗在《扬州画舫录》中记述从临池亭旁山径上山，有一巨石，旁边建一小厅，"是屋窗棂，皆贮五色玻璃，园中呼之为'玻璃房'"③。阮元在其生活的嘉道年代，已在家中安装了玻璃窗。他对玻璃窗带来的窗明几净的环境和氛围，十分满意，不断在其诗中吟咏感叹。他专门写了一首《咏玻璃窗》的诗："纸护窗棂已策功，玻璃更比古时工，虚堂密室皆生白，曲榭高楼尽避风。尺五天从窥去近，一方垣许见来同。尽教对镜层层照，不用开轩面面通。疑画幅裁花烂漫，胜晶帘却月玲珑。常留净几香烟碧，分射深廊

---

① 中国第一历史档案馆、故宫博物院编：《清宫内务府奏销档》第41册，故宫出版社2014年，第221~254页。

② 徐珂：《清稗类钞》第9册《鉴赏类·朱竹垞藏玻璃砚》，中华书局1986年，第4518页。

③ （清）李斗：《扬州画舫录》卷七《城南录》，中华书局1960年，第170页。

蜡炬红。隔断寒尘明湛湛，看穿秋水影空空。虽然遮眼全无界，可是身居色界中。"① 诗中宣称纸窗已经过时，玻璃窗的时代到来了，言语间对玻璃窗所带来的全新视野和明亮环境兴奋不已。他在《印泥》诗中，也不忘夸赞其玻璃窗："玻璃窗暖书盈榻，晶盘玉椀花蓥合。"② 他还写了一首《冬至前澹凝精舍闲坐》的诗，说他摆脱庶务，坐在书案前时，忽然感受到"日光当户玻璃暖"，心情顿时豁朗。③ 当然，玻璃在当时依然稀见，价格自然不菲，低级官吏及平民百姓仍难以安装。只有像阮元这样进士出身的高级官员，才有可能安装玻璃窗，改善书房亮度和生活环境。

除了玻璃窗之外，其他玻璃制品也更加频繁地出现在官宦人家。嘉庆四年（1799）前成书的《红楼复梦》第十八回描写道："时已月转花梢，星移斗柄，外面松大人们也止戏散席，各位大老爷俱告辞回署。祝筠送松柱到意园的绿云堂安歇，又派了两个小旦在那里伺候。然后几对小子掌着玻璃手照，一直送到垂花门口。"④ 文中出现的玻璃手照，是用玻璃制作灯罩、内燃灯芯的一种照明工具，清中期在官宦阶层开始流行。与玻璃手照相近的是将玻璃制成灯节观赏的花灯。《红楼复梦》第九十七回还描写了灯节时用玻璃做的灯屏和灯笼："六如阁、致远堂门首俱是灯架。垂花门口一座灯牌楼是龙门跃鲤，垂花门左右一直接到忠恕堂，挂满五色明角灯。忠恕堂一架素玻璃朱砂篆百福图灯屏。中挂一架五蝠捧寿灯，四面俱挂著双连长穗各样玻璃灯；左边是太师少师灯；右边是丹凤朝阳灯"，真是"五色绚烂"⑤。玻璃还被制成玻璃屏或屏风。在各色花灯中有"一架

① （清）阮元：《揅经室集》诗卷一一《咏玻璃窗》，中华书局1993年，第953页。
② （清）阮元：《揅经室集》诗卷二《印泥》，中华书局1993年，第788页。
③ （清）阮元：《揅经室集》诗卷六《冬至前澹凝精舍闲坐》，中华书局1993年，第859页。
④ （清）陈少海：《红楼复梦》，《中国古典小说普及文库》，岳麓书社2014年，第170页。
⑤ （清）陈少海：《红楼复梦》，《中国古典小说普及文库》，岳麓书社2014年，第903页。

隶书玻璃屏"①。玻璃屏是在玻璃上书写书法，未必有隔开空间之用，而玻璃屏风则显然有隔开空间之功能。《扬州画舫录》也记载苏高三的住所"楼下三间，两间待客，一间以绿玻璃屏风隔之，为高三宴息之所"②。

　　玻璃还被制成玻璃暖床、玻璃盒匣、玻璃酒杯、玻璃鼻烟壶甚至玻璃砚台等物。明末钱谦益曾拥有一方玻璃砚台，后来传到朱彝尊手中。"朱竹垞有玻璃砚一方，大仅如小儿手掌。四缘刻铭识殆遍，俱镶以金，底边隐隐似水纹。盖钱牧斋之物也。"③ 乾隆时人袁枚喜欢收藏酒器，其中有玻璃酒器："袁子才性不饮酒，家中多藏美酿，又喜搜罗酒器。每当宴客时，一席之中，例更酒盏四五度，始而名瓷，继而白玉，继而犀角，继而玻璃，由小而大，递相劝酬，宏量者，期尽欢而后已。"④ 明末清初，西洋鼻烟壶传入中国，至康熙年间，北京流行鼻烟，达官贵人皆以收藏、使用鼻烟壶为风尚，其中不乏玻璃鼻烟壶："近京师又有制为鼻烟者……以玻璃为瓶贮之。瓶之形象，种种不一，颜色亦具红、紫、黄、白、黑、绿诸色，白如水晶，红如火齐，极可爱玩。以象齿为匙，就鼻嗅之，还纳于瓶。皆内府制造，民间亦或仿而为之，终不及。"⑤ 此风直到晚清仍未消停。当时"京外达官贵人皆嗜鼻烟""贮鼻烟之壶，旧以五色玻璃为之，其后改用套料，且更有套至四五采者，雕镂皆极精，以壶足题有'古月轩'字者为最著名。又其后则以美玉、宝石、水晶、象牙、瓷、黄杨木、

---

　　① （清）陈少海：《红楼复梦》，《中国古典小说普及文库》，岳麓书社2014年，第903页。

　　② （清）李斗：《扬州画舫录》卷九《小秦淮录》，中华书局1960年，第199页。

　　③ 徐珂：《清稗类钞》第9册《鉴赏类·朱竹垞藏玻璃砚》，中华书局1986年，第4518页。

　　④ 徐珂：《清稗类钞》第7册《豪侈类·袁子才宴客更酒盏》，中华书局1986年，第3275页。

　　⑤ （清）王士禛：《香祖笔记》卷七，康熙乙酉（四十四年）刊，日本内阁文库藏本，第9页b面；又《景印文渊阁四库全书》第870册，台湾"商务印书馆"1986年，第469页。

椰等物为之，然赏鉴家仍以旧制之玻璃者为上也，值昂者，一壶辄千金。德晓峰中丞馨所藏之壶，多至千余品，有一最奇者乃金珀所制，中有一蜘蛛，头足毕具。"①

自鸣钟在明代便已传入中国，但明代官僚中能持有者不过寥寥数人。清代以降，随着钟表不断地进口和仿制，不少官僚已经能够获得并使用西洋钟表。清朝皇室昭梿描述了乾隆时期自鸣钟表在官僚阶层的应用情况："近日泰西氏所造自鸣钟表，制造奇邪，来自粤东，士大夫争购，家置一座以为玩具。纯皇帝恶其淫巧，尝禁其入贡，然至今未能尽绝也。"② 将官僚士大夫对自鸣钟的追捧描绘得生动形象。乾隆时期，宠臣"和珅多内嬖，有园在海淀，极池馆之胜。园中一楼，贮自鸣钟甚巨，晨鸣则群姬理妆"③，用更为精确的自鸣钟取代了传统计时器的功能。同时代的浙江钱塘人丁传则有用自鸣钟管理社会生活的宏愿。他曾游闽粤，对西洋器物多所关注。据《雪桥诗话》卷九载："丁龙泓子传，字希曾，尝言西洋吉贝，花肉厚子少，移栽中土则衣被之利广。乾隆辛亥，镇海楼灾，希曾谓他时重建，制大自鸣钟于其上，使城中十万家皆知晷刻早晏之节。"民国学者瞿兑之称："此则崇拜西洋学艺之甚者也。"④ 丁传之言，反映了他用西洋计时器来管理民众生活的愿望。

与普通官僚相比，在东南沿海地区的优缺官僚，更易获得西洋钟表，对其感受也更为直观深刻。清乾隆五十一年至五十三年（1786—1788），梁恭辰的父亲在管理厦门贸易、税收、台运、地方诉讼等事务的衙门——厦防厅任职，当时的长官是汉军旗人刘某。"厦防厅为吾闽第一优缺，海舶麕集，市廛殷赡，官厅尤极豪奢，大堂左右设自鸣钟两架，高与人齐。"

---

① 徐珂：《清稗类钞》第 7 册《豪侈类·德晓峰蓄鼻烟壶》，中华书局 1986 年，第 3296 页。

② （清）昭梿：《啸亭续录》卷三"自鸣钟"条，中华书局 1980 年，第 468～469 页。

③ 张寅彭编：《民国诗话丛编 3》，上海书店出版社 2002 年，第 61 页。

④ 瞿兑之：《人物风俗制度丛谈》，山西古籍出版社 1997 年，第 192 页。

除了公署外，刘某的"内署称是，署中蓄梨园两班，除国忌外，无日不演唱。馆中学徒六人，二弱冠，余则十三四岁不等，无人不佩时辰表者"①。连刘某家中私塾学徒六人，每人都戴了手表。

官僚士大夫阶层的时间观念，随着自鸣钟的出现而增强。他们可以根据时间推算距离。康熙三十八年（1699）四月，圣祖玄烨南巡回銮，吴廷桢伏谒平望河岸。圣祖召见，命作《御舟即事》诗，韵限三江一绝。吴廷桢"援笔立就，云：'金波溶漾照旌幢，共庆回銮自越邦。'正在构思，闻自鸣钟响，宋中丞荦奏曰：'将到吴江矣。'吴遂得续句云：'御幄裁诗行漏报，计程应已到吴江。'"圣祖"得诗，甚喜，称赏"②。宋荦根据自鸣钟的报时声，便知道舟行何处。成书于清代中期的小说，出现了许多描述自鸣钟打更的细节，自鸣钟被用于提醒主人公睡觉、吃饭、起床、玩耍等生活琐事，实则反映了自鸣钟对清中期文人士大夫的深刻影响。通过西洋自鸣钟的精准报时，文官们的生活变得更有规律和计划。晚清学者指出，"吸鸦片者日久瘾深，日不能间，即时刻亦不能稍差，人谓其身有一自鸣钟也"③。以自鸣钟作比喻，足以说明清人对自鸣钟守时特性的认同。这种认同感，放在清代前朝中期亦是恰如其分的。

四、明清官员对西器的态度

从明清官员对西洋奇器的态度上可以管窥国人面对异质文明冲击时的回应。根据史籍所载，明清官员初识西器时百味杂陈，态度多有不同。

第一，新奇。明末传教士罗明坚欲将印度教区主教神父送给利玛窦的"一块很精致的表"献给两广总督陈瑞，不巧陈瑞卧病在床无法接见，便托澳门一位检查官对陈瑞说明来由，并特意指出"原打算带给他一件漂亮

---

① （清）梁恭辰：《北东园笔录续编》卷二《纨袴子弟》，《丛书集成三编》第65册，新文丰出版社公司1997年，第299页。

② （清）钱泳：《履园丛话》丛话一《旧闻》，中华书局1979年，第22页。

③ 徐珂：《清稗类钞》第4册《诙谐类·身有自鸣钟》，中华书局1984年，第1879页。

的用铜制成的机械小玩意儿，不用碰它就能报时"。当陈瑞听检查官"说到钟表，就变得很感兴趣，吩咐一名秘书以他的名义写一封邀请信，请罗明坚无论如何（待自己）病一好立刻就去见他，并把那件新奇的玩意儿带去"①。可见陈瑞对当时尚属罕见奇器的钟表十分好奇。此后，巴范济和罗明坚两位代表来到肇庆的总督面前，"献上表和几只三角形的玻璃镜，镜中的物品映出漂亮的五颜六色。在中国人看来，这是新鲜玩意儿，长期以来他们认为玻璃是一种极为贵重的宝石。令人惊异的是看到礼物多么地讨总督大人的喜欢"②。

第二，困惑。明代文官见到西洋画作时，感到十分特别，并对其栩栩如生的表现力感到不能理解。对于利玛窦所携之圣母及耶稣画像，顾起元在南京教堂参观过，称其为"凹凸画"："欧罗巴国人利玛窦者，言画有凹凸之法，今世无解此者。"③ 顾氏见"所画天主，乃一小儿，一妇人抱之，曰'天母'。画以铜板为帧，而涂五采于上，其貌如生，身与臂手俨然隐起帧上，脸之凹凸处，正视与生人不殊。人问画何以致此，答曰：'中国画但画阳，不画阴，故看之人面躯正平，无凹凸相。吾国画兼阴与阳写之，故面有高下，而手臂皆轮圆耳。凡人之面，正迎阳，则皆明而白，若侧立，则向明一边者白，其不向明一边者，眼耳鼻口凹处皆有暗相。吾国之写像者解此法，用之，故能使画像与生人亡异也。携其国所印书册甚多，皆以白纸一面反复印之。字皆旁行。纸如今云南绵纸，厚而坚韧。板墨精甚。间有图画人物屋宇，细若丝发。其书装钉如中国宋折式，外以漆革周护之，而其际相函，用金银或铜为屈戍钩络之。书上下涂以泥金，开之则叶叶如新，合之俨然一金涂版耳。"④

---

① ［意］利玛窦、［法］金尼阁著，何高济等译：《利玛窦中国札记》，中华书局1983年，第150页。

② ［意］利玛窦、［法］金尼阁著，何高济等译：《利玛窦中国札记》，中华书局1983年，第151页。

③ （明）顾起元：《客座赘语》卷五《凹凸画》，中华书局1987年，第153页。

④ （明）顾起元：《客座赘语》卷六《利玛窦》，中华书局1987年，第194页。

　　第三，赞叹。清代查慎行见到西洋眼镜后，惊诧之余赋诗赞叹。他在《敬业堂诗集》（收诗迄于 1727 年 7 月）中，对眼镜赞扬道："无数空花乱眼生，摩挲细字欠分明，西洋镜比传神手，八廓重开为点睛。"① 徐乾学见到西洋镜后，深感惊异，作《西洋镜箱》诗六首，摹形酷肖。查为仁录其二首。其一曰："移将仙境入玻璃，万叠云山一筒携。若说灵踪采未得，武陵烟霭正迷离。"其二曰："乾坤万古一冰壶，水影天光总画图。今夜休疑双镜里，从来春色在虚无。"② 满洲贵族、安亲王之子、红兰主人岳端见到望远镜后，感到世界大变样，作《西洋四镜》诗，其一《千里镜》云："数片玻璃珍重裁，携来放眼云烟开。远山逼近近山来，近山远山何嵬嵬！州言九点亦不止，海岂一泓而已哉？君不见昔日壶公与市吏，壶中邂逅相嬉戏。自从神术一相传，而后市吏能缩地。斯言是真非是伪，今设此镜盖此意。君若不信从中视。"③

　　第四，改变傲慢。明代万历间，文官们第一次从传教士手中获赠西器礼品时，立即改变了对待传教士的傲慢态度。天主教中国和日本教区视察员范礼安派罗明坚到广东肇庆面见总督陈瑞，希望他能允许传教士在肇庆建立教堂。"作为向总督表示好意的献礼，以免他可能干扰贸易，澳门人士赠送给他一批礼物，包括他们知道是中国人所特别宝贵的东西。其中有纯丝的衣料，那是中国人当时还不知怎样制作的，还有带褶的衣服，水晶镜子以及其他这类珍品，总值超过一千金币。"当陈瑞"看见备这一紧要关头之用的礼物时，他的傲慢态度顿时消失了"④。

　　第五，虚心求知。欧洲传教士进入中国之时，其所携带的新奇西洋器

---

① （清）查慎行：《敬业堂诗集》卷四三《抄书三首》，《景印文渊阁四库全书》第 1326 册，台湾"商务印书馆"1986 年，第 610 页。

② （清）查为仁：《莲坡诗话》卷中，《续修四库全书》第 1701 册，上海古籍出版社 2002 年，第 135~136 页。

③ （清）查为仁：《莲坡诗话》卷中，《续修四库全书》第 1701 册，上海古籍出版社 2002 年，第 135 页。

④ ［意］利玛窦、［法］金尼阁著，何高济等译：《利玛窦中国札记》，中华书局1983 年，第 149 页。

物及其背后的全新知识，激起了文官们的求知欲望。利玛窦自制的流传最广的礼物是西式地图。当时已升任岭西道的王泮看到肇庆教堂挂着的"一幅用欧洲文字标注的世界全图和说明时"，表示"很愿意看到一幅用中文标注的同样的图"①，于是利玛窦立即开始绘制《山海舆地全图》，并广为赠送。1599 年末至次年春，利玛窦居留南京时，应南京吏部主事吴中明的要求，开始修订原来在广东省所绘制的世界舆图，增加一些更详尽的注释，由吴中明雇专门刻工，用公费镌石复制，广为赠送和散发②。1601 年进入北京后，利玛窦着手绘制更大幅的世界地图《坤舆万国全图》，于 1602 年绘毕刻版，由李之藻监刻。西式地图后来也曾作为商品出售，但它始终是利玛窦送人的最佳礼品之一。1598 年 6 月，利玛窦随同南京礼部尚书王忠铭从南昌出发，经过南京前往北京途中，王忠铭发现"在他们所携带呈给皇帝的礼品中，有一个大木板，上面刻着世界地图，附有利玛窦神父用中文写的简略说明"。令王氏深感惊讶的是"在这样一个小小的表面上，竟然雕刻出广阔的世界，包括那么多新国家的名称和它们的习俗"③，求知欲一下子便打开了。此后，明清一大批文官徐光启、李之藻、王锡阐、薛凤祚、梅文鼎等向利玛窦、汤若望等人学习西洋科技，连康熙帝也在一段时期内酷爱西洋数学和科技知识。

五、明清文人的西器想象与现实体验

明代前期，文人对西洋奇器所见甚少，多靠传闻，且十分好奇和神往，形成人人以为谈资的"外海奇谈"。弘治年间，吴宽在屠滽送他眼镜之前，也一直是听闻有眼镜，但却并不知道其真正的产地，因此他在诗中

---

① ［意］利玛窦、［法］金尼阁著，何高济等译：《利玛窦中国札记》，中华书局 1983 年，第 179~181 页。

② ［意］利玛窦、［法］金尼阁著，何高济等译：《利玛窦中国札记》，中华书局 1983 年，第 355 页。

③ ［意］利玛窦、［法］金尼阁著，何高济等译：《利玛窦中国札记》，中华书局 1983 年，第 320 页。

说"眼镜从何来，异哉不可诘"，又说"闻之西域产，其名殊不一"。可以说概念是比较模糊的。吴宽最后表示"博物有张华，吾当从彼质"，想通过向类似于《博物志》作者晋代张华那样的博学者询问，来弄清眼镜的真相。吴宽之所以认为眼镜"闻之西域产"，是因为"元人小说言: 靉靆出西域"。[①] 据张宁《方洲杂言》载，参政孙景章称其所藏的眼镜"以良马易得于西域贾胡"，但在"满刺（加）似闻其名为僾逮"。可见，孙景章对海外满刺加有僾逮（靉靆，眼镜）一事，听闻已久，心向往之，因此才用一匹良马的代价换一副眼镜。[②] 晚明程百二等人在《方舆胜略》也转引了海外奇谈: "满刺加国出靉靆镜，老人不辨细书，掩目则明。"[③] 郎瑛少时也只是听说贵人才拥有眼镜: "（郎瑛）少尝闻贵人有眼镜，老年观书，小字看大。出西海中，虏人得而制之，以遗中国，为世宝也。"传闻眼镜"出西海中"，显然是海外奇谈。后来他在都指挥使司官员霍子麒家看见"有眼镜一枚，质如白琉璃，大可如钱，用骨镶成二片，若圆灯剪然，可开合而折叠"[④]，这才使眼镜从他的"海外奇谈"走进现实世界。

福建龙溪县（今漳州市）文人张燮，万历二十二年（1594）中举，但无意功名，以结诗社和潜心著述为乐，是典型的明代文人。他于万历四十四、四十五年（1616—1617）撰写的《东西洋考》一书中，将西器的记述事实与传闻相杂，传闻中显然具有"海外奇谈"的特点。他对西洋火器的描述是: "佛郎机，在爪哇南。二国用铳形制同，但佛郎机铳大，爪哇铳小，国人用之甚精，稍不戒则击去数指，或断一掌一臂。"并称嘉靖初曾用此铳"击败我兵"，海道副使汪鋐派人潜水凿沉其舟，获其铳，"建议请

---

① （清）张玉书等:《康熙字典》卷三二《戌集中·雨部·靉》，天津古籍出版社 1995 年，第 1013 页。

② （明）张宁:《方洲杂言》，《四库存目丛书》子部第 239 册，齐鲁书社 1997年，第 355 页。

③ （清）张英、王士祯等撰:《渊鉴类函》卷三八〇《服饰部十一》，《景印文渊阁四库全书》第 992 册，台湾"商务印书馆" 1986 年，第 341 页。

④ （清）陈元龙:《格致镜原（二）》卷五八《燕赏器物类二·眼镜》，上海古籍出版社 1992 年，第 169 页。

颁佛郎机铳于边镇。诏下所司施行，三边赖其用"，因此升为兵部尚书，其下属"郎中吴缙见而笑之，铉怒，黜为铜仁知府。或戏之曰：君被一佛郎机打到铜仁府"。文人的描述，多充满奇谈，如认为佛郎机"其人好食小儿""其法以巨镬煎沸汤，以铁笼盛小儿置镬上，蒸之出汗，尽乃取出，用铁刷去苦皮，其儿犹活，剖腹去肠胃，蒸食之"。但张燮最后指出："然今在吕宋者，却不闻食小儿之事。"① 张燮的叙述中多夹杂海外奇谈，但他自己并未被传闻左右，而是具有独立判断的能力。

直到晚明时，仍有高官尚未接触到西洋奇器，其关于自鸣钟的信息仍然停留在"海外奇谈"上。晚明做过内阁大学士的朱国祚，在其《琐里行》一诗中，竟称琐里人"巧将制器媚中涓，自鸣钟献黄金殿"②。这是将"琐里"与"西洋琐里"进而与"大西洋"弄混了。来献自鸣钟的是"大西洋人"利玛窦，来自欧洲，他也不是将西器献给中涓（即宦官），而是被天津税监马堂强行扣留的。朱国祚对西洋奇器东传的认识仍有不少"海外奇谈"的成分。

"海外奇谈"终止于亲历亲见。随着西洋物质文明东传日益增多，明代后期，明清文人见到西器的机会越来越多，对西器从充满想象转变为充满惊奇、惊艳和赞叹。

沈德符对自鸣钟反映出的中西计时方法差别颇感诧异，深感西方的二十四时制与中国十二时辰制不同："惟利西泰谈其国每日分为二十四时，每时止四刻，合之仅九十六刻，以故所制自鸣钟，以子正、午正为始，午初、子初为终，共传二十四声，以了一日。其国廿四时，即中华十二时也。"然而，他最终以中国本位来衡量，指出："盖斟酌于华夷之间而成者，但终不知于古昔大饶所设，乖合何如。"③ 天启进士、做过扬州府推官

① （明）张燮：《东西洋考》卷一二《逸事考》，中华书局1985年，第182页。
② （清）朱彝尊编：《明诗综》卷五九《朱国祚五十八首》，《景印文渊阁四库全书》第1460册，台湾"商务印书馆"1986年，第410页。
③ （明）沈德符：《万历野获编》卷二〇《华夷百刻之异》，中华书局1959年，第524页。

的王徵，见到传教士邓玉函携带的西器后十分好奇，"尝询西洋奇器之法于玉函"。于是邓玉函向他口授，王徵笔录并翻译成《奇器图说》一书。①明末清初人吴伟业见到传教士建的天主教教堂和陈设的各种西洋奇器后，十分惊异，赋诗赞叹道："西洋馆宇逼城阴，巧历通玄妙匠心。异物每邀天一笑，自鸣钟应自鸣琴。"②认为自鸣钟、自鸣琴这些西洋奇器，反映了洋人"巧""妙"的"匠心"，其"通玄"的本领甚至可以"邀天一笑"。

清代以降，文人士大夫对西器形象越来越清晰，印象也就越来越深刻。康熙四年（1665），福建侯官人高兆登上荷兰人的大船，亲见荷兰人的坚船利炮，并在其《荷兰使舶歌》中一一作了客观而清晰的描写："乙巳冬十月，铃阁日清秘。抚军坐筹边，颇及荷兰事。"高兆先是从外观上对船舰作出了描述，船上陈列火炮，"层舰含火器"，舰体坚硬，"叩舷同坚城，连锁足驰骑"。随后，高兆等人以宾客身份登上荷兰巨舶，发现上面管理有序，仪器完备，中央楼柜中有指南针（大罗经），还有"凌云百丈植"的桅樯，挂有七张布帆，利用面八之风。船上还有种菜的土地，船舱装有玻璃窗，喝的是葡萄酒，"发筥云葡萄，洗盏注翡翠。高泻成贯珠，传饮劝霑醉"③。

清初文人宋祖谦在品尝西洋葡萄酒后，颇有感慨。他自称"闽海浪士，迷游醉乡几八千日矣。闽酒之极佳者，所尝过半"。他多次打算自其家乡开始，遍及海内，评品酒醨，"辨其清浊高下而次之，并系以诗"，于是吟曰："煮豆燃萁泣绿珠，葡萄天酒制尤殊，南山薏苡已勾酒，分得伏波谤箧无。"并自注道："绿豆和酿，味亦沉厚，惟葡萄则依西洋人制之，

　　① （清）永瑢、纪昀等：《四库全书总目提要》卷一一五《子部二十五〈奇器图说〉提要》，河北人民出版社 2000 年，第 2962 页。
　　② （清）吴伟业：《梅村家藏稿》卷一九《七言绝句七十一首其十八》，《续修四库全书》第 1396 册，上海古籍出版社 2002 年，第 152 页。
　　③ （清）卓尔堪编：《（明）遗民诗》卷六高兆《荷兰使舶歌》（代友人纪事），《四库禁毁书丛刊》集部第 21 册，北京出版社 2005 年，第 566~567 页。

奉其教者闽俗甚炽，取此酒以祀天主，名曰天酒，若薏苡又带黏矣。"① 康雍间人查慎行在获得友人赠送的西洋葡萄酒后，一经品尝，大为惊艳，引起诗兴大发，赋诗一首《谢院长惠西洋蒲桃酒》："妙酿真传海外方，龙珠滴滴出天浆，醍醐灌顶知同味，琥珀浮缾得异香。直可三杯通大道，谁教五斗博西凉。平生悔读无功记，误被村醪引醉乡。"② 查慎行对葡萄酒的体验和赞美，宣告其"海外奇谈"时代已经结束，继而进入了西器消费时代。

六、明清文人将西洋奇器纳入知识体系

明清文人将西洋器物及其概念、原理纳入中国的知识体系。所谓纳入知识体系，是指在比较正规的词典、典章制度史和总结性著作中进行介绍和解释，而不是指在笔记野史中随意记载，充满想象和海外奇谈。

方以智在其所编的词典《通雅》中，将西洋火器传入中国载入其中。《通雅》解释道："古以石为炮，火炮起自外国。而中土传之炮（朴教切），或作炮（匹角切），乃桔槔以反发石也。今有火器用硝黄，乃从外国传此法，因立神机营，有伏狼机、大将军、百子诸制。后得红彝炮，尤为神器，可发二十里远。西洋以铳尺量之测远，度之，发无不中。惜今未有尽其用者。"他将炮的历史作了勾勒，指出当时的火器来自西洋的事实，并对西洋火炮安装瞄准仪的技术作了赞美。但是，他在最后加以案语曰："宋真宗咸平五年，召普言能发火毬、火箭。上召至崇政殿试之。先是，开宝二年，岳义方上火箭法，赐束帛，岂所谓枉死洁死，结火以射敌者乎？且有火毬，必为火药矣。"③ 说明他对火器来自西洋心有不甘，反映出

① （明）周亮工：《闽小记》卷一《莆田宋去损祖谦闽酒曲》，《瓜蒂庵藏明清掌故丛刊》，上海古籍出版社1985年，第64~65页。

② （清）查慎行：《敬业堂诗集》卷三八，《景印文渊阁四库全书》第1326册，台湾"商务印书馆"1986年，第508页。

③ （明）方以智：《通雅》卷三五《器用·戎器具》，《景印文渊阁四库全书》第857册，台湾"商务印书馆"1986年，第668页。

"古已有之"的观念和西学中源思想。方以智还在《通雅》中对千里镜的知识作了介绍："今西洋有千里镜，磨玻璃为之，以长筒窥之，可见数十里。又制小者于扇角，近视者可使之远。"① 而这段描述又被《正字通》所复述："西洋国千里镜，磨玻璃所成者，以长筒窥之，见数十里，复制小者于扇角，近视者能使之远。"② 这说明，对千里镜的认识，囿于当时的知识来源有限，前人的介绍便成为后人的标准答案。

清代陈元龙在其修于 1707—1708 年的《格致镜原》中，也对西洋火器作过定义。在界定"铳"时，指出："杨一清《制府杂录》：今所造枪炮不能致远兼不善用不能多中，近年敌人不甚畏之。惟大将军、二将军、三将军诸铳力大而猛。《事物绀珠》：佛郎机铳，铜为管，大者千余斤，中者五百余斤，小者百余斤，弹子内铁外，铅重数斤。嘉靖间造。《七修类稿》：鸟嘴木铳，嘉靖间日本犯浙，倭奴被擒，得其器，遂使传造焉。《事物绀珠》：鸡脚铳、铜十眼铳、四眼铳、三眼铳、九眼铳、九子铳、夹靶铳、大把铳、千里铳。"③

清人姚之骃（康熙间进士）将西洋火器收进《元明事类钞》一书中："佛郎机。《献徵录》：佛郎机前代未通中国，正德时始入贡。兵器最猛，铳大者千余斤，次半之，小亦不下百斤，发可及百余丈，木石俱糜。中国颇传其法，名佛郎机。……佛郎机近又增火箭、火砖而用无可加矣。"又载："鸟嘴铳。唐顺之疏：佛郎机子母炮、快枪、鸟嘴铳皆出嘉靖间。鸟嘴铳最后出而最猛利，捷于神枪，而准于快枪。"又列"中国长技"一目，解释道："《明通纪》：崇祯时，御史杨若樀举西洋人汤若望习火器，都御史刘宗周曰：'唐宋以前无此。自有火器，辄以为劲，误专在此。'上曰：

---

① （明）方以智：《通雅》卷三四《器用·杂用诸器》，《景印文渊阁四库全书》第 857 册，台湾"商务印书馆" 1986 年，第 660~661 页。

② （清）陈元龙：《格致镜原》卷五八《燕赏器物类二·眼镜》，《景印文渊阁四库全书》第 1032 册，台湾"商务印书馆" 1986 年，第 169 页。

③ （清）陈元龙：《格致镜原》卷四二《武备类二》，《景印文渊阁四库全书》第 1031 册，台湾"商务印书馆" 1986 年，第 662 页。

'火器终为中国长技。'"①

清初著名学者顾炎武在其《天下郡国利病书》中，对包括西洋火器在内的"火器"作了总结：

> 火器 佛郎机，国名也。正德中，国人来贡，携有此铳，因以为式，铸发诸边。每座重可二百觔，用提铳三个，每个重三十觔，铅子一个，约重十两，用以守营门，破关隘，扩之曰发矿，约之曰铅锡铳，则中国所仿而为之也。
>
> 鸟铳，自西番来，以铜铁为管，木橐承之。中贮铅弹，所击洞穿。②

其下介绍了百子铳、木桶火药、喷筒、火绳、六合炮等中国传统火器。在顾炎武的叙述中，其中的佛郎机、鸟铳都出自西洋。顾炎武是将西洋火器纳入"火器"的知识体系之中。

清代开始对火器进行界定，尽量用准确的语言加以限定和描述。稽璜、刘墉等人于1787年修成的《皇朝文献通考》在其"军器"一条中称："火器大者曰炮。其制或铁，或铜，或铁心铜体，或铜质木镶，或铁质金饰。重自五百六十觔至七千觔，轻自三百九十觔至二十七觔。长自一尺七寸七分至一丈二尺。其击远或宜铁弹，或宜铅子，均助以火药，引以烘药。铁弹自四十八两至四百八十两，铅子自二两至二十两。火药自一两三钱至八十两，烘药自三四钱至二两，皆按炮尺高下度数以定所及之远近。铸钉时，或命官监督，或由部委官，无常制。"以上是对火炮的界定和描述。以下则是对火枪的界定和描述："小者曰鸟枪，曰火砖，曰火毬，曰火箭，曰弩箭，曰喷筒，曰铳，皆随时成造。"最后是用史料加以佐证：

---

① （清）姚之骃：《元明事类钞》卷二三《武功门》，上海古籍出版社1993年，第384~385页。

② （清）顾炎武：《天下郡国利病书·苏松备录·兵防考》，《顾炎武全集》第13册，上海古籍出版社2011年，第594页。

"太宗文皇帝天聪五年，红衣大炮成，钦定名，镌曰：'天祐助威大将军。天聪五年孟春吉旦造。督造官总兵官额驸佟养性，监造官游击丁启明，备御祝世隆，铸匠王天相、窦守位，铁匠刘计平。'先是，未备火器，造炮自此始。其年征明，久围大凌河而功以成，用大将军力也。自后师行，必携之。"①

明清文人开始将西洋器物东传事件，整理成篇，使之系统化和标准化，形成一套规范的叙述文本。像明代王圻的《续文献通考》、清代的《续清朝文献通考》《明史·兵志》均进行了这种尝试。这种叙事的标准化，对后人颇有影响。清代王杰等人于 1795 年前纂成的《御制诗五集》的案语中，对西洋火器信息的获取，基本上得之于明代典籍："火器自金元时始有之。嗣于明永乐时平交阯，得神机枪炮法，特置神机营，肄习制用。至正德中，西洋佛郎机国有海舶至广东，因传其炮制。嘉靖八年遂依造名之，曰大将军，发诸边镇。万历中，大西洋船至，复得巨炮，曰红夷。今俗云红衣。重者至三千斤，能震数十里。"但在清代部分，则有自己的表达，指出火炮"我朝则尤为行军利器"。"崇德年间制神威大将军，重至三千八百斤。康熙年间制神威无敌大将军，重凡二三千斤不等。又有红衣炮重至五千斤，武成、永固大将军炮重至七千斤者。则较前朝所制为尤巨。"这就有点炫耀的意味了。王杰还说："其火枪之制，亦不可枚举，皆军营狩猎之所必需。盖以佐弓矢之所不及，莫善于此。"② 清人重骑射传统，故将火枪视为狩猎之具，并声称"以佐弓矢之所不及"。

当然，明清文人也有对西洋知识进行总结时出现失误的现象。晚明郑以伟指出："永乐时神机火枪法得之交南，嘉靖时刀法得之佛郎机，鸟觜

---

① （清）嵇璜、刘墉等：《皇朝文献通考》卷一九四《兵考十六·军器》，《景印文渊阁四库全书》第 636 册，台湾"商务印书馆" 1986 年，第 461~462 页。

② （清）王杰等编：《御制诗五集》卷七六，《景印文渊阁四库全书》第 1311 册，台湾"商务印书馆" 1986 年，第 122 页。

炮法得之日本。"① 这种看法显然并不准确。神机火箭枪来自交阯，这没有问题，但说嘉靖时的刀法得之于佛郎机，鸟嘴炮得之于日本，则并非如此。符合当时常识的说法是：鸟嘴铳（非炮）得之于倭寇，佛郎机炮得之于佛郎机（葡萄牙）。清中期人赵翼在《陔馀丛考》的《火炮火枪》中，对自古以来的军中火器作了梳理和考证，对《周官》《三国志》《南史》《通鉴》《唐书》《金史》《续通鉴》《续通考》《元史》、曾公亮编《武经》中的火攻和火器记载作了辨析，断言："固未如后世大火炮之用耳。"然后指出："明初有火车、火伞、大、二、三将军等炮，及碗口铜铳、手把铜铳、佛郎机等品。"指出，"建文东昌之战，燕军为火器所乘，死者万余。征南时，张辅以神铳击破交趾象阵。也先围京城，于忠肃欲放大铜铳，掘土坑藏身，亲燃火于药线以击敌。是皆火器之试于用者"。但是，它认为明初即有佛郎机，显然错误。对于鸟枪，赵翼也有论述："鸟枪则起于嘉靖中。"并据郎瑛《七修类稿》中的记载，指出"嘉靖间，倭入内地，有被擒者，并得其铳，遂令所擒之倭教演中国，遂传其法，今且遍天下云"。又引唐顺之的奏疏，指出"国初止有神机火枪一种，而佛郎机子母炮、鸟嘴铳皆后出。鸟嘴铳最猛利"，他特别指出鸟嘴铳"此即今之鸟枪"，并据此断言："鸟枪起于嘉靖中，传自倭人明矣。"但又根据《续通考》所载参将戚继光的话"昔署卫印时，于卫库见鸟嘴铳"，改口道："乃倭变未作时所故有者。则又非起于嘉靖。"赵翼根据丘濬和王鏊的说法，指出太宗出征安南时得神机火枪，然后根据明制"凡火器系内府兵仗局掌管，在外不许成造"下结论说："然则前明征交后已有鸟枪，但明制禁外间习用最严，故承平日久，皆不知用之。直至嘉靖中倭入中国，又得其传耳。"② 这个判断既有窥透专制制度限制火器发展的本质，又有对基本事实了解不够而妄下断言之弊。征交阯所得为神机火枪，即用火药驱动发射箭枝的枪，并非

① （明）郑以伟：《泰西水法序》，载黄宗羲编《明文海》卷二二九《序二十·著述》，《景印文渊阁四库全书》第1455册，台湾"商务印书馆"1986年，第547页。
② （清）赵翼：《陔馀丛考》卷三〇《火炮火枪》，（上海）商务印书馆1957年，第630~632页。

用火药驱动发射弹子的枪，二者有相当大的不同。虽然考证不精，但已说明，明清文人开始将以西洋火器为龙头的新式热兵器纳入研究体系之中。

第三节 将领与西器

史料中不乏明清将领接触西器的记载。如都指挥使司军官霍子麒"旧任甘肃，夷人贡至"① 而获得过眼镜，或是广东总兵黄应甲曾从传教士罗明坚手中获赠一块表，这是"一种用许多小金属齿轮安装成套的计时工具"②。然而作为国家的捍卫者，明清将领接触最广泛的西器必然是火器，其中又以西洋火炮为重。明清时期发生的众多战争，无论是从战略上还是战术上，西式火器都是主角之一。

一、明清将领对西洋火器先进性的认识

明代将领在战争的实践中率先认识到西洋火器的先进性，积极引进并加以仿制和改进，自信地称之为"中国长技"。武夫出身的将领不善笔墨，常疏于记载，那些记录西器观感的，多为文人之任武事者，即文人武将。明代重文轻武，以文制武，因此不少文官都派往前线，以总督、巡抚、兵备道之名，成为督战抗敌前线的高级将领，得以认识到西洋火器在对敌斗争中的先进性。此外，总兵、游击、把总、指挥使、佥事、千百户这些将领，也在作战中频繁接触西洋火器，形成了自己的认知。

明代将领接触的西器，多为战争中缴获的西洋火器。正德末，葡萄牙人进入中国东南沿海，嘉靖二年（1523），广东海道副使汪鋐及手下将领

---

① （清）陈元龙：《格致镜原》卷五八《燕赏器物类二·眼镜》，《景印文渊阁四库全书》第 1032 册，台湾"商务印书馆"1986 年，第 169 页。
② ［意］利玛窦、［法］金尼阁著，何高济等译：《利玛窦中国札记》，中华书局 1983 年，第 146 页。

指挥柯荣、王应恩等人，在西草湾缴获西洋船舰和舰载佛郎机炮及鸟嘴铳。① 随后，汪鋐请求朝廷仿制佛郎机等火器。至此，明代将领掌握了西式火器。

　　明代高级将领往往由兵部官员及地方督抚兼任，这些将领具备很高的文化素养，能够敏锐洞察西洋火器的先进性。嘉靖时兵部左侍郎、总制三边军务的刘天和（1479—1545）提出改进全胜车的方案，在车上"安熟铁小佛郎机一，及流星炮或一窝蜂一"②。嘉靖十六年（1537）六月，右佥都御史、宣府巡抚韩邦奇明确提出："再照中国长技，火器为上。北敌所畏，亦火器为最。而火器之中，佛郎机铳尤为便利。边关之地所以自卫攻敌者，惟此是恃也！"他要求皇上"轸念边方，敕下该部，将见贮佛郎机铳发送一千付，听臣等分给各城堡以防敌至。如此，庶几有备无患，而边境有赖矣，地方幸甚，臣等幸甚！"③ 韩邦奇虽为文官，但在九边重镇之一的宣府担任巡抚，是身膺军事重任的将领。他对部队的武器装备甚为关心，在与传统冷兵器优劣的比较中，将西洋火器称为长技。嘉靖时期文人将领唐顺之，从翰林院编修调兵部主事，后以兵部郎中督师浙江，率兵船破倭寇于崇明海上，后升迁为右佥都御史，巡抚凤阳。他在接触西洋火器时，认识到其先进性，于是建议用佛郎机和鸟嘴铳等火器御倭防寇。他在《武编》"守城鄙见"中指出，如"贼船泊城下"，明军应该"借邻近大佛郎机并力攻之，必使离城而后已"。当黠寇聚众昼夜攻城时，应用的兵技是："第一大佛郎机，其次鸟嘴铳，又其次弓矢。"对于"四围之城"，四门各派将领统领炮台，"每分地，须用一条鞭铳数管，大佛郎机一架。盖

　　① （明）严从简：《殊域周咨录》卷九《佛郎机》，中华书局 1993 年，第 322 页。

　　② （明）刘天和：《条陈战守便益以图御虏实效疏》，载陈子龙等辑：《皇明经世文编》卷一五七《刘庄襄公奏疏》，《四库禁毁书丛刊》集部第 24 册，北京出版社 2005 年，第 287 页。

　　③ （明）韩邦奇：《苑洛集》卷一五《公荐举以备任用事》，《景印文渊阁四库全书》第 1269 册，台湾"商务印书馆" 1986 年，第 601 页。

鞭铳止能击无遮牌之贼，而有被有牌之寇，非郎机不能制也"①。时任蓟辽总督的谭纶明确指出："窃惟中国之长技，莫逾于火器，而火器之利，又莫逾于佛郎机。"② 并指从出葡萄牙传入的鸟嘴铳亦是军中利器："再照御敌之策，必以其所长攻其所短，今中国长技为敌所甚畏者，无如火器，而火器之利，则又莫有过于鸟嘴铳者。"③ 隆庆中，著名抗倭将领戚继光调往蓟镇防守，向朝廷建议练兵车七营，"遏冲突，施火器"，穆宗认可，命给经费。此后，辽东巡抚魏学曾请设战车营，"仿偏箱之制，上设佛郎机二，下置雷飞炮、快枪六"④。万历十二年（1584），永平道兵备叶梦熊（1531—1597）曾上疏说："中国岂独无所长哉？火器也，轻车也，挨牌也！此吾之所长也。虏骑虽强，必近发而不能远及，矢虽如雨，可以善避。惟火器一发，避之无措。一铳可歼数十人，千铳齐发，可歼万人。加之万铳雷震山裂，络绎响应，即虏骑百万，亦无不挠乱矣。"⑤ 万历三十八年（1610）七月，福建巡抚陈子贞认识到："倭奴最精于鸟铳，独大将军、佛狼机等器势力雄猛，为我长技。宜通行抚镇，将沿海战船合用火器逐一较验，器必精坚，使临阵不至炸损，卒必服习，使遇敌不至张皇。"⑥ 这是他对西洋火器佛郎机炮的认识。万历末，辽东经略熊廷弼请造双轮战车，"每车火炮二，翼以十卒，皆持火枪"⑦。明代将领们普遍认识到，"今日

---

① （明）唐顺之：《武编前集》卷二《守城鄙见》，《景印文渊阁四库全书》第727 册，台湾"商务印书馆"1986 年，第 278 页。

② （明）谭纶：《谭襄敏奏议》卷五《条陈蓟镇未尽事宜以重秋防疏》，《景印文渊阁四库全书》第 429 册，台湾"商务印书馆"1986 年，第 693 页。

③ （明）谭纶：《谭襄敏奏议》卷五《早定庙谋以图安攘疏》，《景印文渊阁四库全书》第 429 册，台湾"商务印书馆"1986 年，第 675 页。

④ （清）张廷玉等：《明史》卷九二《兵志四·车船》，中华书局 1974 年，第2268 页。

⑤ （清）顾炎武：《天下郡国利病书·北直隶备录上·永平道叶梦熊战车议》，《顾炎武全集》第 12 册，上海古籍出版社 2011 年，第 97 页。

⑥ 《明神宗实录》卷四七三，万历三十八年七月癸亥，"中央研究院"历史语言研究所 1962 年，第 3942~3943 页。

⑦ （清）张廷玉等：《明史》卷九二《兵志四·车船》，中华书局 1974 年，第2268 页。

之边防，恃舟师为长技，以火攻为要术"，提倡用西洋新式武器代替陈旧装备。"以发贡、佛狼机代炮石，以鸟嘴铳代大黄参连弩，而奋迅着物，无坚不碎，又制之最良者也！"①

有些将领认识到西洋火器的先进性，不思如何为我所用，却以此威胁同僚，助长洋人威风。镇守南直隶江南总兵、左军都督府都督佥事朱文达便是如此。万历三十二年（1604），久居大泥的澄商潘秀、郭震等携渤泥国王书信，以荷兰求市为请，而荷兰"夷舟径趋彭湖，当事者严绝之"。荷兰遣人厚赂福建税监高寀，与高寀私交甚笃的朱文达便借机出面干涉，以荷兰人战器精利为借口，威胁反对与荷兰互市的文臣："红夷勇鸷绝伦，战器事事精利，合闽舟师不足撄其锋，不如许之。"②

后世学者多对清朝武备停滞不前颇有微词，但实际上清朝将领对西洋火器的先进性早有认知。后金初期，女真人并未认识到西洋火器的威力，但在宁远一役后，对红夷火炮的威力倍感震惊，于是开始铸造西式火炮。明清两军皆将西洋火器视为制胜法宝，对其展开了激烈争夺。崇德六年（1641），明将洪承畴率十三万人援锦州，驻札松山。洪承畴下令骑兵突袭清军，欲夺其红衣大炮，被跟随睿亲王多尔衮出征的谦襄郡王"瓦克达偕满达海战却之"③。击退明军的将领中，还有游击阿尔沙瑚。史料记载，崇德六年（1641）"从伐明，围锦州。明以骑兵出松山，谋劫红衣炮，阿尔沙瑚力战却之"④。明清将领对西洋火器的争夺，突显出西洋火器的重要地位。天聪七年（1633）七月，清参将祝世昌上疏请求大举伐明，声言："攻城当专用红衣炮，国中新旧三十余具，沈阳留四具，城守已足，余悉载军中。"由于红衣炮使用频繁，他又担心火药不足："炮多则糜药亦多，药局制药，硝丁淋硝虑不足於用。旅顺新获硝磺，宜以其半送沈阳制药。"

①（清）顾炎武：《天下郡国利病书·浙江备录下·宁波府志·兵政书》，《顾炎武全集》第 15 册，上海古籍出版社 2011 年，第 2517 页。
②（明）张燮：《东西洋考》卷八《税珰考》，中华书局 1981 年，第 156 页。
③ 赵尔巽等：《清史稿》，中华书局 1976 年，第 8993 页。
④ 赵尔巽等：《清史稿》，中华书局 1976 年，第 9288 页。

他特别强调"用兵当兼奇正，轻兵先发，夺人畜，掠储峙，然后整军挟红衣炮，自大道徐进"①。崇德四年（1639），"从伐明，阿济格扬言欲以红衣炮攻台，守者惧，四里屯、张刚屯、宝林寺、旺民屯、于家屯、成化峪、道尔彰诸台俱下"②。在与明军的交锋中，清军依然将西洋火器视为战争利器。

　　清朝平定天下后，武将们依然重视西式武器。康熙十三年（1674），吴三桂、耿精忠等并反，三藩之乱爆发。定远平寇大将军、安和亲王岳乐奉命平定江西，他上疏道："三桂闻臣进取，必固守要害。非绿旗兵无以搜险，非红衣炮无以攻坚。请令提督赵国祚等率所部从臣进讨，并敕发新造西洋炮二十。"③ 显然岳乐对西洋火器的优越性十分了解。

　　由于西洋火器在战场上无往不利，清代武将中竟出现了以红衣火炮为托辞，消极怠工的情况。康熙十五年（1676），清军镇压耿精忠造反。"初，傅喇塔之攻温州也，以待红衣炮为辞，继言须战船。"圣祖玄烨"责其言先后歧，命克期取温州"。④

　　明清将领认识到西洋火器的先进性，进而产生崇敬的心理，将西洋大炮"人格化"甚至"神化"。明天启六年（1622）三月甲子，"命王之臣为兵部尚书兼都察院右副都御史，经略辽东，阎鸣泰总督蓟辽，封西洋大炮为安国全军大将军"⑤。永历二年（1648）五月"十九日，金（声桓）、王（得仁）回师，败清师于北沙。获西洋炮三，声桓与姜曰广盛服被而迎之，罩以丹纱，鼓吹舆至德胜门郭中。声桓有骄色，遂勒兵入城"⑥。清军将士在战争中认识到西洋火炮的威力，亦将其奉为"将军"。据《浪迹丛

---

　　① 赵尔巽等：《清史稿》，中华书局 1976 年，第 9526 页。
　　② 赵尔巽等：《清史稿》，中华书局 1976 年，第 9016 页。
　　③ 赵尔巽等：《清史稿》，中华书局 1976 年，第 9006 页。
　　④ 赵尔巽等：《清史稿》，中华书局 1976 年，第 8958 页。
　　⑤ （清）陈鼎：《东林列传》卷末上《明附熹宗原本本纪上》，广陵书社 2007 年，第 569 页。
　　⑥ （清）三余氏：《南明野史》卷下《永历皇帝纪》，台湾银行经济研究室 1960 年，第 184 页。

谈》记载，"至我朝天聪五年，始造红衣大炮，名曰天佑助威大将军，崇德八年（1643），又造神威大将军炮，康熙十五年（1676），又造神威无敌大将军炮，康熙二十八年（1689），又造武成永固大将军炮，详见《皇朝礼器图式》"①。清朝将西洋火器的神格化和人格化演绎到了极致，据《清稗类钞》载：

> 八旗各军之出征也，必携带大小各炮以随，如龙子母、威远、靖远、红衣等者，一一皆备，至驻军之地。克日攻城，或击阵，必于前一夕出各炮于帐前，陈牲酹酒，军主亲诣三揖以衅之。明日获胜，则披红鼓吹迎之归，随拜折奏请赏给"神威将军""神威无敌大将军""天佑助威将军""天佑助威大将军""武成永固大将军"诸封号。败则牵之以回营，每炮棍责一百或八十，多至八百、一千。即诸炮受封后，再出战败，杖责亦如前。②

根据战争结果对西洋火炮进行封赏或棍责，已然将其视为真正的将军，其僵化的制度和形式主义的作风亦令人忍俊不禁。

二、明清将领对西洋火器的亲身体验

明清将领常亲临前线指挥战斗，常有机会近距离接触西洋火器。明天启六年（1626），名将袁崇焕在守卫宁远时，让罗立等人指挥西洋巨炮，轰击后金军队，令其溃不成军。努尔哈赤不得不下令撤围宁远。明代小说《明珠缘》还原了当时的场景："袁巡抚又行牌，着小堡军民收入大堡。锦州、宁远附近军民屯收的暂行入城，坚垒不出，听其深入。只有锦宁二城多贮火药，以备放西洋大炮。"后金"因前此广宁之败，知道袁巡抚威名，

---

① （清）梁章钜：《浪迹丛谈》卷五《炮考》，中华书局1981年，第79页。
② 徐珂：《清稗类钞》第10册《迷信类·炮之赏罚》，中华书局1986年，第4686页。

又怕他西洋炮的利害"，因此"骚扰了几日，不敢近城，竟自回去了"①。其麾下将领满桂，也发射红夷大炮击退后金军队。当时，清军数万骑来攻宁远，远迩大震，满桂与袁崇焕死守。清军始攻西南城隅，满桂"发西洋红夷炮，伤攻者甚众"。明日清军转攻南城，满桂"用火器拒却之，围解"。熹宗大喜，擢满桂为都督同知，实授总兵官。② 宁远大捷后，袁崇焕升为辽东巡抚，督师东江，崇祯二年（1629），又以佛郎机炮震慑割据在皮岛的毛文龙。"袁公于是决意东行，深入其地""登岸试放佛郎机，远者闻五六里，近者三四里"③。

本是文官却受命于危难之际的刘之纶，成为抵抗后金入侵的将领，屡次指挥士兵用火器攻击敌人。明崇祯二年（1629）冬，皇太极"从大安龙井入犯，逾蓟，陷遵化，据永平，蹂践良固，薄都城下，炮声彻日夜不息，火光照天，所至辄糜烂"。协理戎政兵部右侍郎刘之纶奉命抗击，进攻遵化三门，留北门，暗中设伏。"虏果北出，伏发，火器俱发，击杀过当。残兵奔罗文峪，又遣裨将奋击之，虏扶伤弃城遁去。"这时后金军队"援兵三万骑自永平来，势复大振"，分二路：一上白草顶，一上娘娘山。刘之纶"益严军令，誓以死报国，士益奋，驾西洋炮中虏，虏立碎，始惊散"。不久后金军队复整军再战，刘之纶"再驾炮，炮炸，自焚其营"。于是后金将明军围困山上，明军"殊死战，自午达西，炮穷弩尽"，刘之纶被箭射死，壮烈殉国。④ 晚明将领都深知西洋火器的威力，竭尽全力地抢夺洋炮以攻击对手。明代将领、登莱巡抚孙元化对西器更是重视，积极仿

---

① （清）佚名著，郁默校注：《明珠缘》，漓江出版社1994年，第461页。

② （清）张廷玉等：《明史》卷二七一《满桂传》，中华书局1974年，第6958页。

③ （明）柏起宗：《东江始末》，《丛书集成新编》第119册，新文丰出版公司1985年，第701页。

④ （明）谭元春：《谭元春集》卷二一《刘侍郎传》下册，上海古籍出版社1998年，第584页。

造。清人称其"元化者，故所号善西洋大炮者也"①。在他们眼中，孙元化是与西洋大炮紧密相连的。《明史》对孙元化其人亦作如下描绘："元化，字初阳，嘉定人。天启间举于乡。所善西洋炮法，盖得之徐光启云。"② 崇祯四年（1631），吴桥兵变，叛将孔有德等人夺取登州，登莱巡抚孙元化所仿制的西洋火炮尽为所得，于是孔有德进攻莱州，"辇（孙）元化所制西洋大炮，日穴城，城多颓"。但是，守将右副都御史徐从治、登莱新巡抚谢琏英勇抵抗，"毁其炮台"③。孔有德用西洋大炮进攻莱州一事，另有记载称"四月十六日，架元化所遗西洋大炮攒击城西南隅，势甚厉"。当时徐从治正在检阅丁壮，指麾出战。左右请他暂避炮火，被他拒绝，"语未绝口，炮中颡额，身仆血眢中"，英勇殉国。④ 明末，保定守将、新任知府何复守城，当李自城部队来攻时，何复亲自施放洋炮："复自起爇西洋巨炮，火发，被燎几死。贼攻无遗力，雉堞尽倾。俄贼火箭中城西北楼，复遂焚死。"⑤ 但《东林列传》记载何复是自杀而死："城陷日，何复亲燃西洋炮，立炮前，自轰死。"⑥ 以西洋炮自轰的方式殉国，是何等的决绝。战争是西洋火器最好的试验场，何复以生命为代价载入史册。明末清初江南将领在抗击清朝时普遍使用了西洋火器。顺治二年（1645）七月九日，江阴百姓推举阎应元为江阴守将。阎应元入江阴城后，"发原任兵备曾化龙所造火药、火攻器具应用，即伊在任时所监造者"。十日，阎应元祭旗发令，命关闭城门抵抗清军。城下设十堞厂，日夕轮换安

---

① （清）张廷玉等：《明史》二四八《余大成传》，中华书局 1974 年，第 6432 页。

② （清）张廷玉等：《明史》二四八《孙元化传》，中华书局 1974 年，第 6436 页。

③ （清）张廷玉等：《明史》卷二四八《徐从治传》，中华书局 1974 年，第 6433 页。

④ （清）钱谦益：《牧斋初学集》卷五一《兵部尚书徐公（从治）墓志铭》，文海出版社有限公司 1986 年，第 1305 页。

⑤ （清）张廷玉等：《明史》卷二九五《忠义七·何复邵宗元等传》，中华书局 1974 年，第 7554~7555 页。

⑥ （清）陈鼎：《东林列传》，广陵书社 2007 年，第 198 页。

息。"十人小旗一面，百人大旗一面，红夷炮一座。"①

南明守将使用西洋大炮御敌，但他们反明降清时，就调转了炮口。永历三年（1649），江西"副将杨国柱私降江南，运红夷大炮至，尽日力攻，声闻百余里，山谷皆震。十九日亭午，城破"，南昌守将金声桓赴帅府荷池自杀身亡。② 永历元年（1648）五月，南明将领瞿式耜与焦琏，在清兵攻击桂林文昌门时，"用西洋铳击中胡骑"③。此事在另一史籍中有记载："降清将定南王孔有德、靖南王耿仲茂、平南王尚可喜统兵取湖南，进攻桂林。焦琏负创奋臂，督师抚按肘羽腹石，分门婴守，用西洋铳击中马骑。清师稍却。"④

清朝将领也重视西洋火器的使用。清崇德五年（1640），满洲正黄旗将领穆护萨"从大兵征明，距锦州城五里列阵，以炮攻城北晾马台，克之"。崇德七年（1642）二月，松山战役后，明朝总兵吴三桂驻防塔山，郑亲王济尔哈朗率兵至城下，"列红衣炮攻之，佐领崔应泰被创死，参领迈色力战阵亡，城坏二十余丈，诸军悉登，遂克塔山"⑤。清初，汉军正白旗董廷柏任骁骑尉。崇德五年（1640），随军征明。当"明兵夜犯填堑"时，董廷伯"手发红衣炮击却。随攻塔山及前屯卫、中后所等城，均以红衣炮克之，绩称最"⑥。当吴三桂向清军乞师对付李自成时，睿亲王多尔衮"得书，乃命汉军赍红衣炮，往山海关进发"⑦。八旗汉军始终将红衣大炮随军携带。清军将领马喇希于顺治元年（1644）"从豫亲王多铎下江南。

---

①　（清）韩菼：《江阴城守纪》上卷《迎原任典史阎应元》，台湾银行1968年，第20~22页。

②　（清）三余氏：《南明野史》卷下《永历皇帝纪》，台湾银行1960年，第193页。

③　（清）佚名：《行在阳秋》卷上，台湾银行1967年，第16页。

④　（清）三余氏：《南明野史》卷下《永历皇帝纪》，台湾银行1960年，第165~166页。

⑤　赵尔巽等：《清史稿》，中华书局1976年，第13458~13459页。

⑥　赵尔巽等：《清史稿》，中华书局1976年，第13465页。

⑦　徐珂：《清稗类钞》第2册《战事类·吴三桂借兵满洲以击李自成》，中华书局1984年，第770~771页。

二年五月，自归德渡河至泗北淮河桥，明守将焚桥走，师夜济，与都统宗室拜音图以红衣炮攻克武冈寨，引兵而东"①。顺治二年（1645），清朝定国大将军豫亲王多铎南征，兵临扬州城下，手下将领云骑尉祖应元、参领金应得、闲散岱纳等人，架起红衣大炮轰击城墙："应元、应得、岱纳以红衣炮攻城，城颓，岱纳先登，与应元、应得同阵亡。"② 清军用红衣大炮攻城之事，戴名世站在南明角度有所记载：清兵直捣扬州，史可法手下将领刘肇基"以北兵未集，请乘其不备，背城一战"。史可法说："锐气未可轻试，姑养全力以待之。"但是，等到清朝"大兵自泗州取红衣炮至，一鼓而下。肇基率所部四百人，奋勇巷战，力尽皆死"③。顺治十六年（1659）六月，清军在镇江金山和焦山两岸遍设西洋火炮，向张苍水率领的水师轰击。当时，郑成功将取瓜州，以张苍水为前锋。"时金、焦间铁索横江。夹岸皆西洋大炮，炮声雷鍧，波涛起立。公舟在其间，风定行迟……鼓棹前进，飞火夹船而堕，若有阴相之者。"次日，郑成功大军至，攻克瓜州城。④ 清将马得功率领协助的荷兰水师攻击郑成功之子郑锦（即郑经），用红夷大炮攻击郑锦属将周全斌的水军舟船，但无一击中。康熙二年（1662）十月，清军耿继茂、李率泰发兵出同安进攻厦门和金门两岛，"令提督马得功统新降将及红夷，出泉州；黄梧、施琅出海澄"。郑锦"命周全斌当泉州兵，十九日，遇于金门乌沙。泉州船三百，红夷船十四，全斌以二十舟深入北粽，往来冲击。红夷炮无一中者，余舟望见悉披靡，不敢进。得功殿后，为全斌所破，赴海死，众兵遂溃"。清同安、海澄两路兵则大胜。⑤ 清军平定三藩之乱时，将领赵良栋率兵二千进攻昆明得胜

---

① 赵尔巽等：《清史稿》，中华书局1976年，第9204页。

② 赵尔巽等：《清史稿》，中华书局1976年，第13468页。

③ （清）邵廷采：《东南纪事（外十二种）》，北京古籍出版社2002年，第33页。

④ （清）黄宗羲：《黄梨洲诗文集·文集》卷四《兵部左侍郎苍水张公墓志铭改本》，中华书局1959年，第203页。

⑤ （清）邵廷采：《东南纪事》卷一二《郑成功下》，台湾银行1961年，第146页。

桥，"见桥头炮台甚密"，知道白天进攻伤亡必多，于是于南坝两岸埋伏骑兵，将步兵分为三队，"结营立壕墙，墙上架火枪、子母炮"。他自己身披厚棉被，手持大刀督阵。夜二鼓，攻得胜桥，周兵尽出死战，清伏兵突起，"枪炮雨下"，周兵败走。赵良栋夺取得胜桥，攻南昆明，周帝吴世璠自杀，云南平定。① 赵良栋立即指挥士兵用西洋火器攻击周兵。康熙二十一年（1681），满洲正白旗将领郎坦与副都统朋春等率兵往雅克萨城，踏勘形势。郎坦等人还京师后，上疏说："罗刹久踞雅克萨，恃有木城。若发兵三千，与红衣炮二十，即可攻取。"康熙也认为攻取罗刹（俄罗斯）所占雅克萨城甚易，但又认为应该慎重，于是决定"调乌拉、宁古塔兵千五百人，并制造船舰，发红衣炮、鸟枪教之演习"。俄罗斯军队被清军赶走后复来。康熙二十五年（1685），圣祖"命郎坦偕副都统班达尔沙携红衣炮，率藤牌兵百人，往会将军萨布素进兵"，迫使俄国人签订了《尼布楚条约》。② 与郎坦一起征讨俄罗斯的朋春，是清满洲正红旗将领。康熙二十四年（1684）五月，朋春率师逼近雅克萨城，"分水陆兵为两路，列营夹攻，复移红衣炮于前，积薪城下，示将焚焉"。俄罗斯头目额里克舍见势不妙，向清军乞降，朋春等毁掉雅克萨城。③ 在与俄罗斯人的战斗中，清朝将领特别倚重红衣大炮。

郑成功及其部是南明后期主要军事力量之一，顺治十六年（1659）进攻清军占领下的崇明城，其手下将领便用红衣大炮攻城。"于西北陬下土囤挨牌列红衣炮而举火，轰声震裂不休。"④ 西洋火器的硝烟已遍布明清时期的各场战役。

---

① 徐珂：《清稗类钞》第 2 册《战事类·赵忠襄平吴三桂》，中华书局 1984 年，第 777 页。

② 赵尔巽等：《清史稿》，中华书局 1976 年，第 10135 页。

③ 赵尔巽等：《清史稿》，中华书局 1976 年，第 10136 页。

④ （清）吴伟业撰，李学颖集评标校：《吴梅村全集》卷二五《文集三·杂文三·梁宫保壮猷纪》，上海古籍出版社 1990 年，第 638 页。

第四节　普通民众与西器

传统史学的书写对象是王侯将相，为此曾受到"新史学"倡导者梁启超的指责①。在传统史学中，民众百姓不是历史的主角，其言行无法得到正面的记录。同时，由于西洋奇器在明至清中期仍弥足珍贵，民众一般无缘得见，更遑论购买和消费，因此他们对西器的态度和言行稀见于各类史料。然而，只要是人类活动，都会留下足迹，在历史书写的缝隙中寻踪，都可以找到傅斯年称为"旁涉"的史料②。明清百姓若有接触西器者，自然会有"旁涉"史料加以记录。本章将在对史料进行梳理和考订的基础上，对明清民众接触西器时的态度作一探讨。

在西洋器物进入中国之初，能够接触、享用和占有西器的多是皇帝、宗藩、文人士大夫和富商，百姓鲜有接触的机会。然而，仍然有一些特殊的社会下层群体，能够有机会接触和见识西洋奇器。

一、下层群众因工作关系接触西器

第一，信使。

西洋商团进入中国之初，急于与中国进行贸易，为此与当时闭关锁国的明朝政府发生摩擦。为了掌握外国人的行踪和动向，中国派出地位颇低的信使前往西洋船舰停泊的地方进行联系或交涉。这些信使（古书往往称为"檄者"）便成为中国下层社会中较早接触西洋物质文明的人。

当荷兰人泊舟澎湖时，一位信使被中国地方官派往当地打探消息。"五月，自泊舟彭湖，求互市。内监遽上闻，愿征饷数十万事。下两台，力持为不可。亟命督府驱之。"督府在驱逐荷兰人之前，"先遣檄与其酋"，这个"檄"就是檄者，也就是信使。檄者"且侦舟"，发现"舟长五十丈，

---

① 参见梁启超：《新史学》，载《饮冰室合集》第1册《文集之九》，中华书局1989年，第1~28页。

② 参见傅斯年：《史料论略及其他》，辽宁教育出版社1997年，第30~31页。

横广六七丈，五桅，上皆以铁为网，外添打马油，其光可鉴"。而荷兰人"导橄者遍视舟，至中舱，奉天甚谨"。橄者看到"其舟内设三层，壮者居上，稚子居下，皆有家室。层设铳三十六枚，外向三层皆然。名麦穟铳，其中桅之下置大铳，长二大，中虚，如四尺车轮。云发此可洞裂石城，震数十里"。荷兰人声称"中国人逼我时，烈此自沉耳，不愿为虏也"。在橄者"往复数次"商谈后，荷兰人"竟欲求彭湖为香山，且中有主之者也"。但是，当"已闻舟师大集，有献火舟策者"时，荷兰人"十一月乃徙去"，不过"海上奸民私贸易，夷已梱载归矣"。在船上，信使还看到了荷兰船舰上装配的照海镜和自鸣钟。当时荷兰人"又至舵后观铜盘，略如中华罗经，大径数尺。译言照海镜。识此可海上不迷。又悬自鸣钟，日夜司更，不击自鸣"①。

　　这位信使，可能就是小校陈士瑛。万历后期，荷兰入据澎湖，"筑城设守"，出没东南沿海，要求互市。滨海郡邑为戒严。天启三年，福建巡抚南居益计划征伐荷兰。他上疏称："有小校陈士瑛者，先遣往咬嚼吧，宣谕其王。至三角屿，遇红毛船言咬嚼吧王已往阿南国，因与士瑛偕至大泥，谒其王。王言咬嚼吧国主已大集战舰，议往彭湖，求互市，若不见许，必至搆兵，盖阿南即红毛番国，而咬嚼吧、大泥与之合谋，必不可以理谕。为今日计，非用兵不可。"陈士瑛不仅打探到荷兰的消息，还在与荷兰人的交往中，直接观察到荷兰人的坚船利炮。中国官方对荷兰巨舰、红衣炮、照海镜等物质文明的早期认识，可能都得之于信使陈士瑛。②

　　鸦片战争时，也有信使被派往英国船舰上传递信息，从而近距离观察到了英国坚船利炮的实况。

　　第二，工匠。

　　工匠虽为技术人员，但在重农抑商的中国传统社会地位低下，部分工

----

　　①　（清）顾炎武：《天下郡国利病书·福建备录》注九十六，《顾炎武全集》第16册，上海古籍出版社2011年，第3145页。

　　②　（清）穆彰阿等：《嘉庆重修一统志》卷五五一《荷兰》，《四部丛刊续编本》第297册，中华书局1986年，第83~84页。

匠因其卓越的业务能力，获得了接触西器的机会。中国最早接触西洋奇器的工匠是杨三和戴明。据史料记载，正德十六年（1521），广东巡检何儒招徕为葡萄牙工作的中国工匠杨三、戴明，令其为明朝仿制佛郎机铳："有东莞县白沙巡检何儒，前因抽分，曾到佛郎机船，见有中国人杨三、戴明等，年久住在彼国，备知造船、铸铳及制火药之法。（汪）鋐令何儒密遣人到彼，以卖酒米为由，潜与杨三等通话，谕令向化，重加赏赍。彼遂乐从，约定其夜何儒密驾小船接引到岸。研审是实，遂令如式造。"① 杨三与戴明因在海外谋生，习得西洋先进的造船铸炮之法，又将此法带回国内实施仿造。与他们经历相似的工匠还有彼得罗。1521 年，"在广东捕得外国海船一只，内中有一人名叫彼得罗（Pedro）"的中国人，"偕有妻子，新近领洗入教。被捕后，请求允许返回原籍，以试行制造葡式大船两只，但其计划未能实现。有人说以后他又到北京来铸炮"②。彼得罗便是一位受雇于葡萄牙船队的中国制炮工匠。1571 年，西班牙占领菲律宾马尼拉后在此地铸炮，雇佣了一批华人，刑部尚书黄克缵在天启元年四月的一篇奏疏中声称"臣任协理戎政时，曾募能铸吕宋大铜炮匠人来京，铸完大炮位"③。这些人便是最早接触西洋器物的底层民众。

通过技术习得，很快便有一大批中国工匠掌握了西器的制造方法。嘉靖三年四月，南京守备魏国公徐鹏举等，上疏奏请将广东所得佛郎机铳法及匠人引入南京，仿造佛郎机火铳。世宗批准从"广东取匠""于南京造之"④。这批广东工匠是较早掌握西洋火器制造技术的人。广东工匠曾在澳

---

① （明）严从简：《殊域周咨录》卷九《佛郎机》，中华书局 1993 年，第 322 页。但是，王兆春在《中国火器史》《略论佛郎机的传入、制造与使用》等论著中认为《殊域周咨录》所载并非信史。但有其他证据，可佐证《殊域周咨录》的记载。

② ［法］裴化行：《天主教十六世纪在华传教志》，商务印书馆 1936 年，第 54 页。

③ 《明熹宗实录》卷九，天启元年四月壬辰，"中央研究院"历史语言研究所 1962 年，第 465~466 页。

④ 《明世宗实录》卷三八，嘉靖三年四月丁巳，"中央研究院"历史语言研究所 1962 年，第 974 页。

门学习过西洋火器的打造技术，他们接触过最先进的西洋火炮。天启时，徐光启在设法将四门英国加农炮从澳门运至北京的同时，特别提出"广府工匠曾在澳中打造者，亦调取一二十人，星夜赴京"，而北京"宜预备红铜、锡、铁等，以便制造"①。天启元年（1621）五月，一批广东制铳工匠在兵部尚书崔景荣的奏疏中被提到："再移咨广中巡抚诸臣，征取原来善制火器数人"，其中特别指出"阮泰元者，素习西情，可使也"，因此阮泰元的粮饷"宜于广东布政司支取新饷给发"，给予待遇。②

另外，罗明坚、利玛窦等传教士来到广东肇庆建立教堂，为了给当地官员制造自鸣钟，他们将从印度果阿请来的"制钟匠送到肇庆的长官那里去"。肇庆长官"马上把城里两名最好的匠人找来，协助新来的钟表匠，就在教堂里制钟"③。这是肇庆工匠接触西洋自鸣钟并开始学习技术的发端。

福建工匠亦通过仿制西器来接触西洋物质文明。万历四十七年（1619）福建道监察御史彭鲲化在《通州兵哗幸定》疏中指出："戎臣欲制吕宋炮，一可当万，闽中行之既效矣，此当速造以为中国长技。"④ 可见明代福建工匠已经较早接触到了西班牙的吕宋炮，并掌握了西洋铸炮技术。浙江平湖人沈初（？—1799），曾在福建见识了当地能工巧匠仿制的机械钟表："昔在闽见一钟，上一格，两扉常阖，至交初正时，内有铜人两手启扉，转身于架上取槌，击钟如数，毕，置槌于架，两手阖扉。"⑤ 他又指出："有铜人高数尺，如十三四丫头，面纷衣缯，前置洋琴，启铜人钥，则两手起执棰击琴，左右高下，其声抑扬顿挫合节，头容目光皆能运转助

---

① （明）徐光启：《徐光启集》，中华书局上海编辑所1963年，第612页。

② （明）崔景荣：《为制胜务须西铳，敬述购募始末疏》，附载《徐光启集》，中华书局上海编辑所1963年，第181~183页。

③ ［意］利玛窦、［法］金尼阁著，何高济等译：《利玛窦中国札记》，中华书局1983年，第174页。

④ （明）程开佑：《筹辽硕画》卷三九，第18~22页；沈国元：《两朝从信录》卷一八《天启七年》，载《明清史料汇编》，文海出版社1967年，第41~42页。

⑤ （清）沈初：《西清笔记》卷二《纪庶品》，中华书局1985年，第19~20页。

其姿致。鼓毕则置捶于琴，两手下垂矣。又制飞雀，呼噪逼真。"①

　　浙江工匠马宪、李槐等人从日本工匠处习得鸟嘴铳的制造技术。明朝水师围剿倭寇，攻破温州双屿时，缴获了改良后的鸟嘴铳，并俘虏了精于造枪的日本工匠，日式鸟铳技术随之传入中国。在中国工匠的改良下，鸟嘴铳的性能得到改进和提高。据《筹海图编·鸟嘴铳》记载："嘉靖二十七年，都御史朱纨遣都指挥卢镗，破双屿，获番酋善铳者，命义士马宪制器，李槐制药，因得其传而造作，比西番犹为精绝云。"马宪、李槐成为继杨三、戴明之后有名可考的擅于仿制西洋火器的中国工匠。此外，唐顺之还提到一名仿造鸟铳的工匠头领，其名马十四："鸟铳匠头义士马十四呈：每铳一杆，用福铁二十斤，价银二钱。"② 显然，马十四也是能够接触到西洋火器的下层社会成员。

　　第三，士兵。

　　明代士兵多为农民出身，是卫所制度下的军户子弟，处于社会基层。由于战争的需要，他们被动地接触到了西式火器。

　　在明朝前期，中国士兵装备以冷兵器和土制火器为主，到永乐时，开始装备从交阯引进的神机枪，但都没有接触西洋火器的机会。嘉靖时征讨倭寇，开始缴获并装配鸟嘴铳和佛郎机铳炮。在胡宗宪和戚继光的军队中，已有一定数量的佛郎机和鸟嘴铳以及由此改进的多种西式火器的装备。

　　晚明时，士兵使用西式火器的机率越来越大。隆庆二年（1568）五月，蓟辽总督谭纶疏陈边务时，指出"欲练兵三万人，必得鸟铳手三千人为冲锋"，但是要对这些士兵"时加肄习"的话，"非迟之一年不可"，于是建议"今防秋期近，请选取浙兵三千人，以济一时之急"，得到皇帝的批准。③ 可以想象，3000 浙兵装备了鸟嘴铳，成为"鸟铳手"的壮观景

　　① （清）沈初：《西清笔记》卷二《纪庶品》，中华书局1985年，第20页。
　　② （明）唐顺之：《武编前集》卷五《火器》，《景印文渊阁四库全书》第727册，台湾"商务印书馆"1986年，第412~414页。
　　③ （清）顾炎武：《天下郡国利病书·北直隶备录上·三屯营》，《顾炎武全集》第12册，上海古籍出版社2011年，第92~94页。

象。在冷兵器尚普遍应用的军营中，3000 鸟铳手应该是相当显眼的。谭纶之所以建议从浙江调 3000 名鸟枪手，是因为浙兵在抗击倭寇的战争中，较早配备了鸟嘴铳，善于使用，而蓟辽之地的北方兵，则习于刀剑，不善鸟枪。如果要更换武器，尚需一年的训练，缓不济急，只能直接征调浙兵，并装配鸟嘴铳。可见，战争先发之地的士兵先装备火器，随着征调和推广，西洋火器才得以向后发的作战地区扩散。万历二十七年（1599），王世扬上奏，建议"战兵十枝，每枝六司，七司系火器选锋，春操每官军每月造支口粮一斗，秋操各造支一斗五升，各该营把总春秋二操，各该营动支犒赏银各一两充赏"①。七司士兵配备的火器，就是鸟嘴铳。他们是军队中直接接触到西洋奇器的人。明崇祯十一年（1638）冬，清兵破居庸关南下，直逼山东，济南告急，巡按御史宋学朱率士兵 500 人，以及从莱州调来的士兵 700 人守城。他"命将士舆佛郎机火器以击北兵，围稍却"②。这里用车拉佛郎机火器的"将士"中，将是指挥的人，士兵才是实际上拉炮的人。这段史料清晰记载了明代士兵在战争中直接使用佛郎机铳炮的状况。中国士兵还曾向葡萄牙铳师学习西洋火炮的使用方法。天启三年（1623）四月辛未，"两广总督胡应台进西洋练习火器者，命教肄京营"③。这些学习西洋火炮操练技术的中国士兵被称为"选锋"，由于火炮质量不佳或技术操作不当，其中一个选锋被当场炸死。④

　　当然，布防在明代首都北京周边的士兵最可能装备性质较佳的西式火器。如京城北边的密云等地布防的士兵，相当一部分使用了佛郎机等西式火器。万历二十五年（1597），李颐在《条陈海防疏》中提到："兹据册报

　　① （清）孙承泽：《天府广记》，北京古籍出版社 1982 年，第 254 页。
　　② （清）汪琬：《尧峰文钞》卷一一《志铭·诰赠文华殿大学士兼吏部尚书宋公墓志铭》，《景印文渊阁四库全书》第 1315 册，台湾"商务印书馆"1986 年，第 299 页。
　　③ （清）陈鼎：《东林列传》卷末上《明附熹宗原本本纪上》，广陵书社 2007 年，第 548 页。
　　④ 《明熹宗实录》卷三七，天启三年八月甲申，"中央研究院"历史语言研究所 1962 年，第 1926 页。

分布兵防，如主客官兵以石匣、振武等营共三万四千三百有奇，各画地分守，以密云左右等营共一万八千五百有奇，各整备应援如戎车、火器，以营路偏厢等车共五百四十余辆，大将军等炮共七百余位，佛郎机共八百六十余架，及随营随车快枪、铳厂、火箭等器械，俱足为守御之资。"① 西式先进火器被用来防守首都，守京士兵也就成为接触和使用西式火器的下层群众。崇祯十三年（1640），据吴甡称："京营边勇营万二千专练骑射，壮丁二万专练火器，廪给厚而技与散兵无异。"② 二万壮丁便是接触和使用西式火器的下层民众。

明代的陆军中还有战车部队，负责配合明代战车作战的士兵，也装配了西式火器。万历十二年（1584），永平道兵备叶梦熊提出用战车配备火器的策略："战车，每两车正一名，挨牌六名，长枪二名，钩镰二名，佛郎机手二名，百子铳手三名，兼火箭三层，推车夫二名，马八匹，马上各捎百子铳一把，骡一头驮灭虏炮一函，百子铳十把，共计步兵十七名，马兵八名。以二十五人为一队，十队为一司，十司为一部，十部为一军，分为三营，合为一大营。势小则分击，势大则合击。处处有节制之兵，人人有敢战之气。此蓟门之命脉，京畿之神灵，忠义之臣所宜剚胸裂眦而图者也。"③ 若依其计策实施的话，每名战车会有二名佛郎机手持有佛郎机铳，这些佛郎机手是掌握西式火器的中国下层群众。

除了陆军外，明代水师的士兵们也配备了西式火器。嘉靖年间，平定倭寇时，开始在水师的蜈蚣船上安装佛郎机铳炮，被称为"蜈蚣铳"。宁波府内的昌国卫，所属的四个千户所拥有"四百料等船六十有七。量船大小，分给兵仗、火器，调拨旗军驾使，而督领以指挥千百户"，于是"每

---

① （清）蔡新等编：《御选明臣奏议》卷三三李颐《条陈海防疏》，《景印文渊阁四库全书》第 445 册，台湾"商务印书馆"1986 年，第 545 页。
② （清）张廷玉等：《明史》卷二五二《吴甡传》，中华书局 1974 年，第 6522 页。
③ （清）顾炎武：《天下郡国利病书·北直隶备录上·永平道叶梦熊战车议》，《顾炎武全集》第 12 册，上海古籍出版社 2011 年，第 97 页。

值风汛，把总统领，定临观战""火器飚发，倭夷之短兵弗与也。以我之众制彼之寡，以我长技制彼短技"①。明朝水师士兵还乘坐温州捕鱼船，手持鸟嘴铳，在海上出没，伺机袭击倭寇："毂哨船为温州捕鱼船，网梭船乃鱼船之最小者。鱼船于诸船中，制至小，材至简，工至约，而其用为至重。以之出海，每载三人，一人执布帆，一人执浆，一人执鸟嘴铳。布帆轻捷，无垫没之虞，易进易退，随波上下。敌船瞭望所不及，是以近年赖之取胜，擒贼者多其力焉。"② 万历四十二年（1614），巡盐御史杨鹤上疏谈到抗倭寇时，倭寇"从丈亭港出，欲窥宁波府城"，这时"卢镗帅兵乘轻舟沿江上下，随贼向往，用鸟嘴铳击之"③。用鸟嘴铳击倭寇的人，是卢镗指挥下的水兵。

需要指出的是，明代的火炮都是装备给陆军和水师的，当时并没有专门的炮兵部队。那些卫所军户子弟披上军装，便成了水陆军人，在军队配备武器后，成为接触和掌握西器的下层百姓。

第四，猎人。

猎人因为职业缘故能够接触到西洋火器。清初，清政府对火器实施了严厉管制，禁止民间持有武器。但在统治稳定后，开始放松对武器的管制。猎人经过备案，可以持有鸟枪。于是清代前中期，猎人使用洋枪的记载就时有所见。

乾嘉时人袁枚在《子不语》中，描写"代州猎户李崇南，郊外驰射，见鸽成群，发火枪击之，正中其背，负铅子而飞"④。虽然没有交待是何火枪，但以当时的情况来推测，应该属于鸟嘴铳或改进的鸟嘴铳，即鸟枪。袁枚又在《续子不语》中，描写句容知县徐振甲，打算将本县的特产雉兔

---

① （清）顾炎武：《天下郡国利病书·浙江备录下·宁波府志·海防书》，《顾炎武全集》第 15 册，上海古籍出版社 2011 年，第 2506、2510 页。

② （清）顾炎武：《天下郡国利病书·苏松备录·职方考镜》，《顾炎武全集》第 13 册，上海古籍出版社 2011 年，第 699 页。

③ （清）顾炎武：《天下郡国利病书·浙江备录上·万历四十二年巡盐御史杨鹤疏》，《顾炎武全集》第 15 册，上海古籍出版社 2011 年，第 2392 页。

④ （清）袁枚：《子不语》，浙江古籍出版社 2017 年版，第 224 页。

獐狍之类，召猎户捕取，以进贡上司。"徐公一日召猎户于署中试放火枪，轰然震响"①。虽然《子不语》是一部志怪小说，但也反映出真实的社会情景，即当时的猎人已经使用鸟枪打猎。嘉庆十九年（1814）出生、卒年不详的梁恭辰在其笔记中载："宝山李某，居殷家弄，性好狭斜。地濒海，绕宅种竹，以捍潮患，群鸟巢其间。某方数岁，即作火枪以毙鸟，后遂畜马置罘，日与兵为伍，从事于猎。鸟之被其虐者，不下数万。"②

可见，明代下层民众多因工作关系而接触西器。除此之外，一些位卑权重的底层民众，亦有不少接触西洋奇器的机会。

二、位卑权重的仆随接触西器

在中国传统伦理社会中，无法完全按照阶级来判断个人获得社会资源的多寡。有些人地位卑微，但由于拥有与高门宅第相通的便捷渠道，便掌握了话语权，因此获得了接触和占有西洋奇器的机会。

明代传教士进入中国，欲面见高官，必须经由他们的随从转告，因此对这些人不敢怠慢，甚至赠以西洋奇器。1598 年 7 月，利玛窦等人乘船离开南昌前往南京，不仅对带他们同行的南京礼部尚书王弘海极尽讨好，而且"赠以适当的赠礼赢得了他的孩子和仆人们的情谊"③。所赠礼物，便是利玛窦等人携带的西洋物品。利玛窦等人从南京前往北京，途经济宁，为了获得漕运总督刘东星支持，利玛窦把准备赠送神宗的西洋礼品拿出来展示。刘东星"赞叹不绝地观赏送给皇帝的礼物，他的扈从莫不如此"，利玛窦"不能拒绝他们进行参观"④。刘东星的扈从由于跟随总督的关系，得以观赏到极为珍贵的西洋"贡品"，有铁丝琴、大小自鸣钟等物。

---

① （清）袁枚：《子不语》，浙江古籍出版社 2017 年版，第 360 页。

② （清）梁恭辰：《北东园笔录三编》卷六，《丛书集成三编》第 65 册，新文丰出版公司 1997 年，第 355 页。

③ ［意］利玛窦、［法］金尼阁著，何高济等译：《利玛窦中国札记》，中华书局1983 年，第 318 页。

④ ［意］利玛窦、［法］金尼阁著，何高济等译：《利玛窦中国札记》，中华书局1983 年，第 386 页。

清代官员的家奴与长随，亦是此类人的代表。家奴是官员的私产，与官员签下卖身契，甚至几世为奴。长随是官府雇佣的仆役，不具有人身依附关系，来去自由。两者皆属社会底层，却借官员之势形成次生权利。潘洪钢指出："官员的家人与长随性质上虽属于'官员仆隶'之列，却也在官僚体制中占有一席之地。"① 与普通民众相比，他们不但能够得见先进西洋奇器，并在对西器的处置上掌握一定的话语权。乾隆间，两淮巡盐御史的门丁便是如此。"时高宗八旬万寿，两淮盐政办贡，有一粤人以一巨橱售之，中具庭舍，门启则一洋人出，对客拱手，能自研墨，取红笺作'万寿无疆'四字，悬之壁后，拱手而退。人皆惊为神。定价五万两，将交价矣。盐政门丁索费五千，粤人愕不与。门丁曰：'过明日一钱不值矣。'粤人不之信。次日果退货不复购，不得其故。徐侦之，盖门丁说其主曰：'其物虽巧，全由关捩耳。设解京小有损，进御时脱落末一字，则奇祸至矣。'盐政深然之。遂不售。"②其影响之大，由此可见。

晚明以来，由于传教士影响力的逐渐增大，普通市民在其建立的教堂中也能见到西器。此外，由于西洋商品不断进入中国，清代前中期也有少量百姓购买和享用过西洋奇器，并津津乐道。

三、市民接触、享用西洋奇器

市民是一个集体概念，本指某个城市的全体成员。但本节关注的重点是城市中的普通民众，权贵之事已在前面专章叙述，故而从略。在明代，对普通市民，特别是城市贫民来讲，鲜有机会见到稀有的西洋奇器，但偶有特殊机缘，能够得见梦寐以求的西器。清代中期，中国城市中的西洋商品开始增多，市民有更多机会接触甚至拥有西洋奇器。

明朝年间，传教士到过的城市，其市民才有机会见到西洋奇器。最早

---

① 潘洪钢：《清代官场上的家奴与长随》，《党政视野》2016年Z1期。
② （清）欧阳兆熊、金安清撰，谢兴尧点校：《水窗春呓》卷下《铜人写字》，中华书局1984年，第53页；小横香室主人编：《清朝野史大观》五《清代述异》卷一二《铜人写字》，上海书店1981年，第128页。

进入中国内地的传教士罗明坚和利玛窦，在肇庆建立教堂"仙花寺"，将西式奇器陈列出来，吸引肇庆市民前往参观，目的一是为教堂做宣传，二是寻机发展教徒。在肇庆的天主教堂，"百姓先看到准备送给原长官（知府王泮）的玻璃三棱镜，惊得目瞪口呆，然后他们诧异地望着圣母的小像。那些仔细打量玻璃的人，只有惊羡无言地站在那里。随同长官的官员们尤其如此，他们越称赞它，就越引起群众的好奇心"①。当肇庆市民看到教堂中的圣母像时，感到被一种神奇力量所牵引："普通百姓乃至那些供奉偶像的人，人人都向圣坛上图画中的圣母像敬礼，习惯地弯腰下跪，在地上叩头。"当然，他们是被逼真的绘画所吸引："他们始终对这幅画的精美称羡不止，那色彩，那极为自然的轮廓，那栩栩如生的人物姿态。"② 后来，利玛窦在南昌设教堂，亦在其中广陈西器，吸引市民。他在1595年11月4日，写给耶稣会总会长阿瓜维瓦的信中，透露了南昌市民络绎不绝地拜访他的原因："会院所展示的三棱镜、油画、精装书籍、世界地图以及各种科学仪器，都是以往不曾见过的器物，民众颇感新奇。"③ "新奇"是当时南昌市民见到西器后的主要感受。万历年间，利玛窦进入北京，获得神宗赐予住地，又买下旁边的"首善书院"，改建成一座小型教堂。清顺治七年（1650），汤若望将其扩建成一座20米高的大型教堂，为巴洛克风格。主体建筑是长8丈、宽4.4丈的圣堂，西侧为神父住宅、天文台、藏书楼和仪器馆。在利玛窦生前和死后，教堂中都陈列着各种西洋奇器，以吸引北京市民参观。西洋奇器成为北京市民津津乐道的谈资。明清民众在描述天主教堂时，都会以夸赞的口吻提到这些西洋奇器。

市民得到最多的西器是传教士们为发展教徒所分发的印刷品。罗明坚

---

① ［意］利玛窦、［法］金尼阁著，何高济等译：《利玛窦中国札记》，中华书局1983年，第164页。

② ［意］利玛窦、［法］金尼阁著，何高济等译：《利玛窦中国札记》，中华书局1983年，第168页。

③ ［意］利玛窦著，罗渔译：《利玛窦书信集》上册，光启出版社、辅仁大学出版社1986年，第208~211页。

等传教士们在肇庆时，"在家庭教师的帮助下，他们用适合百姓水平的文体，写了一部关于基督教义的书"。这就是罗明坚的《天主圣教实录》。这部书"用他们自己的机器付印，有教养的中国人惊叹不已地接受了它"。其中肇庆知府王泮"特别喜爱这部书，印了许多册，在国内广为流传"①。由于大量印刷，《天主圣教实录》不光是被"有教养的中国人"接受，普通肇庆市民也有机会接触到这种宣传品，尽管许多人都不识字，但却被这种西式图书的形式所吸引。1608 年，利玛窦奉耶稣会副省会长巴范济之命，将自己的著作《畸人十篇》在北京雕版印刷。"为了使它为更多的人所了解，神父们到处散发这本书并且在规定的时间用它作为礼品以履行他们的义务。他们有些友人把刻印匠派到教会驻地来复制此书，以便他们分赠友人。第一次印行一年之内就发行一空，第二年又印了两版：一次是在南京皇都，另一次是在江西省会南昌。"② 市民得到的西洋印刷品不限于传播基督教教义的书，还有西式地图。早在肇庆时，利玛窦便应时为岭西道的王泮之约，绘制了一幅用中文注释的世界地图，刻印后"广为散发"③。普通市民正是借此地图而初识世界。

　　欧洲传教士在各地修建的西洋式教堂建筑，直观地向当地市民展现西洋物质文明的风格和特点。罗明坚在肇庆修建的第一个内地教堂，"房子很小，但很中看。中国人一看它就感到很惬意；这是座欧洲式的建筑物，和他们自己的不同，因为它多出一层楼并有砖饰。房屋的地点和安置也增添了它的美丽"④。此后在南昌、南京、北京等地所建教堂，都无言地向当地市民展现西洋器物的鲜明特点。

---

　　① ［意］利玛窦、［法］金尼阁著，何高济等译：《利玛窦中国札记》，中华书局1983 年，第 172 页。

　　② ［意］利玛窦、［法］金尼阁著，何高济等译：《利玛窦中国札记》，中华书局1983 年，第 488 页。

　　③ 沈定平：《明清之际中西文化交流史——明代：调适与会通》，商务印书馆2001 年，第 313 页。

　　④ ［意］利玛窦、［法］金尼阁著，何高济等译：《利玛窦中国札记》，中华书局1983 年，第 182 页。

　　除教区传教士能为市民提供观赏西器的机会，外贸商人的活动也为市民享受西器带来可能。明初，苏州一带即已开始使用西洋玻璃杯盛酒。当地人以持杯饮酒为生活时尚。杨基（1326—1378）在诗中咏道："吴中手持美酒玻璨红，三酹再拜十八公。"① 这时传教士还远未到达中国，西方殖民者也还未踏上中国领土。这些西洋玻璃杯应是阿拉伯商人从欧洲贩来的。因为珍稀，所以成为苏州市民追求时髦的标志。

　　随着葡萄牙人窃占澳门，澳门洋人的西器及其附着的西洋风俗，逐渐成为广东市民所崇尚的生活方式。王临亨在其撰于1601年的《粤剑编》中，记述了广州市民对西洋物品的喜好。对于澳门葡萄牙人带来的西洋织品，广州市民十分喜欢，并纷纷仿制："天鹅绒、琐袱，皆产自西洋，会城人效之，天鹅绒赝者亦足乱真，琐袱真伪不啻霄壤。"② 这里的会城人，就是指省会广州人。广州人在仿制天鹅绒上亦以假乱真，而在仿制琐袱时则大失水准，但都表明广州人对西洋产品之喜好。

　　清代前中期，西洋奇器逐渐渗入中国普通人的生活。对于西洋舶来的"奇技淫巧"，最先冲破障防界限的是年轻人。他们追求时髦，不像老年人那样保守。这些追逐西洋奇器的城市年轻人，即龚自珍所说的"上都之少年"。他们对来自西洋的钟表、玻璃之物，都怀有强烈的好奇心和尝试欲。龚自珍在1839年11月写的《送钦差大臣侯官林公序》一文中，直接点明"凡钟表、玻璨、燕窝之属，悦上都之少年"，是少年们"所重者"③，的确如此。在此前的乾隆六十年（1795），《都门竹枝词》中描写了市民（特别年轻市民）追逐时髦佩戴眼镜的趣事："车从热闹道中行，斜坐观书不出声，眼镜带来装近视，学他名士老先生。"这些装近视的年轻人，模仿名士老先生那样戴眼镜看书。嘉庆二十四年（1819）张子秋在其《续都门竹枝词》中指出年轻人（后生）争相购买眼镜的状况："近视人人戴眼镜，

---

　　① （明）杨基：《眉庵集》，巴蜀书社2005年，第113页。

　　② （明）王临亨：《粤剑编》卷三"志外夷"，中华书局1987年，第91~92页。

　　③ （清）龚自珍：《龚定庵全集·文集补编》卷二《送钦差大臣侯官林公序》，《续修四库全书》第1520册，上海古籍出版社2002年，第162页。

铺中深浅制分明，更饶养目轻犹巧，争买皆由属后生。"① 不仅是眼镜，手表也成为市民爱好的西洋奇器。乾隆末，北京有条件的市民都喜欢戴手表，并在街上伸手拉着人不放，以炫耀自己手腕上的洋表。对此杨米人的《都门竹枝词》有生动地描绘："三针洋表最时兴，手里牛皮臂系鹰，拉手呵腰齐道好，相逢你老是通称。"② 三针洋表是指同时具有时针、分针和秒针的手表，当时最为时髦。两针洋表只有时针和分针，价格和等级稍次三针洋表。乾隆时赏赐功臣，按功劳高低依次赏赐三针或两针洋表。③ 因此，三针洋表在民间最受追捧。

清朝少年对西洋奇器的喜爱，超乎寻常。在生命最后的关头，西洋奇器甚至成为他们最想获得的东西。全祖望的儿子就是如此。全祖望于乾隆元年（1736）举荐博学鸿词，中进士，选翰林院庶吉士，但第二年散馆时被任命为知县，未留在翰林院，愤而辞官归里，一直处于困顿状态。他家里有件西洋黄色玻璃鼻烟壶，被其视为特别贵重之物。乾隆二十二年（1755）当他11岁的爱子因肺病去世前，向他索要两件物品，"将立夏之先二日，医家言其不起。儿尚向予索高安朱氏所定《孝经》，以其兼备古今文，刊误诸本也。又索西洋黄玻璨淡巴菰瓶，予皆予之。及晨，呼侍者为具汤沐，沐毕而逝。"④ 全祖望悲痛欲绝，不久也去世了。全祖望之所以家藏西洋黄玻璨淡巴菰（烟草，英文作 tobacco）瓶，可能是因为他在翰林院时，与户部侍郎李绂私交甚好，故而获赠。从他儿子临终前索要鼻烟壶来看，此类西洋奇器颇受青少年欢迎。

对于清嘉庆年间宁海州（今为山东省烟台市牟平区）市民来说，眼镜

① （清）张子秋：《都门竹枝词》，载雷梦水、潘超、孙忠铨、钟山编《中华竹枝词》，北京出版社1997年，第164页。
② （清）杨米人：《都门竹枝词》，载雷梦水、潘超、孙忠铨、钟山编《中华竹枝词》，北京出版社1997年，第103页。
③ 《清高宗实录》卷一四九二，乾隆六十年十二月戊子，中华书局1985年，第969页。
④ （清）全祖望：《鲒埼亭集》卷二二《韭儿埋铭》，《续修四库全书》第1429册，上海古籍出版社2002年，第161页。

还是一种比较稀罕的西洋奇器。州民因争看眼镜一事，还曾引起命案。据档案记载："王贵因向车四讨看眼镜，车四不肯，彼此争揪，王贵被车四殴跌倒地，气闭身死。"据目击者发枝供称："嘉庆二十二年十月十九日，小的合王贵在街上闲走，车四拿着眼镜，随后王贵走来讨看眼镜，车四不肯，王贵上前夺取，车四逃跑，被王贵赶上抱住，车四挣脱，又被王贵拉住发辫，车四用手掌打了王贵左肋一下，王贵就跌倒地上，不能言语。小的忙合车四扶起，那只王贵已经气闭身死。"① 这起案件反映了西式奇器在民间极具吸引力。

西洋奇器进入中国之初，仅在上层贵族中流传，但随着大量涌入、普遍仿制以至于成本降低，日益进入民间，成为百姓日用之物。晚明时期，西洋传教士邓玉函便预言，器物的开发与利用，将带来一个崭新的物质文明世界："可开利益之美源，民生日用、饮食衣服、宫室种种利益，为人世急需之物，无一不为诸器所致：如耕田求食必用代耕等器，如水乾田乾水田必用恒升龙尾镟轳等器，如榨酒榨油必用螺丝转等器，如织裁衣服必用机车剪刀等器，如欲从远方运取衣食诸货物必用舟车等器，如欲作宫室所需金石土木诸物必用起重引重等器。""人世急需之物，何者不从此力艺之学而得？故即称为众美之源可也。"不仅如此，"即救大灾捍大患如防水患，则运大石以筑堤，防火灾则用吸筒以洒水，遇猛兽则用弓弩刀枪，遇大敌则用佛郎大铳，就中以寡胜众之妙不能尽述，则夫通此学者，宁非濬开万用之美源也哉？"他还"推而广之，如凿矿砂采取金铁，资贸易兵甲之费；制风琴自奏音响，佐清庙明堂之盛；自鸣钟自报时刻，济日晷晴阴之穷。诸般奇器，不但裕民间日用之常经，抑可裨国家政治之大务，其利益无穷，学者当自识取之耳！"② 显然，奇器的开发与利用，对于"裨国

---

① （清）山东巡抚和舜武：《题为审理宁海州民车四因未允索看眼镜伤毙王贵一案依律拟绞监候请旨事》，嘉庆二十三年八月二十八日，中国第一历史档案馆藏，档案编号02-01-007-028072-0023。

② 邓玉函撰，王徵译：《奇器图说》卷一，《景印文渊阁四库全书》第842册，台湾"商务印书馆"1986年，第413~414页。

家政治之大务"和"裕民间日用之常经"，都具有重要意义。从明代中期开始，西洋奇器传入中国，对中国社会产生了"随风潜入夜，润物细无声"的效果。但直到晚清国门被彻底打开，西洋商品潮涌般进入时，西器才得以大量进入民间，成为"民间日用之常经"。

第三章　汲取：西洋器物在
中国的仿制和改进

对于东传之西器，中国人不再是简单地据而用之，而是对西器进行仿制和改进，使之成为中国制造的西式器物。中国人对待优秀外来文化的"拿来主义"和积极汲取的精神，是中华文化"源头活水"不断流淌、进而汇为大江大河的重要保证。

第一节　明代西器的仿制与改进

富有聪明才智的明代中国人在接触到西洋奇器后，便迅速掌握了西器的制造技术，进而开始仿制。明朝的西器仿制分为官方仿制和民间仿制。官方仿制多为国家控制的西洋火器，民间仿制主要为非控制性生活用品。其中，官方仿制又可分为中央仿制和地方仿制，以下详述。

一、中央仿制

官方仿制的西器主要是国家严控的西式火器。其中包括两部分，一部分是由中央政府的军器局和兵仗局仿制①，一部分是由地方政府边镇、卫所仿制。首先叙述中央政府对西洋火器的仿制。

最初，明朝中央政府的西器仿制事务由军器局和兵仗局主导，民间不

---

① 由于明朝的两京制度，北京和南京皆设机构。但中央开始大规模仿制西洋火器时，南京军器局与兵仗局已经衰落。

得私铸，地方政府和边关未经获准也不得私仿。军器局是工部虞衡清吏司管辖的机构，而兵仗局则是由宦官统领的内府机构。洪武时，西洋火器尚未传入，军器局和鞍辔局（兵仗局的前身）在南京制造冷兵器。永乐以后，军器、兵仗二局均设在北京，北京成为全国军器制造中心。军器制造的仓库（戊字库和广积库）由工部管辖。戊字库储藏的是弓箭盔甲等物品，广积库储藏的是硫磺、硝石等物品。正德末，北京军器、兵仗二局成为国家仿制西洋火器佛郎机、鸟嘴铳和红夷大炮的机构。

中央政府军器局和兵仗局仿制西洋火器始于嘉靖八年（1529）。嘉靖二年（1523），广东海道副使汪鋐在新会西草湾之战中打败了葡萄牙舰船，"官军得其炮，即名为佛郎机，副使汪鋐进之朝"①。至嘉靖八年（1529）十二月，已升任都御史的汪鋐称自己在广东"亲见佛郎机铳致远克敌，屡奏奇功，请如式制造"，正式提议仿制佛郎机炮。于是朝廷下令铸造三百，分发各边。② 佛郎机本为船载火炮，为蜈蚣船铳，属于水上战具，而此次仿造的300门西洋火器分为"大样、中样、小样佛郎机铜铳"③，经过改良，可应用于诸边城墙之上，这是国人面对西洋先进物质文明，发挥主观能动性的体现。嘉靖十年（1531）五月，直隶巡按御史周释按行边关时，指出"人谓神机枪、大铜炮、佛郎机铳皆可制敌，宜广制造，多储火药，令士卒操习"。世宗"诏可"④。于是，嘉靖十一年（1532）二月，朝廷命工部增造佛郎机铳，颁十二营演习。⑤ 此后，中央仿制西洋火器成为常例。火器分为枪和炮两种，所用材质有铜和铁。嘉靖十五年（1536）九月，以

---

① （清）张廷玉等：《明史》卷二五二《外国六·佛郎机传》，中华书局1974年，第8431页。

② 《明世宗实录》卷一〇八，嘉靖八年十二月庚寅，"中央研究院"历史语言研究所1962年，第2558页。

③ （清）嵇璜等：《钦定续文献通考》卷一三四《兵考·军器》，《景印文渊阁四库全书》第629册，台湾"商务印书馆"1986年，第705页。

④ 《明世宗实录》卷一二五，嘉靖十年五月乙巳，"中央研究院"历史语言研究所1962年，第3002页。

⑤ 《明世宗实录》卷一三五，嘉靖十一年二月丁未，"中央研究院"历史语言研究所1962年，第3202页。

铜铁佛郎机铳二千五百副，分给陕西三边。① 嘉靖十六年（1537）正月，又给陕西三边熟铁小佛郎机三千八百副，铜旋风炮三千副。② 五月，总督三边都御史刘天和、巡抚延绥都御史张珩，"各以虏酋吉囊声势异常，奏讨马上小铜佛郎机铳，并召募新军盔甲器械"。世宗"诏给与之"③。中央如果不是大规模地仿制，是不可能如上所述的那样不断发往各边。嘉靖二十一年（1542）正月，兵部尚书张瓒以蒙古复谋犯山西三关，会同户、工二部，提议"大小佛郎机，积贮且多，即可趣发"，则说明当时已仿制了不少佛郎机枪炮并多有贮存。④《大明会典·火器》记载，军器局和兵仗局在嘉靖三十七年（1558）仿制了第一批鸟铳 1 万支，装备明军使用。万历二年（1574）三月，总督蓟辽都御史刘应节要求将京库厂局收贮的火器发往蓟镇应用："今仍于盔甲厂动支见贮铁佛郎机二千架，鸟铳四百副，夹把枪二千杆，并各随用子铳、铅弹、火药、药线等项，听差官领回。其兵仗局题欲添造合成造中样铜佛郎机铳三千副，大将军十位，二将军七十九位，三将军二十位，神炮六百六十九个，神铳一千五百五十八把，补造中样铜佛郎机铳一千二百副，小铜佛郎机铳五十副，并各随用子铳、铅弹、火药等项，定限三年之内，尽数报完。"神宗诏可。⑤ 由此可见，中央除了调动盔甲厂贮存的火器之外，兵仗局还有庞大的铸造计划。万历四十六年（1618）六月，兵、工二部议"以库贮盔甲并铜铁大小佛郎机、大将

① 《明世宗实录》卷一九一，嘉靖十五年九月辛巳，"中央研究院"历史语言研究所 1962 年，第 4041 页。

② 《明世宗实录》卷一九六，嘉靖十六年正月戊戌，"中央研究院"历史语言研究所 1962 年，第 4146 页。

③ 《明世宗实录》卷二〇〇，嘉靖十六年五月戊子，"中央研究院"历史语言研究所 1962 年，第 4198 页。

④ 《明世宗实录》卷二五七，嘉靖二十一年正月癸卯，"中央研究院"历史语言研究所 1962 年，第 5159 页。

⑤ 《明神宗实录》卷二三，万历二年三月辛丑，"中央研究院"历史语言研究所 1962 年，第 608 页。

军、虎蹲炮、三眼枪、鸟铳、火箭等项，委官挑选演试，解赴辽左"①。显然，这些库贮的大小佛郎机是此前由兵仗局仿制的。万历四十七年（1619），户科给事中官应震在疏奏中透露："戎政尚书黄克缵业捐多金，购闽人之善造者十数辈至京，同泰宁侯（陈良弼）造炮于京营，已造成大炮一位，铜重三千斤。"② 明末战争频仍，军队对西洋火器的需求量已经大大超过了军器、兵仗二局的产能，像泰宁侯的京营中也开始仿造佛郎机炮。天启元年（1621），黄克缵报告说"戎政府中尚有大炮十七位、大佛郎机十二位"③，应是万历年间所造。徐光启在引进英式加农炮的同时，就奏请圣上委任熟悉西洋火器的李之藻、沈㷍等"鸠集工匠，多备材料，星炉鼓铸"新式火器④。兵部尚书董汉儒在一一"阅其火器"后，证实"其大铳尤称猛烈神器"，遂奏请"仿其式样精做"，熹宗许之⑤。宁远大捷后，熹宗皇帝下旨："西洋炮即如法多制，以资防御。"⑥

从正德十二年（1517）林俊用锡制佛郎机铳模型，到嘉靖八年（1529）国家将火器铸造权收归中央并开始大量仿制，其间不过 12 年的时间。这个具有农耕传统的庞大帝国，面对先进工业文明的冲击，能够作出如此迅速的响应，不禁令人感慨。

明朝后期，中央二局火器制造规模不断衰减，地方政府承担了仿制西式火器的主要任务。

---

① 《明神宗实录》卷五七一，万历四十六年六月甲子，"中央研究院"历史语言研究所 1962 年，第 10767 页。

② （明）程开祜：《筹辽硕画》，载《清史资料》卷三八，景印万历间刊本，第 21~31 页。

③ 《明熹宗实录》卷九，天启元年四月壬辰，"中央研究院"历史语言研究所 1962 年，第 466 页。

④ 徐光启撰，王重民辑校：《徐光启集》卷四《谨申一得以保万全疏》，中华书局上海编辑所 1963 年，第 175 页。

⑤ 《明熹宗实录》卷三三，天启三年四月辛未，"中央研究院"历史语言研究所 1962 年，第 1701~1702 页。

⑥ 《明熹宗实录》卷六八，天启六年二月乙卯，"中央研究院"历史语言研究所 1962 年，第 3231 页。

二、地方仿制

西洋火器的仿制，最初由地方官员主持。正德十六年（1521），广东白沙巡检何儒招降葡萄牙（佛郎机）船队中的中国工匠杨三和戴明等人，在得其蜈蚣船铳等制法后，"研审是实，遂令如式制造"①。官方史书称，"中国之有佛郎机诸火器，盖自儒始也"②。《明史》也详细记载了何儒仿制西洋火器的经过，"白沙巡检何儒得其制，以铜为之。长五六尺，大者重千余斤，小者百五十斤，巨腹长颈，腹有修孔。以子铳五枚，贮药置腹中，发及百余丈，最利水战。驾以蜈蚣船，所击辄糜碎"③。两年后的嘉靖二年（1523），在广东新会西草湾之战中，明朝海道副使汪鋐与将领柯荣、王应恩等就用仿制的佛郎机铳，成功驱逐了葡萄牙人。"鋐举兵驱逐，亦用此铳取捷，夺获伊铳大小二十余管。"④ 显然，何儒对西洋火器的仿制，是在明廷对新事务未及规范的情况下，由地方官员主导进行的仿制行为。

嘉靖三年（1524）四月，南京守备魏国公徐鹏举上疏，奏请将广东所得佛郎机铳法及匠人引入南京，仿造佛郎机火铳。兵部议覆后同意，于是世宗批准从"广东取匠""于南京造之"。广东征调的工匠，应该就是何儒招降的杨三、戴明等人。兵部覆议时曾指出"佛郎机铳非蜈蚣船不能架"⑤，而杨三和戴明则擅长"蜈蚣船铳等法"。嘉靖八年（1529），中央政府开始积极仿制西洋火器，但仍支持地方政府在中央授权下进行仿制。嘉靖九年（1530）二月，提督沿江巡捕总兵官崔文奏请"造战船"一事，

---

① （明）严从简：《殊域周咨录》卷九《佛郎机》，中华书局1993年，第321~322页。
② 《明世宗实录》卷一五四，嘉靖十二年九月丁卯，"中央研究院"历史语言研究所1962年，第3494~3495页。
③ （清）张廷玉等：《明史》卷九二《兵志四》，中华书局1974年，第2264页。
④ （明）严从简：《殊域周咨录》卷九《佛郎机》，中华书局1993年，第322页。
⑤ 《明世宗实录》卷三八，嘉靖三年四月丁巳，"中央研究院"历史语言研究所1962年，第974页。

得到兵部的回覆。崔文提出要"仿广中之制，造蜈蚣船，置佛郎机其上，以便冲击"。皇帝"诏可"①。何儒因有铸炮经验和管理杨三、戴明等工匠的能力，被调至南京，升为应天府上元县主簿，"令于操江衙门监造，以备江防"②。

　　后因战争频仍，关防火器需求量激增，中央军器、兵仗二局已无法应付，便鼓励地方政府自行制造。嘉靖二十三年（1544），明廷"令山西三关自造"连珠佛郎机炮。③ 此后，地方仿造成为常例。俞大猷在给友人的一封信中指出："鸟铳为军中之雄器，前送匠数名与可泉，发扬州府造，不知造有若干。乞令各兵多习此器，乃可威敌。"④ 说明他在扬州征匠仿制西式火器。隆庆前后，明代福建巡抚涂泽民要求漳州所造百子铳、火箭、鸟铳、火药镖枪、火炮等物"须多多办料，多多召匠，日夜催造，仍多委能干有司、佐贰、杂职等官管之，以济急用"。他提出"此事不可全靠府官。今该府掌印者既非唐比，海防者又非邓比，惟贵道可以媲美于周，须不厌琐细，一一亲任其劳。此本院任司道所身体而力行者"⑤。要求海巡道副使张凤来亲自督造鸟嘴铳等西洋火器。隆庆二年（1568）戚继光提出"其制造不必仰给工部，惟分行各省。广东出藤牌则造牌，福建出刀则造刀，浙江精鸟铳则造鸟铳，战车、百子铳就近山东、西、河南造之"⑥ 的

　　① 《明世宗实录》卷一一〇，嘉靖九年二月丙子，"中央研究院"历史语言研究所1962年，第2604页。
　　② 《明世宗实录》卷一五四，嘉靖十二年九月丁卯，"中央研究院"历史语言研究所1962年，第3494~3495页。案：实录未说明调何儒来南京的时间，但根据"三年秩满，吏部并录其前功，诏升顺天府宛平县县丞"的记载，则可推断他到南京的时间是三年前，即嘉靖九年九月左右。
　　③ （清）嵇璜等：《钦定续文献通考》卷一三四《兵考·军器》，《景印文渊阁四库全书》第629册，台湾"商务印书馆"1986年，第706页。
　　④ （明）俞大猷：《正气堂集》卷一零《又与李克斋都宪书》，《四库未收书辑刊五辑》第20册，北京出版社1997年，第216页。
　　⑤ （明）涂泽民：《涂中丞军务集录一》，《续修四库全书》集部第1660册，上海古籍出版社2002年，第351页。
　　⑥ （明）戚继光：《请兵破虏疏》，《续修四库全书》集部第1660册，上海古籍出版社2002年，第299页。

主张，不但将武器制造权限完全交给地方，而且还允许各地发挥优势造其所长。万历三年（1575）正月，工科左给事中李熙等建议"将浙江岁造军器内一半改造鸟铳，福建、广东一半改造熟铁佛郎机、百子铳"①。寻绎文意，浙江、福建和广东的西式火器制造已成为定例。同年七月，菲律宾群岛圣奥古斯丁会主教马丁·德·拉达修士前往中国福建，看到了中国地方政府在西器仿制上的能力："下一天，（中国）总督派人去访问他们，向他们要一把剑，一支火绳枪和一个火药筒：因为他要据此制造。他们把这些送去，后来得知他们仿制了，尽管不那么完全相同。"② 由此可知，明朝地方政府仿制西洋火器已能完全自主，且技术上已颇为成熟。巡抚辽东地方赞理军务兼管备倭都察院右佥都御史张思忠曾经题称："海州参将营中军潘一元督造鸟铳等器，于本年二月十四日辰时，在炉正行打造，内鸟铳一杆，鸣有大声，至午时方止。"③ 潘一元在海州参将营中仿制鸟铳等西式火器，也属于地方政府仿制的范畴，此时中央已放权地方铸炮抗敌。到崇祯时，中央已无力应付烽烟四起的局面，地方政府仿制西洋火器更成为寻常之事。

李伯重指出，到了明末，广东（以及福建）已成为明末先进火器的主要产地，而中央军器制造业则已穷途末路。到了万历、天启之际，在北京的军器制造业更加衰落。④

三、民间仿制

民间仿制西器，一般在政府未及控制的领域进行。

---

① 《明神宗实录》卷三四，万历三年正月庚申，"中央研究院"历史语言研究所 1962 年，第 795 页。

② ［西班牙］门多萨著，何高济译：《中华大帝国史》，中华书局 1998 年，第 221 页。

③ （明）余继登：《淡然轩集》卷二《疏·年终汇奏灾异疏》，《景印文渊阁四库全书》第 1291 册，台湾"商务印书馆"1986 年，第 791 页。

④ 李伯重：《万历后期的盔甲厂和王恭厂——晚明中央军器制造业研究》，《中国学术》2011 年第 32 辑，第 207 页。

民间最先仿制西器也是从火器开始，当时政府尚未对此采取严禁措施。正德十四年（1519），福建莆田退休的兵部尚书林俊（号见素）用锡仿制了佛郎机铳的模型，派人送给王守仁以助其平定朱宸濠叛乱。① 次年，他写了一篇《书佛郎机遗事》谈论此事，称：去年"见素林公闻宁濠之变，即夜使人范锡为佛郎机铳，并抄火药方，手书勉予竭忠讨贼。时六月毒暑，人多道喝死。公遣两仆裹粮，从间道冒暑昼夜行三千余里以遗予，至则濠已就擒七日"。并作《佛郎机私咏》一首。② 有人认为"这是见诸载籍的中国对于佛郎机火炮的最早记载"③。林俊曾任兵部尚书，此时已经告老还乡，因此他对佛郎机的仿造，属于民间仿制的范畴。苏州人薄珏也曾仿制西式火器。他少时家境不好，但勤奋好学，对天文、数学和机械制造兴趣浓厚。崇祯四年（1631），"流寇犯安庆，中丞张国维礼聘公为造铜炮，炮药发三十里，铁丸所过，三军糜烂，而发后无声。每置一炮，即设千里镜以侦贼之远近，镜筒两端，嵌玻璃，望四五十里外如咫尺也"④。据此可知，他不但制造火器，还制造了用于战争侦测的望远镜。

民间仿制较多的还属生活用品。晚明时，中国人已开始仿制自鸣钟。据天启年刻印的《露书》记载，福建漳州海澄镇有人能够"效作"此物："近西域璃玛窦作自鸣钟，更点甚明，今海澄人能效作。"⑤ 崇祯年间，黄复初也能够仿制自鸣钟。据载："黄复初，巧人也。身不满四尺，面目如鬼，声音不扬，能铸自鸣钟，制木牛流马，与木人捧茶，木喇叭夜吠，好

① 吴晗：《明代的火器》，《灯下集》，生活、读书、新知三联书店1960年，第40页；王尔敏：《清季兵工业的兴起》，"中央研究院"近代史研究所，1963年，第3页。

② （明）王守仁撰，吴光、钱明、董平、姚延福编校：《王阳明全集》上册，卷二四外集六《书佛郎机遗事》，上海古籍出版社1992年，第921页。

③ 林文照、郭永芳：《佛郎机火铳最早传入中国的时间考》，《自然科学史研究》1984年第4期。

④ （明）邹漪：《启祯野乘》卷六《薄文学传》，《明代传记丛刊》第127册，明文书局1991年，第247~248页。

⑤ （明）姚旅：《露书》卷九，《续修四库全书》史部第1132册，上海古籍出版社2002年，第670页。

事者多馆谷之。久寓南京无所，遇一兵部先生，荐之军门，不知其所终。"① 明末，民间工匠吉坦然仿制并改进了三层塔式的自鸣钟。"吉坦然，江宁人，流寓衡阳。其尊人扈从永历帝上云南，坦然时尚少，亦随之往。甲午开科中式，授大理府云龙州知州，后改授姚安府姚州知州。清兵至，投诚，授蒙县知县。"虽然他曾在南明和清政府为官，但他仿制自鸣钟时应是一介布衣。吉坦然仿制的是通天塔式自鸣钟："通天塔，即自鸣钟也。其式坦然创为之，形如西域浮屠，凡三层，置架上，下以银块填之。塔之下层，中藏铜轮，互相带动，外不得见。中层前开一门，有时盘，正圆如桶，分为十二项，篆书十二时，牌为下轮之所拨动，与天偕运，日一周于天，而盘亦反其故处矣。每至一时，则其时牌正向于外，人得见之。中藏一木童子，持报刻牌，自内涌出于中层之上，鸣钟一声而下。其上层悬铜钟一口，机发则鸣，每刻钟一鸣，交一时则连鸣八声，钟之前有韦驮天尊象，合掌向外，左右巡视，更上则结顶矣。此式未之前见。宜供佛前，以代莲花漏。予恳坦然拆而示之，大小轮多至二十余，皆以黄铜为之，遂得其窾窾。然于几何之学，全未之讲，自鸣钟之外，他无所知矣。"② 吉坦然未曾学习几何学，全因对机械的兴趣而仿造自鸣钟。

四、改进西器

明代对西式火器不仅仅是引进和模仿，更进行了改进。中国人对新事物的改造能力，自古及今，未曾改变。明朝对西器的改进，主要针对当时迫切需要的西洋火器。具体体现在如下几个方面。

第一，技术改进。

嘉靖二十五年（1546）七月，宣大总督翁万达所造百出先锋炮，则是仿制佛郎机炮并改进后的成果。正如翁万达自己所说："先锋炮，仿佛郎

---

① （明）周晖：《万历金陵琐事·黄复初》，明万历三十八年刊本，第 533 页。
② （清）刘献廷：《广阳杂记》卷第三，中华书局 1957 年，第 140~141 页。

机炮而损益之也。""损益"主要体现在四处：其一，大炮筒改短，增加小炮至十管。佛郎机的母炮筒长三尺有奇，子炮只有五管。他将之改进成百出先锋炮："先锋之制，则损其筒十分之六，状若神机，而加小炮以至于十，曰气可局而用不使有余也，炮可错而用不使不足也。用则系火绳于筒外。炮必用子母者，以炮当初发，内热不便于装药也，而纳火炮于筒内，毕即倾出之，连发连纳，十炮尽，则更为之循环，无间断也。筒仍酌其处凿通，一机转动消息，倒击不流，倾卸不碍。"其二，在炮（实即枪）的末端安装戈型尖刃，以便最后时刻近身肉搏之用："末有锐锋如戈形，无耳，长六寸。近者三眼枪制亦如此，以代铁枪之用。远击近刺，其用博矣。"此举将冷热兵器完美结合。其三，将大型佛郎机的重量减轻，减省施放的人手。大型佛郎机炮，需四人抬动，发射时持者一人，放者一人，六个人才发射五炮，而先锋炮"持放者一人，不必布机于地，即马上亦宜之。是一人发十炮也"。其四，将点放的火绳从外部纳于筒内。佛郎机炮"火露筒外，出刺人手。安炮或离于度，则暴裂反伤，非善用者，时临惊惧，心志不定，高下无准"，而先锋炮"火纳筒中，即不必善用者，心志不惧，高下可准矣"。通过这样的改进，大大提高了作战效率。翁万达自信地认为："假如三千营中，每伍内一人执一筒十炮百弹子，则一伍常有十佛郎机，且兼十枪矣。十伍十人执十筒百炮千弹子，则一队当有百佛郎机，且兼百枪矣。六十队六百人执六百筒六千炮六万弹子，则一营当有六千佛郎机，且兼六百枪矣。盖一人所执，不啻往时十余人所执者，斯不亦简而便邪！"他最后断言："百出先锋炮，则尤火器之最便利者。古制未尝有也。"①此事被国史所记载：总督宣大侍郎翁万达言："臣尝仿古火器之制，造成三出连珠、百出先锋、铁棒雷飞、母子火兽、布地雷等炮，屡经试验，比之佛郎机、神机枪等器轻便利用。"国史出于华夷观念，将仿制

① （明）翁万达：《置造火器疏》，载陈子龙等编《皇明经世文编》卷二二三《翁东涯文集一（疏）》，《四库禁毁书丛刊》集部第25册，北京出版社2005年，第363~365页。

佛郎机改为"仿古火器之制"①。

万历二十六年（1598），赵士桢在鸟嘴铳（西洋铳）、佛郎机铳和鲁蜜铳的基础上，创制了掣电铳和迅雷铳。赵士桢访问了鲁密管理神器官朵思麻，并参观了朵思麻从土耳其带来的鸟铳，发现"其比倭铳更便，试之其远与毒，加倭铳数倍"，于是"私心窃喜，自谓有此，则倭铳风斯下矣"。朵思麻"且告臣制放之法。臣遂捐赀鸠工制造，印证思麻"。但赵士桢并不仅仅是仿制，而决意加以改进。他指出："少日常见临阵装药不及，铳手反为敌乘"，于是"斟酌西洋铳、佛郎机之间，造为掣电铳，损益鸟铳、三眼铳之间，造为迅雷铳"。他指出："窃计战阵之间，火器除三将军、佛郎机、千里雷诸炮外，小器远而且狠，无过噜蜜，次则西洋造之，尽制用之有法，循环无端，绵绵不绝，是在新制二铳。"他对新制的掣电铳和迅雷铳两种火器信心十足："若有铳千门，以千人习之，用更翻打放之法，以步卒二千翼之，赴敌可抵万人。万门万人，二万步卒可当十万。每铳一门，再用三人，是以三人之饷，可得十人之力，骑兵三人之费，可得二十人之力。况铳值只须一人安家之费并一月行粮便可置办，既能制敌，又省输挽征调之艰，一举三利。"② 于是，赵士桢将此两种新制铳的样图和制造方法进献皇帝，在《恭进神器疏》中称自己"既得西洋铳于游击将军陈寅，又得噜蜜番铳于锦衣卫指挥朵思麻"，于是先"制造十有余门"样铳，"试较停妥"后，"以二式四门，并臣参酌佛郎机番铳之间，造掣电铳二门，损益鸟铳、三眼铳之间，造迅雷铳一座，通共六门一座"的图样以及打放式样进呈朝廷，以便下工部制造。③

天启年间，茅元仪改进了倭铳的枪机位置："鸟铳，唯噜密铳最远最

① 《明世宗实录》卷三一三，嘉靖二十五年七月己卯。"中央研究院"历史语言研究所1962年，第5872页。

② （明）赵士桢：《神器谱·原铳》，载《龙门集　神器谱》，上海科学院出版社2006年，第399页。

③ （明）赵士桢：《神器谱·万历二十六年恭进神器疏》，载《龙门集　神器谱》，上海科学院出版社2006年，第377页。

毒，又机昂起。倭铳机虽伏筒旁，又在床外，不便收拾。今加损益，置机床内，拨之则前，火然自回。如遇阴雨，用铜片作瓦覆之，尤为精绝。"① 他还改进了火绳枪的点火装置，成为击发点火。他针对此类火枪"但遇风雨即不便用，盖必先开火门乃可对敌举放"，常常"有被风雨飘湿而不能一发"的情况出现，于是提出"愚见"加以改进："将龙头改造消息，令其火门不假人手，触机自开，而发药得火自燃，风雨不及飘湿。"② 这是一个重大改进，应该是受到西洋转轮打火枪和燧发枪方式的启示。1515 年德国钟表师约翰·基弗斯发明了转轮打火枪，至 16 世纪中期法国工匠马汉又发明了燧发枪，二者均抛弃了点燃火绳的笨拙且不稳定的技术。

第二，系列化改进。

明代人善于将一种西式火器改进成系列火器，主要是将佛郎机铳，改进、发展成大、中、小样佛郎机等程式火器。③ 茅元仪《武备志》称：佛郎机"其始出于西洋番国，中国得之更为巧法。扩而大之为发矿，乃大佛郎机也，约而精之为铅锡铳，乃小佛郎机也。制虽不同，皆由此生之耳"④。仔细分析，可知明人将佛郎机炮改进成三个系列：

一是重型火炮。明代将佛郎机改进成发矿（也作发贡、发熕）、神飞炮等。有学者指出，明代"最早在仿制佛郎机的基础上铸成的重型火炮就是发矿"，发矿"每座重约五百斤以上至一千斤，它吸收了佛郎机腹大、铳管坚厚的优点，腹内共装铅子一百个，每个重四斤，石弹大如小斗。不但所发射的铅、石弹威力极大，墙遇之即透，屋遇之即摧，就是它所使用

---

①　（明）茅元仪：《武备志》卷一二四《军资乘·火六·火器图说三·噜密鸟铳》，华世出版社 1984 年，第 5108 页。

②　（明）茅元仪：《武备志》卷一二四《军资乘·火六·火器图说三·铳一》，华世出版社 1984 年，第 5099 页。

③　参见王若昭：《明代对佛郎机炮的引进和发展》，《清华大学学报》（哲学社会科学版）1986 年第 1 期；李映发：《明代对佛郎机炮的引进与发展》，《四川大学学报》（哲学社会科学版）1990 年第 2 期。

④　（明）茅元仪《武备志》卷九二《军资乘·火四·火器图说一·炮一》，华世出版社 1984 年，第 4992 页。

的火药爆炸后，气也能毒死人，风能煽杀人，声能震杀人"。神飞炮是改进自佛郎机。王若昭认为："明代仿制佛郎机最富有创造性的佳作是神飞炮，它达到了当时世界上重型火炮的最高水平，兼有西欧新式大炮红夷炮和佛郎机炮的特长，而克服了它们各自的某些缺点，被将士们称为'狮子吼'。"①

　　二是轻型火炮。有学者认为，由佛郎机改进而成的"轻火炮主要有提心铳、流星炮、连珠佛郎机和八面神威炮四样"②。提心铳，在《西园闻见录》中有记载："举放即于车上，每铳一门，提心有五，即以五卒分携之。一心即发，一卒即前提之，又入一心，又一卒提之。如此循至于五心才毕，则头一卒提心制药讫，又来入放。虽继百响，不歇可也。"王若昭指出"提心铳系仿佛郎机而成"，嘉靖时期的提心铳"形体很小，铳筒也相当短，使用起来射程不远，威力也不够大"，但天启时期经南直巡按易应昌进一步改进后，成为"完全新型的提心铳"。全炮身长约六尺二寸，铳筒长约四尺，提心铁池和铁柄长约二尺二寸，状如佛郎机。所谓"提心"系指子铳而言，每铳一门，有五个提心，每个提心内部装有铅子一百粒，由于母铳铳管较长，因此射程可达二三里。易应昌指出提心铳是"佛郎机、百子铳、三将军合而为一者"，即兼有佛郎机、百子铳和三将军的优点，"在明代的火炮发展史上，确实是一个创新"。根据佛郎机改进的轻炮还有流星炮，是嘉靖七年改造成的"式如佛郎机"的小火炮。"流星炮是见于记载的我国自制的第一门带有子铳的火炮"。根据佛郎机改进的轻炮还有连珠佛郎机炮。"所谓连珠，就是铳筒由两管佛郎机式小炮合成，共同并入一个尾部。每管中都盛有子铳一门，每一放都是两炮齐鸣，二二接连点放，循环不止。显然这是仿佛郎机炮中的又一个创新。"根据佛郎机改造的还有一种轻火炮"八面神威炮"，母炮的炮身是用精铜熔铸，长

---

① 王若昭：《明代对佛郎机炮的引进和发展》，《清华大学学报》（哲学社会科学版）1986年第1期。

② 王若昭：《明代对佛郎机炮的引进和发展》，《清华大学学报》（哲学社会科学版）1986年第1期。

五尺，加上后面燕尾部分二尺，共长七尺。另铸提心子铳五枚，中藏铅弹铁子数百个，可远击四、五里。这种炮下用木架支放，炮身在木架上可低可昂，可以八面旋转，故名。① 除了上述四种轻型火炮外，由佛郎机改进的轻炮还有赛贡铳。戚继光鉴于"佛狼机又太重，难于扛随"，于是"以臆创一器，名为赛贡铳，既无下木马延迟之艰，又不坐后其铅子，犹胜佛狼机之大，其声势可比发贡，其速即可比鸟铳"②。何良臣在《阵技》中论述了戚继光发明的赛贡铳的威力，认为它超过佛郎机和发贡（即发）炮："赛贡铳者，竹木俱可为之，长三小尺，而铅子合口约重半斤，平卧地上，以垫头高下得宜放之，且不用木马。故神于佛狼，妙于发贡，亦军中之利技耳。"③ 可见，西式火器的缺点，便是明代火器改进的起点，通过改进而形成"中国长技"。

三是火枪。根据佛郎机改造的"火枪有百出先锋炮和掣电铳两种"。王若昭指出："明代在仿佛郎机而制成的新式火器中，特别带有创造性的是火枪，它们是近代步枪的雏型。"其中之一是百出先锋炮（实为枪）。嘉靖二十五年（1546）宣大总督翁万达将大样佛郎机，缩小为轻便的火枪，每枪配十个子炮，轮流施放，"持放者一人，不必布于地，即马上亦宜之，是一人发十炮也"。并在铳筒口上装有戈形锋刃，备近身肉搏之用，有效结合了冷热兵器之长。根据佛郎机改造的火枪还有掣电铳，1517年由赵士祯发明，"掣电铳综合了西洋铳和佛郎机的长处制成"，每只掣电铳使用子铳五门，每门长六寸，重十两左右，"比起先锋炮来，要科学灵巧多了"。掣电铳母铳形似噜密，后放子铳，一个子铳放毕，拨之即起，再放第二个，可以不间断地施放。筒上装有准星、照门，准确性大大提高。有学者

① 以上所引皆见王若昭：《明代对佛郎机炮的引进和发展》，《清华大学学报》（哲学社会科学版）1986年第1期。

② （明）戚继光：《纪效新书》卷一五《布城诸器图说篇》，《景印文渊阁四库全书》第728册，台湾"商务印书馆"1986年，第623~624页。

③ （明）何良臣：《阵纪》卷二《技用》，《景印文渊阁四库全书》第727册，台湾"商务印书馆"1986年，第699页。

指出"擎电铳却完全是近代步枪的样式，铳身管长，铅弹射远有力，下面又有木托，可用手托铳的前部，发射时不易摇摆。形似鸟铳，而在射远、命中击伤能力上却比鸟铳优越得多，又可连发。""这种火器在步下、马上、舟中、车里都极适用。"此外，根据佛郎机改造的火枪，还有一种"万能佛郎机"，但在实战中未见使用。①

王若昭指出：明代"在对待佛郎机炮的引进和创新工作中，取得了可喜的成果"，说明了"国际间的技术交流，是发展本国军事工业的必要条件，子母合铳式佛郎机炮的引进，打破了我国传统火器发射缓慢的前装形式，在结构上发生了革命性的变革，向着后装速射式前进了一大步"②。

第三，配套改进。

中国人擅长对西洋火器的配套设施进行改进。嘉靖间，《筹海图编》收录了一些佛郎机火器，经过顾应祥的辨认，发现中国人对佛郎机铳作了改进，为它增配了一个支架。他"近见浙中军门所刻《海防图编》画佛郎机铳，每个约重二百斤，每个用提铳三个，每个约重三十斤。又有一架，与其原制不同，想必我中国增添之者"③。明代还为佛郎机炮配备战车。戚继光在每个车营配备重车一百二十八辆，轻车二百十六辆，每辆安置佛郎机两架，共六百八十八架。隆庆时期，在广宁成立的车营中，每营配备偏厢车一百二十辆，每辆安置佛郎机二架，共二百四十架。万历时期，叶梦熊将笨重的战车改造为双轮轻车，二人推挽，行走如飞，每辆车上也配备佛郎机二架。④

第四，材料改进，以贱易贵。

---

① 以上所引皆见王若昭：《明代对佛郎机炮的引进和发展》，《清华大学学报》（哲学社会科学版）1986年第1期。

② 王若昭：《明代对佛郎机炮的引进和发展》，《清华大学学报》（哲学社会科学版）1986年第1期。

③ （明）顾应祥：《静虚斋惜阴录》卷一二，北京图书馆藏明嘉靖四十三年刻本，第19~21页。

④ 王若昭：《明代对佛郎机炮的引进和发展》，《清华大学学报》（哲学社会科学版）1986年第1期。

明人就地取材，以贱易贵，降低西器的仿制成本。在抗倭海战中，明人将佛郎机改造成竹、木制发矿。"木发矿是将斗粗的整木掏空，装入五斤以上的铅子、适量的火药制成。竹发矿则是用三尺长的粗茅竹截筒，先用冷火之药浸透，以改变茅竹的性能，外用铁丝缠绕，再用牛筋麻裹瓦灰涂抹、晒干、刷上生漆。内装发药五升、磁锋一斤，用黄泥封住矿口，口上再用铁箍箍紧。"① 万历十九年（1591），原任都督佥事黄应甲奏称："佛郎机虽能巧中，仅可毙一骑，而官造给发价重，请以木代之。"制造方法是："用木一段，凿空其中，束以麻索，实以药弹，轻可举移，费亦不多。"②

明朝不仅对西洋火器进行仿制，更从性能、外观、功效和成本上进行技术改革，使之成为更适应中国战场的锐利武器，被中国各阶层称为"中国长技"③。

五、总结技术

西器东传导致西学东渐。为了了解西器背后的科学或技术原理，明人开始学习西学，并撰书总结西器的技术和原理。

明代中晚期，社会风尚有了很大的变化。由于社会危机加剧、军兴频繁，文人士大夫们开始研究兵学，出现了许多能文能武之才，撰述了大量的兵学著作，书中无一例外地对西洋传入的热兵器进行了探讨和总结。这是中国人汲取西器精华的重要表现。

唐顺之在《武编前集》卷五《火器》中，详细介绍了火器制造方法及相关工具、技术。关于鸟铳铸造，该书记载道："鸟铳匠头义士马十四呈：

① （明）李盘：《金汤惜箸十二筹》卷四。转引自王若昭：《明代对佛郎机炮的引进和发展》，《清华大学学报》（哲学社会科学版）1986 年第 1 期。
② 《明神宗实录》卷二三一，万历十九年正月癸亥，"中央研究院"历史语言研究所 1962 年，第 4286 页。
③ 谢盛、谢贵安：《开放的先声：明代"中国长技"概念的形成及其"师夷"特征初探》，《学术研究》2019 年第 3 期。

每铳一杆，用福铁二十斤，价银二钱。炭一百七十斤，该价银五钱一分。"需要各个工种予以协作，包括炼坯打板、煮筒、钳手、钻铳心、刬磨、打照星火门、镶照星火门、钻火门、发刬、打钻、修接通条、木托、铜打铰链、促杖竹杆等各工种。① 可见制作之精细。

胡宗宪主持、邓若曾等编纂的《筹海图编》第十卷中对于西洋火器进行了图解。在《铜发贡图说》中指出："每座约重五百斤，用铅子一百个，每个约重四斤。此攻城之利器也。大敌数万相聚，亦用此以攻之。其石弹如小斗，大石之所击触者，无能留存。墙遇之即透，屋遇之即摧，树遇之即折，人畜遇之即成血漕，山遇之即深入几尺。不但石不可犯而已，凡石所击之物，转相抟击，物亦无不毁者。甚至人之支体血肉，被石溅去，亦伤坏。又不但石子利害而已。火药一爇之后，其气能毒杀乎人，其风能煽杀乎人，其声能震杀乎人，故欲放发矿，须掘土坑，令司火者藏身后，燃药线，火气与声但向上冲，可以免死。仍须择强悍多人为之护守，以防敌人抢发矿之患。若非攻坚夺险，不必用此也。或问用之水战可乎？曰贼若方舟为阵，亦可用其小者，但放时火力向前，船震动而倒缩，无不裂而沈者。须另以木筏载而用之可也。曰城上可用乎？曰不可。发矿便于攻高，不便于攻下故也。"② 在《佛狼机图说》中指出："每座约重二百觔，用提铳三个，每个约重三十觔，用铅子一个，每个约重十两。其机活动，可以低，可以昂，可以左，可以右，乃城上所用者，守营门之器也。其制出于西洋番国，嘉靖之初年，始得而传之。中国之人更运巧思而变化之，扩而大之以为发矿。发矿者，乃大佛机也。约而精之以为铅锡铳，铅锡铳者，乃小佛郎机也。其制虽若不同，实由此以生生之耳。"③ 在《鸟嘴铳图说》

① （明）唐顺之：《武编前集》卷五《火器》，《景印文渊阁四库全书》第727册，台湾"商务印书馆"1986年，第412~414页。

② （明）胡宗宪：《筹海图编》卷一三《铜发贡图说》，《景印文渊阁四库全书》第584册，台湾"商务印书馆"1986年，第421~422页。

③ （明）胡宗宪：《筹海图编》卷一三《佛狼机图说》，《景印文渊阁四库全书》第584册，台湾"商务印书馆"1986年，第423页。

中指出："造铅锡铳者，须知炼钱，盖铁中原有（查）［渣］滓夹杂，必炼之不已，融尽查滓，底于精纯，方免脆折爆碎之患，故十觔而炼用一觔者为上，十觔而炼五觔者次之。其管欲圆而净，其臬欲端而直，司铳者须择手足便捷之人，临敌装药入弹，觇臬爇火，庶不迟误。若但见臬而不见管，则失之仰，但见管而不见臬，则失之俯，皆不能中也。此器今人类并立而用之，远攻非也，须近敌乃用。长短兵相夹，乘势速往，使贼避铳，目睫闪眩之间，而我兵已入其队中矣。铅锡铳之妙，全在此也。若恃以攻敌，不亦缪乎！都御史唐顺之云：虏所最畏于中国者火器也。天助圣明除凶灭虏，而佛郎机子母炮、快枪、鸟嘴铳，皆出嘉靖间。鸟嘴铳最后出，而最猛利，以铜铁为管，木橐承之，中贮铅弹，所击，人马洞穿。其点放之法，一如弩牙发机，两手握管，手不动而药线已燃。其管背施雌雄二臬，以目对臬，以臬对所欲击之人，三相直而后发，拟人眉鼻，无不著者。捷于神枪，而准于快枪。火技至此而极！是倭夷用以肆机巧于［中国］，中国习之者也。"① 他们还作了《子母炮图说》，指出该炮是从佛郎机改进而来。②

戚继光在《练兵纪实》杂集卷五《军器制解》中，详细介绍了西式火器的样式、用法和威力。在"无敌大将军解"中，称此器是在旧有大将军发熕基础上改进而来的："旧有大将军发熕等器，体重千余斤，身长难移，预装则日久必结，线眼生涩，临时装则势有不及，一发之后，再不敢入药，又必直起，非数十人莫举。"因此，"今制名仍旧贯，而体若佛狼机。亦用子铳三，俾轻可移动，且预为装顿。临时只大将军母体安照高下，限以木枕，入子铳发之，发毕，随用一人之力，可以取出，又入一子铳云。一发五百子，击宽二十余丈，可以动众。罔有不惧而退者"。此所谓无敌大将军是佛郎机铳改进的，有母铳和子铳，"每无敌大将军一位，子铳三

---

① （明）胡宗宪、邓若曾等：《筹海图编》卷一三《鸣嘴铳图说》，《景印文渊阁四库全书》第 584 册，台湾"商务印书馆"1986 年，第 425 页。

② （明）胡宗宪、邓若曾等：《筹海图编》卷一三《子母炮图说》，《景印文渊阁四库全书》第 584 册，台湾"商务印书馆"1986 年，第 426 页。

门，备征火药一百二十斤，生铁子一万九百二十个"。在"佛狼机解"中，戚继光声称："此器最利，且便速无比，但其体重，不宜行军"，特别指出"其造法铜铁不拘，惟以坚厚为主。每铳贵长七尺更妙，则子药皆不必筑矣。五尺为中，三尺则近可耳，再短则不堪也。腹洞与子口同，乃出子有力，若子铳口大母铳口小，必致损伤。子铳口小母铳腹小，出则无力。子铳后尾须抵闩，前后紧遍无缝，乃不伤闩及他虞"。他在"鸟铳解"中说："此器中国原无传，自倭寇始得之，此与各色火器不同，利能洞甲，射能命中，弓矢弗及也。"并介绍了鸟铳的造法："夫透重铠之利在腹长，造时腹无孔，用钻钻虚，欲光直无碍，出口直，其射能命中，在于火药之发，不能夺手。"① 在戚继光的另一部军事著作《纪效新书》中，也对西式火器在其水师中的装备作了介绍。如介绍"福船应备器械数目"时道："大发贡一门，大佛狼机六座，碗口铳三个，喷筒六十个，鸟嘴铳十把，烟罐一百个，弩箭五百枝，药弩十张，粗火药四百斤，鸟铳火药一百斤，弩药一瓶，大小铅弹三百斤，火箭三百枝，火砖一百块，火炮二十个。"②《纪效新书》14 卷本之卷 12 中，记载了戚继光部队装备经过改进的 5 种佛郎机的尺寸，除各附 9 个子铳及全套附件外，还列有弹重与装药量，如：1 号，长 8~9 尺，铅子 16 两，火药 16 两；2 号，长 6~7 尺，铅子 10 两，火药 11 两等。③

万历时，文华殿中书赵士桢撰《神器谱》（成于万历二十六年，1598），总结了火器的技术，其中也对西式火器作了总结。随《神器谱》进献朝廷的还有西域鲁密番鸟铳一门，水西洋番鸟铳二门，铳把手二把，制雷铳二门，子铳十门，迅雷铳一座，架铳斧一把。赵士桢在《神器谱》

---

① （明）戚继光：《练兵实纪》杂集卷五《军器制解》，《景印文渊阁四库全书》第 728 册，台湾"商务印书馆"1986 年，第 680 页。

② （明）戚继光：《纪效新书》第十八《治水兵篇》，《景印文渊阁四库全书》第 728 册，台湾"商务印书馆"1986 年，第 666 页。

③ 徐新照、徐珺、吴永、高常见、汪仁人：《论我国明代火器技术"西人所传"说——以明末〈西法神机〉和〈火攻挈要〉为例》，《内蒙古师范大学学报》（自然科学汉文版）2007 年第 6 期。

中总结道："水西洋诸国铳，其筒长，故远于倭鸟铳；然因欲其体轻，以便挺手立放，着药甚少，药少故不及噜蜜之狠。""倭鸟铳狠远不如噜蜜，轻便不如水西洋。只缘时常服习，艺高胆大，所以称能事耳。今日当事之人知此机括，不唯可舒圣明东顾之怀，即南标铜柱，北勒燕然，亦易易尔。"他认为，西洋火枪与倭铳相比有优势，口径小、后坐力小而轻准，比旧鸟铳远五六十步。

茅元仪编纂了《武备志》。在该书《军资乘·火·西器图说》中，对西式火器进行了全面的介绍和技术分析。对佛郎机炮、铜发熕、威远炮、百子连珠炮、鸟嘴铳、噜密鸟铳等西式火器的性能、效能乃至制造和使用方法都作了介绍。茅元仪在《武备志》卷 122 中转引戚继光《纪效新书》中所列 5 种佛郎机的数据，并得出佛郎机"铳有大小，药有多寡，随机大小，照子铳口加减分量"的结论。有学者指出："此说在原则上已具有以火炮口径的尺寸为基数，确定弹重与装药量变化的关系，是明代中期火炮设计制造水平提高的一个表现。"①

著名技术史专家宋应星在《天工开物》中总结了铸造西式火器的材料、方法与技术："凡铸炮，西洋、红夷、佛郎机等用熟铜造，信炮、短提铳等用生熟铜兼半造，襄阳、盏口、大将军、二将军等用铁造。"② 还总结了鸟铳的铸造技术："凡锤鸟铳，先以铁挺一条大如箸者为冷骨，裹红铁锤成。先为三接，接口炽红，竭力撞合。合以后以四棱钢锥如箸大者，透转其中，使极光净，则发药无阻滞。"③

明末孙元化所著《西法神机》是中国第一部全面总结西洋铸炮、制火药、筑炮台等方面的军事科技著作，对 16—17 世纪传入明朝的西洋火

---

① 徐新照、徐珺、吴永、高常见、汪仁人：《论我国明代火器技术"西人所传"说——以明末〈西法神机〉和〈火攻挈要〉为例》，《内蒙古师范大学学报》（自然科学汉文版）2007 年第 6 期。

② （明）宋应星著，潘吉星译注：《天工开物译注》冶铸第九《炮》，上海古籍出版社 1993 年，第 274 页。

③ （明）宋应星著，潘吉星译注：《天工开物译注》佳兵第十六，上海古籍出版社 1993 年，第 307 页。

炮的制作工艺作了探讨，展示了相应的工艺流程，系统地分析了西式火器制造的工艺和技术，对当时文献中记载的西洋火器制造技术进行了辨析。

《火攻挈要》是德国传教士汤若望口授、焦勖整理的一部明末系统总结火器技术的著作。焦勖是安徽宁国人，将德国传教士汤若望口授的欧洲火器科学技术，辑录成《火攻挈要》一书，加上附录为《火攻秘要》一卷，合称《则克录》。

对于两部完全以西洋火器为总结对象的军事科技著作，徐新照等人作了评述："《西法神机》和《火攻挈要》也对各铳的大小尺量作了规定，以铳口内直径大小，按一定比例倍数设计火炮的各个组成部分。从两书的成书年代看，这一规定与崇祯时期两广总督王尊德在制造铳炮过程中编写的《大铳事宜》一书中记载的主要铸炮技术，即炮重与弹重、装药量之间的数量关系大致相似……两书所载诸铳大小尺量的设计思想，可以认为作者曾学习和研究过西方大炮之构造，同时又总结当时制造铳炮工艺方面的经验，是在吸取前人包括西人研究活动实践成果基础上的发展，因为书中叙述的按长短、大小、厚薄比例制造的铳炮，多是明中期后火器研制者改制和创新的，其比例的确定，实际上是他们制器用器实践经验的积累。因此，将火炮设计尺量法完全认定是'西方'传来的，似乎与上述史实不符，或不准确。"① 徐新照等人的结论说明明朝在仿制西洋器物过程中，不仅仅是简单地仿制，而是在总结中国传统技术和经验的基础上进行仿制，是融合中国传统的改进。

第二节　清朝对西洋器物的仿制与改进

与明朝相似，清朝也是以仿制西洋火器为起点，开始其仿造西器的过

---

① 徐新照、徐珺、吴永、高常见、汪仁人：《论我国明代火器技术"西人所传"说——以明末〈西法神机〉和〈火攻挈要〉为例》，《内蒙古师范大学学报》（自然科学汉文版）2007 年第 6 期。

程。自从在宁远之战中认识到红夷大炮的巨大威力，后金—清朝便对其展开了仿制。吴桥兵变后，明朝降将孔有德等人带来了明朝先进的西洋火炮，更是推进了后金—清朝的仿制进程。这些被清朝逐渐掌握的先进军事武器，成为压制明朝进而夺取辽东和全中国的重要因素。清代仿制西器分官方仿制和民间仿制两种。

一、官方仿制

康熙年间由于天下未平，玄烨皇帝支持戴梓仿制西洋火器。戴梓是浙江钱塘人，"少有机悟，自制火器，能击百步外"。康熙初，耿精忠叛，犯浙江，康亲王爱新觉罗·杰书南征，"梓以布衣从军，献连珠火铳法"。因事迹突出，受到康熙帝的召见，授官为翰林院侍讲。"所造连珠铳，形如琵琶，火药铅丸，皆贮于铳脊，以机轮开闭。其机有二，相衔如牝牡，扳一机则火药铅丸自落筒中，第二机随之并动，石激火出而铳发，凡二十八发乃重贮。法与西洋机关枪合，当时未通用，器藏于家，乾隆中犹存。"戴梓对西洋火器的仿造，是受康熙帝之命：

> 西洋人贡蟠肠鸟枪，梓奉命仿造，以十枪赍其使臣。又奉命造子母炮，母送子出坠而碎裂，如西洋炸炮，圣祖率诸臣亲临视之，锡名为"威远将军"，镌制者职名于炮后。亲征噶尔丹，用以破敌。[1]

民国时况周颐根据纪昀的笔记，称"浙江戴某有巧思，好与西洋人争胜，尝造一鸟铳，形若琵琶，凡火药铅丸皆贮于铳脊，以机轮开闭。其机有二，相衔如牝牡，扳一机，则火药铅丸自落筒中；第二机随之并动，石激火出而铳发矣（此与后堂毛瑟略同），计二十八发，火药铅丸乃尽。据此，则制造枪炮之法，吾中国旧亦有之，特道德之蓄念，仁厚之善俗，深入人心，由来已久，或尼以好生恶杀、因果报施之说，遂不复精研扩充

---

① 赵尔巽等：《清史稿》，中华书局 1976 年，第 13927~13928 页。

之，尤不肯传之子孙。其人往，其半生精力所寄，乃与之俱往，为可惜耳"①。其实，戴梓之制火器，主要是仿制西器而改进之，并非自成一系。况周颐的评价显然过高。

康熙平定全国后，天下日益承平，于是转而仿制西洋生活用品。康熙三十五年（1696），康熙皇帝下旨筹建造办处玻璃厂，以德国籍传教士纪理安（Kilian Stumpf）为指导。于是在北京宫中养心殿造办处下设玻璃作坊，所有匠役长皆由西人担任。康熙时已能生产透明玻璃和颜色多达15种以上的单色不透明玻璃。仿制玻璃制品与广州十三行进口的玻璃制品相得益彰。从康熙五十五年（1716）九月十一日广西巡抚陈元龙奏谢皇上钦赐珐琅宝器折中，可以证明康熙年间已经能够仿制西洋玻璃制品，特别是玻璃珐琅鼻烟壶。该奏疏称：

> 臣家人张文自热河回粤，赍捧皇上御笔批回奏折一封。并赍捧皇上恩赐微臣御制珐琅五彩红玻璃鼻烟壶一，八角盒砚一，水丞一，圆香盒一。臣谨出郭跪迎至署，望阙九叩，谢恩祇领讫。又接臣侄臣陈邦彦家信内称，恩赐珐琅宝器四种，并非内府工匠所造，乃经圣心指授，从格物致知之理，推求原本，烧炼而成，从未颁赐臣僚。何意特蒙赐赏，真非常之重宝，格外之殊恩。臣跪陈香案，敬捧细观，如日月之光华，目为之眩；如云霞之变化，口不能名。谨考珐琅，古所未有。明景泰时始创为之，然其色凝滞，其质笨重，殊不足贵。迩年始有洋珐琅器皿，略觉生动。西洋人夸示珍奇，以为中国之人虽有智巧，不能仿佛。乃我皇上于万几之暇，格其理，悟其原，亲加指示，镕炼成器。光辉灿烂，制作精工，遂远胜洋珐琅百倍……②

---

① 况周颐：《眉庐丛话》四三《宋代神弩弓 明代连发枪》，山西古籍出版社1995年，第28页。

② 《广西巡抚陈元龙奏谢钦赐珐琅宝器折》康熙五十五年九月十一日，载中国第一历史档案馆编《康熙朝汉文朱批奏折汇编》第7册，档案出版社1984年，第423~424页。

据奏疏得知，康熙帝对仿制西器颇感兴趣，亲授指示，烧炼玻璃，制成珐琅玻璃鼻烟壶。对西器的仿制，雍正年间仍在继续，且日甚一日。雍正五年（1727）九月二十五日，据圆明园来贴内称"九月二十二日，郎中海望持出西洋掐丝绿珐琅盒一个。奉旨：'着仿做，钦此。'"①雍正十一年（1733）十月二十六日，"据圆明园来帖内称太监仓州（刘沧洲）交西洋玻璃眼镜六副，传：'着照上用做法做，其盒子鞔红皮，上安一象牙签，签上刻"西洋玻璃眼镜"六字，钦此。'"②据此记载知，造办处在照着西洋眼镜进行仿制的同时，还要配上皮制眼镜盒，并且要求刻上"西洋玻璃眼镜"六字，似乎表明清朝宫廷仍然以西洋进口的原装器物为上品。

清朝仿制的西洋奇器，除皇帝自己留用外，主要用来赏赐本朝臣工和外国国王及其贡使。前述广西巡抚陈元龙获赐玻璃珐琅鼻烟壶，是赏赐本朝臣工之例。下面列举几例将仿制西器赏赐外国国王或贡使的史实。

清朝将仿制成的玻璃等器，用来赏赐给东亚国王或其贡使。雍正七年（1729），胤禛帝赐暹罗国王"玻璃器二"③。这里赏赐的玻璃器是在西洋传教士指导下仿制而成的西式物品，是中西结合的产物。乾隆十八年（1753）二月，弘历帝加赐暹罗"珐琅器、玻璃器"等物；乾隆五十五年（1790）加赐暹罗国王"瓷器、玻璃器八"；嘉庆三年，颙琰帝赏赐暹罗正、副使鼻烟壶、玻璃碗等物；嘉庆十年（1805）十二月"加赏贡使玻璃瓶二个，玻璃鼻烟壶一个"，二贡使、三贡使、四贡使"各玻璃碗二个"；嘉庆十七年（1812）皇帝加赏暹罗"正、副使二员，各玻璃瓶一对，茶盅一个，玻璃鼻烟壶一个，茶叶二瓶，大荷包二对"④。以上

---

① 中国第一历史档案馆、香港中文大学文物馆编：《清宫内务府造办处档案总汇》第2册，人民出版社2005年，第535页。

② 中国第一历史档案馆、香港中文大学文物馆编：《清宫内务府造办处档案总汇》第5册，人民出版社2005年，第703页。

③ 赵尔巽等：《清史稿》，中华书局1976年，第14692页。

④ （清）梁廷枏：《海国四说·粤道贡国说》卷二《暹罗国二》，中华书局1993年，第188、191、193、194、197页。

赏赐的玻璃碗、玻璃鼻烟壶等，均为清廷仿制之物，不可能是将贡物又转赐外藩的。

根据清朝宫廷《活计档》记载，雍正从继位到去世的 13 年里，登记在册的特制眼镜共有 250 余副，皆由他亲自下旨制造，镜片用水晶、茶晶、墨晶，镜框用象牙、玳瑁，镜腿儿用骨头和铜。雍正十三弟允祥经常帮其四处搜寻制作材料。

另外，《清宫内务府造办处档案总汇》也详细记载了雍正时仿制西洋奇器的事实。雍正二年（1724）正月初十日，"怡亲王交……珐琅炉瓶盒一分，玻璃大碗四件……玻璃盖碗六件……磁胎烧金珐琅有靶盖碗六件……怡亲王奉旨：'着配做木箱盛装，赏暹罗国，钦此。'"① 显然，这里是将仿制的玻璃碗和珐琅碗作为赏赐暹罗之用。雍正三年（1725）二月十九日，"怡亲王交……珐琅炉瓶盒一分。玻璃大碗四件，顶圆紫青玻璃盖碗六件……怡亲王奉旨：'赏安南国王，钦此。'"② 此处则是将仿制的玻璃碗、珐琅炉瓶盒用来赏赐安南。

自鸣钟的仿制由民间发展到官方。清宫原来只是广钟的消费者，后来宫内亦开始仿制，并大力引进广东匠役。1723 年前后，宫中设立自鸣钟维修处保养钟表，后来专门成立做钟处，制作御钟。关于清宫仿制和改进西洋自鸣钟的成果，在现今故宫钟表馆中仍然可以看到，此不赘述。下节，将专门就宫中造办处对西器的运作，作一探讨。

二、民间仿制

在官方仿制西洋器物的同时，清朝民间也开始仿制并改良西洋制品。

民间仿制的主要是西洋织品、自鸣钟、洋表和望远镜等物。关于西洋织品的仿制，福建漳州一带比较盛行。据清宫档案记载，清廷采购过"漳

---

① 中国第一历史档案馆、香港中文大学文物馆编：《清宫内务府造办处档案总汇》第 1 册，人民出版社 2005 年，第 404 页。

② 中国第一历史档案馆、香港中文大学文物馆编：《清宫内务府造办处档案总汇》第 1 册，人民出版社 2005 年，第 408 页。

绒镶毯褥二床、漳绒镶氆氇褥一床"①。所谓漳绒，就是漳州仿制的西洋绒织品，属于民间仿制。

自鸣钟和洋表也是先由民间仿制。1680年以后，广州地方开始仿制自鸣钟，出现所谓"广钟"。广钟的发展，经过了从模仿到融合的过程。广钟能够发展，得益于国家与社会双重的需求。广州在取得"一口通商"地位后，率先学习欧洲的制表工艺，开始成规模地仿制西洋自鸣钟。广钟在造型、装饰和质量上都不逊于西洋钟表，其造型更具中国特色，以亭台楼阁、佛塔园囿、聚宝盆、宝葫芦等为外型，深得国人喜爱。在长江三角洲一带，民间仿造自鸣钟也渐成风气。徐光启家族在清代上海地区，形成了"手造泰西仪器"的传统②。乾隆末，其五世孙华亭人徐朝俊指出："余自幼喜作自鸣钟，举业暇余，辄借以自娱。"③ 后来还专门写了《钟表图说》一书。有学者指出，康熙中后期，南京城内至少有四家造钟作坊，规模不大，以家庭为单位，或带上一二个徒弟，每年生产十余架自鸣钟。④ 杭州一带也是自鸣钟的生产地区，所属石门县也有人制造自鸣钟："连东山，康熙时人，心手巧妙，能制自鸣钟，与西人所造无异。"⑤

民间仿制除了自鸣钟外，还有望远镜。康熙时人徐岳记载了一位杭州人张某，"善西洋诸奇器，其所作自鸣钟、千里镜之类，精巧出群"⑥。清代民间对西洋奇器的仿制热情，远迈明代，甚至形成了产业，产生了一定的经济效益。

---

① 中国第一历史档案馆、故宫博物院编：《清宫内务府奏销档》第37册，故宫出版社2014年，第260页。

② （清）汪启淑：《续印人传》卷七《徐钰传》，江苏广陵古籍刻印社1998年。

③ （清）徐朝俊：《高厚蒙求》第三集《自鸣钟表图说》，艺海珠尘本。

④ 参见施志宏：《明万历年后的钟表》，《东南文化》1988年第6期；汤开建、黄春艳：《清朝前期西洋钟表的仿制与生产》，《中国经济史研究》2006年第3期。

⑤ （清）余丽元：光绪《石门县志》第4册《人物志》二，《中国方志丛书》影印光绪五年刊本，第1290页。

⑥ （清）徐岳：《见闻录》卷三《奇技》，《续修四库全书》子部第1268册，上海古籍出版社2002年，第644页。

第三节　仿制的巅峰：清朝造办处的西器制作

清代仿制西器的最高机构是清宫造办处。造办处是清代制造皇室御用品的专门机构，于康熙年间成立，1924 年终止运营。造办处设有两个，一个是"养心殿造办处"，位于紫禁城养心殿，专供宫中用度。另一个是"内务府造办处"，又称"匠作处"，设于内务府北侧。鼎盛时期，造办处下设 42 个作坊，朝廷日常所需的吃穿用度乃至休闲、摆设之长物，皆由其制造。同时，造办处也担负着对西洋器物进行辨识认看、收拾整理、维修维护、仿制改良等诸多重任。造办处的能人巧匠按照皇帝的旨意各司其职，将一件件整理或仿制完成的西器持出，将西方的物质文明推介宫廷，造办处在仿制过程中出现的灵光也成为了中西物质文明交融最好的例证。

一、造办处对西器的辨别与贮藏

凡遇门类不清或用途不明的西器，皇帝便会下旨交与造办处，令其工作人员进行仔细的辨别。需要认看的西器品种纷杂，归纳起来大致有三类。

其一是西洋药品。西药无论外服还是内用，都会与皇帝的身体有所接触，凡是关涉到皇帝健康，自然会极度重视。加之西药种类繁多，形态又大同小异，因此需要专业人士加以鉴别。据档案材料记载，皇帝曾多次对造办处下达认看指令：

> （雍正三年）十二月二十六日，太监杜寿交西洋花羊角片三片，传旨："着认看，钦此。"①
>
> （雍正四年）正月十一日，首领太监王进玉持来檀香油六瓶，一

---

① 中国第一历史档案馆、香港中文大学文物馆编：《清宫内务府造办处档案总汇》第 1 册，人民出版社 2005 年，第 510 页。

小匣，西洋书一本，传旨："着西洋人认看。"于本日据西洋人巴多明、费隐等认看，得此檀香油只可闻香用，别无用处。西洋书一本，系显微镜解说，等语员外郎海望呈进讫。①

（雍正四年）十月二十二日，太监王守贵交来白玻璃小瓶一件，内盛西洋药一罐，传旨："西洋人认看，钦此。"②

（雍正四年）二月初四日，太监杜寿交来搭噶玛噶一包，吕宋果一玻璃瓶……（等三十种西药），传旨："着西洋人认看，钦此。"③

（雍正四年）九月二十六日，首领太监程国用持出，葡萄城四小玻璃瓶，一匣盛，说太监王太平传旨："着西洋人认看有何用处，钦此。"④

（雍正四年）十月二十二日，太监王守贵交来白玻璃小瓶一件，内盛西洋药一罐，传旨："西洋人认看，钦此。"⑤

（雍正六年）四月十七日，太监刘希文交来大小方玻璃瓶四瓶，磨楞小玻璃瓶一瓶，传旨："着西洋人认看是何油何露，着配香用，记此。"⑥

为了便于运输，大部分西药都以玻璃瓶罐封装，形态上以油露为主，普通国人很难分辨出此药何属。因此传旨都是"着西洋人认看"。这些西

---

① 中国第一历史档案馆、香港中文大学文物馆编：《清宫内务府造办处档案总汇》第2册，人民出版社2005年，第319页。

② 中国第一历史档案馆、香港中文大学文物馆编：《清宫内务府造办处档案总汇》第2册，人民出版社2005年，第73页。

③ 中国第一历史档案馆、香港中文大学文物馆编：《清宫内务府造办处档案总汇》第1册，人民出版社2005年，第707页。

④ 中国第一历史档案馆、香港中文大学文物馆编：《清宫内务府造办处档案总汇》第2册，人民出版社2005年，第50页。

⑤ 中国第一历史档案馆、香港中文大学文物馆编：《清宫内务府造办处档案总汇》第2册，人民出版社2005年，第73页。

⑥ 中国第一历史档案馆、香港中文大学文物馆编：《清宫内务府造办处档案总汇》第3册，人民出版社2005年，第67页。

洋人均在造办处供职，多为才学与审美兼具的来华传教士，如上述材料提到的法国人巴多明，康熙时期便以广泛的科学知识、语言天赋和外交才能崭露头角，他不仅在医学方面表现卓越，还是清初全国大地测量的促成者。

其二是西洋染料、木料、矿物、西器上的小部件等一些形态模糊、作用不凸显的杂物。据档案记载：

（雍正三年）正月二十五日，庄亲王着李国屏交来避风石四块，西洋黑铅一匣，西洋红铅一匣，自来铜手镯十五件，西洋珐琅颜色二匣，传旨：交养心殿，钦此。于四月二十八日，自来铜手镯十五个，据西洋人冯秉正、罗怀忠认看，得此铜不是丹巴噶铜，仍交李国屏持去；于十三年十二月二十六日，将黑红铅二匣，西洋珐琅颜料二匣，交太监毛团呈进讫。避风石四块现存库。①

（雍正三年）十月二十八日，据圆明园来贴内称首领太监程国用交蛇木大小十九块，上有花纹，锡匣盛，说奏事太监刘玉传旨："着西洋人认看，钦此。"②

（雍正四年）正月十三日，太监杜寿交来黄铜小仪器一件、鸟枪上用的小铁家伙二分，传旨："着认看，钦此。"③

从上述材料可以看出，这些杂物的用途实在有限，在交与西洋人认看后，大多数都被存放入库，直到腐化变质再无用武之地。需要指出的是，有些杂物经过甄别后发现，也并非来自西洋。如材料中提到的"蛇木"，

---

① 中国第一历史档案馆、香港中文大学文物馆编：《清宫内务府造办处档案总汇》第1册，人民出版社2005年，第42、第134页。

② 中国第一历史档案馆、香港中文大学文物馆编：《清宫内务府造办处档案总汇》第1册，人民出版社2005年，第472页。

③ 中国第一历史档案馆、香港中文大学文物馆编：《清宫内务府造办处档案总汇》第1册，人民出版社2005年，第696页。

应产自东南亚和日本南部。但在确认种类和用途之前，均交与西洋传教士作西器认看。

其三是西方最新的科技产品。这其中包含西洋计时器，如雍正四年（1726）八月二十日，太监交来一个五彩人形珐琅套金盒，内装珐琅表盘双针表等十种针表，雍正传旨："着西洋人认看。"① 以及西洋望远镜和眼镜，如雍正七年（1729）十月二十五日，传教士戴进贤呈进一副西洋玻璃眼镜，雍正传旨："着照朕带的眼镜样式装修，再将盒内西样字白纸签着西洋人认看，因写汉字，钦此。"②又如雍正十一年（1733）十月二十七日，太监王常贵、高玉交来广东官员毛克明、郑武赛所进四件铜嘴千里眼，雍正传旨："着认看等次，钦此。"③第二年毛、郑二人又进五件千里眼，仍传旨认看。④ 西洋射光灯也属于西方最新科技，雍正四年（1726）三月十五日，据圆明园来贴内称首领太监程国用持来西洋射光灯一件，说太监杜寿传旨："着认看，钦此。"⑤ 此外，西方最新科技产品还包括西洋天文仪器，这是认看的重点，这类史料在档案中屡见不鲜。

> （雍正四年）五月初六日，据圆明园来贴内称太监杜寿交西洋日晷一件，传旨："交给海望全（同）西洋人认看是何用法，认看准时着海望面奏，钦此。"⑥

---

① 中国第一历史档案馆、香港中文大学文物馆编：《清宫内务府造办处档案总汇》第 2 册，人民出版社 2005 年，第 25 页。

② 中国第一历史档案馆、香港中文大学文物馆编：《清宫内务府造办处档案总汇》第 3 册，人民出版社 2005 年，第 674 页。

③ 中国第一历史档案馆、香港中文大学文物馆编：《清宫内务府造办处档案总汇》第 5 册，人民出版社 2005 年，第 704 页。

④ 中国第一历史档案馆、香港中文大学文物馆编：《清宫内务府造办处档案总汇》第 6 册，人民出版社 2005 年，第 394 页。

⑤ 中国第一历史档案馆、香港中文大学文物馆编：《清宫内务府造办处档案总汇》第 1 册，人民出版社 2005 年，第 743 页。

⑥ 中国第一历史档案馆、香港中文大学文物馆编：《清宫内务府造办处档案总汇》第 1 册，人民出版社 2005 年，第 771 页。

（雍正四年）五月初六日，据圆明园来贴内称太监杜寿交通天气表一件，传旨："交给海望仝（同）西洋人认看是何用法，认看准时着海望面奏，钦此。"①

（雍正四年）七月初九日，据圆明园来贴内称郎中海望持出铜扇面式日晷一件，奉旨："着西洋人认看，照样做二件，钦此。"②

（雍正五年）十月二十日，太监张玉柱交来仪器一分，随乌木匣盛，系巡抚杨文乾进。传旨："着认看，钦此。"③

这些西洋日晷、交通天气表等科学仪器，制作精密、用法复杂，因此需要交与具备相关专业知识的西洋传教士进行认看。有时在认看后，还会根据制造工艺的优劣划分等次。如乾隆十五年（1750），永禄、何国宗奏称："四月二十四日，发下仪器铁丝琴等物十一件，臣等率同西洋人刘嵩龄等查看，得银半圆仪一件、铜半圆度尺一件、铜赤道公晷一件、地平象限仪一件，制造甚精，堪列为一等，镀金半圆仪一件、镀金象限仪一件、铜象限矩度一件、倭铁勾股仪一件、随钥柄一件，制造亦好，堪列为二等，请交该处收贮。"④

除以上物品之外，造办处也会对西洋武器、工艺品等物进行认看，如雍正四年（1726）三月二十二日，据圆明园来贴内称首领太监程国用持来蜜蜡鼻烟壶一件，说太监杜寿传旨："着西洋人认看，钦此。"⑤

待需要认看的西器辨识清晰后，与其他送入造办处的西器一同，因材

---

① 中国第一历史档案馆、香港中文大学文物馆编：《清宫内务府造办处档案总汇》第1册，人民出版社2005年，第771页。
② 中国第一历史档案馆、香港中文大学文物馆编：《清宫内务府造办处档案总汇》第2册，人民出版社2005年，第4~5页。
③ 中国第一历史档案馆、香港中文大学文物馆编：《清宫内务府造办处档案总汇》第2册，人民出版社2005年，第555页。
④ 中国第一历史档案馆、故宫博物院编：《清宫内务府奏销档》第38册，故宫出版社2014年，第401~402页。
⑤ 中国第一历史档案馆、香港中文大学文物馆编：《清宫内务府造办处档案总汇》第1册，人民出版社2005年，第750页。

施用，如暂无用途，则贮藏库内，待他日有需求时再取用。如乾隆元年
（1736）九月初五日，皇帝令首领太监魁明交给造办处十二块玻璃，"着交
造办处有用处用，钦此"①。当日，内府库使李元便将玻璃拿到造办处，并
收贮起来。又如某些大件西洋器物，仅将有用零部件取下储藏。如乾隆二
年（1737）五月十四日，太监毛团、胡世杰交蓝玻璃边玻璃插屏镜一座，
皇帝下旨："玻璃镜有用处用，其蓝玻璃边做自鸣钟架子上，有用处用，
钦此。"② 于是当天，内府库使石柱和自鸣钟处领催王吉祥便分别将玻璃镜
和蓝玻璃边拿回各自所属部门贮藏。在造办处档案材料中，以上事例不甚
枚举，造办处在此刻便发挥了贮藏的作用。

　　贮藏在造办处的西器各有殊途，有些物品很快便从库中取出发挥效
用，有些则放置多年才重新持出。据史料记载，乾隆元年（1736）三月二
十八日，太监首领萨木哈向乾隆帝呈进西洋红玻璃钮十二对，西洋绿玻璃
钮十二对，皇帝授意收入造办处活计库，待今后"有用处用"。此后这些
玻璃钮便一直存放在库内，直到乾隆十四年（1749）正月二十六日，才由
司库白世秀"将西洋玻璃钮子二十四对持进，交太监胡世杰呈进"，其间
已隔13年之久。③ 更有甚者，在放入造办处后长期无人问津。据档案记
载，雍正十一年（1733）十月二十七日，广东官员毛克明、郑伍赛敬献千
里水平仪器一件，雍正帝下旨"交造办处收贮"④。笔者翻阅内务府造办
处档案，雍正十一年（1733）之后，这件千里眼水平仪器便登记在库存档
案中，多年未变。又如档案记载，雍正十二年造办处库存有"西洋铁磨二

---

　　① 中国第一历史档案馆、香港中文大学文物馆编：《清宫内务府造办处档案总
汇》第7册，人民出版社2005年，第188页。
　　② 中国第一历史档案馆、香港中文大学文物馆编：《清宫内务府造办处档案总
汇》第7册，人民出版社2005年，第777页。
　　③ 中国第一历史档案馆、香港中文大学文物馆编：《清宫内务府造办处档案总
汇》第7册，人民出版社2005年，第185页。
　　④ 中国第一历史档案馆、香港中文大学文物馆编：《清宫内务府造办处档案总
汇》第5册，人民出版社2005年，第705页。

分"①，直到乾隆五十九年（1794）的档案中，"西洋铁磨二分"② 依然记录在案。显然，在漫长的 61 年中，这两件西洋铁磨便闲置在造办处中，直至破损生锈。

由于内务府造办处是为皇室服务的机构，所贮藏的西器是否能够再次取用，完全取决于皇帝一时的兴趣和需求。因此，一些本能够改变中国社会进程的西洋器物，就这样被遗憾的弃置了。1860 年，八国联军闯入圆明园，意外地发现了马戛尔尼（George Macartney）使团访华时赠予乾隆皇帝的臼炮，竟原封不动地放置在库内，毫无使用的痕迹。这件当时最为先进的火器，在乾隆眼里不过是一件外夷的贡物，仅为"盛世"增彩。有清一代，军队配制的火器基本上还是明代的旧式加长鸟铳，可谓是历史的倒退。

二、造办处对西器的仿制与改造

清代皇宫和园林中遍布的西洋奇器，除了少部分来自原产国，多数都是经造办处仿制而成。可以说，造办处对各类西器的成功仿制，极大地推动了西洋物质文明在中国的传播。

造办处仿制西器的工序十分复杂，通常是先画图样，再呈递给皇上检阅，在皇上提出建议后进行修改，数易其稿后确定最终样式，再进行制作。不同物品的图样交由不同的作坊完成。以最具代表性的钟表仿制为例，据档案记载："雍正十一年十一月二十九日，首领太监赵进忠持来插屏钟样二分、小时钟样二分、小表样一分，说内大臣海望着照样做插屏钟二分、时钟二分、小表一分，记此。"③ 这一段史料展示了钟表仿制的程

① 中国第一历史档案馆、香港中文大学文物馆编：《清宫内务府造办处档案总汇》第 6 册，人民出版社 2005 年，第 573 页。
② 中国第一历史档案馆、香港中文大学文物馆编：《清宫内务府造办处档案总汇》第 55 册，人民出版社 2005 年，第 170 页。
③ 中国第一历史档案馆、香港中文大学文物馆编：《清宫内务府造办处档案总汇》第 5 册，人民出版社 2005 年，第 715 页。

序，首领太监赵进忠作为上意的传达者，令内务府大臣海望按照雍正批示的表样，统领造办处进行制造。因此，任何西洋仿制品都包含了皇帝的心思和工匠们的心血，造办处完成的任何一件合格产品，皆属精品。

　　造办处仿制的对象通常是原装进口的西洋奇器。哪些西器需要仿制，数量多少，基本上取决于皇室的需要。例如雍正爱好眼镜，造办处便大规模仿制西洋眼镜，因而造办处档案中也多见此类记载。例如雍正八年（1730）四月二十日，"太监俞文交来西洋玻璃玳瑁圈眼镜一副，随红羊皮描金盒，说小太监五妞妞传旨：将此眼镜交与刘三九，着伊照样或用水晶或用墨晶做二三副，钦此"①。雍正下旨制造的眼镜，是用料昂贵的玳瑁圈西洋玻璃眼镜。玳瑁是海龟科的一种海洋爬行动物，用作饰品的原料取自其背部的鳞甲。玳瑁眼镜色似琥珀，温润细致，品味华贵高雅，出汗时不会滑动，它的硬度保证眼镜不易变形。造办处在仿制过程中基本忠于原物，仅将镜片的玻璃材质换成水晶或者墨晶。清朝皇室对西器的兴味甚浓，常要去造办处对西器进行批量的仿制。据档案记载，仅乾隆二年（1737）八月初一一天，便命造办处将一件文具匣中的物品仿制两份，共计百余件，其中包括"西洋家伙十一件、玻璃镜一件、象牙日晷一件、眼镜一副、玻璃鼻烟壶一件、千里眼一件"② 等大量西洋器物。除了对原装进口的西器进行整体仿制，造办处也会对皇帝青睐的仿制品进行仿造。例如雍正四年（1726）七月初九，圆明园造办处制成一件灯光表，雍正便下旨："着照样再做两分，钦此。"③ 对于皇帝欣赏的仿制品，造办处甚至会进行批量仿造。如雍正九年正月初五日，内务府总管海望、员外郎满毗传

　　① 中国第一历史档案馆、香港中文大学文物馆编：《清宫内务府造办处档案总汇》第 4 册，人民出版社 2005 年，第 335 页。
　　② 中国第一历史档案馆、香港中文大学文物馆编：《清宫内务府造办处档案总汇》第 7 册，人民出版社 2005 年，第 805 页。
　　③ 中国第一历史档案馆、香港中文大学文物馆编：《清宫内务府造办处档案总汇》第 2 册，人民出版社 2005 年，第 5 页。

旨，命造办处将雍正七年七月制作的小千里眼，再做"十五件备用"①。随着仿制技术的进步和制造经验的积累，造办处已经无需拘泥于进口物品的形制与规格，可发挥的空间更大。雍正十年（1732）三月二十二日，雍正帝要求多做些千里镜备用，并"询问做千里眼的人等，茶晶、黑晶、水晶若做得千里眼，看得远的多做些，钦此"②。用不同的材料试造千里镜，可谓一次科学的探索。

造办处的另外一项重要职能，是对西器进行加工和改造。改造西器的方式分为两种，第一种是外观改造。例如雍正七年（1729）十月二十五日，西洋人戴进贤向皇上进献西洋眼镜一副，雍正见到眼镜后，传旨造办处，命其"着照朕带的眼镜样式装修，再将盒内西样字白纸签着西洋人认看，因写汉字，钦此"③。雍正命造办处将这副西洋眼镜的外观改变成他惯用的款式，并将眼镜盒上的英文也转译成了中文，这便是对西器外观进行改造的典型案例。又如雍正十一年（1733）十月二十六日，太监刘沧洲将六副西洋玻璃眼镜交到圆明园造办处，传旨："着照上用做法做，其盒子鞔红皮。"④ 同样，造办处将西洋眼镜直接加工成雍正惯用的款式，并为其制作了精致的眼镜盒。尽管眼镜仿制工艺已经相当成熟，雍正仍然非常重视原装进口的器物，特意命造办处在眼镜盒上立一象牙签，并标明"西洋玻璃眼镜"六个字，以此与本土仿制品区别开来。西洋钟表也是造办处改造的重点，如乾隆元年（1736）五月十一日，"首领赵进忠将自鸣钟处旧存玻璃表盘、紫檀木架时乐钟一座，交太监毛团呈览，奉旨：着将玻璃表盘换做法瑯表盘，架顶上安玻璃球八个，倒环要立着，钦此。于本月十六

① 中国第一历史档案馆、香港中文大学文物馆编：《清宫内务府造办处档案总汇》第4册，人民出版社2005年，第646页。

② 中国第一历史档案馆、香港中文大学文物馆编：《清宫内务府造办处档案总汇》第5册，人民出版社2005年，第244页。

③ 中国第一历史档案馆、香港中文大学文物馆编：《清宫内务府造办处档案总汇》第3册，人民出版社2005年，第674页。

④ 中国第一历史档案馆、香港中文大学文物馆编：《清宫内务府造办处档案总汇》第5册，人民出版社2005年，第703页。

日，首领赵进忠将画得乐钟紫檀木座纸样一张，交太监毛团呈览，奉旨：
照样准做，钦此"①。造办处按照乾隆喜好，将表盘由玻璃改制为珐琅材
质，并在顶上安装八个玻璃球，对外观进行了较大的更改。此外，对西器
配饰的添补，也属于外观改造的范畴。例如雍正七年（1729）十月二十五
日，郎中海望持出小玻璃镜一面，系西洋人巴多明进，奉旨："此镜甚好，
着做西洋式做轴，长座子将背后支撑拆去，其糊的西洋纸不必动，安活
轴，钦此。"② 此例中，造办处将镜座背后的固定支撑拆掉，改配可以活动
的轴。又如档案记载，雍正八年（1730）四月二十六日，首领太监李久明
持来西洋木匣二件，说太监张玉柱王常贵传旨："匣盖上有冽缝处，着线
补收拾，其铜饰件口的不好看，着另换，钦此。"③ 由此可见，皇上提出的
西器外观更改要求，往往过于琐碎，连西洋木匣上的铜饰件不合喜好，都
会下旨更改。而造办处作为皇室服务机构，也严格遵旨，做出令皇帝满意
的作品。第二种是内在功能改造。经过改制后的西器，用途也随之发生变
化。据档案记载，乾隆元年（1736）九月二十九日，"首领赵进忠来说，
本日将本处所存贮雍正十三年五月十七日，内大臣海望奏明交来的风琴一
座，交太监毛团呈览，奉旨：着将此风琴内添配一钟穰，钦此。"钟穰即
机芯，是钟表的中枢系统，乾隆欲在风琴内添加机芯，使之具备时钟的某
些功效，这便是对西器内部功能的改造。

通过对西器不断的加工与改造，造办处对西洋物质文明的认识愈见深
刻。在西洋技师的指导和中国工匠的不懈努力下，造办处对绝大多数舶来
品的外部工艺及内部机理已经能够全面的掌握，就连自鸣钟这种制造工序
繁复、内部结构精密的物件，也能仿造的与进口产品并无二致。江西巡抚

① 中国第一历史档案馆、香港中文大学文物馆编：《清宫内务府造办处档案总
汇》第 7 册，人民出版社 2005 年，第 210 页。

② 中国第一历史档案馆、香港中文大学文物馆编：《清宫内务府造办处档案总
汇》第 3 册，人民出版社 2005 年，第 657 页。

③ 中国第一历史档案馆、香港中文大学文物馆编：《清宫内务府造办处档案总
汇》第 4 册，人民出版社 2005 年，第 337 页。

郎廷极曾向康熙进贡了一件"西洋大日表"，康熙朱批道："近来大内做的比西洋钟表强远了，已后不必进。"可见康熙时期，造办处的仿制技术便已炉火纯青。不惟如此，造办处在仿造过程中也进行了大胆创新。如乾隆三年（1738）五月，在西洋人传教士沙如玉的带领下，造办处历时一年多，制造出一座带有计时功能，可以自行转动的风扇。虽然这件自行风扇在技术上并无创新，但是也脱离了对西洋自鸣钟固有形态的临摹，可谓是一次有益的探索。

三、造办处对西洋仿制品的修护

造办处承担着对西器进行维护与修理的职能。清朝历代皇室对西器兴趣甚浓，宫殿及园林中摆放着各式西洋奇器。诸多器物陈设日久，出现了不同程度的损毁。内务府工作人员便将折损的器物领回造办处，进行维修。在清代档案中，这一过程被笼统地称为"收拾"。

据内务府造办处档案记载，在众多西器中，自鸣钟"收拾"得最为频繁。究其原因，一是因为自鸣钟体型巨大，一旦安置妥当，多年不易更换。如雍正六年（1728）二月十六日，敬事房太监张宝来说总管太监陈福苏培盛传："交泰殿内陈设的自鸣钟上丝绳着旧尺寸另换丝绳三根，记此。"[1] 又如雍正六年七月十六日，奉宸院来文内称，"畅春园内严霜楼旧有自鸣钟年久破坏，相应咨行养心殿造办处，着该管人员来收拾"[2]。还如乾隆二十四年（1759）三月初四日，副催总福明呈，为首领孙详报称，"御兰芬五更钟一座、澹泊宁静时乐钟一座、谐奇趣风琴钟一座，以上所用绳绦俱年久糟烂难以应用"[3]，要求更换新的绳绦。前两例材料中，交泰

---

① 中国第一历史档案馆、香港中文大学文物馆编：《清宫内务府造办处档案总汇》第 3 册，人民出版社 2005 年，第 33 页。

② 中国第一历史档案馆、香港中文大学文物馆编：《清宫内务府造办处档案总汇》第 3 册，人民出版社 2005 年，第 103 页。

③ 中国第一历史档案馆、香港中文大学文物馆编：《清宫内务府造办处档案总汇》第 24 册，人民出版社 2005 年，第 290 页。

殿和严霜楼内的这两座自鸣钟，康熙朝陈设，雍正朝维修。后则材料中，圆明园的御兰芬、澹泊宁静、谐奇趣三处自鸣钟，陈设于乾隆十六年（1751）前后，于乾隆二十四年（1759）进行维修。这些自鸣钟皆经历了数年乃至十几年的漫长放置，因而"年久破坏"。自鸣钟"收拾"频繁的第二个原因，是由于其构造繁琐且制造精密，钟身上零部件较多且易耗损。在造办处档案中，有更换自鸣钟发条的记录。如雍正六年（1728）二月十四日，太监李福交来白玻璃架时钟一座，西洋木架问钟一座，说总管太监谢成传旨："此二座钟着换法条，有可收拾处，俱着收拾，钦此。"①有更换自鸣钟套、丝绳拉绳的记录，如乾隆二年（1736）二月初四日，"首领赵进忠来说，为本处有随侍时钟、问钟二件，背云钟黄丝线带子六根，钟套二件，俱各糙旧难以应用，欲换带子六根，套鞔新面等语，回明监察御史沈嵛、员外郎满毗准行，记此。于本月二十一日将时钟、问钟二件另换得新带子套二件，收拾见新，交领催白老格持去，讫"②。也有给自鸣钟更换羊肠弦的记录，如"乾隆二年二月二十八日，自鸣钟处首领赵进忠、领催王吉祥来说，为养心殿陈设钟八架、重华宫陈设钟八架，钟上羊肠弦糙旧，令欲行羊肠子弦十二根再为收拾"③。羊肠弦多用于19世纪前的乐器，因此这里指的自鸣钟应当是类似风琴钟的物品。此外，档案还有给自鸣钟更换润滑油的记录，如"乾隆元年二月二十六日，首领赵进忠翟进朝来说，宫殿监副侍李英、总管王太平交着收拾交泰殿大自鸣钟一座，应换生丝拉绳三根，行厄里洼油四两等语。回明监察御史沈嵛、员外郎满毗、三音保常保着行给，记此"④。"厄里洼油"便是自鸣钟的润滑剂。档

---

①　中国第一历史档案馆、香港中文大学文物馆编：《清宫内务府造办处档案总汇》第3册，人民出版社2005年，第32页。

②　中国第一历史档案馆、香港中文大学文物馆编：《清宫内务府造办处档案总汇》第7册，人民出版社2005年，第832页。

③　中国第一历史档案馆、香港中文大学文物馆编：《清宫内务府造办处档案总汇》第7册，人民出版社2005年，第790页。

④　中国第一历史档案馆、香港中文大学文物馆编：《清宫内务府造办处档案总汇》第8册，人民出版社2005年，第209页。

案中也记载了造办处对钟表内部构件的维护。如雍正七年（1729）三月初九日，催总刘三九来说郎中海望传旨："着将水法山子内铜管子缠布，记此。"①"水法山子"是一种模仿大自然景观式坐钟，内部构造精密，此件水法山子内铜管缠布，或因松动、破损所致。此外，自鸣钟玻璃破碎更换也经常被记录在案。如雍正九年（1731）正月二十五日，因发生地震，圆明园内围墙倒塌，打坏四座自鸣钟的玻璃木架，"欲添补收拾"②。又如乾隆三年（1738）六月初十日，"首领赵进忠来说，今有库内收贮的高架玻璃钟三架、紫檀木钟一架上玻璃有破坏之处，俱各粘补收拾等语"③。造办处并非只对年久失修的自鸣钟进行修理，也会对自鸣钟进行日常的维护。如雍正十年（1732）六月十四日，首领赵进忠来说："圆明园各处陈设自鸣钟不时收拾，今欲备用羊肠子弦四根，五幅见方布挖单四块，大丝绳三根，玻璃盖大小二十个。"④

　　档案中也屡见造办处修理维护其他西器的记载。雍正一朝眼镜数量甚多，使用也较为频繁，因此档案中也常有修缮雍正帝眼镜的记载，如雍正八年（1730）十一月二十八日，太监苏进功交给造办处"上用茶晶眼镜一副"⑤，命其更换损坏的眼镜簧。宫中西洋家具物什也常有耗损，均由内务府官吏交给造办处修护，如雍正九年（1731）三月十五日，内务府催总胡常保将一件紫檀木镶玻璃的西洋柜子交给造办处，命其将玻璃破损不全的

---

①　中国第一历史档案馆、香港中文大学文物馆编：《清宫内务府造办处档案总汇》第3册，人民出版社2005年，第468页。

②　中国第一历史档案馆、香港中文大学文物馆编：《清宫内务府造办处档案总汇》第5册，人民出版社2005年，第662页。

③　中国第一历史档案馆、香港中文大学文物馆编：《清宫内务府造办处档案总汇》第8册，人民出版社2005年，第265页。

④　中国第一历史档案馆、香港中文大学文物馆编：《清宫内务府造办处档案总汇》第5册，人民出版社2005年，第501页。

⑤　中国第一历史档案馆、香港中文大学文物馆编：《清宫内务府造办处档案总汇》第4册，人民出版社2005年，第430页。

地方"添补收拾"①。西洋玻璃制品因其脆弱易碎的特性成为造办处维护的重点，雍正十一年（1733）四月初七日，内臣海望交给造办处一件黑子儿皮锭银钉腰元玻璃镜盒，盒内玻璃镜已经破碎，宣雍正谕旨："着换玻璃镜收拾，其玻璃镜好，可照样做几件，再问西洋人，若有此样镜子，要一二件来，钦此。"② 对于皇家园林中损坏的西洋器物，造办处也会尽心修理，如雍正七年（1729）五月十九日，掌皇家苑囿事务的奉宸院郎中海保呈称："园内承华堂所有自行虎一个，其首尾腿上毛须有脱落处，铁轮子亦锈了，相应转行养心殿，着该管人员带匠役并需用材料到本处收拾等语，记此。"③ 自行虎因其体型较大不易持出，故命造办处工匠带着零部件"上门服务"。以上所举事例与有清一代造办处修缮的西洋器物比起来，可谓是沧海一粟。大量破损的西洋奇器经过细致修理后焕然一新，亦有不少器物在日常维护中保持着最初的光彩，使用多年也未曾减色。

尽管造办处对西器的修护成效显著，但仍有不少物品无法补救。在档案中常能见到一些精美的西洋易碎品在运输途中被摔得粉碎，或因储藏不当而造成无法修复的损毁，无不令人扼腕叹息。造办处唯一的处理方法便是拆下部分零部件，以备他用。此外，西洋药露也是无法挽救的典型。如武英殿的东梢间曾作为露房，贮藏有各类年代久远的西洋药品及花露，监造列单并交由造办处进呈时，才发现丁香、豆蔻、肉桂油等物，"油已成膏，匙匕取之不动"④，药性全无。囿于药物保质期及宫中储藏条件的限制，造办处对于西洋药露的变质爱莫能助。

---

① 中国第一历史档案馆、香港中文大学文物馆编：《清宫内务府造办处档案总汇》第 4 册，人民出版社 2005 年，第 691 页。

② 中国第一历史档案馆、香港中文大学文物馆编：《清宫内务府造办处档案总汇》第 5 册，人民出版社 2005 年，第 642 页。

③ 中国第一历史档案馆、香港中文大学文物馆编：《清宫内务府造办处档案总汇》第 3 册，人民出版社 2005 年，第 575 页。

④ （清）姚元之：《竹叶亭杂记》，中华书局 1982 年，第 21 页。

四、造办处对西洋仿制品的调配

有清一代，造办处搜集并仿制了数以万计的西洋奇器，其供应量远超皇室需求。耗费巨大的人力物力制造西器，不单单是为了满足皇室用度，也被调配到了有需求的地方。总体来说，西器的调配分为以下四处。

其一，皇室自用。内务府本就是为皇室服务的机构，而下辖的造办处亦是如此。众多西器都是按照皇帝自用的需求制作的，从提交图样到制成实物，需得到皇帝的首肯。自用西器不但数量巨大、品类多样，连品质也属于最上层。以眼镜为例，造办处生产的眼镜便有上用与赏用之分。据档案记载，"雍正十年十一月十五日，员外郎满毗、三音保全［同］传做备用上用茶晶眼镜二副，赏用三十岁茶晶眼镜二副、水晶二副、玻璃二副，赏用四十岁水晶眼镜二副、茶晶二副"①。顾名思义，上用眼镜属于皇上自用，自然精致绝伦，而赏用眼镜，则用于皇帝封赏之用，品质上会逊色不少。不惟如此，据材料显示，造办处制造的望远镜、自鸣钟、洋绒洋缎等物也有上用与官用之别。

其二，赏用西器。赏用西器是造办处受皇室委托生产制造的，用于封赏的西器，亦被称为官用西器。赏用（官用）西器在材质的选取上远逊于上用西器，这一差异在档案材料中体现得尤为明显。例如雍正四年（1726）八月十三日，太监刘玉将一百副水晶眼镜呈递给皇帝过目，雍正传旨道："此眼镜圈子不好，做官样收拾。"② 这批眼镜由于镜圈工艺较差，造办处只能将其打造成官用眼镜，就连这批眼镜的镜匣也遭到区别对待，制作精良的用作"上用"，平常的则做"赏用"。赏用西器的品质也并非粗糙不堪，根据赏赐对象的不同而分为三六九等。赏赐对象通常是皇亲国戚、满汉官员、身边近侍等不同的阶层，赏给侍卫和普通官员的通常是

---

① 中国第一历史档案馆、香港中文大学文物馆编：《清宫内务府造办处档案总汇》第 5 册，人民出版社 2005 年，第 338 页。
② 中国第一历史档案馆、香港中文大学文物馆编：《清宫内务府造办处档案总汇》第 2 册，人民出版社 2005 年，第 21 页。

批量生产且用料简单的西器，赏赐给皇室成员和地方要员的西器则精致许多。如乾隆二十四年（1759）十二月二十七日，皇帝赏赐给五阿哥爱新觉罗·永琪一件镀金拱花镶嵌玛瑙珐琅花套、镀金透花盒镶嵌五彩珐琅人形底、镀金锡白珐琅表盘双针问钟，其工艺的复杂程度非普通赏赐品所能比拟。又如雍正六年（1728）五月初七日，据圆明园来贴内称本月初五日郎中海望奉旨："朕看尔等做的赏用眼镜、火镰包等件，虽系赏用，不可粗糙，务要精细，使外边人员敬重钦赐之物，钦此。"① 雍正帝为了树立中央权威，使地方官员"敬重钦赐之物"，特地命造办处务必将赏赐之物做得精美。

其三，军事需要。满族作为具有骑射传统的民族，对西洋火器充满着敬畏。雍正曾向造办处下旨："车上遮牌惟恐不能挡枪，尔等做样与我看，其遮牌头层用木做，二层用西纸做，三层用毡子做，遵此。"② 其畏惧心理可见一斑。正因如此，在皇帝的授意下，造办处不止于生产日常生活用品，同时也担负着制造"新式武器"的重任。有清一代，造办处制造的西式武器的数量极其庞大。如雍正五年（1727）十二月初一日，怡亲王依据库存通料数量及宫内外匠役人数，估算出一年内可以制造出一万杆鸟枪和一百座子母炮，特向皇帝具奏，雍正下旨："照数准做，再给乌拉地方做鸟枪二千杆，钦此。"③ 鸟枪即火绳枪，子母炮系当时所用最小的轻型火炮，改进自明朝的佛郎机炮，这两种武器皆是西洋舶来品，经造办处改造后大量生产，为清军所用。除了子母炮，造办处还批量仿制康熙时期研制成功的威远将军炮。如雍正五年（1727）正月二十一日，郎中海望奉怡亲王谕："我府内有威远将军铁炮一位，尔等要来将尺寸做法记明，照样造

---

① 中国第一历史档案馆、香港中文大学文物馆编：《清宫内务府造办处档案总汇》第3册，人民出版社2005年，第76页。
② 中国第一历史档案馆、香港中文大学文物馆编：《清宫内务府造办处档案总汇》第2册，人民出版社2005年，第570页。
③ 中国第一历史档案馆、香港中文大学文物馆编：《清宫内务府造办处档案总汇》第2册，人民出版社2005年，第567页。

十位。"① 威远将军炮是一种大口径、短身管的前装臼炮，于康熙二十九年（1690 年）在景山研制成功，曾在康熙帝平定中国西北部噶尔丹叛乱的作战中大放异彩。造办处也会对武器进行不断的升级改造，以提升军队的战斗力。雍正十年（1732）十月二十六日，顺承亲王等奏称："（造办处）新造赞巴拉忒鸟枪甚好，阖军营官员兵丁无不欢爱，造此鸟枪官员甚属教谨诚造，况此鸟枪既于军营甚是有益。"并指出"现各处应给鸟枪还有五六千杆尚未造成，欲将此未造鸟枪俱照小赞巴拉忒鸟枪式样成造，应领鸟枪之处将此赞巴拉忒鸟枪发给"，此举得到皇帝的支持。② 军队是国家安定的保障，造办处生产的西器中，只要对军队有所裨益，皇帝便会下令慷慨给予。例如雍正十年（1732）五月二十日，雍正下旨："千里眼于军营甚属有益，尔挑选数件，顺便发给西路军营，钦此。"③ 表达出对军队的关怀。又如雍正十二年（1734）二月初六日，内大臣海望奉旨："据额附策凌奏称，巴尔萨木油军前深为适用，尔可将此油多多料理些，用盛郑家茶锡瓶盛装，务期监固包裹，带与额附策凌应用，钦此。"④ 其后，造办处便将20 斤共 40 瓶巴尔萨木油发往西北军营。巴尔萨木油属于西洋舶来品，能治疗刀伤。造办处储藏的巴尔萨木油多为西洋传教士和外国使团赠予，较为珍贵。雍正对军队将士的体恤可见一斑。

其四，节日需要。造办处制作的活计通常分为两类，一类是"命作"，即遵照皇帝的旨意进行制作的物品，这在前文已经提到过。另一类为"例作"，即年节（元旦、春节、万寿节、千秋节等）的例贡及日常的活计。西洋器物的制作亦是如此，每当节日来临之际，造办处便会制造一些专供

① 中国第一历史档案馆、香港中文大学文物馆编：《清宫内务府造办处档案总汇》第 2 册，人民出版社 2005 年，第 426 页。

② 中国第一历史档案馆、香港中文大学文物馆编：《清宫内务府造办处档案总汇》第 5 册，人民出版社 2005 年，第 326~327 页。

③ 中国第一历史档案馆、香港中文大学文物馆编：《清宫内务府造办处档案总汇》第 5 册，人民出版社 2005 年，第 263 页。

④ 中国第一历史档案馆、香港中文大学文物馆编：《清宫内务府造办处档案总汇》第 6 册，人民出版社 2005 年，第 322 页。

节日使用的西器。例如雍正九年（1731）四月二十日，内务府总管海望传旨造办处，"做备用端阳节玻璃罩内龙飞凤舞山水陈设一件"①。玻璃罩龙飞凤舞山水陈设属自鸣钟作的活计，是以西洋钟座为原型制作的宫中玻璃山水摆设。又如，雍正十年（1732）三月二十八日，司库三音保传旨"备用端阳节各色玻璃鼻烟壶九十个，配象牙匙"②。两年后的端阳节前夕，员外郎满毗、三音保再次传旨"做端阳节各色玻璃鼻烟壶六十个，俱配镀金盖象牙匙"③。万寿节作为皇帝的诞辰日，也需要制造大量的专用器物。据档案材料记载，为了庆祝乾隆七十、八十大寿，造办处打造了许多带有"万寿无疆"文字和图案的西器，如用西洋珐琅颜料调制而成的杯盘、玻璃鼻烟壶和各式钟表等，此不赘述。由此可以看出，因节日需要而制造的西器也并非少数。

① 中国第一历史档案馆、香港中文大学文物馆编：《清宫内务府造办处档案总汇》第4册，人民出版社2005年，第853页。

② 中国第一历史档案馆、香港中文大学文物馆编：《清宫内务府造办处档案总汇》第5册，人民出版社2005年，第246页。

③ 中国第一历史档案馆、香港中文大学文物馆编：《清宫内务府造办处档案总汇》第6册，人民出版社2005年，第347页。

第四章　荟萃：遍设西器的清朝宫苑

西洋物质文明通过进献和仿制等各种形式，已经密集地、大量地进入宫苑，皇宫和禁苑成为西器的荟萃之地。清宫各殿西器横陈，洋物遍布，反映出清朝社会的最上层对西洋物质文明的欣赏态度和实用状况，也反映出中国社会珍奇财宝向社会顶层和权利集中处汇聚的社会现实。出身于游猎—游牧民族的清皇室，既采纳了农耕文明定居的方式，建立皇宫（紫禁城），又保持了本民族喜好园林的生活方式，建立禁苑（圆明园、畅春园、颐和园等）。无论是皇宫还是禁苑，清代皇帝都将西器遍陈其中。本章选取了雍正、乾隆两个具有代表性且前后相延的时期，用近乎白描的手法进行书写，以此展现清代鼎盛时期皇家宫苑中西洋物质文明的传播盛况。

第一节　雍正时期宫中的西洋物质文明

清代的皇宫就是紫禁城，是在明代皇宫基础上修建而成。虽然清代不少皇帝都长住圆明园、避暑山庄等禁苑办公，但紫禁城仍是皇家的根本所在，是清代皇权的象征。清代诸帝都在紫禁城中遍设西器，装点生活。雍正时期，紫禁城中各宫殿都陈设有大量的西洋奇器。这些陈设在一定程度上反映了此时西洋物质文明的传播情况。

一、皇家宫殿中的西洋陈设

第一，养心殿。

雍正即位后将寝宫从乾清宫搬至养心殿，此后养心殿成为皇帝日常生活之所。雍正皇帝将所喜爱的西洋元素点缀其间，为这个传统的中式宫殿增添了新趣。最能反映养心殿中西洋特色的陈设是西洋玻璃制品。据档案记载，养心殿前殿的东暖阁和西暖阁都陈设有玻璃装饰品。雍正四年（1726）二月十五日，员外郎海望奉旨："养心殿东暖阁门内安玻璃插屏一座，钦此。"① 雍正四年（1726）十月二十五日，郎中海望持出紫檀木边玻璃镜二面，奉旨："此二面镜子着安在东暖阁仙楼下羊皮帐内，南面安一面，北面安一面，钦此。"② 玻璃插屏和玻璃镜皆是以西洋玻璃为材料结合中国传统特色摆件制成。

此外，雍正元年（1723），连接养心殿前殿和后殿的穿堂，已经安有玻璃窗。据档案材料记载，"雍正元年十月初一日，郎中保德奉旨在养心殿穿堂北边东西窗安玻璃两块，要求其高为一尺八寸五分，宽为一尺四寸七分或九寸七分。后于十月十三日，将玻璃两块安好"③。雍正初期，内务府造办处还只能制造出几寸的小块玻璃，这种尺寸的平板玻璃需依赖进口，这极大的增加了玻璃窗的成本。玻璃窗也因此成为了只有皇帝才能享用的奢侈品，且就连皇帝，也无法在各个宫殿大面积的安装。养心殿是皇帝日常生活居所，在此地装上玻璃窗，既改善了屋内的采光，又符合雍正的西洋审美。

养心殿后殿也陈设有大量的玻璃制品。雍正元年（1723）十月初七日，郎中保德传旨："养心殿后寝宫西次间内，用玻璃横吊屏一件，直吊屏一件，其大小照西暖阁的玻璃大小一样做，钦此。"后于十月二十五日，做得高三尺四寸五分、宽五尺四寸五分玻璃横吊屏一件，由郎中保德送至养心殿后寝宫西次间内安上；于十一月初二日，做得高四尺五寸、宽二尺

---

① 中国第一历史档案馆、香港中文大学文物馆编：《清宫内务府造办处档案总汇》第1册，人民出版社2005年，第712页。

② 中国第一历史档案馆、香港中文大学文物馆编：《清宫内务府造办处档案总汇》第2册，人民出版社2005年，第80页。

③ 中国第一历史档案馆、香港中文大学文物馆编：《清宫内务府造办处档案总汇》第1册，人民出版社2005年，第218页。

九寸五分玻璃直吊屏一件，由郎中保德送至养心殿后寝宫西次间内安上。① 养心殿后殿是皇帝休息的地方，西次间窗户向南开设，北面设有雕龙柜，在屋内放置玻璃吊屏，也是为了美观。又，雍正六年（1728）正月初五日，首领太监萨木哈来说，太监刘希文、王太平传旨："养心殿后殿着安一玻璃窗户眼。"② 安装玻璃窗户眼，是雍正时期常用的装饰窗户的方法，尚国华、芮谦指出，窗户眼是"在一扇窗的中心部位的几个窗格上安装玻璃并镶以紫檀木、红木、楠木边框"，这种做法"对室内的采光无多大的帮助，随着进口平板玻璃的增多逐渐被淘汰"③。因此，可以判断，这些陈设在养心殿后殿的玻璃制品，也仅具备观赏功能。

第二，乾清宫。

乾清宫是内廷正殿，是明清十六帝的寝宫，雍正虽将寝宫搬到养心殿，但仍常在乾清宫批阅奏章、选调官员。据材料记载，雍正七年（1729）三月三十日，首领太监龚守义、林进朝、李进忠传旨："乾清宫大殿上着备用眼镜三副，钦此。"④ 仅四个月后，雍正再次下旨，"京中大殿内着安眼镜二副，钦此。"⑤ 又雍正九年（1731）十一月初一日，内务府又提请在乾清宫新添上用眼镜两幅。⑥ 另有材料显示，乾清宫西边的耳殿弘德殿中，也备有眼镜。雍正七年（1729）十月二十七日，首领太监夏安

① 中国第一历史档案馆、香港中文大学文物馆编：《清宫内务府造办处档案总汇》第 1 册，人民出版社 2005 年，第 77、219 页。

② 中国第一历史档案馆、香港中文大学文物馆编：《清宫内务府造办处档案总汇》第 3 册，人民出版社 2005 年，第 435 页。

③ 尚国华、芮谦：《紫禁城宫殿采光和照明的发展》，载《中国紫禁城学会论文集》1997 年，第二辑，第 304 页。

④ 中国第一历史档案馆、香港中文大学文物馆编：《清宫内务府造办处档案总汇》第 3 册，人民出版社 2005 年，第 488 页。

⑤ 中国第一历史档案馆、香港中文大学文物馆编：《清宫内务府造办处档案总汇》第 3 册，人民出版社 2005 年，第 595 页。

⑥ 中国第一历史档案馆、香港中文大学文物馆编：《清宫内务府造办处档案总汇》第 4 册，人民出版社 2005 年，第 779 页。

来说太监张玉柱传旨："弘德殿着安上用眼镜一副，钦此。"① 雍正批阅奏章劳神费力，带上眼镜便能轻松许多。同时摆放几副眼镜，或是为了满足不同度数的需要。这些眼镜在使用时，是时髦的科技产品；不用时，又是很精美的西洋陈设。

与养心殿一样，乾清宫中也陈设着西洋玻璃制品。例如雍正八年（1730）十一月十三日，太监张玉柱传旨："乾清宫前月台上新盖黄毡，引见三间房内东一间南北安隔断一槽，北面东西安隔断一槽，或做板壁或做围屏式样，靠南窗安床，床上安玻璃镜，钦此。"②

第三，交泰殿。

现藏于故宫交泰殿的那件著名的大自鸣钟，是嘉庆三年（1798）由清宫造办处制造的。但是在雍正时期，交泰殿已经陈设有西洋钟表。据内务府造办处档案材料记载，雍正六年（1728）二月十六日，内务府官员对自鸣钟上的丝绳进行了更换。③ 雍正十年（1730）三月二十二日，宫殿监督领侍陈福副侍刘玉、李英、苏培盛交交泰殿陈设自鸣钟内钢轮子一件。④这件自鸣钟一直放置在交泰殿中，受到精细维护。

第四，其他宫室。

此外，内务造办处档案还记载了西花园承华堂里的自行虎。雍正七年（1729）五月十九日，管理奉宸院事务郎中海保清字呈称："管理西花园事务协理内务府事务，管理武备院事务委署领侍卫内大臣兼内大臣佛伦咨称：'园内承华堂所有自行虎一个，其首尾腿上毛须有脱落处，铁轮子亦锈了，相应转行养心殿，着该管人员带匠役并需用材料到本处收拾等语，

---

① 中国第一历史档案馆、香港中文大学文物馆编：《清宫内务府造办处档案总汇》第 3 册，人民出版社 2005 年，第 677 页。

② 中国第一历史档案馆、香港中文大学文物馆编：《清宫内务府造办处档案总汇》第 4 册，人民出版社 2005 年，第 423 页。

③ 中国第一历史档案馆、香港中文大学文物馆编：《清宫内务府造办处档案总汇》第 3 册，人民出版社 2005 年，第 33 页。

④ 中国第一历史档案馆、香港中文大学文物馆编：《清宫内务府造办处档案总汇》第 5 册，人民出版社 2005 年，第 244 页。

记此。'"① 自行虎是宫中供职的西洋传教士制造的机械玩具，其制作精良，用真皮包裹，栩栩如生，内以发条为动力，能自行移动。自行虎陈设在御苑之中，供皇帝随时赏玩，需要修理时，就由管理园囿、河道机构的奉宸苑官员咨行相关部门处理。②

西洋器物不仅仅陈设在皇帝的宫室中，皇亲国戚也会在房内摆放。备受雍正帝宠爱的怡亲王胤祥，曾向内务府造办处的自鸣钟处借用挂表一件，陈设在其值房内，后因去世而收回。据档案材料记载，"雍正十年六月二十一日，表房太监吕进朝、马进忠持来怡贤亲王原坐值房内陈设挂表一分，计二件，说'原系向自鸣钟借用，暂陈设在值房，今无用处'等语。员外郎满毗、三音保看过，随交既系向自鸣钟借用的仍交自鸣钟收贮，记此"③。

二、皇家园林中的西洋陈设

(一) 圆明园中的西器陈设

圆明园是清代的大型皇家园林，坐落在北京西郊，与颐和园相邻，是康熙帝赠予时为皇四子的雍正的园林，在雍正即位后，在园林的南部营造了正大光明殿、勤政殿以及内阁、六部、军机处的值房。乾隆时期，又新建了长春园、并入了万春园，最终形成了圆明三园的格局。

雍正三年（1725），雍正帝首次驻跸圆明园，雍正十三年（1735），雍正在园内驾崩，其间每年有两百多天是在圆明园中度过的。圆明园的重要程度不言而喻，因此圆明园中的西洋陈设丝毫不比大内逊色，园中各馆都

---

① 中国第一历史档案馆、香港中文大学文物馆编：《清宫内务府造办处档案总汇》第3册，人民出版社2005年，第575页。

② 郭福祥：《雍正朝宫中钟表述要》，载支运亭主编、清代宫史研究会编《清代皇宫礼俗》，辽宁民族出版社2003年，第357页。

③ 中国第一历史档案馆、香港中文大学文物馆编：《清宫内务府造办处档案总汇》第5册，人民出版社2005年，第278~279页。

有西洋物品的行踪。以下选取几个较有代表性的宫殿加以说明。

第一，九洲清晏殿。

九洲清晏殿位于圆明园九洲清晏景区的中轴线上，是三进大殿（圆明园殿、奉三无私殿、九洲清晏殿）的最后一殿，因此又被称为圆明园后殿，是雍正帝驻跸圆明园的主要寝宫，功能上类似于大内的养心殿。九洲清晏殿中设有东西暖阁，并建有一座二层楼的仙楼。殿内各种西洋奇器陈设其间，琳琅满目。

首先是西洋玻璃制品的大量使用。从造办处档案可以看到，雍正多次下令在殿内安装玻璃窗或含有玻璃材料的物件。例如雍正三年（1725）七月十六日，员外郎海望奉上谕："圆明园后殿板墙上，朕欲安一戳灯样，二面安玻璃，中间格挡，尔画几张呈览，钦此。"① （后于八月二十日做得糊连四纸杉木板墙上戳灯一份，安玻璃二块，长一尺七寸五分、宽一尺五寸五分，中间衬红杭合牌烧板一块。）仅一天之后，雍正再次传旨，欲在此殿仙楼下做双圆玻璃窗一件。二十二日，造办处做得合牌样呈览，雍正下旨："双圆玻璃窗做径二尺二寸，边做硬木的。前面一扇画节节见喜，后面一扇安玻璃，玻璃后面板墙亦画节节见喜。钦此。"②

殿内的西洋陈设还有镶嵌着玻璃的西洋柜子。雍正七年（1729）六月初九日，据圆明园来帖内称四月十九日郎中海望奉旨："九洲清晏西边陈设的紫檀木镶玻璃门西洋柜子下身座子不好，尔另用紫檀木做一西洋座子，其中间缩腰安西洋柱子。"③

钟表也是殿内重要的西洋陈设。据档案记载，雍正三年（1725）九月十一日，员外郎海望奉上谕："圆明园后殿内仙楼板墙上安表一件，板墙

---

① 中国第一历史档案馆、香港中文大学文物馆编：《清宫内务府造办处档案总汇》第 1 册，人民出版社 2005 年，第 422 页。

② 中国第一历史档案馆、香港中文大学文物馆编：《清宫内务府造办处档案总汇》第 1 册，人民出版社 2005 年，第 422 页。

③ 中国第一历史档案馆、香港中文大学文物馆编：《清宫内务府造办处档案总汇》第 1 册，人民出版社 2005 年，第 586 页。

上做一铜火盆，不必用架子，改配座子，使表轮子藏内，其表上针透下楼板，楼板下画一表盘，表轮子声音不要甚响，钦此。"① 以火盆座子代替架子，将表轮藏入，这种设计颇为巧妙，使钟表更加美观。又据档案记载，雍正十二年（1734），雍正帝传旨将一架紫檀木边座嵌玻璃门风琴时钟，"陈设在九州清晏"②。这架精美绝伦的风琴自鸣钟系广州左翼副都统毛克明、广东海关副监督郑伍赛所进，属原装进口，绝非造办处的仿制品所能比拟。

第二，莲花馆。

莲花馆是长春仙馆的旧称，其位于圆明园正大光明殿的西面，有殿门三间、正殿五间。雍正七年（1729）赐予时为四皇子的乾隆居住。莲花馆是一座园中园式的建筑风景群，四面环水，由木桥进出，恍若世外桃源，岛内古朴幽静，自然环境极佳。莲花馆共分为四个庭院，东院为正院，是一个四合院。西边另三个院落较小。莲花馆西岸建有御膳房、御茶坊、御药房及太监值房。

莲花馆中也陈设有大量西洋奇器。从内务府造办处档案可以看出，雍正时期，莲花馆大部分房间都已配有尺寸较大的玻璃镜。

（雍正五年）五月十六日，郎中海望奉上谕："莲花馆对西瀑布处三间屋内大玻璃镜两边做对联一副。"③

（雍正五年）六月初五日，据圆明园来贴内称郎中海望传莲花馆一号房内玻璃插屏背后画山水画一张，记此。④

（雍正五年）九月初六日，太监刘希文传旨："莲花馆八号房东间

① 中国第一历史档案馆、香港中文大学文物馆编：《清宫内务府造办处档案总汇》第1册，人民出版社2005年，第591页。

② 中国第一历史档案馆、香港中文大学文物馆编：《清宫内务府造办处档案总汇》第6册，人民出版社2005年，第353页。

③ 中国第一历史档案馆、香港中文大学文物馆编：《清宫内务府造办处档案总汇》第2册，人民出版社2005年，第473页。

④ 中国第一历史档案馆、香港中文大学文物馆编：《清宫内务府造办处档案总汇》第2册，人民出版社2005年，第478页。

内挂的大吊屏玻璃镜并九号房东间内挂的大吊屏玻璃镜，上着照九州清宴洞天日月多佳景屋内挂的玻璃镜上锦帘做二件，钦此。"①

这三则材料均是雍正要求内务府对莲花馆各个房间玻璃镜进行装饰所下达的旨意。由此可以看出，大块玻璃镜的使用已经十分普遍。

莲花岛风景宜人，雍正别出心裁，将西洋望远镜设置其间，便于欣赏岛内美景和隔湖相望的瀑布。据档案记载，莲花馆对西瀑布处、一号房抱厦处，均设有望远镜。②

第三，万字房。

万字房是万方安和的旧称，属于圆明园四十景之一，建筑风格以卍字轩为主体，独具匠心。万字房，四面环水，中间为雍正宝座，宝座上方悬挂有雍正御书牌匾"万方安和"。临水码头位于万字房的东南面，雍正在此登船上岸。

作为雍正最为喜爱的景区，万字房中也蕴含着大量的西洋元素。据档案记载，万字房的窗户也使用了玻璃。雍正五年（1727）七月二十七日，圆明园向造办处索要"万字房窗户上用玻璃一块"③。八月初一日，据圆明园来贴内称，郎中海望传：万字房内窗户上用玻璃长八寸五分，宽六寸三分二块。④ 八月二十五日，据圆明园来贴内称，本月二十四日郎中海望画得万字房对瀑布屋内玻璃窗样一张呈览。⑤

玻璃还会作为装饰材料，用来打破传统陈设的沉闷。雍正五年

① 中国第一历史档案馆、香港中文大学文物馆编：《清宫内务府造办处档案总汇》第 2 册，人民出版社 2005 年，第 520~521 页。

② 中国第一历史档案馆、香港中文大学文物馆编：《清宫内务府造办处档案总汇》第 2 册，人民出版社 2005 年，第 493 页。

③ 中国第一历史档案馆、香港中文大学文物馆编：《清宫内务府造办处档案总汇》第 2 册，人民出版社 2005 年，第 501 页。

④ 中国第一历史档案馆、香港中文大学文物馆编：《清宫内务府造办处档案总汇》第 2 册，人民出版社 2005 年，第 502 页。

⑤ 中国第一历史档案馆、香港中文大学文物馆编：《清宫内务府造办处档案总汇》第 2 册，人民出版社 2005 年，第 514 页。

（1727）六月二十七日，郎中海望奉旨："万字房西南角屋内陈设的竹节式书格四架甚苗细，若摆古董惟恐沉重，尔等用通草做些盆景，俱安玻璃罩，钦此。"① 通草花片制成的盆景安装上玻璃罩，与竹节式书格搭配起来相得益彰，显得明亮雅致。

除了大量的玻璃制品，万字房还陈设有西洋画作。雍正五年（1727）八月二十五日，太监刘希文传旨："万字房通景画壁前着画西洋吉祥草毯子样呈览，钦此。"西洋吉祥草原产地为墨西哥及中美洲地区，应是由其殖民统治者西班牙传入中国。在通景画壁前画西洋吉祥草毯子，体现了中西合璧的审美效果。

西洋钟表也陈设在万字房中。雍正五年（1727）六月二十五日，圆明园来贴内称，首领太监赵进忠来说，总管太监李英传旨："将怡亲王进的自鸣钟并敖尔思进的自鸣钟安在万字房，钦此。"②

万字房还陈设有与自鸣钟原理类似的自鸣鼓一件。据档案记载，"雍正七年九月十一日，据圆明园来帖内称，本月初十日，太监杨忠交来万字房陈设自鸣鼓一件"③。与西花园承华堂的自行虎一样，自鸣鼓也是以发条为动力的机械玩具。

此外，与莲花馆一样，在面对瀑布的地方，也放置了望远镜，供皇帝观赏美景。

第四，勤政亲贤殿。

勤政亲贤殿又名勤政殿，建于雍正三年（1725），为圆明园四十景之一。其殿五楹，殿外檐悬有雍正御书"勤政殿"牌匾，内额为"勤政亲贤"。勤政殿是雍正在圆明园召见大臣的办公场所。其东面有一朝南五开

---

① 中国第一历史档案馆、香港中文大学文物馆编：《清宫内务府造办处档案总汇》第 2 册，人民出版社 2005 年，第 486 页。

② 中国第一历史档案馆、香港中文大学文物馆编：《清宫内务府造办处档案总汇》第 2 册，人民出版社 2005 年，第 485 页。

③ 中国第一历史档案馆、香港中文大学文物馆编：《清宫内务府造办处档案总汇》第 3 册，人民出版社 2005 年，第 646 页。

间的敞厅，名为"芳碧丛"，其间秀竹成林，盛暑之时，雍正会将用膳及办公地点移至此地。"芳碧丛"后面是保合太和殿，此殿面阔九间、前出抱厦三间，设有东西暖阁。保合太和殿东西各有院落，东院有一库房专门放置西洋贡物，其中不乏大量精美的西洋钟表和西洋玩具。保和太和殿后面是"富春楼"，二楼藏有西洋画作、西洋雕刻和西洋玩具。

第五，四宜堂。

据档案记载，四宜堂的具体地点位于勤政殿之后，《雍正实录》也提到四宜堂在勤政殿之侧。① 四宜堂中陈设有非常典型的西洋器物，如西洋画、自鸣钟、眼镜等。

雍正四年（1726）正月十五日，郎中保德、员外郎海望持出西洋夹纸深远画片六张，奉旨："四宜堂后穿堂内安隔断，隔断上面着郎石宁照样画人物画片，其马匹不必画，钦此。"② 郎世宁几经修改之后，于八月十七日画好，由造办处贴在四宜堂穿堂内的隔断上面。深远画即线法画，是典型的西洋风格的装饰画。

自鸣钟表也陈设其中。雍正四年（1726）七月初九日，据圆明园来贴内称，郎中海望持出风琴时钟问钟一座，随乌木架，奉旨："着收拾妥当，安在四宜堂，钦此。"③ 后于八月十一日收拾得风琴时钟问钟一座，首领太监赵进忠持进，安在四宜堂。

四宜堂应是雍正一处读书习字之所，西洋眼镜布置其间。雍正七年（1729）六月十四日，据圆明园来帖内称太监刘进义来说，首领太监王辅臣传旨："四宜堂如意床上安眼镜一付，钦此。"④

① 《清世宗实录》卷四四，雍正四年五月庚子，中华书局1985年，第647页。
② 中国第一历史档案馆、香港中文大学文物馆编：《清宫内务府造办处档案总汇》第1册，人民出版社2005年，第698页。
③ 中国第一历史档案馆、香港中文大学文物馆编：《清宫内务府造办处档案总汇》第2册，人民出版社2005年，第4页。
④ 中国第一历史档案馆、香港中文大学文物馆编：《清宫内务府造办处档案总汇》第3册，人民出版社2005年，第587页。

雍正十三年（1735）八月初七日，据圆明园来贴内称司库常保来说，太监刘沧洲传旨："勤政殿后四宜堂着安眼镜二副，记此。"① 这些眼镜皆为雍正下旨，命造办处仿制的精品。

第六，西峰秀色。

西峰秀色为圆明园四十景之一。雍正初年建造，仿造江南杭州西湖"西峰秀色"景区所建。据档案记载，此景区内建筑如含韵斋、自得轩等处，皆用到了西洋玻璃材料。雍正七年（1729）三月初三日，据圆明园来贴内称太监刘希文王太平传旨："含韵斋殿内北间北窗上着安玻璃一块，做卷帘，钦此。"② 同月十六日，郎中海望再次奉旨："含韵斋屋内圆屏后书格空处着安集锦玻璃镜，钦此。"③ 自得轩亦是如此，雍正七年（1729）四月初十日，据圆明园来贴内称本月初八日，郎中海望奉旨："自得轩东套间内北面窗上着安玻璃户眼三个，钦此。"④

第七，其他建筑。

圆明园中西洋陈设甚多，如正大光明殿内屏风上使用了西洋钩子，夏至彩亭亦挂有西洋钩；蓬莱洲流杯亭和后湖旁竹子院陈设有望远镜；事事如意处和紫萱堂陈设有自鸣钟；上下天光中的平安院屋内的八块窗户皆装上了玻璃。

此外，内务府每遇西洋精品，无论是进口还是仿制品，都会及时奏明雍正，再根据皇帝旨意，决定是否陈设在圆明园。例如，雍正七年（1729）十月初八日，太监张玉柱、王常贵交来镶绿皮大千里眼二件，传

① 中国第一历史档案馆、香港中文大学文物馆编：《清宫内务府造办处档案总汇》第 6 册，人民出版社 2005 年，第 675 页。

② 中国第一历史档案馆、香港中文大学文物馆编：《清宫内务府造办处档案总汇》第 3 册，人民出版社 2005 年，第 462 页。

③ 中国第一历史档案馆、香港中文大学文物馆编：《清宫内务府造办处档案总汇》第 3 册，人民出版社 2005 年，第 471 页。

④ 中国第一历史档案馆、香港中文大学文物馆编：《清宫内务府造办处档案总汇》第 3 册，人民出版社 2005 年，第 514 页。

旨："着试看，若好，圆明园应陈设处陈设，钦此。"① 又如雍正七年
（1729）十二月二十六日，太监张玉柱、王常贵交来飞仙风琴时钟问钟一
座，传旨："着认看收拾好，送往圆明园有应陈设之处，请旨陈设，钦
此。"② 又雍正八年（1730）十月二十八日，太监张玉柱、王常贵交来玻
璃面西洋画片吊屏一件，传旨："送往圆明园交园内总管，应陈设处陈设，
钦此。"③ 于是乎，圆明园中的西洋珍品越来越多。

（二）畅春园中的西器陈设

畅春园于康熙二十六年（1687）建成，是康熙避暑居住的园林，曾
经盛极一时。随着康熙驾崩，雍正即位，畅春园逐渐衰落，仅作为纪念
先皇之所，雍正从未驻跸于此。因此，在雍正时期，档案中关于畅春园
的记载十分有限。但从仅有的材料可以看出，畅春园依然陈设有西洋器
物。

这些西洋器物大多陈设于康熙年间，雍正时期仍然摆放在此处。如档
案材料记载，雍正六年（1728）五月十六日，据奉宸苑清字来文内开管理
畅春园事务员外郎五雅图呈称："园内有自行虎一件，虎上首尾毛须脱落，
再铁轮亦有锈相，应转行养心殿，着造办处着该管人员带领匠役并需用物
料，赴畅春园来收拾等语，记此。"④ 这件自行虎应是康熙陈设在畅春园
的，因年久失修导致皮毛脱落、制动零件生锈。雍正令造办处派人修理。
雍正六年（1728）十月初九日，畅春园闲邪存诚处又发现两只损坏的自行

---

① 中国第一历史档案馆、香港中文大学文物馆编：《清宫内务府造办处档案总
汇》第 3 册，人民出版社 2005 年，第 663 页。
② 中国第一历史档案馆、香港中文大学文物馆编：《清宫内务府造办处档案总
汇》第 3 册，人民出版社 2005 年，第 700 页。
③ 中国第一历史档案馆、香港中文大学文物馆编：《清宫内务府造办处档案总
汇》第 4 册，人民出版社 2005 年，第 409 页。
④ 中国第一历史档案馆、香港中文大学文物馆编：《清宫内务府造办处档案总
汇》第 3 册，人民出版社 2005 年，第 92 页。

虎，同样交给造办处修理。①

与此情况类似的还有陈设在园中的自鸣钟。据档案记载："雍正六年七月十六日，奉宸院来文内称，畅春园内严霜楼旧有自鸣钟年久破坏，相应咨行养心殿造办处，着该管人员来收拾等语，记此。"② 这件自鸣钟也是康熙时期留下的，因疏于打理导致损坏，雍正下旨造办处予以修缮。这些修好后的西洋器物，又重新陈设在畅春园中。据档案记载："雍正七年九月初五日，据圆明园来帖内称九月初四日，畅春园衣尔希达乌什哈来说，内务府总管尚志舜严霜楼陈设自鸣钟，闲邪存诚处陈设自行虎，着收拾，记此。"③ 由此可知，造办处用了近一年的时间才将自鸣钟和自行虎修好，重新陈设回原来的位置。

三、雍正时期西器陈设的特点

雍正时期的西洋陈设琳琅满目，蔚为大观，宫中和园林中的进口西器和西洋仿制品随处可寻，在皇室层面上，西洋物质文明已经成为日常生活的必需。总体来说，雍正时期的西洋陈设有如下几个特点：

其一，所有的西洋器物的陈设皆由雍正帝把控。雍正是个精力旺盛且做事精细的皇帝，西器摆放地点、具体形制甚至与周围环境的搭配，都要征询他的意见。档案材料中常能见到造办处将画好的样图呈递给雍正，雍正将方案驳回并提出改进建议，往往数易其稿方能定稿制作的例子。雍正的个人审美品位决定了西洋陈设的具体走向。

其二，在功能不同的宫殿中，西器陈设种类也各有侧重。比如望远镜

---

① 中国第一历史档案馆、香港中文大学文物馆编：《清宫内务府造办处档案总汇》第 3 册，人民出版社 2005 年，第 139 页。

② 中国第一历史档案馆、香港中文大学文物馆编：《清宫内务府造办处档案总汇》第 3 册，人民出版社 2005 年，第 103 页。

③ 中国第一历史档案馆、香港中文大学文物馆编：《清宫内务府造办处档案总汇》第 3 册，人民出版社 2005 年，第 644 页。

都陈设在地势较高或是依山傍水的景区里，如万字房对瀑布处、莲花馆对瀑布处、蓬莱洲流杯亭、竹子院楼上，皆是风景如画的观景佳境。眼镜陈设之处，皆为雍正读书习字、批阅奏章之所，如乾清宫大殿、弘德殿、勤政殿四宜堂等处。钟表代表时间，已经成为皇帝不可或缺的必需品，因此雍正会去的宫殿，基本上都会放置自鸣钟。由于技术原因，造办处无法仿制出大尺寸的西洋平板玻璃，这使得完整的玻璃窗成为奢侈品，仅仅在雍正日常居住的宫殿才能够安装，用以提升室内的亮度，而其他的宫殿，则只能在纸窗的基础上安装小块玻璃，如玻璃窗户眼等。

其三，宫殿和园林中的西洋陈设，代表着中国所能接触到最高的西洋物质文明。无论是沿海地区官僚最新搜集到的西洋奇器，还是造办处仿制和改进的最新成果，都能在大内或圆明园找到踪迹。

其四，宫殿中的西洋陈设，呈献出一种中西合璧的态势。比如在圆明园莲花馆的大玻璃镜旁边悬挂对联，莲花馆一号房玻璃插屏背后画上中国山水，东暖阁仙楼的玻璃镜、九洲清晏殿陈设的西洋柜子和风琴时钟的玻璃门都用紫檀木镶边，洞天日月多佳景屋内挂的玻璃镜上挂上中式锦帘，以及在以高丽纸为主的窗户中心部位的几个窗格上安装玻璃并镶以紫檀木、红木、楠木边框等，这些陈设都体现出了中西物质文明的交融。

第二节　乾隆时期宫中的西洋物质文明

受其父雍正的影响，乾隆自幼便对各种精美的西洋奇器耳濡目染。雍正七年（1729）赐予乾隆居住的圆明园莲花馆，更是一处风景如画、西洋奇器遍布的居所。乾隆即位后，造办处的官员便马不停蹄的整理出前朝库存的西洋器物，不断地向宫中呈进，再遵循乾隆的指示进行认看、分级、改造、陈设或者赏赐下属。笔者从内务府档案中统计出了乾隆元年（1736）造办处旧存的部分西洋器物，列表如下，以此直观领略乾隆朝西洋物质文明的繁盛。①

名　　称	单位	数量	名　　称	单位	数量
西洋金花片	包	29	西洋印纸画	张	27
西洋银花片	包	13	西洋油画	张	23
西洋玛瑙	块	8	鄂尔斯图画	册	1
大玻璃镜	面	1	西洋纸	张	26116.5
玻璃吊屏	件	7	西洋花纸	张	687.5
玻璃插屏	件	5	西洋鱼肠剑	把	2
玻璃面紫檀木匣	件	大/小各 10	西洋剑	把	33
玻璃面小绫匣	件	3	西洋剑铁	件	3
玻璃腰圆片	片	26	自来火鸟枪靶西洋剑	把	2
大块玻璃（长度二尺以上）	片	45	西洋铁磨	分	2
玻璃（长度二尺以下）	片	160	未做完银天球	件	1
西洋大金缎	寸	224	仪器（内象牙裂坏）	件	51
青白石日影表	件	1	仪器木架	件	1
墨刻星晷表	件	1	千里眼	件	112
表	件	3	无皮千里眼	件	20
风雨标	件	3	看日蚀千里眼一分	件	30
日晷	件	4	千里眼挂杖	件	20
各样规矩	件	7	千里眼拐杖靶	件	2
灯画镜	分	1	千里眼铜棒	分	1
西洋镟床家伙	分	1	显微镜（破坏）	分	1
量天尺	架	1	琴	架	1
西洋天平	分	1	铜丝琴	分	1

① 统计自中国第一历史档案馆、香港中文大学文物馆编：《清宫内务府造办处档案总汇》第 13 册，人民出版社 2005 年，第 572～601 页。

续表

名 称	单位	数量	名 称	单位	数量
西洋小文具（内盛象牙纸四斤、银耳挖二支、铜笔一支）	件	1	铁丝琴	件	1
算法	分	1	千里眼架（破坏）	分	1

由表可见，乾隆初期，宫中的西洋物质文明已经达到了一个很高的水准。其品类齐全，涵盖了当时欧美最先进的各种产品，既有满足生活需要的日常用品，又有满足审美享受的艺术品，还有用于科学观测的仪器。从数量上看，各种玻璃及玻璃制品、西洋布、西洋纸存量巨大，已然成为宫中常备之必需品。望远镜等物除去宫中陈设和赏赐之外，仍能余留不少。

一、乾隆时期宫中的西洋玻璃

纵观乾隆一朝，西洋玻璃及其各类制品都是尤为重要的生活必需品。清代的西洋玻璃制造从康熙朝开始，经过雍正时期的发展，在乾隆朝达到了鼎盛。乾隆时期因扩建圆明园西洋楼需要制作大量的玻璃灯①，加之其各大宫室也需要大量的玻璃窗及玻璃插屏、挂屏等装饰品，因此玻璃烧造迎来一个井喷时期。除去皇室用度所消耗的数量惊人的玻璃，乾隆元年（1736）造办处还旧存玻璃一共205块，其中二尺以上的大玻璃45块，二尺以下的160块。而到了乾隆二十四年（1759），即西洋楼基本建成之时，造办处旧存玻璃数量剧增到了2925块，其中二尺以上的大玻璃189块，二尺以下2736块。② 无论是从西方进口的大尺寸玻璃，还是玻璃厂自制的小

---

① 参见汤伯达：《清代玻璃概述》，《故宫博物院院刊》1983年第4期；干福熹主编：《中国古玻璃研究：1984年北京国际玻璃学术讨论会论文集》，中国建筑工业出版社1986年。

② 中国第一历史档案馆、香港中文大学文物馆编：《清宫内务府造办处档案总汇》第24册，人民出版社2005年，第809~815页。

块玻璃，在数量上都有着显著的增长。囿于造办处技术的缺陷，大块平板玻璃仍依赖进口，数量有限，显得尤其珍贵，大多用于宫殿的玻璃窗，或者大面镜子上。乾隆十年（1745）十二月初八日，乾隆为了将启祥宫的紫檀木插屏架安上玻璃镜，专程传旨"按插屏架心之尺寸，向粤海关要玻璃镜一块"①。

　　小尺寸玻璃数量的遽增得益于乾隆时期玻璃制造技术的提高，但将西洋玻璃重新熔制仍是造办处获取玻璃的主要途径之一。乾隆元年（1736）十一月十八日，乾隆曾令太监胡世杰传旨，询问烧玻璃的人员："玻璃出硝还可以毁造得毁不得？"②乾隆对玻璃制造的关注与好奇程度可见一斑。小尺寸玻璃用处更加广泛，基本上成为各种装饰品的原材料之一，将宫殿陈设得熠熠生辉，其在审美功能上不亚于珐琅、宝石、水晶等传统装饰品。例如乾隆二年（1737）九月二十九日，太监毛团交给内务府司库刘山久一件青花白地珐琅人物片挂屏，一件五彩珐琅人物片挂屏，乾隆便传旨要求将两件珐琅人物挂屏拆下，"背面俱安玻璃镜"③。又如乾隆二十四年（1759），乾隆命造办处将二件玻璃罩嵌红白绿宝石鸟兽顶包镶金花架规矩鞘珐琅表盘时钟上的宝石拆下换成红蓝玻璃塔。④ 与雍正一样，乾隆对于玻璃制品的改造、加工、布置、搭配都会亲自把关。乾隆元年（1736）五月初四日，太监毛团交给内务府一件带有玻璃门的紫檀木匣子，乾隆传旨要求将玻璃门的尺寸改小。⑤ 又如乾隆十年（1745）七月初三日，太监胡世杰交内务府一对乌木边画玻璃方灯，乾隆要求"将玻璃拆下，在香山做

---

①　中国第一历史档案馆、香港中文大学文物馆编：《清宫内务府造办处档案总汇》第13册，人民出版社2005年，第724页。

②　中国第一历史档案馆、香港中文大学文物馆编：《清宫内务府造办处档案总汇》第7册，人民出版社2005年，第206页。

③　中国第一历史档案馆、香港中文大学文物馆编：《清宫内务府造办处档案总汇》第7册，人民出版社2005年，第665页。

④　中国第一历史档案馆、香港中文大学文物馆编：《清宫内务府造办处档案总汇》第24册，人民出版社2005年，第290页。

⑤　中国第一历史档案馆、香港中文大学文物馆编：《清宫内务府造办处档案总汇》第7册，人民出版社2005年，第260~261页。

窗户眼"①。此类例子不甚枚举。

此外，玻璃制作的眼镜、鼻烟壶、玻璃沙漏，以及各类玻璃镜、挂画、插屏、吊屏，乃至玻璃珠、玻璃三菱镜等玻璃小玩具，也都频繁地出现在乾隆日常生活中。乾隆元年（1736）四月初一日，太监毛团、胡世杰交内务府四件洋漆盒，内含各式小玩意 240 余件，其中便有红玻璃鼻烟壶 1 件、酒黄玻璃油篓式鼻烟壶 1 件、玻璃水盛 3 件、镶玳瑁转像显微镜 2 件、银圈显微镜 1 件、玻璃眼镜 1 副、牛角圈显微镜 1 件、茶晶眼镜 1 副。②

这些小巧的玻璃制品深得乾隆喜爱，乾隆常下旨大量烧造。乾隆二年（1737）十一月三十日，乾隆便令造办处一次性烧造玻璃鼻烟壶一百个。③乾隆三年（1738）正月初七日，乾隆要造办处进玻璃鼻烟壶五十个。④ 而内务府造办处的官员也投其所好，竭尽所能地收集和生产这些洋玩意儿。乾隆三年（1738）三月二十八日，七品首领萨木哈来说太监毛团交西洋红玻璃钮十二对，西洋绿玻璃钮十二对，传旨："着有用处用，钦此。"这批西洋玻璃钮一直被闲置，直到乾隆十四年（1749）正月二十六日，司库白世秀才将西洋玻璃钮子二十四对持进，交太监胡世杰呈览。⑤ 此间竟隔了十二年之久。这些西洋玩意的产量远远大于实际所需，因此大量器物被闲置，无人问津。乾隆三年（1738）八月初八日，内务府将造办处库存的五

① 中国第一历史档案馆、香港中文大学文物馆编：《清宫内务府造办处档案总汇》第 13 册，人民出版社 2005 年，第 556 页。

② 中国第一历史档案馆、香港中文大学文物馆编：《清宫内务府造办处档案总汇》第 7 册，人民出版社 2005 年，第 223~228 页。

③ 中国第一历史档案馆、香港中文大学文物馆编：《清宫内务府造办处档案总汇》第 7 册，人民出版社 2005 年，第 693 页。

④ 中国第一历史档案馆、香港中文大学文物馆编：《清宫内务府造办处档案总汇》第 8 册，人民出版社 2005 年，第 147 页。

⑤ 中国第一历史档案馆、香港中文大学文物馆编：《清宫内务府造办处档案总汇》第 8 册，人民出版社 2005 年，第 185 页。

十九件望远镜呈进给乾隆览阅，乾隆仅留下两件，其余"仍持出收贮"①。鉴于这种生产极度过剩情况，乾隆于乾隆三年八月初九日下旨："嗣后小玻璃器不必烧造，钦此。"② 但是"小玻璃器"的界定过于模糊，乾隆三年之后，仍然有大量的玻璃制品被生产制造，例如档案记载，乾隆十年（1745）八月初十日，"司库白世秀将做得玻璃花瓶四件、玻璃鼻烟壶六十件随盖持进，交太监胡世杰呈进"。毕竟，在"安国在乎尊君"的传统旧社会里，只要皇帝乐意，成本可以忽略不计。

尽管内务府制造的玻璃制品数量巨大，乾隆对其品控仍要求十分严格。乾隆十年（1745）二月初七日，造办处交来一件红玻璃罐，因烧造的不太匀称，导致平放时会活动，乾隆怒斥玻璃罐"做的甚糙"，并警告"嗣后再想这样做法，不轻恕"③。

二、乾隆时期宫中的西洋钟表

乾隆所收藏自鸣钟的数量与种类，也远非前朝所能及。雍正时期位于养心殿造办处的做钟处，到了乾隆时期发展到了顶峰。故宫博物院收藏的大型自鸣钟、乐钟、座钟、闹钟、更钟等，大部分都生产自乾隆时期。内务府造办处档案中，大量材料关涉自鸣钟。乾隆在位六十年，每一年都有大量进献、仿制、改造、陈设钟表的史料，以下仅摘录乾隆二十三年（1758）十二月至乾隆二十四年（1759）四月这半年间所进钟表。

（乾隆二十三年）十二月二十七日进

天球顶葫芦形黑彩漆架法瑯字表盘时钟一座；

---

① 中国第一历史档案馆、香港中文大学文物馆编：《清宫内务府造办处档案总汇》第 8 册，人民出版社 2005 年，第 163 页。

② 中国第一历史档案馆、香港中文大学文物馆编：《清宫内务府造办处档案总汇》第 8 册，人民出版社 2005 年，第 149 页。

③ 中国第一历史档案馆、香港中文大学文物馆编：《清宫内务府造办处档案总汇》第 13 册，人民出版社 2005 年，第 520 页。

铜花架底有异兽白法琅表盘时钟一座；

雕花紫檀木镶嵌法琅架法琅表盘时刻钟一座（此钟于二十七年七月初六日，移在勤政殿东书房陈设）；

镀金拱花镶嵌玛瑙法琅花套、镀金透花盒、镀金锅白珐琅表盘双针问钟一个；

镀金拱花镶嵌玛瑙法琅花套、镀金透花盒、镀金锅白珐琅表盘双针问钟一个；

镀金拱花镶嵌五彩法琅花套、镀金盒白法琅表盘双针表一个；

镀金拱花镶嵌五彩法琅花套、镀金盒白法琅表盘双针表一个；

镀金拱花镶嵌玛瑙法琅花套、镀金透花盒镶嵌五彩法琅人形底、镀金锅白珐琅表盘双针问钟一个（此钟于二十四年四月二十九日胡世杰传旨：着爱山楼下山静云间陈设，钦此）（注：山静云间位于圆明园之长春园泽兰堂爱山楼下）；

镀金拱花镶嵌玛瑙法琅花套、镀金透花盒镶嵌五彩法琅人形底、镀金锅白珐琅表盘双针问钟一个（此钟于二十三年十二月三十日胡世杰传旨：着赏五阿哥，钦此）

镀金拱花镶嵌玛瑙法琅花套、镀金透花盒镶嵌五彩法琅人形底、镀金锅白珐琅表盘双针问钟一个（此钟于二十三年十二月三十日胡世杰传旨：着赏六阿哥，钦此）

镀金拱花镶嵌玛瑙法琅花套、镀金透花盒镶嵌五彩法琅人形底、镀金锅白珐琅表盘双针问钟一个（此钟于二十三年十二月三十日胡世杰传旨：着赏八阿哥，钦此）

（乾隆二十四年）

二月二十六日进雕花紫檀木顶座镀金撒花中心大表盘一分（此表于二十四年二月二十七日陈设在画舫斋）

三月初八日进镀金拱花嵌白玛瑙铜台撒镀金花套镀金透花盒镀金锅白法琅表盘双针问钟一个

三月初九进玻璃罩蓝玻璃顶四角红玻璃顶包镶金花架规矩鞘法琅

表盘时钟一座（绿玛瑙石座）

四月二十八日进洋漆香几时刻钟一座①

内务府所进这批钟表，无论是从材质还是样式上来看，皆是美轮美奂的精品。其中有几件钟表，根据文字描述的"镀金透花盒镶嵌五彩法瑯人形底""铜花架底有异兽"等特征看来，与故宫所藏18世纪英、法等国钟表形制类似，应属进口钟表，其铜镀金底盘上的人形、异兽，应是西洋钟表师雕刻的西洋人物、动物雕塑。另外几件钟表，如雕花紫檀木镶嵌珐琅架珐琅表盘时刻钟和雕花紫檀木顶座镀金撒花中心大表盘，又有着浓厚的中国元素，可能是造办处、苏州或广州等地制作的仿制品。这批钟表一部分被陈设在了皇帝居住的宫殿中，一部分赠给了皇子，足见乾隆对钟表的欣赏。

乾隆接触的钟表甚多，仅凭精致的外观很难令其动容。为此，造办处及各地官员大费周章，在引进或仿制自鸣钟过程中融尽巧思。据史料记载，"乾隆时，内府有自鸣钟，下一格有铜人，长四五寸许，屈一足跪，前承以沙盘。钟鸣时，铜人手执管，划沙盘中，作'天下太平'四字，钟响寂，则书竟矣"②。铜人"屈一足跪"即单膝下跪，符合西洋礼节，在沙盘中作"天下太平"，又符合中国传统愿景。这种利用发条制动原理制造的巧思，令人赞叹。西洋商人也投其所好，将本国钟表进行中国化改造，进献给乾隆。据史料记载："乾隆甲申，西洋某国贡铜伶十八人，能演《西厢》一部。人长尺许，身躯耳目手足，悉以铜铸成，心腹肾肠皆用关键凑结如自鸣钟，每出插匙开锁，有定程。误开，则坐卧行止乱矣。张生、莺莺、红娘、惠明、法聪诸人，能自开箱加衣，身段交接，揖让进退，俨然如生，惟不能歌耳。一出毕，自脱衣卧箱中，临值场时，自行起

---

① 中国第一历史档案馆、香港中文大学文物馆编：《清宫内务府造办处档案总汇》第24册，人民出版社2005年，第715~718页。

② 徐珂：《清稗类钞》第12册《物品类·自鸣钟》，中华书局1986年，第5992页。

立，仍立于毯，巧矣。"① 尽管这件奇器不具备计时功能，但机械原理仍脱胎于钟表，其利用发条传动，零件之间"皆用关键凑结如自鸣钟"。其中国化的设计如此巧妙，令人叹为观止。

乾隆年间宫中钟表实在太多，位于养心殿的做钟处既要对这些钟表进行维护保养，又要不断制造新的钟表，实在难以应付，于是在乾隆二年（1737），便将做钟处扩建三间。据档案记载，"乾隆二年正月二十七日，首领赵进忠、领催王吉祥、白老格来说，本处所造自鸣钟表甚多，作房窄小，欲在后院内盖房三间，等语。回明内大臣海望、监察御史沈崳、员外郎满毗准行，记此。于本年五月初十日，将房三间搭盖完讫"②。乾隆即位不到两年，便扩大做钟处规模，足见其对自鸣钟的热衷。

随着做钟处规模扩大，生产力也得到提升，更多的钟表被制造出来。此时的乾隆已不满足数量上的增多，而是对品质有了更高的要求。乾隆三年（1738）十一月十一日，乾隆命太监毛团将造办处贮藏的钟表呈进，"挑准等次，按等次立档案"③。

乾隆对自鸣钟的兴趣不仅限于计时器本身，还延伸到了钟表周边的装饰物。据史料记载：

　　（乾隆三年）十月十五日，自鸣钟处首领赵进忠来说，为本月初十日，太监胡世杰交鄂尔斯蜡人一对。传旨："着赵进忠用收贮旧钟架内配用，其架前面安玻璃，后面安背板，钦此。"于乾隆四年四月初八日，首领赵进忠将蜡人一对，配得安玻璃架持进，交太监毛团呈进，讫。

---

① 　徐珂：《清稗类钞》第 1 册《朝贡类·西洋贡铜人》，中华书局 1984 年，第 419 页。
② 　中国第一历史档案馆、香港中文大学文物馆编：《清宫内务府造办处档案总汇》第 7 册，人民出版社 2005 年，第 779 页。
③ 　中国第一历史档案馆、香港中文大学文物馆编：《清宫内务府造办处档案总汇》第 8 册，人民出版社 2005 年，第 267 页。

（乾隆三年）十月十五日，自鸣钟处首领赵进忠来说，本月十日，太监毛团、胡世杰、高玉交西洋人耍藤牌人一件。传旨："着用自鸣钟收贮贴金架，另改做其架，立柱安三面玻璃，后面安背板，钦此。"于乾隆五年正月二十八日，司库刘山久将西洋耍藤牌人一件，配得贴金架，安玻璃三面持进，讫。①

以上两条材料中的鄂尔斯蜡人和西洋耍藤牌人皆为西洋人形雕塑。同一时期的英国进口钟表的钟架和底座常以各种人物、禽兽形状作为装饰，营造一种高贵的质感。乾隆应是受此启发，将西洋人形雕塑放入玻璃钟架中，背后安上背板，成为独具一格的装饰品。

又据造办处档案记载：

（乾隆十六年）正月初三日，首领孙祥来说，太监胡世杰传旨："从前准太进过风琴钟上玻璃元珠，因呈进时损坏，着刘山久代去赔做，至今未见呈进，着海（望）寄信查问，钦此。"于闰五月初二日，据粤海关监督唐英来文，内称：查前抚部院准太管关内所进之玻璃球，系外洋夷人携带进广，原有一对，当经选一完固无损者恭进，尚存一个于穿口处略有惊裂，嗣因原进者损坏，奉旨行文赔做。历经前任管关部院传谕外夷，照样携带，总无带有来粤，又未敢将原存惊裂者轻率呈进，是以迟滞至今。兹复奉旨查问，遵将现在原存略有惊裂之玻璃球一个，俟本年水运万寿贡品进京，一并附送，其是否堪以恭进，尚希裁酌等来等语。本日员外郎白世秀进内交太监胡世杰口奏，奉旨："准其送进京来，钦此。"②

---

① 中国第一历史档案馆、香港中文大学文物馆编：《清宫内务府造办处档案总汇》第 8 册，人民出版社 2005 年，第 266 页。
② 中国第一历史档案馆、香港中文大学文物馆编：《清宫内务府造办处档案总汇》第 18 册，人民出版社 2005 年，第 425 页。

内务府常有大量物品或文样呈交乾隆过目，而乾隆却如此清晰的挂念着一件西洋风琴钟上的玻璃珠配饰，在得知玻璃球破损惊裂后，执意要求洋人从原产地再运一个相同的过来，乾隆对钟表配饰的兴趣不言而喻。

除了对原装进口配饰的执着，乾隆也常命造办处的西洋工匠，做一些具有创造性的物品，并与西洋钟表相结合。乾隆二年（1737）六月十三日，乾隆下旨让颇有造诣的法国钟表师沙如玉做一件自行转动的风扇自鸣钟。在制作的过程中，乾隆始终保持着高度关注。先是令造办处画两张纸样呈进，看后要求"着西洋人沙如玉同首领赵进忠商酌，想法一边安钟表，一边安玻璃镜，将库内收贮坏钟表拆用。底座下添抽屉，以便收贮风扇"。几天后见到小样，又要求"安一楠木架"。乾隆三年（1738）四月二十日，赵进忠再次将风扇纸样呈进，乾隆要求"风扇前面用南柏木画彩漆，上面罩玻璃，再做二分，将库内收贮钟穰二分，安在前面"①。在乾隆积极参与下，这件中西合璧的钟表历时一年多才得已完成。

三、乾隆时期宫中的其他西洋器物

内务府的太监常会将一些木匣、木格、柜子呈进给乾隆，其中不乏各式西洋玩意儿。如乾隆元年（1736）正月初六日，太监毛团交紫檀木夔龙式小格两件，高格内盛古玩二十八件，其中包括温都里那石葫芦鼻烟壶一件、玻璃双耳杯一件，矮格内盛古玩二十八件，其中包括洋磁花插一件、洋磁鼻烟壶二件。② 同年三月，刘山久又拿出抽屉两件，其中头一屉内盛西洋木盒一件（内盛玩物一件），第二屉内盛玻璃沙漏瓶一件、西洋木盒一件（内盛西洋香）。③ 同样，面对零散的西洋杂物，乾隆也会令造办处

① 中国第一历史档案馆、香港中文大学文物馆编：《清宫内务府造办处档案总汇》第 7 册，人民出版社 2005 年，第 791~792 页。

② 中国第一历史档案馆、香港中文大学文物馆编：《清宫内务府造办处档案总汇》第 7 册，人民出版社 2005 年，第 213 页。

③ 中国第一历史档案馆、香港中文大学文物馆编：《清宫内务府造办处档案总汇》第 7 册，人民出版社 2005 年，第 216~220 页。

为其做收纳匣。如乾隆元年（1736）七月初二日，总管刘沧洲交来西洋银盒火链一把、西洋金锁五条、金线小圆千里眼套六个、玻璃珐琅桃式鼻烟壶一件、金星玻璃小鼻烟壶一件、西洋银表一件、玳瑁壳取火镜一件、金银钱二个、西洋珐琅鼻烟壶一件、玻璃珐琅鼻烟壶二件，乾隆便传旨要求海望"酌量配做糊锦面绫里楠木匣，盛装完时送寿皇殿陈设"①。

乾隆时期的西器种类太多，以至于常常分不清它的来源、等次甚至用途。凡是遇到这种源头不明的物品，乾隆都会命造办处任职的西洋人认看。例如乾隆十年（1745），太监永泰交内务府一条西洋毯子，乾隆便下旨："着西洋人认看，钦此。"②

对于内务府频繁呈进的西器，乾隆都会作出指示，以期达到物尽其用的效果。对于暂时没有用途的物品，乾隆会将其交给造办处进行清理收拾。如乾隆二年（1737）正月十一日，司库刘山久来说，太监毛团交茶晶眼镜一副、水晶眼镜一副、玻璃眼镜八副、子儿皮套玻璃小容镜二件，传旨："着收拾擦洗，钦此。"③ 又如乾隆三年（1739）正月初三日，司库刘山久来说，太监毛团交自来火灯二件，传旨："着会同自鸣钟处收拾，钦此。"④ 对于造办处送来的老旧杂物，实在无用的，会交与崇文门变卖。乾隆二十四年（1759）三月十六日，"郎中白世秀、员外郎金辉来说，太监胡世杰交旧皮腰式规矩盒一件，内盛规矩八件、容镜一件、火炼一件，传旨着交崇文门变卖，钦此"⑤。

---

① 中国第一历史档案馆、香港中文大学文物馆编：《清宫内务府造办处档案总汇》第 7 册，人民出版社 2005 年，第 230~234 页。

② 中国第一历史档案馆、香港中文大学文物馆编：《清宫内务府造办处档案总汇》第 13 册，人民出版社 2005 年，第 547 页。

③ 中国第一历史档案馆、香港中文大学文物馆编：《清宫内务府造办处档案总汇》第 8 册，人民出版社 2005 年，第 263 页。

④ 中国第一历史档案馆、香港中文大学文物馆编：《清宫内务府造办处档案总汇》第 7 册，人民出版社 2005 年，第 720 页。

⑤ 中国第一历史档案馆、香港中文大学文物馆编：《清宫内务府造办处档案总汇》第 24 册，人民出版社 2005 年，第 294 页。

四、乾隆时期的西洋陈设

乾隆时，紫禁城与皇家园林中遍布大量西洋物质文明的先进成果。雕栏玉砌的传统中式宫殿中铺陈的西洋地毯，摆放的各式自鸣钟、眼镜、西洋玻璃镜，都鲜明地彰显出了西器东传的时代特征。

紫禁城中的西洋陈设基本上是雍正朝的延续，陈设的理念与雍正时期相差无几。宫中的部分西洋物品，在雍正甚至康熙时期就摆放于此，期间只是对其进行维修。例如雍正朝陈设的一些大自鸣钟，乾隆朝仍摆放在原处，在档案中，我们看到乾隆常传旨造办处，给自鸣钟更换新的绳绦、钟内的羊肠弦，添加一些润滑用的厄里洼油或是将破碎的玻璃进行粘补。如乾隆元年（1736）二月二十六日，造办处奉旨收拾前朝留下的交泰殿大自鸣钟，"应换生丝拉绳三根，行厄里洼油四两"①。此外，更多的陈设来自本朝，一是由粤海关等处引进自海外原产地的进口西器，二是由宫中造办处以及苏州、广州、江西等地仿制的西器。这些器物由指定官员送往宫中，交内务府官员呈进给乾隆阅览，然后根据其个人意志陈设至各处。

乾隆的寝宫仍在养心殿，因此档案记载的西洋陈设也最为详尽。据档案记载：

> （乾隆元年）九月二十六日，司库刘山久、七品首领萨木哈来说，太监毛团传旨：后殿明间钟架玻璃门上，着郎世宁画油画，钦此。于本月二十八日，郎世宁将后殿明间钟架玻璃门上画油画，讫。②

这段画面感极强的文字，向我们展示了养心殿后殿明间放置着一架自

---

① 中国第一历史档案馆、香港中文大学文物馆编：《清宫内务府造办处档案总汇》第8册，人民出版社2005年，第209页。
② 中国第一历史档案馆、香港中文大学文物馆编：《清宫内务府造办处档案总汇》第8册，人民出版社2005年，第178~179页。

鸣钟，钟架上安装的是西洋玻璃门，玻璃上是西洋画师郎世宁描绘的油画。

养心殿东暖阁的仙楼，在雍正时期装上了玻璃镜，乾隆初期又装上闹钟。乾隆元年（1736）九月十二日，司库刘山久、七品首领萨木哈来说，太监毛团、胡世杰传旨："养心殿西暖阁仙楼下表盘窗户处安一拉钟，线安在西边寝宫罩内。"其表盘由郎世宁画，表盘外安玻璃。① 故宫博物院研究馆员张淑娴指出，控制闹钟的拉线实从仙楼无倦斋的屋顶穿过中间床上的屋顶，再从西边长春书屋的屋顶牵下来，这样乾隆在长春书屋看书时，便能够遥控闹钟。这实在是一个新颖又实用的设计。乾隆二年（1737）二月十三日，乾隆又传旨造办处将"仙楼下现安之转盘钟持出"，配做钟架，并"四面俱安柱子，做两节空玻璃，里边画花卉，顶上安玻璃球，两边拆面，里边画花卉，罩玻璃"②。此外，仙楼的墙面用了大量西洋纸进行装饰。乾隆元年（1736）十二月初六日，太监胡世杰交西洋纸一百张，传旨：着糊仙楼用。翌日，胡世杰又交来西洋纸九十六张，仍作糊窗户用。③显然这是一次规模较大的翻修。

养心殿西暖阁的窗户上也装饰有许多玻璃制品。乾隆二年（1737）四月初十日，太监毛团传旨将养心殿西暖阁后窗户安玻璃窗户眼十二块，随春绸拉帘。④

连接养心殿前后殿的穿堂，在雍正时期是最早安装平板玻璃窗的地方。乾隆即位不久，便将雍正时期安在穿堂壁上的旧钟拆卸，并换上了新的墙表。此墙表于乾隆元年（1736）五月初三由首领赵进忠持进，安

---

① 中国第一历史档案馆、香港中文大学文物馆编：《清宫内务府造办处档案总汇》第 7 册，人民出版社 2005 年，第 92 页。

② 中国第一历史档案馆、香港中文大学文物馆编：《清宫内务府造办处档案总汇》第 7 册，人民出版社 2005 年，第 210 页。

③ 中国第一历史档案馆、香港中文大学文物馆编：《清宫内务府造办处档案总汇》第 7 册，人民出版社 2005 年，第 100 页。

④ 中国第一历史档案馆、香港中文大学文物馆编：《清宫内务府造办处档案总汇》第 8 册，人民出版社 2005 年，第 834 页。

装在西暖阁壁上。① 乾隆二年（1737）十一月十九日，太监毛团传旨，在养心殿后殿穿堂西边安玻璃窗户眼一块。② 此类材料不甚枚举，此不赘述。

紫禁城其他宫殿的陈设情况，档案也有详尽记载。例如位于内廷东路、千婴门以北，西临御花园的乾东五所，其头所后殿设有西洋景，乾隆元年（1736）六月二十九日，乾隆下旨安设假书格，格上安玻璃画假书。同年九月初三日下令此处安的玻璃"着糊西洋纸"③。

除了玻璃镜、自鸣钟等大件西器，宫殿中也会摆放一些小摆件。乾隆三年（1738）五月二十六日，乾隆传旨给乾清宫做"五色玻璃水盛八十个，随匙、五色玻璃笔架八十个"④。

乾隆时期皇家园林中的西洋陈设与雍正时期一脉相承。首先，圆明园、颐和园、畅春园等处，都摆放有数量惊人的自鸣钟表。以圆明园为例，除了前朝就陈设于此的钟表，常常还会有大量钟表入园，这些新入园钟表的来源分为三类。一是造办处制作的钟表，经过乾隆审阅，择其精美者入园。如乾隆二十三年（1758）十二月二十七日，造办处进雕花紫檀木镶嵌珐琅架珐琅表盘时刻钟一座，于乾隆二十七年（1762）七月初六日，陈设在勤政殿东书房。⑤ 同日，造办处所进镀金拱花镶嵌玛瑙珐琅花套、镀金透花盒镶嵌五彩珐琅人形底、镀金锅白珐琅表盘双针问钟，于乾隆二

---

① 中国第一历史档案馆、香港中文大学文物馆编：《清宫内务府造办处档案总汇》第7册，人民出版社2005年，第209页。

② 中国第一历史档案馆、香港中文大学文物馆编：《清宫内务府造办处档案总汇》第2册，人民出版社2005年，第704页。

③ 中国第一历史档案馆、香港中文大学文物馆编：《清宫内务府造办处档案总汇》第7册，人民出版社2005年，第240页。

④ 中国第一历史档案馆、香港中文大学文物馆编：《清宫内务府造办处档案总汇》第8册，人民出版社2005年，第148页。

⑤ 中国第一历史档案馆、香港中文大学文物馆编：《清宫内务府造办处档案总汇》第24册，人民出版社2005年，第715页。

十四年（1759）四月二十九日陈设在长春园泽兰堂爱山楼下的山静云间。① 二是因某种原因，交由造办处收贮的钟表，后经过修理收拾，陈设至园中。如乾隆二年（1737）十二月十四日，内务府造办处一次性收贮陈设于圆明园的破损钟表四十二件，对其进行"粘补收拾"，这些钟表于乾隆三年（1738）二月初七日收拾粘补好之后，再次陈设在圆明园各处。② 圆明园中损坏返修钟表的数量巨大，从侧面反映了园中钟表数目之多。又如乾隆三年（1738）正月二十四日，首领赵进忠来说，太监毛团交长春仙馆的时刻钟一架玻璃破，传旨："着粘补见新，钦此。"③ 后于二月二十五日，将其收拾好，仍然安设在长春仙馆中。又乾隆三年（1738）六月初十日，首领赵进忠将库内收贮隔断墙表四件持进，交太监毛团、高玉呈览，奉旨："将墙表一件，着安在淡泊宁净，其余三件仍持出收贮，再配做表盘二面，做镀金银母字，钦此。"④ 于本月十二日，首领赵进忠将完成的墙表拿出，安在圆明园淡泊宁净。三是全国各地及国外进献的钟表。送往圆明园的不仅有完整的钟表，也有一些钟表配件，如乾隆二年（1737）九月二十日，七品首领萨木哈来说，太监毛团交转盘穰子二件、玻璃欢门二件、转盘斗子二件，传旨："着送往圆明园，交与常保在园内殿宇处所应安设处安设，俟安妥时，令钟上人收拾，钦此。"⑤

其次，园林建筑中对玻璃的使用已经相当成熟。造办处将大小不一的玻璃制成功能各异的物件或配饰，广泛安设在园林的众多宫殿中，使其更

① 中国第一历史档案馆、香港中文大学文物馆编：《清宫内务府造办处档案总汇》第24册，人民出版社2005年，第716页。
② 中国第一历史档案馆、香港中文大学文物馆编：《清宫内务府造办处档案总汇》第7册，人民出版社2005年，第794页。
③ 中国第一历史档案馆、香港中文大学文物馆编：《清宫内务府造办处档案总汇》第8册，人民出版社2005年，第263页。
④ 中国第一历史档案馆、香港中文大学文物馆编：《清宫内务府造办处档案总汇》第8册，人民出版社2005年，第265页。
⑤ 中国第一历史档案馆、香港中文大学文物馆编：《清宫内务府造办处档案总汇》第7册，人民出版社2005年，第688页。

加明亮洋气、流光溢彩。如圆明园中保合太和殿大殿的东暖阁中的玻璃窗，得山趣水、九洲清晏、万字房等景区中大量陈设的玻璃插屏、吊屏、玻璃镜，各处宜人美景前架设的望远镜，都充分呈现出这是一个中西文明交流的时代。而园中各殿的玻璃陈设，皆需按照乾隆的旨意进行布置。据档案记载，"乾隆二年六月二十四日，员外郎常保持来圆明园保和太和后楼下玻璃围屏纸样一张，造办处库内现存玻璃片尺寸、数目折片一件，交太监毛团、胡世杰呈览，奉旨：此围屏横眉上玻璃用造办处库内现存玻璃七块，及九洲清晏太平台殿内、御兰芬殿内所做之插屏，亦俱用造办处玻璃镜片二片，钦此"①。乾隆在给各殿围屏、插屏选择玻璃时，竟然对照着造办处提供的库存清单，寻找最合适的尺寸和品类，这种严谨精细的态度令人惊讶。而对于品质较好但暂时无处使用的玻璃，乾隆也会令人送至圆明园收好，等以后有机会再陈设。如乾隆三年（1738）十月二十七日，乾隆下旨将造办处库内收贮刻花玻璃十五块送赴圆明园，交员外郎常保收好。

五、乾隆时期西器陈设的特点

尽管乾隆时期西洋陈设与雍正朝一脉相承，但差异性也十分明显，大致有如下几点：

其一，乾隆时期大兴土木，宫殿的新建、扩建、改建导致西器陈设的改变。以圆明园和清漪园（颐和园）为例，乾隆年间，圆明园进行了大面积的扩建和改建，东面新建长春园，东南面并入了万春园，圆明三园的格局至此形成。在扩建期间，大量西器不断入园进行陈设。最有代表性的是位于长春园北边的西洋楼。此楼于乾隆十二年（1747）开始规划，由意大利传教士郎世宁和法国耶稣会士蒋友仁监造，中国工匠建造。乾隆十六年（1751）建成第一座西洋水法（喷泉）工程谐奇趣，乾隆二十一年（1756）

---

① 中国第一历史档案馆、香港中文大学文物馆编：《清宫内务府造办处档案总汇》第 7 册，人民出版社 2005 年，第 699 页。

至乾隆二十四年（1759）建成东面花园，乾隆四十八年（1783）建成远瀛观大殿。这是中国首次仿造的欧式园林，拥有谐奇趣、黄花阵、养雀笼、方外观、海晏堂、远瀛观、大水法、观水法、线法山、线法画等十余座西式建筑，西洋人工喷泉贯穿其中，乾隆称其为"西洋水法处"。西洋楼中陈设着数目惊人的各式西洋奇器，前文已述，仅西洋楼所需玻璃灯一项，就造成了造办处玻璃烧造的井喷。至于钟表等物，更是不甚枚举，乾隆十六年（1751），西洋楼谐奇趣建成之初，乾隆便迫不及待传旨造办处做一架五更钟陈设其中。①

乾隆十五年（1750），乾隆为了给其母孝圣宪皇后祝寿，将颐和园中的万寿山和昆明湖加以改造，并在山湖之间开始修建清漪园，此后不断将西器陈列其中。据档案记载，"乾隆十六年正月十一日柏唐阿、福明持来汉字帖一件，内开，为本年正月初十日太监胡世杰传旨：万寿山着做大墙表一分。钦此。于本日首领孙祥画得清平五福纸样一张持进，交太监胡世杰呈览。奉旨：照样准做，所用楠木向工程处要。钦此"②。又"乾隆十六年五月十二日柏唐阿、福明来说，为本年五月初七日太监胡世杰传旨：万寿山乐寿堂寝宫楼上或钟或表安一分［份］，静宜园烟霏蔚秀寝宫楼上或钟或表亦安一分［份］。钦此。于本年本月十一日首领孙祥将库贮旧坏不全钟表二分［份］交太监胡世杰呈览。奉旨：将此钟穰二分［份］应添补之处添补收拾见新，得时安在乐寿堂一分［份］，烟霏蔚秀一分［份］。钦此"③。乾隆命造办处将库存的旧坏不全的钟表加以收拾添补，再重新陈设在母亲的寝宫，似乎有些"吝啬"。

其二，乾隆活动范围的扩大决定了西器陈设范围的增大。乾隆精力旺

---

① 张荣选编：《养心殿造办处史料辑览》第 5 辑《乾隆朝》，故宫出版社 2015 年，第 91 页。

② 张荣选编：《养心殿造办处史料辑览》第 5 辑《乾隆朝》，故宫出版社 2015 年，第 90 页。

③ 张荣选编：《养心殿造办处史料辑览》第 5 辑《乾隆朝》，故宫出版社 2015 年，第 91 页。

盛，六下江南，北上木兰秋狝，行宫遍布全国各地，他驻跸之处，也会相应的陈设一些西洋器。在众多行宫中，热河最具代表性。热河避暑山庄始建于康熙朝，兴盛于乾隆朝。雍正在位十三年却从未到过这里。据《热河志》记载，乾隆早在八岁时便已去过热河，执政后共来避暑山庄53次，平均每次住上五个月之久。每年乾隆在起驾之前，便会命人将一些常用物件先行送往热河，这其中不乏西器。不唯如此，乾隆还会将已陈设在紫禁城内的西器送往热河，乾隆十年（1745）六月十一日，乾隆传旨：将高云情油画起下，交王幼学在热河看地方贴，钦此。① "高云情"代指紫禁城漱芳斋后殿东室，乾隆将贴在故宫中的油画拆下，专程送往热河，足见对避暑山庄的偏爱。此外，其他行宫也会陈设一些西洋器。据档案记载，乾隆二十四年（1759）二月二十七日，行宫画舫斋陈设了一座精美绝伦的雕花紫檀木顶座镀金撒花中心大表盘。②

其三，乾隆成长经历影响了西器的布局。乾隆初年将紫禁城中乾西五所改建为漱芳斋、重华宫、建福宫及花园，其中重华宫是乾隆幼时读书和居住的场所，是乾隆举办家宴的地方，因此有着独特的情感。基于对重华宫的偏爱，乾隆频繁地将西洋器和西洋景植入其中。乾隆元年（1736）六月二十九日，郎世宁奉旨给重华宫画通景油画三张③，乾隆二年（1737）九月二十一日，乾隆命内务府将重华宫大书房东次间东，"一扇窗户上着安满玻璃，西次间稍间着安玻璃窗户眼八块"④。同年十一月二十四日，乾隆下旨：重华宫后殿着安大玻璃窗户四扇。⑤ 同年十一月二十九日，司库

---

① 中国第一历史档案馆、香港中文大学文物馆编：《清宫内务府造办处档案总汇》第13册，人民出版社2005年，第552页。

② 中国第一历史档案馆、香港中文大学文物馆编：《清宫内务府造办处档案总汇》第24册，人民出版社2005年，第717页。

③ 中国第一历史档案馆、香港中文大学文物馆编：《清宫内务府造办处档案总汇》第7册，人民出版社2005年，第177页。

④ 中国第一历史档案馆、香港中文大学文物馆编：《清宫内务府造办处档案总汇》第7册，人民出版社2005年，第703页。

⑤ 中国第一历史档案馆、香港中文大学文物馆编：《清宫内务府造办处档案总汇》第7册，人民出版社2005年，第704页。

刘山久、七品首领萨木哈来说，太监胡世杰、毛团、高玉传旨：重华宫正谊明道处，帘架上帘子安大玻璃一块，钦此。① "安满玻璃"和"安大玻璃窗户"在当时都属罕见，非重要宫殿不予安设。乾隆三年（1738），更是在重华宫宝座书格背面画有西洋拱门景致。②

雍和宫是乾隆出生地，作为"龙潜福地"，其规格与紫禁城皇宫一样，为黄瓦红墙。乾隆九年（1744），雍和宫改为喇嘛庙，乾隆时常光顾于此。造办处呈进的西器，有时会被指定送往此地，交与专员保管，等乾隆到时再拿出呈览。例如乾隆十年（1745）三月初一日，"司库白世秀来说，太监胡世杰交掐丝珐琅五供一分、西洋珐琅瓶一对，传旨：着送往雍和宫，交首领刘存志，俟朕到时，预备呈览，钦此"③。

其四，随着造办处生产力的提高和国力的不断强盛，越来越多的宫殿被置以西器。据档案记载，"乾隆元年七月初二日，司库刘山久来说，总管刘沧洲交西洋银盒火链一把、西洋金锁五条、金线小圆千里眼套六个、玻璃法琅桃式鼻烟壶一件、金星玻璃小鼻烟壶一件、西洋银表一件、冕铃大小六个、玳瑁壳取火镜一件、金银钱二个、西洋法琅鼻烟壶一件、玻璃法琅鼻烟壶二件。传旨：着内大臣海望酌量配做糊锦面绫里楠木匣，盛装完时送寿皇殿陈设，钦此"④。此类记载未见于前朝档案。

第五，建筑功能的变更，导致西器陈设的改变。乾隆十年（1745）十二月初，乾隆于中正殿跪受章嘉国师灌顶，成为密宗弟子。乾隆十一年（1746）正月二十五日，乾隆下旨装修佛堂。养心殿西暖阁靠近楼梯西墙的通景油画及夔龙门内西墙油画拆下，墙壁糊上白纸，从而衬托佛堂淡泊

---

① 中国第一历史档案馆、香港中文大学文物馆编：《清宫内务府造办处档案总汇》第 7 册，人民出版社 2005 年，第 705 页。

② 中国第一历史档案馆、香港中文大学文物馆编：《清宫内务府造办处档案总汇》第 8 册，人民出版社 2005 年，第 139 页。

③ 中国第一历史档案馆、香港中文大学文物馆编：《清宫内务府造办处档案总汇》第 13 册，人民出版社 2005 年，第 524 页。

④ 中国第一历史档案馆、香港中文大学文物馆编：《清宫内务府造办处档案总汇》第 7 册，人民出版社 2005 年，第 230~234 页。

清静的氛围。

第六，乾隆对西器品类的好恶，决定了西器陈设的变化。以眼镜为例，前文曾提到，雍正帝对眼镜的喜爱到达了痴迷的程度，而乾隆恰好相反，终其一生都对眼镜十分抵触，他曾写过三首"拒绝眼镜诗"，认为"观袖珍逊昔，然斯亦何病"，宁愿顺应自然规律，也不愿借眼镜来矫正视力。乾隆对眼镜的偏见，致使眼镜几乎退出了宫中陈设品的行列。雍正时期，凡是有书房的地方，会必不可少地陈设几副眼镜，而乾隆朝的档案中却极少提到。乾隆对喜爱的西器，则是大张旗鼓地各处陈设。例如玻璃画，是 15 世纪用于意大利天主教的圣像画。郎世宁是最早在玻璃上作画的西方来华传教士，乾隆元年（1736）九月二十六日，传旨：后殿明间钟架玻璃门上着郎世宁画油画。乾隆对玻璃画大为欣赏，此后一发不可收拾。乾隆二年（1737）六月二十七日，新作圆明园九洲清宴围屏，其背面由新来画画人画，玻璃画由郎世宁画。乾隆三年（1738）六月十五日，传旨：得山趣水北面挂玻璃镜，东边画洋吊屏。① 同年八月初九日，传旨：保合太和大殿东暖阁内玻璃窗户一扇，着郎世宁画花卉，钦此。② 同年十一月初七日，传旨：万方安和玻璃镜上着冷枚画画一张。③ 同年十一月二十八日，传旨：圆明园五福堂玻璃围屏门斗方上着咸安宫画画人随意画画三张，钦此。④ 乾隆四年（1739）五月十三日，着郎世宁画慎修思永乐天和玻璃窗一扇。乾隆六年（1741）二月初五日，郎世宁等奉旨画清晖阁玻璃集锦围屏上的六十八块油画。由于乾隆的喜爱，这些玻璃画被陈设在宫殿各处，成为不同于前朝的鲜明一景。

---

① 中国第一历史档案馆、香港中文大学文物馆编：《清宫内务府造办处档案总汇》第 8 册，人民出版社 2005 年，第 215 页。

② 中国第一历史档案馆、香港中文大学文物馆编：《清宫内务府造办处档案总汇》第 8 册，人民出版社 2005 年，第 217 页。

③ 中国第一历史档案馆、香港中文大学文物馆编：《清宫内务府造办处档案总汇》第 8 册，人民出版社 2005 年，第 220 页。

④ 中国第一历史档案馆、香港中文大学文物馆编：《清宫内务府造办处档案总汇》第 8 册，人民出版社 2005 年，第 229 页。

第五章 烙印：西器的中国书写与记载

第一节 明清官史对西器东传的记载与书写

明清两代是世界历史融为一体的重要时期，欧洲文化通过地理大发现向世界各地急速扩散。西洋奇器作为西方文化结构（观念层—制度层—器物层）的最外层率先进入中国。古老的中国文明对西洋奇器的到来，面临着迎受和拒斥的艰难选择。作为意识形态象征的明清官史，对西器东传进行了选择性的记录和差异性的书写，反映出中国官方和上层社会对西方物质文明所持有的基本态度。关于西器东传研究的成果很多①，但探讨明清官史如何书写传华西洋奇器的论著尚未见之，故本节试作一探。

一、明清官史记载西器东传的基本特点

官史即官方史书，是指政府设馆派员修纂出来的史书，史料一般来自各级政府保存的档案，故史料相对可靠，但是官史易于秉承官方僵化的意识形态，对于西洋外来文明的反应比较迟钝，未能敏感捕捉甚或有意忽略，导致内容记载偏少或重点倾斜。

明清官史，主要包括明清国家政权机关设馆所修的编年体之《明实录》《清实录》，典章制度体之《大明会典》《大清会典》《续文献通考》

---

① 参见谢盛：《明清西器东传研究综述》，《人文论丛》第 1 辑，武汉大学出版社 2016 年，第 319~335 页。

和《清文献通考》等，清修前朝之纪传体《明史》，以及地理总志之《大清一统志》①。根据对上述官史的梳理和探讨，可以发现它们在东传西器的记载上有如下共通特征：史料的选取与剪裁皆以与统治者命运和利益攸关的天象窥探、天下巩固和天颜维护为标准。官史对西器的记载，受国家的观象制历、国防建设和外交秩序的直接影响。

第一，明清官史对西洋奇器的记载，常从西洋"番国"入贡的角度进行书写。典章制度体官史以及彰显天下一统的地理总志《大清一统志》，为了反映中国传统的天朝居中—四夷宾服的天下秩序，以及维护皇帝"天颜"和国家威仪，津津乐道于西洋贡品的罗列。

第二，明清官史对西洋器物的记载，亦从观测天象角度进行书写。古人认为天象的观测和历法的制定，是农耕王朝兴衰的关键。为了保证观象制历的准确性，明清政府都不遗余力地引进西洋传教士及其所携西方观测仪器，并在其官史中浓墨重彩地予以介绍，毫无违和之感。这实际上是事奉"天象"需要的一种历史书写。

第三，明清官史对西洋器物的记载，常从王朝的国防建设角度展开书写。国防建设是事关王朝兴衰、疆界盈缩的大事，明清政府为了稳固统治秩序，不断引进西洋最先进的火器成品和技术，并在其官史中用大量篇幅予以记载。这实际上是巩固"天下"需要的一种历史书写。

第四，明清官史对无关政权安危的生活类西洋奇器，仍然持以"奇技淫巧"的观念，在书中贬斥和歪曲，如对于"泰西氏所造自鸣钟表，制造奇邪……纯皇帝恶其淫巧，尝禁其入贡"②，既然乾隆厌恶西洋奇器，视其为"淫巧"之物，那么官方史书就难以正面肯定；或惜墨如金，甚少记载，如对于与生活相关的西洋奇器自鸣钟、眼镜、铁丝琴等，明清官史基本忽略。耶稣会士利玛窦向神宗进献西洋器物一事，为顾起元《客座赘

---

① 由于《大明一统志》是由李贤、彭时等纂成于天顺五年（1461）四月，当时尚未与西方发生成规模的联系，书中所载西洋奇器甚少，故此处舍而不论。

② （清）昭梿：《啸亭续录》卷三《自鸣钟》，中华书局 1980 年，第 468~469 页。

语》、刘侗《帝京景物略》、谢肇淛《五杂俎》等笔记着力渲染，在明代士大夫中广为流传，但在官史《明实录》中却对利玛窦所携西器名称只字不提①。史馆修史者视之为奇技淫巧，认为难登大雅之堂，有意略而不载。像西洋酿造饮品"葡萄酒"，《清实录》中只有《宣统政纪》提到过一次。

　　第五，清代纵跨古代和近代两个时期，其官史《清实录》《大清会典则例》等在古代部分甚少记载西洋奇器，但近代部分（道光、咸丰、同治、光绪、宣统）则骤然增多。这是因为晚清国门被打开，西洋器物、商品大量涌入，对清朝社会产生了巨大冲击，官史不得不将所涉历史纳入视野，反映了时代的变化。与此同时，这些官史在记载西器东传时，其立场和观点仍然保留着浓厚的传统痕迹，虽然涉及西器的名称，却是在讲述与此有关的衙门和官员时表述的。如《清德宗实录》的《修纂凡例》中明确规定"安设电灯，书"，但该实录记载了五处"电灯"，有四处都是在叙述"电灯公所"官员的升迁和赏赐时出现的。将生动的社会史史料，写成了官本位下的传统政治史。

　　第六，明清官史甚至对新传西器有意识地失载和忽视，某种程度上否定了西器涌入的基本事实和历史大势。《清实录》中没有关于"玻璃窗""眼镜""西洋布""照相机""脚踏车""自行车""蒸汽机""显微镜"的记载。在清朝官修的典章制度史《清会典》（1889 年成书）中，基本找不到当时已传入中国的"电灯""电报"和"火车"等新型西器的记载。事实上，在清朝皇宫中，大量西洋奇器陈设其中，清代宫中档案密集地记载着西洋奇器的引进、仿制、改造和赏赐②。须知，档案是《清实录》的重要史料来源③，然而《清实录》对西器的记载如此之少，似有刻意筛汰

---

① 《明神宗实录》卷三五四，万历二十八年十二月甲戌，"中央研究院"历史语言研究所 1962 年，第 6619 页。

② 参见中国第一历史档案馆、香港中文大学文物馆合编：《清宫内务府造办处档案总汇》（全 55 册），人民出版社 2005 年；中国第一历史档案馆、故宫博物院合编：《清宫内务府奏销档》，故宫出版社 2014 年；中国第一历史档案馆、文化部恭王府管理中心：《清宫恭王府档案总汇·和珅密档》，国家图书馆出版社 2009 年。

③ 参见谢贵安：《清实录研究》，上海古籍出版社 2013 年，第 415~420 页。

之嫌。

除了事奉天象、巩固天下和维护天颜的需要而对部分西洋器物进行记载外，明清官方史书始终抱着"天朝上国"的心态，以居高临下的姿态俯视外夷，不愿直面西洋物质文明的进步，甚至忽视西器在中国传播的事实。然而，与此相反，民间笔记（古代或称野史）却对西器充满好奇，津津乐道地加以记载，反映了民间在早期接触西洋物质文明时，具有与官方不尽相同的态度。①

二、明清实录对西器东传的记载及其特点

1.《明实录》从国防立场对西洋火器的密集记载

欧洲物质文明大规模进入中国，始于明正德末年。《明实录》对西器的记载，也就从《明武宗实录》发端。据《明武宗实录》记载，海外佛郎机（葡萄牙）近岁吞并满剌加，逐其国王后，于正德十五年（1520），以满剌加的名义"遣使进贡"。御史何鳌特地向武宗介绍"佛郎机最号凶诈，兵器比诸夷独精。前年驾大舶，突进广平省下，铳炮之声震动城郭"②。这是明代官史最早对西洋"兵器"的记载。

对西洋奇器记载较详的是《明世宗实录》。书中载，广东巡检何儒曾"招降佛郎机国番人，因得其蜈蚣船铳等法"，并称"中国之有佛郎机诸火器，盖自儒始也"③。于是，南京内外守备魏国公徐鹏举等人，便"请广东所得佛郎机铳法及匠作"。兵部议："佛郎机铳非蜈蚣船不能架，宜并行广东取匠，于南京造之。"世宗诏可。④ 此后，官史便围绕着佛郎机铳炮的

---

① 参见谢贵安、谢盛：《吹皱春水：明清笔记对西器东传的关注与书写》，《史学集刊》2019 年第 2 期。

② 《明武宗实录》卷一九四，正德十五年十二月己丑，"中央研究院"历史语言研究所 1962 年，第 3630 页。

③ 《明世宗实录》卷一五四，嘉靖十二年九月丁卯，"中央研究院"历史语言研究所 1962 年，第 3494~3495 页。

④ 《明世宗实录》卷三八，嘉靖三年四月丁巳，"中央研究院"历史语言研究所 1962 年，第 974 页。

引进、仿制与应用展开记录。嘉靖八年十二月，都御史汪鋐称自己在广东，"亲见佛郎机铳致远克敌，屡奏奇功"，请求如式制造。于是朝廷下令铸造三百，分发各边。① 兵部尚书李承勋等认为"佛郎机手铳，诚为军中利器"②。十年五月，直隶巡按御史周释明确指出"神机枪、大铜炮、佛郎机铳皆可制敌，宜广制造"③。实录不厌其烦地记载了明朝政府将佛郎机炮发往边关的史实④。《明世宗实录》还记载了明朝将西洋火器用于海防的史实。嘉靖九年（1530）二月，兵部覆议提督沿江巡捕总兵官崔文所奏"造战船"一事，要求"仿广中之制，造蜈蚣船，置佛郎机其上，以便冲击"⑤。此外，实录还记载了朝廷训练用洋枪装备的军队之事。嘉靖十一年（1532）二月，朝廷"命工部增造佛郎机铳，颁十二团营演习"⑥。

《明穆宗实录》则记载了边臣对西式火器的重视。隆庆二年（1568）五月，总督蓟辽保定都御史谭纶上疏，明确称"中国长技无如火器。欲练兵三万，必得鸟铳手三千人为冲锋"，要求从浙江征调三千名火枪手守边，获得批准。⑦

万历时期，明代国防问题加剧，不但要面临北边蒙古的威胁，还要面

---

① 《明世宗实录》卷一〇八，嘉靖八年十二月庚寅，"中央研究院"历史语言研究所1962年，第2558页。

② 《明世宗实录》卷一一七，嘉靖九年九月辛卯，"中央研究院"历史语言研究所1962年，第2765页。

③ 《明世宗实录》卷一二五，嘉靖十年五月乙巳，"中央研究院"历史语言研究所1962年，第3002页。

④ 《明世宗实录》卷一九一，嘉靖十五年九月辛巳，"中央研究院"历史语言研究所1962年，第4041页；《明世宗实录》卷一九六，嘉靖十六年正月戊戌，"中央研究院"历史语言研究所1962年，第4146页；《明世宗实录》卷二〇〇，嘉靖十六年五月戊子，"中央研究院"历史语言研究所1962年，第4198页；《明世宗实录》卷二五七，嘉靖二十一年正月癸卯，"中央研究院"历史语言研究所1962年，第5159页。

⑤ 《明世宗实录》卷一一〇，嘉靖九年二月丙子，"中央研究院"历史语言研究所1962年，第2604页。

⑥ 《明世宗实录》卷一三五，嘉靖十一年二月丁未，"中央研究院"历史语言研究所1962年，第3202页。

⑦ 《明穆宗实录》卷二〇，隆庆二年五月辛亥，"中央研究院"历史语言研究所1962年，第547~548页。

对东北女真人造反的压力。在此背景下，《明神宗实录》记载了西式火器被迫引进、仿造和装备的情况。隆庆六年（1572），兵部覆议吏科给事中裴应章关于辽东善后事宜的奏疏中，认为"火器之利莫过佛郎机、一窝蜂、鸟嘴铳与火箭者，务多备是器"①。万历二年（1574）三月，工部覆议总督蓟辽都御史刘应节"题讨火器"的建议后，同意"今仍于盔甲厂动支见贮铁佛郎机二千架，鸟铳四百副"听差官领回。至于兵仗局计划添造的"中样铜佛郎机铳三千副，大将军十位，二将军七十九位，三将军二十位，神炮六百六十九个，神铳一千五百五十八把，补造中样铜佛郎机铳一千二百副，小铜佛郎机铳五十副"，应限三年完成。皇帝诏可。② 万历四十五年（1617）五月，兵部覆议总督、巡按官的建议，指出"火器则自鸟铳、佛郎机外"，其他的也要"加意制造"③。辽东战急，明朝更重视西式火器的应用，因此《明神宗实录》频繁地记载这一事项。万历四十六年（1618）六月，"兵、工二部议以库贮盔甲并铜铁大小佛郎机、大将军、虎蹲炮、三眼枪、鸟铳、火箭等项，委官挑选演试，解赴辽左"④。

天启年间，辽东战事急转直下，因此《明熹宗实录》便记载了明朝政府引进更先进西洋火器的历史。据《明熹宗实录》载，天启元年（1621）三月，兵科都给事中蔡思充，在辽阳危机之时，建议"其火器如佛郎机等项，尽定能放之人于教场演习，庶临时不至错愕"⑤。同年四月，刑部尚书黄克缵说自己"曾募能铸吕宋大铜炮匠人来京铸完大炮二十八位"，已派人送到辽阳、奉集等前线，其中"一发击毙建夷七百余人，将官二人"

① 《明神宗实录》卷八，隆庆六年十二月辛未，"中央研究院"历史语言研究所1962年，第294~295页。
② 《明神宗实录》卷二三，万历二年三月辛丑，"中央研究院"历史语言研究所1962年，第608页。
③ 《明神宗实录》卷五五七，万历四十五年五月辛巳，"中央研究院"历史语言研究所1962年，第10509~10510页。
④ 《明神宗实录》卷五七一，万历四十六年六月甲子，"中央研究院"历史语言研究所1962年，第10767页。
⑤ 《明熹宗实录》卷八，天启元年三月丁卯，"中央研究院"历史语言研究所1962年，第407页。

"再发击毙建夷二千余人"①。为了扭转辽东战局，詹事府少詹事徐光启建议"速造火炮"，熹宗委任徐光启负责练兵造炮。② 光禄寺少卿李之藻建议"城守火器必得西洋大铳"，于是负责练兵的徐光启"因令守备孙学诗赴广于香山岙购得四铳"，终于解至北京。熹宗又令孙学诗等"赴广取红夷铜铳及选募惯造、惯放夷商赴京"③。天启三年（1623）八月，从澳门请来的西洋铳师在演练红夷大炮时发生事故，实录记载道："试验红夷大铳，命戎政衙门收贮炸裂伤死夷目一名，选锋一名，着从优给恤。"④ 那些从澳门购买和广东沿海一带打捞来的红夷大炮，在辽东的宁远之战中发挥了巨大作用。实录对此有详细记载。天启六年（1626）二月，兵部尚书王永光奏，二十四五两日，女真五六万人力攻宁远。"城中用红夷大炮及一应火器诸物，奋勇焚击，前后伤虏数千，内有头目数人，酋子一人，遗弃车械钩梯无数。已于二十六日拔营，从兴水县白塔峪灰山菁处遁去三十里外扎营。"⑤ 在"募夷制铳"的人中，还有徐光启的学生孙元化。但孙元化从成本和军事实践立场考虑，不主张多造西洋火炮。熹宗命他速赴宁远，与袁崇焕料理"造铳建台之策"⑥。天启六年（1626）三月，明廷对募夷制铳得来的西洋大炮十分看重，"封西洋大炮为安国全军平辽靖虏大将军，其管炮官彭簪古加都督职衔"⑦。此外，《明熹宗实录》还记载了朝

---

　①《明熹宗实录》卷九，天启元年四月壬辰，"中央研究院"历史语言研究所1962年，第466页。

　②《明熹宗实录》卷一〇，天启元年五月己酉，"中央研究院"历史语言研究所1962年，第503页。

　③《明熹宗实录》卷一七，天启元年十二月丙戌，"中央研究院"历史语言研究所1962年，第867页。

　④《明熹宗实录》卷三七，天启三年八月甲申，"中央研究院"历史语言研究所1962年，第1926页。

　⑤《明熹宗实录》卷六八，天启六年二月甲戌，"中央研究院"历史语言研究所1962年，第3211页。

　⑥《明熹宗实录》卷六八，天启六年二月戊戌，"中央研究院"历史研究所1962年，第3269~3271页。

　⑦《明熹宗实录》卷六九，天启六年三月甲子，"中央研究院"历史语言研究所1962年，第3320页。

廷援辽西式火器的数量。天启二年（1622）三月，工部将援辽军需自万历四十六年（1618）起至天启元年（1621）止的总数，开具以闻，其中有"鸟铳六千四百二十五门""大小铜铁佛郎机四千九十架"①。实录还多次记载了皇帝从内库中搜集来的用以援辽的多型号"佛郎机""发熕"等西式火器②。

除了事关辽东战事而记录西式火器外，《明熹宗实录》还记载了其他涉及西洋火器的事件。天启三年（1623）四月，巡抚福建右佥都御史商周祚报称澎湖荷兰红夷准备"拆城徙舟"，并称"此夷所恃巨舰大炮，便于水而不便于陆"③。同年六月，巡视京营给事中彭汝楠等条奏"训练宜实"，指出将"若以车战，则莫妙于佛郎机。查营中见存一千一百五十架，尽堪演习"，要求加强训练。④ 由上可见，《明熹宗实录》对应用佛郎机铳炮和鸟嘴铳，引进、仿造吕宋大炮、红夷大炮、西洋大炮的记载是何等的密集。反映出国史对于记载国防大事不遗余力，甚至不忌讳华夷之防的观念。

2.《清实录》对西器的记载与书写者的复杂心态

《清实录》对西洋奇器的关注与记载，既有清代官史所具有的普遍性特征，又有其自身特点。

第一，关注西洋火器，但随着时间推移，记载趋于减少。

《清实录》对西洋器物的关注，仍主要集中在西洋火器上。但与明代相比，清朝对火器的关注又有所变化，即在战争时重视，在和平时忽略，

---

① 《明熹宗实录》卷二〇，天启二年三月庚戌，"中央研究院"历史语言研究所1962年，第1015页。

② 《明熹宗实录》卷三一，天启三年二月戊寅，"中央研究院"历史语言研究所1962年，第1586页；《明熹宗实录》卷六九，天启六年三月丁未，"中央研究院"历史语言研究所1962年，第3290页；《明熹宗实录》卷八一，天启七年二月乙巳，"中央研究院"历史语言研究所1962年，第3924页。

③ 《明熹宗实录》卷三三，天启三年四月壬戌，"中央研究院"历史语言研究所1962年，第1682页。

④ 《明熹宗实录》卷三五，天启三年六月乙丑，"中央研究院"历史语言研究所1962年，第1798页。

常常将之作为一种军礼的仪式予以记录。

《清实录》对战争中起到关键作用的红衣大炮记载甚详。清人忌讳"夷"字，故将明人所称的红夷大炮谓之红衣大炮或红衣炮。其中"红衣大炮"记载了4条5次，其中2条3次出自《清太宗实录》，1条1次出自《清世祖实录》，1条1次出自《清圣祖实录》；"红衣炮"记载了52条116次，其中25条72次出自《清太宗实录》，19条31次出自《清世祖实录》，6条10次出自《清圣祖实录》，2条3次出自《清高宗实录》；"红衣将军炮"5条5次，全部出自《清太宗实录》；"红衣将军（炮）"1篇1次，出自《清圣祖实录》；"红衣大将军炮"3条6次，全部出自《清太宗实录》。弃其名歧而求其实同的话，红衣火炮的记载，以《清太宗实录》为最多，共35条86次；《清世祖实录》共20条32次；《清圣祖实录》共8条12次；《清高宗实录》共2条3次，递减规律十分明显，说明随着满族入关和政权稳固，加之对骑射传统的坚持，清廷对火器的控制越来越严，应用越来越少。

《清太宗实录》主要记载了红夷大炮在对明朝征战和对朝鲜用兵中的作用。天聪五年（1631）八月，清军进攻明朝大凌河岸炮台阵地："我军又以红衣将军炮攻城东一台。台崩，有中炮死者。台兵遂弃台夜遁，我兵追及，尽歼之。我参将朱三中炮死。"① 同年十月，清军"发红衣大将军炮"攻下明朝参将王景防守的于子章台。《清太宗实录》称："至红衣大炮，我国创造后携载攻城自此始。若非用红衣大炮击攻，则于子章台，必不易克"，并称赞道"久围大凌河克成厥功者，皆因上创造红衣大将军炮故也"。并说"自此凡遇行军，必携红衣大将军炮"②。《清太宗实录》还记载了清军用红衣大炮进攻朝鲜。③

---

① 《清太宗实录》卷九，天聪五年八月甲寅，中华书局1985年，第129~130页。
② 《清太宗实录》卷一〇，天聪五年十月壬子，中华书局1985年，第138页。
③ 《清太宗实录》卷三二，崇德元年十二月己卯、乙酉、丙申，中华书局1985年，第410、411、413页；《清太宗实录》卷三三，崇德二年正月甲子，中华书局1985年，第427页。

对红衣大炮的记载，以《清太宗实录》为多，此后便呈递减之势。《清世祖实录》对红衣大炮的记载较太宗时期明显减少。《清世祖实录》卷二载，崇德八年（1643）九月壬寅，和硕郑亲王济尔哈朗、多罗武英郡王阿济格统领大军，"载红衣炮及诸火器征明宁远"。顺治十七年（1660）十二月，清朝确定"克城功次"的标准，"应视攻战艰苦、敌兵多寡而定"。如果从梯子爬上城墙的，功劳就大，但是"凡府、州、县、卫、所用红衣大炮攻破，我师奋勇前进，其功较从梯得城者，俱各减一等"①。在清人眼中，红衣大炮威力太大，靠此取城，则功劳较小。

《清圣祖实录》对红衣大炮的记载又少于《清世祖实录》，且常常将红衣大炮当作检阅的仪仗来记载。康熙二十四年（1685）十一月，圣祖告谕兵部，旧例每岁必操练将士、习试火炮，他决定于十八日亲自检阅。"至是，上由午门出宣武门，八旗都统各帅所部将士，擐甲胄，佩弓矢，建旗纛，自湾子里夹道分列，至拱极城。前锋官军自芦沟桥夹道分列，至王家岭山麓。其东，则有排枪官军，其西则红衣巨炮。皆次第陈列。"圣祖登上王家岭，升御座。"军中吹螺角者三，发巨炮三。既而排枪并发，前后相继，声络绎不绝者久之，且无不中的。又命将士发红衣巨炮，于是八旗所列红衣将军及诸火器，一时尽发，凡二次，声震天地。巨炮所击，树侯栏墙莫不声应而倒。"② 这样的检阅，康熙三十六年（1697）十一月还发生过一次。当时，圣祖"大阅于玉泉山西南，列红衣大炮、火器、马步、鸟枪军士及前锋护军骁骑，分翼排列。上躬擐甲胄、登玉泉山，御黄幄，诸军鸣螺击鼓齐进，金鸣众止，如是者九。第十次，枪炮齐发，收军归阵"③。

---

① 《清世祖实录》卷一四三，顺治十七年十二月己丑，中华书局 1985 年，第1100 页。

② 《清圣祖实录》卷一二三，康熙二十四年十一月甲戌，中华书局 1985 年，第303 页。

③ 《清圣祖实录》卷一八六，康熙三十六年十一月庚午，中华书局 1985 年，第988 页。

《清高宗实录》对红衣大炮的记载最少，只记载了 2 条 2 次。其中一条记载：乾隆三十一年（1766）夏，因为巡查洋面的缯船突遇风浪，船身破碎，枪炮等物落入水中，"尚有未经捞取之红衣炮一位，劈山百子炮三门，鸟枪腰刀十三件"，相关部门决定等潮退时打捞。高宗对此事非常关心，要求将"枪炮等件曾否续经捞得"一事查清报来。于是相关负责人奏报："捞获炮位、鸟枪、腰刀、铁锚等件。尚有红衣炮、劈山炮各一，百子炮二，并枪刀等件未获。又续获劈山炮一。现仍委员设法打捞。"高宗对此结果表示不满。① 高宗对此事如此关心，抑或是不希望西洋火器流落民间。另一条记载：乾隆三十六年（1771）三月，因为要裁补绿营缺额，影响军士演练，福州将军宗室弘晌等奏请："其红衣炮四位，向随旗演放纯熟，请仍留旗。"高宗报闻。② 可见，红衣炮不再是以战争武器面貌出现，而是以礼器的身份得到记载。

由于清朝接触西洋火器时，佛郎机的重要性已被红衣大炮取代，因此在《明实录》中被大量记载的佛郎机铳炮，在《清实录》中仅出现一次，且是记载将其改铸成其他武器。据《清高宗实录》载，乾隆四十八年（1783）四月，兵部等部议准山东巡抚明兴关于将佛郎机改铸为辟山炮的奏请。明兴称兖州镇属十四协营，在操演炮位时发觉"惟劈山炮最为得力"，因此"请将年久锈坏之佛郎机二十六位改铸劈山炮"。高宗也批准了这一建议。③ 此外，3000 余万字的《清实录》再无关于佛郎机铳的只言片语。

同时，整个《清实录》甚至没有一条提到过"鸟嘴铳"，只有《清太宗实录》卷七〇提到过 1 次"鸟铳"，但"鸟枪"却大量出现，共有 698 条 1464 次，几乎清代各部实录中都有记载。

---

① 《清高宗实录》卷七七一，乾隆三十一年十月甲子，中华书局 1985 年，第 470 页。

② 《清高宗实录》卷八八一，乾隆三十六年三月，中华书局 1985 年，第 808 页。

③ 《清高宗实录》卷一一七八，乾隆四十八年四月癸酉，中华书局 1985 年，第 795 页。

晚清时，西洋新式武器大量进入中国，《清实录》对此也有记载，如记载克虏伯炮共 6 条 6 次，其中《清德宗实录》4 条 4 次，《宣统政纪》2 条 2 次；记载水雷 36 条 60 次，皆出于宣宗、文宗、德宗和宣统四朝实录中。"铁甲船"在《清实录》中被记载了 26 条 41 次，全在穆、德二朝实录中。其中 1 次记载称为"铁甲舰"。据《清德宗实录》载，光绪九年，署理直隶总督张树声奏称："前在德国伏尔铿厂订造钢面铁甲船两号，计期竣工。现拟续造穹面钢甲快船一只，备出洋时辅佐铁甲舰之用。"报闻。① 然而，对于日新月异的西式武器，官史的记载仍显滞后，像"潜水船""潜水艇"等在清人笔记中有所记载，而在《清实录》中却未提及。

第二，未从朝贡角度记载西器，但从赏赐的角度突显西器。

《清实录》未像《清会典》《清通典》《清通志》《清文献通考》那样，从朝贡的角度记载西洋贡品。如《清圣祖实录》卷二二，康熙六年（1667）五月庚申，"荷兰国噶喽吧王油烦吗绥极差陪臣进贡方物，宴赍如例"。再如《清圣祖实录》卷一二六，康熙二十五年（1686）六月甲子，"荷兰国王耀汉连氏甘勃氏遣使宾先吧芝表贡方物。赏赍如例"。这二处，在其他清代官修史书中，都详列贡品名单，特别是西洋贡品，而本处所载，则完全略去贡品名称，表现出明显的差异性。只有道光十七年（1837）八月，清官员对廓尔喀贡物例行检查时，发现"另有小铜炮一尊，又洋镜、洋表、珊瑚、毡片等件共七箱"，与往例不同。据对方回应，"铜炮系该国王另外呈进。其洋镜等物，系该国王之妻呈进"，宣宗要求"将原物带回"②。显然此次记载属于特例。如《清宣宗实录》卷二七记载，道光元年（1821）十二月壬辰，皇帝批准理藩院的奏请，今年仍然赏赐外来蒙古王公暨呼图克图喇嘛等人"玻璃器皿"等物。

《清实录》虽然未从入贡角度详述西器类目，但却对皇上恩赏功臣及

---

① 《清德宗实录》卷一五九，光绪九年二月辛酉，中华书局 1986 年，第 241 页。
② 《清宣宗实录》三〇〇，道光十七年八月甲戌，中华书局 1986 年，第 674 页。

外藩的西器多有着墨。如《清实录》中记载的玻璃，往往作为朝廷赏赐藩部、藏族等头人及外国国王的物品。嘉庆十二年（1807），赏赐朝鲜国王"玻璃器四件"①。嘉庆十八年（1813），赏平定滑城功，发去"玻璃鼻烟壶五个、瓷鼻烟壶五个，分赏出力官弁"。② 道光元年（1821）十二月壬辰，皇帝批准理藩院的奏请，今年仍然赏赐外来蒙古王公暨呼图克图喇嘛等人"玻璃器皿"等物。此外，《清实录》中记载的"洋表"也是赏赐功臣时所列之物。乾隆五十七年（1792）六月，因福康安等人攻克热索桥，逼近廓尔喀境内，高宗览奏大悦，"着赏给福康安洋表一个，御用大荷包一对，小荷包四个；海兰察洋表一个，大荷包一对，小荷包二个；惠龄洋表一个，大荷包一对，小荷包二个"③。乾隆六十年（1795）十二月，福康安、和琳率军攻克大小天星寨，高宗"再赏给福康安、和琳珐琅三针洋表各一个，黄辫大荷包各一对，小荷包各四个；并赏给额勒登保、德楞泰珐琅二针洋表各一个，黄辫大荷包各一对，小荷包各二个，花连布、白玉搬指一个，黄辫大荷包一对，小荷包二个"④。此外，《清高宗实录》还有一处记载赏赐给福康安的是"珐琅表"⑤。《清高宗实录》记载了两处"时辰表"，《清文宗实录》记载了一处，都是赏赐给大臣的。《清实录》对洋表等物的记载，并不是突出对西洋奇器的重视，而是意在表达对功臣的奖励。

《清实录》的书写者们或是秉承清朝统治者"天朝物产丰盈，无所不有，原不借外夷货物以通有无"⑥ 和"天朝富有四海，岂需尔小国些微货

① 《清仁宗实录》卷一八七，嘉庆十二年十一月壬寅，中华书局1986年，第470页。
② 《清仁宗实录》卷二八〇，嘉庆十八年十二月丙午，中华书局1986年，第282页。
③ 《清高宗实录》卷一四〇七，乾隆五十七年六月丙戌，中华书局1985年，第911页。
④ 《清高宗实录》卷一四九二，乾隆六十年十二月戊子，中华书局1985年，第969页。
⑤ 《清高宗实录》卷一四七二，乾隆六十年闰二月壬辰，中华书局1985年，第675页。
⑥ 1793年乾隆给英王的敕谕。转引自［法］佩雷菲特著，王国卿等译：《停滞的帝国——两个世界的撞击》，生活·读书·新知三联书店1993年，第636页。

物哉？"① 的观念，不想将夷人的贡物表现得过于丰饶。而天朝赏赐的西器能够作为政治符号，体现大国威仪，因此叙述详尽。

第三，未从观象制历的角度突出西洋天文仪器。

在其他清修官史中，对西洋天文仪器十分重视，例如《清文献通考》对"天体仪""天象仪""地球仪""寒暑表""黄道经纬仪""赤道经纬仪""地平经仪""地平纬仪""纪限仪""六合验时仪""万寿天常仪""玑衡抚辰仪""浑天合七政仪""地平赤道公晷仪""地平经纬赤道公晷仪""游动地平公晷仪""测炮象限仪""双千里镜象限仪""四游千里镜半圆仪""摄光千里镜"等西洋天文仪器作了详细的记载，但这些名称在《清实录》中却未有出现。仅在《清世宗实录》《清文宗实录》和《清宣宗实录》中各出现一次"千里镜"。此外，对于笔记中反复出现的"望远镜"的概念，《清实录》中亦未曾出现。

第四，疏于对生活类西洋奇器的记载。

《清实录》对于生活类西洋奇器的记载相对较少。以自鸣钟为例，整部《清实录》只记载了 4 条。其中一条是《清圣祖实录》在记载皇太后六十大寿时，才以礼品的形式记录在案。康熙三十九年（1700），玄烨帝以皇太后六十圣寿，命皇四子胤禛准备进献礼物，于是胤禛恭进寿礼，其中包括"自鸣钟一架""千秋洋镜一架，百花洋镜一架""哆罗呢一九，璧机缎一九"②。其他 3 条记载，则出现在晚清的道光朝和光绪朝实录中。一处是"自鸣钟太监刘得英"③，一处是"自鸣钟殿内"④，一处是"洋纸行及

---

① 嘉庆帝敕谕。见故宫博物院编：《清代外交史料》嘉庆朝（四），故宫博物院1932 年，第 29 页。

② 《清圣祖实录》卷二〇一，康熙三十九年十月辛酉，中华书局 1985 年，第 50页。

③ 《清宣宗实录》卷一二一，道光七年七月辛亥，中华书局 1986 年，第 1031页。

④ 《清宣宗实录》卷四七六，道光三十年正月丁未，中华书局 1986 年，第 996页。

漏税之自鸣钟等案"①，均未对自鸣钟作详细描述，反映出国史对西器的淡漠态度。再以与自鸣钟相似的洋表为例，《清实录》中只有 7 条予以记载，其中 5 条出现在《清高宗实录》中，将其作为赏赐品予以记录。另 2 条出现在《清宣宗实录》中。其中一条是宣宗对"圆明园出入贤良门外，向有太监携卖洋表等物与大小各官，其价约日带还，且卖与外官可得善价"一事十分不满，指出"圆明园为警跸出入之地，该太监等辄私带货物，售给内外各官，殊与体制不合"，要求严行查禁。② 显然，这是从法令角度记载，而不是从生活角度切入。《清实录》提到"玻璃"共 31 条 41 次，但没有一条提到"玻璃窗"。而在阮元、李斗等人的笔记和小说中，已经出现了这种新鲜的西洋器物。令人不解的是，《清实录》无一处记载"眼镜"（只有一次作"眼镜山"），而眼镜在宫中造办处经常仿制，乾隆虽然多次表示拒不佩戴，但却反复写诗吟咏。《清实录》中亦无一处记载"西洋布"。只有《宣统政纪》卷一九提到过一次"葡萄酒"。说明《清实录》对生活中的西洋奇器是较为忽视的。

　　晚清时，由于洋务运动的发展，清廷在"中体西用"观念指导下，开始拥抱西洋物质文明，咸丰、同治、光绪和宣统四朝实录，对西洋奇器的记载明显增加，如火车记载了 41 条 54 次，轮船记载了 431 条 907 次，火轮记载了 105 条 204 次，电报记载了 118 条 224 次，火柴记载了 6 条 6 次（其中《清德宗实录》4 条 4 次，《宣统政纪》2 条 2 次），洋火记载了 30 条 38 次（全在穆、德二宗实录，其中《清穆宗实录》15 条 19 次，《清德宗实录》15 条 19 次），机器记载了 233 条 388 次（全都在穆、德、宣统三朝，其中《清穆宗实录》14 条 18 次，《清德宗实录》203 条 340 次，《宣统政纪》16 条 30 次）。晚清实录中充斥着大量的西器名词。但是，仍有许多西器未能载入实录，如"照相机""脚踏车""自行车""蒸汽机""显

---

　　① 《清德宗实录》卷一七三，光绪九年十一月甲申，中华书局 1986 年，第 415 页。

　　② 《清宣宗实录》卷四七，道光二年十二月戊午，中华书局 1986 年，第 829 页。

微镜"等未见记载。

《清实录》忽略西器的重要原因，在《清仁宗实录》中或能窥见端倪。当两广总督吉庆报告说西洋商人以前都是以货易货，但现在却用"钟表、玻璃等物"换中国人的纹银，"以无用易有用，未免稍损元气。若内地不以此等为要物，夷商自无从巧取"。仁宗指出："朕从来不贵珍奇，不爱玩好，乃天性所禀，非矫情虚饰。粟米、布帛，乃天地养人之物，家所必需。至于钟表，不过为考察时辰之用，小民无此物者甚多，又何曾废其晓起晚息之恒业乎？尚有自鸣鸟等物，更如粪土矣！当知此意，勿令外夷巧取，渐希淳朴之俗。汝等大吏共相劝勉，佐成朕治！"① 嘉庆言论中充斥着的农本意识和华夷之防观念，是清代众多儒家士大夫思想的缩影，它无形之中引导清代史家的思想，使其在官史中记载西洋奇器时，自然而然的将其视为奇技淫巧而加以排斥。

三、典章制度体从朝贡、观象和国防的角度记载西器东传

明清典章制度体官史，包括《大明会典》《大清会典事例》、"续三通"和"清三通"等，都重视以朝贡角度记载西器；重视从观象制历的角度记录西洋式天文仪器；也重视从国防的角度记载西式火器。

1. 《大明会典》《大清会典事例》对西洋奇器的记载

《大明会典》今传有两个版本，一个版本是李东阳于正德间撰成的《明会典》，正德六年（1511）由司礼监刻印颁行；另一个版本是由万历间张居正、申时行在正德版本基础上修成的《大明会典》，内容基本上囊括了前者，并增补了许多内容。故本书以后者所载为据。

《大明会典》对西洋奇器的记载可归为两类。一是从朝贡角度记录西洋奇器。《大明会典》载《上清歌》道："一愿四时，风调雨顺民心喜，摄外国，将宝贝，摄外国，将宝贝，见君王，来朝宝殿里，珊瑚、玛瑙、玻

---

① 《清仁宗实录》卷五五，嘉庆四年十一月，中华书局1986年，第720页。

璃，进在丹墀。"① 玻璃就是西洋奇器。《大明会典》记载"番货价值"时，关于外使进贡货物"内府估验定价例"是"大玻璨瓶、椀每个三贯，小玻璨瓶、椀每个二贯，玻璨灯瓯每个二贯"②。由于明朝实行进贡定额制，西洋各国到达东方后，来中国朝贡者，凡不符勘合贸易的，便不准入境。同时，明政府也不愿接纳礼部名册中未登记的国家的"朝贡"。因此《大明会典》对西洋贡品的着墨并不算多。

二是从国防角度，大量记载了西洋火器。这主要集中在卷一九三《工部十三·军器军装二·火器》中。书中介绍"军器局造"的西洋火器有："大样、中样、小样佛郎机铜铳，大样嘉靖二年造三十二副，发各边试用。管用铜铸，长二尺八寸五分，重三百余斤。每把另用短提铳四把，轮流实药腹内，更迭发之。中样嘉靖二十二年将手把铳、碗口铜铳改造，每年一百五副，又停年例铳炮、铳箭、石子、麻兜、马子等件，添造一百副。小样嘉靖七年造四千副，发各营城堡备敌，重减大铳三分之一。八年又造三百副。二十三年造马上使用小佛郎机一千副，四十三年又造一百副。佛郎机铁铳，嘉靖四十年造。木厢铜铳、勒缴桦皮铁铳，上二器俱嘉靖二十四年造。"并指出"兵仗局造"的西洋火器，多为改良后的铳炮："鸟觜铳，嘉靖三十七年造一万把。流星炮，嘉靖七年用黄铜铸一百六十副，发各边试验，式如佛郎机。每副炮三个，共重五十九斤一十四两……百出先锋炮，式如佛郎机，损其筒十之六，纳小炮十，系火乡于筒外，连发连纳，末有锐锋如戈形，长六寸，以代铁枪，一人持放，马上亦可。"此外还介绍了"各边自造"的西洋火器"连珠佛郎机炮，用熟铁造二管，合为一柄，每管各试十炮一个"。书中介绍"凡九门军器"时，也提到西洋火器："各门除原用连珠炮、快枪、夹靶枪外，添给中样铁佛郎机二十架。"介绍"战车旗牌"时也提到西洋火器："万历三年，奏准造车一千二百辆，每辆

---

① （明）申时行：《大明会典》卷七三《礼部三十一·大宴乐》，《续修四库全书》史部第 790 册，上海古籍出版社 2002 年，第 337 页。

② （明）申时行：《大明会典》卷一一三《礼部七十一·给赐番夷通例》，《续修四库全书》史部第 791 册，上海古籍出版社 2002 年，第 145 页。

用二号佛郎机三架，鸟铳二架……"①

与其他典章制度体官史相比，《大明会典》缺乏对观象制历的西洋天文仪器的书写。因为此书为申时行等所修，成书年代早于利玛窦等人传入西洋天文仪器的时代。而在《大清会典事例》中，则突显了这方面的描述。

清代由昆冈、李鸿章等人修撰的《大清会典事例》从三个角度记载了西洋奇器。

第一，《大清会典事例》从朝贡的角度记载西洋贡品。

这些内容基本上集中在卷五百三、三百上两卷《礼部·朝贡》的"贡品一"和"贡品二"中。在"贡品一"中，《大清会典事例》详细记载了从清初至乾隆时期的外国入贡及其礼品情况。如顺治十三年（1656），荷兰国王恭进御前方物，其中有鸟铳、铳药袋、镶银千里镜、玻璃镜、八角大镜、哆啰绒、哔叽缎、西洋布花被面等西洋贡品；给皇帝的贡品则有玻璃镜、玻璃匣、哆啰绒、哔叽缎、西洋布等西洋物品。康熙二十五年（1686），荷兰使臣所进方物中，有荷兰花缎、哆啰呢、羽缎各一疋，哆啰绒四疋，倭绒、织金线缎、哔叽缎各二疋，西洋咖马氏布、西洋毛里布、西洋沙喃匏布、西洋佛咬唠布各二十疋。雍正三年（1725），西洋伊达里亚国教化王伯纳第多，遣使奉表庆贺登极，所进贡方物中有：绿玻璃凤壶、各色玻璃鼻烟壶、玻璃棋盘、棋子、哩阿期波罗杯、蜜蜡杯、小杯、小瓶、珐琅小圆牌、银累丝连座船、四轮船、瓶花、大小花盘、小花瓶、小漏盘、小铜日晷、水晶满堂红镫、咖什伦鼻烟罐、盖杯、绿石鼻烟盒、各宝鼻烟壶、圆球、素鼻烟盒、花砂漏、镶宝石花、线花画、皮画、皮扇面画、番银笔、裹金规矩、鼻烟壶、显微镜、火镜、照字镜、大红羽缎、周天球、鼻烟等共六十种。在"贡物二"中，记载了嘉庆元年（1796）英吉利国恭进的贡物，有黄色大呢、酱色大呢、新样大呢等。

---

① （明）申时行等：《大明会典》卷一九三《工部十三·军器军装二·火器》，《续修四库全书》史部第792册，上海古籍出版社2002年，第321~326页。

第二，《大清会典事例》从观天的角度对西洋天文仪器作了记载。

据《大清会典事例·钦天监》记载，康熙七年（1668），因为钦天监测象不准，"命大臣传集西洋人，与监官质辩。复令礼部堂官与西洋人至午门，测验正午日影"，发现西洋人测量更准时，便"令西洋人治理时宪书法"。这时，钦天监又"奏制新仪"，奉旨："旧有仪器，观象台旧设浑简仪，明正统年制，仍着收存，毋令损坏。"康熙十二年（1673），"新制仪器告成，一为天体仪，一为黄道经纬仪，一为赤道经纬仪，一为地平经仪，一为地平纬仪，一为纪限仪，安设观象台上。旧仪移置台下别室"。这些新制仪便是西洋式天文仪器。康熙五十二年（1713），康熙帝指出："今新地图乃用御制新仪所测，各省及各口外经纬度数，丝毫不爽，迥非旧图可比。嗣后皆照新图推算。"乾隆五十年（1785），"英吉利国进象限仪一座，安设于观象台下之紫微殿内"①。上文中所载天体仪、黄道经纬仪、赤道经纬仪、地平经仪、地平纬仪、纪限仪和象限仪，都是西洋天文仪器及其仿制品，代表着当时天文学的成就。

第三，《大清会典事例》从国防和军事仪式的角度详细地记载了西洋火器。

这主要集中在《大清会典事例》卷八九四《工部·军火·铸炮》上。据载，天聪五年（1631），铸大炮成，钦定名号为天佑助威大将军。崇德七年（1642），遣官往锦州监造大炮，钦定名号为神威大将军。崇德八年（1643），遣都统刘之源、吴守进督师赴锦州，督铸红衣炮。康熙十四年（1675），铸造大炮八十位，各长七尺三寸，口径四寸九分，膛口径二寸七分，底径六寸七分，铁弹重三斤，用火药一斤八两，炮车全。康熙十五年（1676），铸造大炮五十二位，钦定名号为神威无敌大将军。康熙二十四年（1685），造铁心铜炮八十五位。康熙二十六年（1687），铸炮五位，钦定名号为威远将军，即冲天炮。康熙二十八年（1689），造大炮六十一位，

---

① 《清会典事例》卷一一〇三《钦天监一·职掌一·推算测验》，中华书局1991年，第1052页。

钦定名号为武成永固大将军。康熙二十九年（1690），造铁子母炮二百有
二位。康熙五十七年（1718），造威远将军铜炮十位。康熙五十八年
（1719），造威远将军铜炮十有六位。康熙六十年（1721），造铁子母炮六
位，各长五尺，重百斤，铅子重五两。雍正五年（1727），造威远将军铁
炮十位，造鋈银子母铁炮十有四位。造子母铁炮三位，重四十八斤者一，
重三十六斤者。乾隆十三年（1748），高宗纯皇帝平定金川，制九节十成
炮。嘉庆五年（1800），造铁子母炮五十五，每炮一位，身长五尺六寸。
子炮五个，每个长八寸五分，膛口均径一寸。每子炮一位，随插捎朝天镫
等什件一分。各共重一百五十斤有零，铅子重三两。同治四年（1865），
奏准巡捕五营，调取马兰镇子母炮一位，仿照铸造五十尊。此后，清朝开
始建立机器制造局和兵工厂，引进设备，制造西洋新式武器。此是后话，
不提。

　　以上所谓子母炮，就是根据佛郎机炮改造成的火炮，属西式火器。虽
然清朝所铸火炮不少都是由佛郎机改造而成，但《大清会典事例》中却极
少提到佛郎机。只有卷一一二二《八旗都统·兵制·火器》记载了一处
"佛郎机"①。

　　《大清会典事例》对西洋火器记载较多的是"红衣大炮"。这是由于清
朝打败明朝时，用的就是红衣炮，因此比较重视此类火炮。天聪六年
（1632），太宗文皇帝幸北演武场阅兵，"置铅子于红衣将军炮内，立射的，
演试之"。天聪七年（1633），太宗再次举行大阅礼，"前设红衣炮三十位
及各种大小炮……三喊而进攻炮军，炮军亦声炮对战"②。《大清会典事
例》卷六三七《兵部·简阅八旗·简阅军士·驻防官兵操演》载，嘉庆六
年（1801）谕："各城门所存之浑铜红衣、得胜等炮，着归入八旗炮营，
每年一体轮流演放，毋庸步军统领衙门经管，以专责成。"《大清会典事

---

　　①　《清会典事例》卷一一二二《八旗都统一二·兵制二·火器》，中华书局 1991
年，第 162 页。

　　②　《清会典事例》卷七〇六《兵部一六五·大阅·大阅典礼》，中华书局 1991
年，第 783~784 页。

例》卷八九九《工部·直省火器二·军火》记载：道光二十三年（1843），奏准杭州小红衣炮十位演放不能得力，换设擡炮二十位。《大清会典事例》卷二五七《户部·各省兵饷三·俸饷》载，嘉庆六年（1801），覆准杭州驻防每年停演红衣炮位，仍将子母炮照常演放①。甚至光绪二年（1876）时，有人还奏准兴京添设"鸟枪、红衣炮三百杆"②。

《大清会典事例》中记载西式火器及其作战效力的文字颇少，但记载对西式火器进行禁铸、禁藏、禁用的禁令却连篇累牍。如《大清会典事例》卷七七二《刑部·兵律·私藏应禁军器》之《附律条例》，第一款就是："私铸红衣等大小炮位者，不论官员军民人等及铸炮匠役，一并处斩，妻子家产入官。"第二款是："私铸红衣等大小炮位及擡枪者，不论官员军民人等及铸造匠役，一并处斩，妻子给付功臣之家为奴，家产入官。"上述法令禁止官员和军民拥有火器，反映了专制政权对热兵器的恐惧和防范。这也是清朝火器发展滞后以及鸦片战争败于英国的制度原因。

2. "六通"对西器东传的记载

所谓"六通"，就是清朝官修的六部典章制度史，即《续文献通考》《清文献通考》《续通典》《清通典》《续通志》和《清通志》。乾隆十二年（1747）六月，高宗先设续文献通考馆，敕修《续文献通考》，至乾隆三十二年（1767）修成初稿后，又敕修《续通典》和《续通志》，于是新开"三通馆"取代"续文献通考馆"，负责新修《续通典》和《续通志》，并对《续文献通考》进行完善。再后高宗决定将"古今分帙"，即将"续三通"断限于明末，而清代部分另撰"清三通"，断限于乾隆五十年（1785）。于是"续三通"各自一分为二，析出"清三通"，变成"六通"。清修"六通"对西器东传过程均有记载和书写，具有以下三个特点：

第一，着重记载事关天象的西洋仪器。

① 《清会典事例》卷二五七《户部二〇六·俸饷一·各省兵饷三》，中华书局1991年，第1032页。

② 《清会典事例》卷八九七《工部三六·军火四·火药四》，中华书局1991年，第367页。

受到敬天法祖观念的影响，明清君主对于观测天象、制作历法特别重视，西洋天文仪器有助于提高历法的精度，因此乐见其成，在官史中毫不忌讳地加以书写。

"续三通"书写于西器东传的时代，其中《续文献通考》《续通志》对西器都有一定程度的记载。《续文献通考》卷二一〇《象纬考》，记述了主持历局的徐光启在崇祯时用日晷、壶漏和测高仪、望远镜测量天象之事："率监臣预点日晷，调壶漏，用测高仪器测食甚日晷高度。又于密室中斜开一隙，置窥筒远镜以测亏圆，画日体分数图板以定食分。其时刻、高度悉合。"继任者李天经于崇祯七年（1634）"缮进书二十九卷，星屏一具""皆故相光启督率西人所造也"。后李天经又进"日晷、星晷、窥筒诸仪器"①。文中所载的测高仪、窥筒远镜、星屏、日晷、星晷等，皆是"西人"制造的西式天文仪器。《续通志》在《天文略五·仪象》中对西洋天文仪器也作了记载："万历中，西洋人利玛窦制浑天仪球、地球等器。仁和李之藻撰《浑天仪说》，发明制造施用之法"，认为"其器之最精者，为浑象、简平二仪"②。《天文略六·刻漏》也提到了望远镜、日晷和星晷，"若夫望远镜，亦名窥筒，其制虚管层叠相套，使可伸缩，两端俱用玻璃，随所视物之远近以为长短，不但可以窥天象，且能摄数里外物如在目前。至于日晷、星晷，皆用措置得宜，必须筑台以便安放"③。然而，《续通典》缺乏对西洋天文仪器的关注。

"清三通"对西洋天文仪器亦有记载。《清文献通考》主要集中于卷二五八《象纬考》中。在弁言中，作者声称："国家整一函夏，西法诸器毕萃观台"，通过仿制和改进，"创制灵台六仪及玑衡抚辰诸仪"，这些西式

---

① （清）嵇璜等：《钦定续文献通考》卷二一〇《象纬考》，《景印文渊阁四库全书》第631册，台湾"商务印书馆"1986年，第6~7页。

② （清）嵇璜：《钦定续通志》卷一〇一《天文略五·仪象》，《景印文渊阁四库全书》第393册，台湾"商务印书馆"1986年，第611页。

③ （清）嵇璜：《钦定续通志》卷一〇二《天文略六·刻漏》，《景印文渊阁四库全书》第393册，台湾"商务印书馆"1986年，第623页。

仪器与明代王圻《续文献通考》所载简仪、仰仪、景符仪、玲珑仪、窥几、烛漏等旧仪器相比，"如日月出而爝火难以为光矣"①，充分肯定西洋新仪的作用和先进性。《清文献通考》还记载了康熙八年（1669）南怀仁担任钦天监监副后，受命改造观象台仪器一事。康熙十三年（1674）正月，南怀仁升任监正，以"新制天体仪、黄道经纬仪、赤道经纬仪、地平经仪、地平纬仪、纪限仪告成，将制法、用法绘图列说，名《新制灵台仪象志》，疏呈御览"②。在南怀仁领导下，钦天监制造了许多西式天文仪器，包括：天体仪、地平纬仪、纪限仪、简平仪、三辰简平地平合璧仪、地平经纬仪、四游表半圆仪、三辰公晷仪、六合验时仪、方月晷仪、万寿天常仪、玑衡抚辰仪、地球仪、浑天合七政仪、地平赤道公晷仪、地平经纬赤道公晷仪、游动地平公晷仪、测炮象限仪、双千里镜象限仪、四游千里镜半圆仪、摄光千里镜、日影表、时辰表、自鸣钟。③《清通志》关于天文仪器的记载，与《清文献通考》基本相同。该书《器服略·仪器》对清初在南怀仁等帮助下制作的西洋天文仪器如浑天合七政仪、地平赤道公晷仪、地平经纬赤道公晷仪、游动地平公晷仪、测炮象限仪、双千里镜象限仪、四游千里镜半圆仪、摄光千里镜、日影表、时辰表、自鸣钟等，一一作了叙述④，其内容与《清文献通考》卷二五八《象纬考》中的内容基本上完全相同。另外，《清通志》卷一九《天文略·恒星》载："仰观普天之星象，所不能图、不能测者，限于目力而不能别识其繁多也。往昔尝法制广大之窥筒，内安玻璃镜，而两目并用，窥天则一目而用，双玻璃远镜所视，极其分明，故以之观列宿天之众星，较平时不啻多数十倍，而且界

① （清）嵇璜、刘墉等：《皇朝文献通考》卷二五八《象纬考三·仪器》，《景印文渊阁四库全书》第638册，台湾"商务印书馆"1986年，第44页。
② （清）嵇璜、刘墉等：《皇朝文献通考》卷二五八《象纬考三·仪器》，《景印文渊阁四库全书》第638册，台湾"商务印书馆"1986年，第44~45页。
③ （清）嵇璜、刘墉等：《皇朝文献通考》卷二五八《象纬考三·仪器》，《景印文渊阁四库全书》第638册，台湾"商务印书馆"1986年，第45~61页。
④ 《皇朝通志》卷五七《器服略·仪器》，《景印文渊阁四库全书》第644册，台湾"商务印书馆"1986年，第726~735页。

限甚明……安有不快足乎窥天者之心目哉！"① 记载了西洋天文仪器窥筒即天文望远镜的作用。但"清三通"中，惟有《清通典》未对西洋天文仪器进行记载，这与《续通典》可谓一脉相承，似与"通典"的体裁有关。

第二，重视事关国防的西洋火器的记录。

"续三通"中，只有《续文献通考》对西式火器进行了密集而广泛的记载。该书对西洋火器的记载主要集中在卷一三四《兵考·军器》中："世宗嘉靖三年四月，造佛郎机铳于南京。"嘉靖八年（1529）十二月，"诏铸佛郎机三百分发各边"。至嘉靖九年（1530）九月，右都御史汪鋐请以佛郎机为守墩堡之具。嘉靖十一年（1532）二月，命工部增造佛郎机铳，颁十二营演习等。该书还记述了嘉靖二十五年（1546），宣大总督翁万达奏称自己仿制成了百出先锋炮等火器，"比之佛郎机、神机枪等器，轻便利用"。《续文献通考》转述了唐顺之的奏疏："国初止有神机火枪一种，而佛郎机子母炮、快枪、鸟嘴铳皆后出，鸟嘴铳最猛利。"万历二年（1574）三月，令兵仗局添造火器。时蓟镇请火器，"于盔甲厂动支见贮铁佛郎机二千架"。该书作者还对军器局制造火器情况作了叙述："嘉靖中造。大样、中样、小样佛郎机铜铳，大样嘉靖二年造，中样二十二年改造，小样七年造，重减大铳三分之一，二十三年造。马上使用小佛郎机千副、佛郎机铁铳四十年造。""鸟嘴铳三十七年造。流星炮七年用黄铜铸造，式如佛郎机……百出先锋炮，式如佛郎机"，以及隆庆四年（1570）照浙江省军门式样造出"发熕火器"②。发熕是欧式前装炮之一种③。可见，《续文献通考》对西洋火器的记载是非常详细的，反映明代所遇到的严峻的国防问题，必须依赖先进的西器才能解决。《续通典》在其《边防

---

① 《皇朝通志》卷一九《天文略二·恒星》，《景印文渊阁四库全书》第 644 册，台湾"商务印书馆"1986 年，第 211 页。

② （清）嵇璜等：《钦定续文献通考》卷一三四《兵考·军器》，《景印文渊阁四库全书》第 629 册，台湾"商务印书馆"1986 年，第 705 页。

③ 郑诚：《发熕考——16 世纪传华的欧式前装火炮及其演变》，《自然科学研究》2013 年第 4 期。

典》中，介绍佛郎机、荷兰等国时，才涉及一点西洋火器。如卷一四七
《边防·佛郎机》称，嘉靖二年（1523），佛郎机入寇，"其别将都卢以巨
炮利兵横行海上，官军击擒之，获二舟，得其炮，即名为佛郎机。副使汪
鋐进之朝，用以守墩台、城堡。火炮之有佛郎机，自此始"①。在同卷
《边防·和兰》称荷兰"所恃惟巨舟大炮，舟长三十丈，广六丈，厚二尺
余，树五桅。桅下置二丈巨铁炮，发之可洞裂石城，震十里。世所称红夷
炮，即其制。其柁后置照海镜，大径数尺，能照数百里"②。这里对葡萄牙
和荷兰的印象，仍然是他们的坚船利炮，以及照海镜和玻璃等物。然而，
《续通志》却未对西洋火器作叙述。这可能与史书的功能区分有关。

　　"清三通"均对西洋火器进行了较多的关注和记载。《清文献通考》对
西洋火器的记载，集中在《兵考·军器》上："火器大者曰炮。其制或铁，
或铜，或铁心铜体，或铜质木镶，或铁质金饰。重自五百六十觔至七千
觔，轻自三百九十觔至二十七觔。长自一尺七寸七分至一丈二尺。"还记
载太宗天聪五年（1631）"红衣大炮成"时，皇帝亲自命名，并在炮上镌
刻"天祐助威大将军。天聪五年孟春吉旦造。督造官总兵官额驸佟养性，
监造官游击丁启明，备御祝世隆，铸匠王天相、窦守位，铁匠刘计平"。
甚至连工匠的名字也刻在炮身上。这次造炮属于标志性事件："先是，未
备火器，造炮自此始。其年征明，久围大凌河而功以成，用大将军力也。
自后师行，必携之。"③《清通典》对西洋火器的记载，主要集中在卷七八
《兵十一·军器·火器》上："火器，大者曰炮，其制或铁，或铜，或铁心
铜体，或铜质木镶，或铁质金饰……鸟枪规式尺寸长短各随其便。"然后
逐一介绍了"皇朝礼器图式火器"，包括康熙二十年（1681）铸的御制金

　　① （清）嵇璜等：《钦定续通典》卷一四七《边防·佛郎机》，《景印文渊阁四库
全书》第 641 册，台湾"商务印书馆"1986 年，第 673 页。
　　② （清）嵇璜等：《钦定续通典》卷一四七《边防·荷兰》，《景印文渊阁四库全
书》第 641 册，台湾"商务印书馆"1986 年，第 673 页。
　　③ （清）嵇璜、刘墉等：《皇朝文献通考》卷一九四《兵考十六·军器》，《景印
文渊阁四库全书》第 636 册，台湾"商务印书馆"1986 年，第 461~462 页。

龙炮，康熙二十四年（1685）铸的御制制胜将军炮，康熙三十七年
（1698）铸的御制威远将军炮，神威大将军炮，神威无敌大将军炮，神威
将军炮，武成永固大将军炮，子母炮，红衣炮，御制自来火大枪，御制自
来火二号枪，御制自来火小枪等。① 其中不少都是从西洋火器仿制改进而
来。如子母炮，就是佛郎机炮的改进版，红衣炮也是仿荷兰红夷大炮而
成。此外，《清通典·火器营》也记载了清朝的包括西式火器在内的武器
装备情况："火器营康熙三十年设，鸟枪护军，每人各给鸟枪一，八旗各
给子母炮五，专司教演火器。"② 其中的子母炮是佛郎机改进型，鸟枪就是
鸟嘴铳的翻版。《清通典》由于偏重于礼仪的记载，因此在记载火器时，
不是注重其作战的意义，而是倾向展示其军礼仪仗的价值。《清通典》卷
五八《礼·军一·大阅》载：天聪七年（1633），太宗举行阅兵礼时"前
设红衣炮三十位，及各种大小炮"。乾隆四年（1739），阅兵的仪程是：官
兵身穿甲胄列于南海子，前队按八旗列成阵形，"大红衣炮各火器及骑步
鸟枪第二队、第三队、护军骁骑，以次成列。鸣海螺三，齐放大炮"③。这
反映出重骑射传统的清朝已将西式火器礼仪化了，不太重视其实战的功
能。《清通志》在记载西洋火器时，也未从实战角度记载，而偏向于阅兵
时的军礼炫耀。卷四五《礼略·军礼二》便记载了西式火器在清代皇帝大
阅兵中的军礼功能。据载，康熙二十四年（1685），圣祖仁皇帝谕兵部：
"国家武备不可一日懈弛。旧例，每岁必操练将士，习试火炮。尔部传谕
八旗都统等豫为整备。朕将亲阅焉。"于是，前锋官军自卢沟桥夹道分列
至王家岭山麓。"官军排列，枪炮分东西次第布列。"康熙皇帝登王家岭坐
定后，吹螺号传令"三发巨炮，三排枪相继齐发"。于是，"命将士发巨

---

① 《皇朝通典》卷七八《兵十一·军器·火器》，《景印文渊阁四库全书》第643
册，台湾"商务印书馆"1986年，第627~628页。

② 《皇朝通典》卷六九《兵二·八旗兵制下·火器营》，《景印文渊阁四库全书》
第643册，台湾"商务印书馆"1986年，第472页。

③ 《皇朝通典》卷五八《礼·军一·大阅》，《景印文渊阁四库全书》第643册，
台湾"商务印书馆"1986年，第210、214页。

炮，八旗所列将军炮位及诸火器一时齐发，凡二次，礼成"。此后雍正、乾隆时，都在大阅时发射火炮和鸟枪。① 这些记载，与前书《清通典》卷五八《礼·军一·大阅》大体相同。结合前书所记，则知此处所述巨炮就是红衣大炮。《清通志》明确出现"红衣炮"的记载是在举行祭炮神的礼仪时②。可见，清代官史对火器的记载，已从国防角度变成军礼角度了。

第三，重视彰显天朝威仪的西洋贡品的胪列。

明朝的闭关锁国政策导致西洋诸国使团无法正常进入北京，因此"续三通"在西洋朝贡贸易物品的记载上付之阙如。虽然万历时利玛窦曾将礼品"进贡"神宗，但《明神宗实录》略去了礼品的具体名称，从而对清修"续三通"的记载产生了一定的影响。

清初荷兰、葡萄牙、罗马教廷乃至英国都曾遣使入京，清朝官史对他们携带的西洋贡品较为关注。然而，"清三通"中只有《清通典》关注此事，对西洋各国携带的西器作了记载。该书卷六〇《礼》对此作了集中的记载：顺治十三年（1656），荷兰国王恭进御前方物，其中有西洋火器鸟铳、铳药袋，西洋玻璃制品镶银千里镜、玻璃镜、八角大镜，西洋编织品哆啰绒、哔叽缎、西洋布花被面、大毡、毛缨等。③ 康熙五年（1666），荷兰国王进贡方物，其中有镶金镶银铳、哆啰呢、哔叽缎、哔叽纱、荷兰绒、大花缎、荷兰五色大花缎、大紫色金缎、红银缎、五色绒毯、五色毛毯、西洋五色花布、西洋白细布、西洋大白布、西洋五色花布褥、大玻璃镜、玻璃镶镫、荷兰地图、琉璃器皿一箱。④ 雍正三年（1725），西洋意达里亚国教化王伯纳第多遣使奉表，进贡方物：绿玻璃凤壶、各色玻璃鼻

① 《皇朝通志》卷四五《礼略·军礼二》，《景印文渊阁四库全书》第644册，台湾"商务印书馆"1986年，第556~557页。
② 《皇朝通志》卷四一《礼略·吉礼六》，《景印文渊阁四库全书》第644册，台湾"商务印书馆"1986年，第499页。
③ 《皇朝通典》卷六〇《礼·宾》，《景印文渊阁四库全书》第643册，台湾"商务印书馆"1986年，第272页。
④ 《皇朝通典》卷六〇《礼·宾》，《景印文渊阁四库全书》第643册，台湾"商务印书馆"1986年，第274页。

烟壶、玻璃棋盘、棋子、哩阿期波罗杯、蜜蜡杯、小杯、小瓶、珐琅小圆牌、银累丝连座船、四轮船、瓶花、大小花盘、小花瓶、小漏盘、小铜日晷、水晶满堂红镫、咖什伦鼻烟罐、绿石鼻烟盒、各宝鼻烟壶、圆球、素鼻烟盒、花砂漏、番银笔裹金规矩、鼻烟壶、八宝显微镜、火镜、照字镜、大红羽缎、周天球、鼻烟凡六十种。① 雍正五年（1727），西洋博尔都噶国王进贡方物有金珐琅盒、金镶咖什伦饼、蜜蜡盒、玛瑙盒、银镶咖什伦盒、各品药露五十饼、金丝缎、金银丝缎、金花缎、洋缎、大红羽缎、大红哆啰呢、银花火器、自来火、长枪、手枪、鼻烟、巴斯第里葡萄红露酒、葡萄黄露酒、白葡萄酒、红葡萄酒、咖什伦各色珐琅、织成远视画等共四十一种。② 除《清通典》秉承官方意识形态，将这些国家写成进贡的"番国"，将这些礼品写成西洋"贡品"外，其他的两部官史《清文献通考》和《清通志》都未从朝贡角度记录西洋贡品，对由使臣携来的西洋奇器未有着墨。

四、纪传体官史对西器的记载

明清官方史学还包括纪传体官史，即清代张廷玉等人所撰《明史》。该书对明代西器东传过程作了记载。至于清代的纪传体官史《清史稿》，因是民国清史馆所修，故不在本书探讨之列。

清修《明史》对西洋奇器的记载，延续了传统官史的基本特色，即从观象制历角度记载西洋天文仪器，从国防视角记载明代西洋火器。明代的西洋朝贡尚未形成体系，因此未从朝贡角度记录西洋贡品。

第一，从观测天象的角度记录西洋天文仪器。

《明史》对明代传入的西洋天文仪器予以大量正面记载。这主要集中在《明史》卷二五《天文志一》上："万历中，西洋人利玛窦制浑仪、天

---

① 《皇朝通典》卷六〇《礼·宾》，《景印文渊阁四库全书》第643册，台湾"商务印书馆"1986年，第278页。

② 《皇朝通典》卷六〇《礼·宾》，《景印文渊阁四库全书》第643册，台湾"商务印书馆"1986年，第279页。

球、地球等器。仁和李之藻撰《浑天仪说》，发明制造施用之法，文多不载。其制不外于六合、三辰、四游之法。但古法北极出地，铸为定度，此则子午提规，可以随地度高下，于用为便耳。"崇祯二年（1629），天主教徒、礼部侍郎徐光启兼理历法，"请造象限大仪六，纪限大仪三，平悬浑仪三，交食仪一，列宿经纬天球一，万国经纬地球一，平面日晷三，转盘星晷三，候时钟三，望远镜三"。获得批准。不久，徐光启又提出："定时之法，当议者五事：一曰壶漏，二曰指南针，三曰表臬，四曰仪，五曰晷。"并对诸西式天文仪器一一作了介绍。① 继徐光启之后，李天经也将西式天文仪器作了比较全面的介绍。《明史·天文志一》记载：崇祯七年（1634），督修历法右参政李天经言："辅臣光启言定时之法，古有壶漏，近有轮钟，二者皆由人力迁就，不如求端于日星，以天合天，乃为本法，特请制日晷、星晷、望远镜三器。臣奉命接管，敢先言其略。"于是他将日晷、星晷、望远镜等一一作了介绍。②

晚明历局官员对西洋天文仪器持赞赏态度，李天经称望远镜"有大用焉"。清修《明史》诸臣亦对西洋天文仪器多有溢美之词，明确指出西式浑天仪"于用为便"，又称"浑盖、简平二仪其最精者"。由此可见，明清士大夫在对待西洋天文仪器上的态度颇为相近。

第二，从明代国防视角记录西洋火器的引进传播过程。

《明史》所用史料来自《明实录》《明会典》等，因此秉承了明代史料的特点，对西洋火器传华过程进行了较为全面的记载。《明史》对明代西洋火器的记载，集中在卷九二《兵志四》中："至嘉靖八年，始从右都御史汪鋐言，造佛郎机炮，谓之大将军，发诸边镇。佛郎机者，国名也。正德末，其国舶至广东。白沙巡检何儒得其制，以铜为之。长五六尺，大者重千余斤，小者百五十斤，巨腹长颈，腹有修孔。以子铳五枚，贮药置

---

① （清）张廷玉等：《明史》卷二五《天文志一》，中华书局 1974 年，第 359~360 页。
② （清）张廷玉等：《明史》卷二五《天文志一》，中华书局 1974 年，第 361 页。

腹中，发及百余丈，最利水战。驾以蜈蚣船，所击辄糜碎。"① 嘉靖二十五年（1546），总督军务翁万达奏所造火器，其中有据佛郎机改进的"百出先锋"炮。又载：万历中，"大西洋船至，复得巨炮，曰红夷。长二丈余，重者至三千斤，能洞裂石城，震数十里。天启中，锡以大将军号，遣官祀之。"崇祯时，"大学士徐光启请令西洋人制造，发各镇。然将帅多不得人，城守不固，有委而去之者。及流寇犯阙，三大营兵不战而溃，枪炮皆为贼有，反用以攻城。城上亦发炮击贼。时中官已多异志，皆空器贮药，取声震而已。"② 揭露了明代政府腐败对西式火器使用的限制和影响。《明史》还记载了明代西洋火器的制造情况："明置兵仗、军器二局，分造火器。"其中就有"连珠佛郎机炮""百出先锋炮""大中小佛郎机铜铳、佛郎机铁铳""鸟嘴铳"等西式火器。其中百出先锋炮是从佛郎机改进而来的。《明史》作者特地指出："军资器械名目繁伙，不具载，惟火器前代所少，故特详焉。"③反映出作者对明朝时代特征的掌握和凸显。《明史》在介绍战车时，涉及西洋火器的装配。辽东巡抚魏学曾建议在战车上"设佛郎机二"。同时，《明史》说广东战船"可发佛郎机"。戚继光等抗倭军队还在渔船上装备鸟嘴铳。明代的"蜈蚣船""能驾佛郎机铳"且行如飞。④以上叙述说明，《明史》正视了明代在步战、车战和舟战中装备西洋火器的情况。此外，《明史》还详细记载了吴桥兵变后，明军与叛军孔有德作战时，西洋大炮的使用情况，叙述了孙元化用西洋大炮守登州城，城陷，西洋大炮落入叛兵之手。叛兵继而进攻莱州，"辇元化所制西洋大炮，日穴城，城多颓"⑤。

---

① （清）张廷玉等：《明史》卷九二《兵志四》，中华书局1974年，第2264页。
② （清）张廷玉等：《明史》卷九二《兵志四》，中华书局1974年，第2265页。
③ （清）张廷玉等：《明史》卷九二《兵志四》，中华书局1974年，第2265～2266页。
④ （清）张廷玉等：《明史》卷九二《兵志四》，中华书局1974年，第2268～2269页。
⑤ （清）张廷玉等：《明史》卷二四八《余大成传》，中华书局1974年，第6432、6433页

　　显然，清修《明史》并未完整反映明代西洋火器东传全貌，回避了明朝君臣为对付后金和清朝而采取的积极引进西洋火器红夷大炮、西洋大炮的努力，模糊了红夷大炮在宁远大捷中的作用。如《明史》卷二七一《满桂传》载：天启六年（1626）正月，"我大清以数万骑来攻，远迩大震，桂与崇焕死守。始攻西南城隅，发西洋红夷炮，伤攻者甚众。明日转攻南城，用火器拒却之，围解"①。通过省略主语和虚化主体，使宁远大捷变得十分模糊。

　　明朝西洋诸国虽未能入贡，但《明史》还是按照《一统志》的模式，将它们写成了天朝外缘的蛮夷，并对其所拥有的西洋器物略有涉及。在《明史》卷三二五《外国传六》中，提到了佛郎机和荷兰的坚船利炮。介绍佛郎机时称：嘉靖二年（1523）新会西草湾之战，指挥柯荣、百户王应恩打败佛郎机，"获其二舟""官军得其炮，即名为佛郎机"，后来被朝廷仿制和推广。"火炮之有佛郎机自此始。然将士不善用，迄莫能制寇也。"介绍荷兰的巨舟和红夷炮时说："其所恃惟巨舟大炮。舟长三十丈，广六丈，厚二尺余，树五桅，后为三层楼。旁设小闲置铜炮。桅下置二丈巨铁炮，发之可洞裂石城，震数十里，世所称红夷炮，即其制也。"还描述了"桅后置照海镜，大径数尺，能照数百里"。顺带介绍了荷兰特产"有金、银、琥珀、玛瑙、玻璃、天鹅绒、琐服、哆啰嗹"。此外，在《明史》卷三二六《外国传七》介绍"意大里亚"时，称"其国善制炮，视西洋更巨。既传入内地，华人多效之，而不能用。天启、崇祯间，东北用兵，数召澳中人入都，令将士学习，其人亦为尽力"，把意大利与窃居澳门的葡萄牙弄混了。由于利玛窦是意大利人，所以《明史》将耶稣会士都当成意大利人了。

五、一统志从朝贡的角度记载西器东传

　　一统志属于中国特有的地理总志，分区介绍中国各辖区的地理、风俗

---

① （清）张廷玉等：《明史》卷二七一《满桂传》，中华书局 1974 年，第 6958 页。

及物产情况，但出于中国传统的"天朝上国"观念和内华外夷、天下一统的秩序，将周边各国也以"番国"的身份写进书中。《大明一统志》由于编成于天顺五年（1461）四月，当时尚无西洋国家来朝进贡，因此并无西洋贡品的记载。成书于嘉庆二十五年（1820）、由穆彰阿等人编纂的《大清一统志》（即《嘉庆重修一统志》），则处于西洋诸国纷至沓来的时代，故而对其遣使活动及所赠送礼品进行了大量的记载，但站在清朝官方的立场上，一律将西洋遣使称为"入贡"，将其礼品视为"贡品"。

《大清一统志》分别叙述了荷兰、英国、法国以及西洋的地理、风俗和特产，对西洋器物比较关注，对于各国特产大书特书，对这些特产的贡品身份津津乐道。《大清一统志》记载了荷兰的器物巨舰和大炮，"二十九年驾大舰携巨炮直薄吕宋""三十二年，驾二大舰直抵彭湖"。后筑安平、赤嵌二城，出没东南沿海，要求互市。康熙五年（1666），"荷兰国王表贡方物""自是职贡弥谨"。该书还移植了其他史书对荷兰人巨舟大炮的描述："所恃惟巨舟大炮。舟长三十丈，广六丈，厚二尺余，树五桅，后为三层楼，旁设小牖，置铜炮，桅下置二丈巨铁炮，发之可洞裂石城，震数十里，世所称红夷炮。"又特别记载了其"土产"，有哆啰绒、织金毯、哔吱缎、镜、自鸣钟、鸟枪、火石等，并特别注明"以上俱入贡"①。卷五五六又记载了英国的器物，如述其衣物："男子著哆啰绒，妇人短衣重裙"，引《皇清职贡图》称"出行则加大衣，以金缕盒贮鼻烟自随"。在介绍其"土产"时，提到火石、大小绒、哔叽、羽纱、玻璃镜、时辰钟表。②卷五六○介绍法兰西时指出其"一名弗郎西，即明之佛郎机也"。嘉靖二年（1523），"其将别都卢既以巨炮利兵肆掠满剌加诸国，横行海上，复率其属疏世利等入寇新会之西草湾。指挥柯荣、百户王应恩御之。转战至稍州，向化人潘丁苟先登，众齐进，生擒别都、卢疏世利等，获其

---

① （清）穆彰阿等：《（嘉庆）大清一统志》卷五五一《荷兰》，《续修四库全书》史部第 624 册，上海古籍出版社 2002 年，第 730~731 页。

② （清）穆彰阿等：《（嘉庆）大清一统志》卷五五六《嘆咕唎》，《续修四库全书》史部第 624 册，上海古籍出版社 2002 年，第 767~768 页。

二舟。贼败遁，官军得其炮，即名为佛郎机"。该卷记载了法国人的衣物："其国人身著衫袴，垂至胫，皮屦，衣服用琐袱、西洋布。"① 一统志将佛郎机误为法兰西，其实明人口中的佛郎机是葡萄牙。

《大清一统志》卷五五二还专门立有《西洋》一目，称"西洋，在西南海中，其贡道由广东以达于京师"。在"建置沿革"中谓"去中国极远，于古无可考，至明万历九年，有利玛窦者，始泛海抵广州之香山墺，二十九年入于京师。中官马堂以其方物进献。自称大西洋人"。在"风俗"中称："尚天主教，通推算，善制造。"并引南怀仁《坤舆图说》云："欧逻巴州大小诸国，自王以及庶民皆奉天主教……衣服、蚕丝者有天鹅绒、织金缎之属，羊绒者有毯罽、锁哈喇之属。又有利诺草为布细，而坚轻，而滑敝，可捣为纸，极坚韧。"又介绍西洋的葡萄酒："酒以葡萄酿成，不杂他物，可积至数十年。"称饮食"用金银、玻璃及瓷器"。其建筑"瓦或用铅，或轻石板，或陶瓦。工作制造备极精巧"。在介绍其"土产"时，提到有金珀书箱、哆啰绒、花露、花幔、花毯、大玻璃镜，并特别注明"以上康熙九年入贡"。随后又提到其土产还有绿玻璃凤壶、里阿波啰杯、蜜蜡杯、蜜蜡小瓶、珐琅小圆牌、银累丝四轮船、小铜日规、连银累丝瓶、累丝花、水晶满堂红灯、各宝玩器、咖石喻鼻烟罐、各色玻璃鼻烟壶、各宝圆球、各宝鼻烟壶、银累丝大小花盘、实地银花盘、连座银累丝船、银花匣、连银累丝小花瓶、银丝小漏盘、丝花画、皮画、皮扇面画、咖石喻盖杯、镀金皮规矩、镶牙片鼻烟盒、银花素鼻烟盒、镶银花砂漏、咖石喻绿石鼻烟盒、番银笔、玛瑙鼻烟壶、显微镜、火字镜、玻璃棋盘、棋子、大红羽缎、周天球、鼻烟、照字镜，并特别注明"以上雍正三年入贡"，接着又提到自来火长鸟枪、自来火手把鸟枪、珐琅洋刀、赤金文具、咖石喻文具、螺钿文具、玛瑙文具、绿石文具、赤金鼻烟盒、咖石喻鼻烟盒、螺钿鼻烟盒、玛瑙鼻烟盒、绿石鼻烟盒、银装春夏秋冬四季花、金丝花

---

① （清）穆彰阿等：《（嘉庆）大清一统志》卷五六〇《法兰西》，《续修四库全书》史部第 624 册，上海古籍出版社 2002 年，第 795~796 页。

缎、银丝花缎、金丝表缎、银丝表缎、哆啰呢、织人物花毯、露酒、白葡萄酒、红葡萄酒、巴泉撒木鼻油、洋糖果、香饼、银装蜡台、银盘玻璃瓶、银架玻璃瓶、意大石文具、银圆香盒、银长香盒、蜜蜡香盒、剪子、意大石牙签、玻璃牙签、异石烟盒，并注明"以上乾隆十八年进贡"①。显然，《大清一统志》是将西洋诸国遣使送来的礼品，视作其土产的。总之，《大清一统志》对西洋奇器的记载，是从朝贡角度来书写的。

公元 1500 年，是分散的世界史进入统一的全球史的时代。这一时期，西方掀起了地理大发现运动，欧美各国将其物质文明和精神文化传带东方。东方的中国则面临迎受或拒斥西方文明的历史性难题。明清两代在西器东传过程中，作出了符合中国"天朝上国"秩序的抉择。作为中国官方史书的明清实录、会典、六通、纪传体正史和地方总志，对西器作何记载，是一面鲜明地反映明清两朝政府对待西洋文明的态度的镜子；对这一问题的研究，是研究西器东传历史的有效途径和特殊面向。通过上述诸官史的分析，可以发现，明清官史对西洋器物的记载，反映了中国官方意识形态的基本特征，即以"天朝上国"的立场来看待早期西洋器物进入中国的属性。把外使到来视为遣使入贡，把西洋礼品视为外夷贡品；同时以重视天象的态度积极迎进西洋天文仪器，在国防压力之下和明清更迭之机，对于西洋火器秉持"拿来主义"态度，并主动仿制和改进，以使之成为"中国长技"，并在史书中大书特书，毫不隐讳。然而，对于生活上的西洋器物，则视为"奇技淫巧"加以排斥，在官史上拒不记载，或语焉不详。与明清时期的笔记小说相比，官史对西器的记载不仅数量偏少，而且品种有限。如果将官史中记载的"佛郎机""红衣炮""天象仪""地球仪""哆啰绒""西洋布"等西器概念放在明清笔记和小说中检索的话，后者完全包括；只有西洋诸国进贡的西洋奇器，囿于宫中特有，民间难以接触，故明清笔记小说中或付阙如。然而，将明清笔记和小说中出现的西洋奇器

---

① （清）穆彰阿等：《（嘉庆）大清一统志》卷五五二《西洋》，《续修四库全书》史部第 624 册，上海古籍出版社 2002 年，第 732 页。

"自然乐""钢丝琴""自然漏""自来风扇""石印机""玻璃窗""西洋镜""取火镜""折光镜""水镜""玻璃灯罩""气球""煤气灯""扬声接声筒""风雨表""寒暑表""入水泳气钟""水底火船""潜水船""潜水艇""凿山机""蒸气机轮纺织""听肺木""照相机"等放在官史中检索的话，则往往杳无踪影。这说明笔记和小说面向丰富多彩的社会生活，易于接纳其他文化系统器物层面的元素，而官方史学则身荷国家意识形态的重负，对来自西方文化的器物层面进行严格的筛选，以是否符合国家意志和利益为标杆来决定迎受或拒斥，从而在历史书写上打下了特殊的烙印。

第二节　明清笔记对西器东传的关注与书写

明清笔记①弥补了中国传统官史在记载西洋物质文明东进过程中的缺失和不足，无论是明清实录还是明清会典，都将主要篇幅用于政治及其制度的记载，而对生活史比较忽略，加之天朝上国的心态和轻视外夷的观念，导致官史对西洋奇器传入中国社会、对中国人生活所产生的影响不甚关注，甚至有意漠视。

与此有异，笔记之于官史，能够"保持较多的真实性，因为作者或闲居自娱，或消愁解闷而作笔记，无心沽名传世，亦非刻意著作，故无所避讳，无所顾忌，无所掩饰，能透露某些真实情况和真实思想，比起官方史书更加可信"②。笔记的作者，是处在非公务状态下的文人士大夫。明清笔记的作者生活在西洋先进物质文明不断传入的时代，能切实感受到中国社会从隐到显、从微到巨所发生的变化，在闲暇之际，摆脱了官史书法的约束，随意记载生活琐事，追逐海外奇谈，对传入中国、令人眼花缭乱的西洋奇器，有闻必录，有见辄记，保留了大量的生动史料。他们所见所记的

---

①　由于本书的研究时段为 1368—1840 年，故本节主要探讨鸦片战争之前的笔记。

②　来新夏：《清人笔记随录》，中华书局 2005 年，第 3 页。

新奇而实用的西洋器物，日渐丰富国人的物质生活，同时也改变了士大夫们固守传统的文化心态。

一、异域珍奇：明清笔记展现的西洋器物种类

明清文人在官场之外或工作之余所撰的笔记，对西洋器物充满兴趣。明清笔记史料中，有关西洋物质文明的叙述占据了一定的篇幅，涉及西洋器物的种类丰富，可概括为五类：

第一类为军事装备，包括战争武器及军用望远镜。明中后期，西洋新式武器随西方殖民者传入中国，受到时人广泛关注，遂被载入当时的笔记里。明清笔记中最早谈论的西洋武器是来自葡萄牙的佛郎机。《万历野获编》认为"弘治以后，始有佛郎机炮，其国即古三佛齐，为诸番博易都会，粤中因获通番海艘，没入其货，始并炮收之，则转运神捷，又超旧制数倍，各边遵用已久"[1]。《枣林杂俎》中提到"佛郎机鸟铳相传得之番舶"[2]。对佛郎机出现的时间和发源地均有涉及。[3] 17 世纪初，荷兰殖民者追随葡萄牙的步伐，开始觊觎东方。他们带来的诸如红夷大炮等新式武器，迅速投入明末纷繁的战争之中，被明清之际的笔记所记录。如《酌中志》记载，明末，清军进逼都城，冯铨"捐资守备"涿郡，"时差取红夷炮抵涿"，他怕炮被清军所夺，"挺身同众护炮"[4]。除了新式火器，望远镜作为军事侦察用具也被载入笔记。据《蜀燹死事者略传》载，嘉庆间清将谭健曾用望远镜勘测敌情，"公以千里镜烛之曰：'贼幸少，我兵其无

---

　　① （明）沈德符：《万历野获编》卷一七《火药》，中华书局 1959 年，第 433 页。

　　② （清）谈迁：《枣林杂俎》，中华书局 2006 年，第 33 页。

　　③ 按：古三佛齐是位于东南亚马来群岛上的小国，于正德年间被葡萄牙控制，因此沈德符误以为佛郎机来源于古三佛齐。

　　④ （明）刘若愚：《酌中志》卷二四"黑头爰立纪略附"，北京古籍出版社 1994 年，第 220 页。

恐。’”①

第二类为生活用品，包括自鸣钟、玻璃制品、织物、食物、药露、香水、香皂、相机、洋烟等。其中自鸣钟出现频率极高，如明《客座赘语》指出：“所制器有自鸣钟，以铁为之，丝绳交络，悬于簴，轮转上下，戛戛不停，应时击钟有声。器亦工甚，它具多此类。”② 介绍了自鸣钟的形制。《履园丛话》记载，康熙命吴廷桢“作御舟即事，韵限三江一绝。吴援笔立就，云：‘金波溶漾照旌幢，共庆回銮自越邦。’正在构思，闻自鸣钟响，宋中丞荦奏曰：‘将到吴江矣。’”③ 显示了自鸣钟在当时生活中发挥了计时作用。至于玻璃制品、织物、食品、香水等其他生活用品，则多以贡品的形式载入笔记。如《池北偶谈》和《海国四说》两部笔记，分别记载了康熙和雍正两朝，西洋各国进献的大量生活用品。

第三类为艺术物品，如西洋画等。《扬州画舫录》写道：“移几而入，虚室渐小，设竹榻，榻旁一架古书，缥缃零乱，近视之，乃西洋画也。”④ 西洋画以其细腻逼真的手法引起作者李斗的关注。

第四类为科技仪器，包括用于测量气候的寒暑表、阴晴表⑤，推算历法的浑天星球、地平日晷、窥远镜等。清人毛祥麟在其《墨余录·西商异物》中，讲一西商“挟资来沪，所居楼面临浦江，中设远光镜一架，长丈余，大如巨竹，窥之，遥见浦东田舍鱼罾，历历在目。时有村妇荷锄行，后随一稚子，仿佛若可接语者，实在四五里外，是亦奇矣”⑥。

第五类为交通运输工具，以早期葡萄牙、荷兰人的帆船为主。

以上五类器物在明清笔记中时有记载，反映了明清以来西洋物质文明

① （清）余澜阁：《蜀燹死事者略传》，《清代野史》第8辑，巴蜀书社1987年，第261页。

② （明）顾起元：《客座赘语》卷六“利玛窦”，中华书局1987年，第193～194页。

③ （清）钱泳：《履园丛话》丛话十二“艺能”，中华书局1979年，第22页。

④ （清）李斗：《扬州画舫录》，中华书局1960年，第333页。

⑤ （清）钱泳：《履园丛话》丛话十二“艺能”，中华书局1979年，第320～322页。

⑥ （清）毛祥麟：《墨余录》卷一六“志泰西机器三十一则”，上海古籍出版社1985年，第46页。

在中国传播并逐步受到关注的过程。

二、取舍之间：明清笔记对西器书写的倾向和特点

在梳理众多明清笔记中所载西洋物质文明之后，可以发现，明清笔记作者对材料的取舍有着一些共同的特征，即身受所处时代、地域和社会环境的深刻影响，呈现出时间性和空间性的差异。

第一，从时间维度来看，明清笔记成书时间越后，对西器记载越详细和清晰，而这又以洋务运动为界。明代笔记对西器记载比较稀疏，在众多明人笔记中，涉及西器记载的笔记数量相对较少。同时，由于西器东传的信息较少，不同的明人笔记看似记载了不少西器，实则往往是同一事物。如关于利玛窦向神宗贡自鸣钟、铁丝琴一事，顾起元的《客座赘语》卷六①、谢肇淛的《五杂俎》卷二②、于奕正的《帝京景物略》卷五③等都有记载，但所载大同小异。清前中期的笔记关于西器的记载越来越多，《啸亭杂录》对自鸣钟表，《扬州画舫录》对望远镜和玻璃制品，《榆巢杂识》对西洋时辰表，《竹叶亭杂记》对洋表、千里镜、西洋布、玻璃杯、洋枪，《履园丛话》对自鸣钟、玻璃等，都有较多的记载。

与此相应，明清笔记反映了从明到清对西洋奇器的认识由模糊到清晰的过程。以眼镜为例，明人笔记对眼镜的认识比较模糊，对其原理完全不解。万历年间，陈懋仁在《庶物异名疏》中称眼镜"若壮岁目明者用之，则反昏暗伤目"，觉得"殊不可解"④。而清前中期的笔记对西洋眼镜的记载就更为科学。曹庭栋在其《老老恒言》卷三中称"眼镜为老年必需"，

① （明）顾起元：《客座赘语》卷六"利玛窦"条，中华书局1987年，第193~194页。
② （明）谢肇淛：《五杂俎》卷二《"天部"二》，辽宁教育出版社2001年，第40页。
③ （明）刘侗、于奕正：《帝京景物略》卷五"利玛窦坟"条，上海远东出版社1996年，第303~304页。
④ （明）陈懋仁：《庶物异名疏》卷一四《器用部下·叆叇》，《四库全书存目丛书·子部》第218册，齐鲁书社1997年，第116页。

又指出："中微凸，为'老花镜'。玻璃损目，须用晶者。光分远近，看书作字，各有其宜。以凸之高下别之。晶亦不一，晴明时取茶晶、墨晶；阴雨及灯下，取水晶、银晶。若壮年即用以养目，目光至老不减。中凹者为近视镜。"① 显然这些记载已比明代更为清晰，认识到眼镜分为老花镜和近视镜，但仍然认为戴眼镜有养目之效。再以船为例，万历三十七年（1609）明人坐"谈海事"，认为荷兰人的船"帆樯阔大，遇诸国船，以帆卷之，人舟无脱者"②。到清中期，赵翼在其《簷曝杂记》中，已清晰地认识到西洋船舶的帆不是进攻武器，而是前行的动力："中国之帆曳而上祇一大緪着力，其旁每幅一小緪，不过揽之使受风而已。西洋帆则每緪皆着力，一帆无虑千百緪，纷如乱麻，番人一一有绪，略不紊。又能以逆风作顺风，以前两帆开门，使风自前入触于后帆，则风折而前，转为顺风矣，其奇巧非可意测也。红毛番舶，每一船有数十帆，更能使横风、逆风皆作顺风云。"③ 明清笔记的作者对西洋物质文明的认识，随着西方科技进步而提高，亦随着自己科学水平的提高而进步。

　　第二，从空间维度来看，处于东南沿海地区的作者或到过这些地区的人，在笔记中对西洋器物记载较多，而内陆地区的作者在其笔记中对西洋物质文明的记载相对较少。这主要是由作者对西洋器物接触渠道和环境影响所致。广东、福建、浙江、江苏、上海等东南地区得西风之先，有更多的机会接触到西方奇器。如广东《粤剑编》、南京《客座赘语》、上海《墨余录》等，皆对西器浓墨重彩。记载了澳门葡萄牙人使用的"自然乐""自然漏"④ 等西器的《粤剑编》作者王临亨，就曾于万历二十九年（1601）前往广东录囚，因而在其笔记中对西洋物质文明多有记载。描述

　　① （清）曹庭栋：《老老恒言》卷三"杂器"，《四库全书存目丛书·子部》第119册，齐鲁书社1997年，第290页。
　　② （明）李日华：《味水轩日记》卷一，上海远东出版社1996年，第43页。
　　③ （清）赵翼：《簷曝杂记》卷二"西洋船"条，中华书局1982年，第65页。
　　④ （明）王临亨：《粤剑编》，中华书局1987年，第92页。

了澳门葡萄牙人所用"鸟嘴铳""玻璃杯""西洋酒"①的《贤博编》作者叶权，也有游历岭表（广东）的经历。

第三，从社会环境因素来看，成书于社会动荡年代的笔记，对西洋武器的描述较多。首先，晚明笔记中所涉及西器，多以火器为主。朱国祯在介绍火器时谈道："最利者为佛郎机、鸟嘴。"②刘若愚在回忆后金侵扰东北时说道："见枢臣王永光题疏，要将宁远城中红夷大炮撤归山海守关，先帝曰：此炮如撤，人心必摇。"③其次，在明清改朝易代之际，遗老遗少在叙述前朝抗清往事时，经常性地提到西洋武器。徐世溥在其笔记《江变纪略》中讲述清兵在攻城时受到精良火器的阻扰，"然王氏火器悍精且多，清兵攻城，亦数为所困"④。此外，成书于同一时期的笔记，亦多以战争为题，如《过江七事》《江阴城守纪》《东南纪事》《南明野史》《乙酉扬州城守纪略》等，皆浓墨重彩的叙述了西洋武器。

与此相异，成书于承平盛世的笔记，记录的重点为西洋长物。⑤如同今人倾慕奢侈时尚之物一样，明清时期也有属于时人的审美和时尚追求。明中后期，罗明坚与利玛窦来华传教，时人得以见识到精美实用的西洋奇器，自鸣钟、望远镜等物被广泛记载。虽经朝代更迭，清人在康乾盛世时对西洋奇器的兴趣却有增无减。乾隆时期，出于防汉制夷的政治考量，于1757年宣布撤销宁波、泉州、松江三个海关的对外贸易，只留下广州海关允许西方人贸易，但此举仍然无法阻挡西器源源不断地传入中国。相反，国人对自鸣钟等物的热忱在乾隆朝达到了新的高度。清人笔记《啸亭杂录》记载，乾隆时期，"泰西氏所造自鸣钟表，制造奇邪，来自粤东，士大夫争购，家置一座以为玩具"。虽然乾隆皇帝"恶其淫巧，尝禁其入贡，

① （明）叶权：《贤博编》，中华书局1987年，第23~45页。
② （明）朱国祯：《涌幢小品》，中华书局1959年，第264页。
③ （明）刘若愚：《酌中志》，北京古籍出版社1994年，第21页。
④ （明）徐世溥：《江变纪略》卷二，中华书局1991年，第42页。
⑤ 按：柯格律在其作《长物》中，将长物解释为多余的、像样的艺术品、奢侈品，此处援引这一概念。参见［英］柯律格著，高昕丹、陈恒译：《长物：早期现代中国的物质文化与社会状况》，生活·读书·新知三联书店2015年，第4页。

然至今未能尽绝也"①。显然在乾隆年间，自鸣钟已成为士大夫用以装点门楣的时尚之物。成书于乾隆年间的《扬州画舫录》，对自鸣钟、望远镜及玻璃制品的描绘也时有所见。直到鸦片战争之前，笔记作者们对生活类西洋长物的叙述都比其他物品更为突出。这在清中期所撰笔记《榆巢杂识》《竹叶亭杂记》《履园丛话》中都有所体现。

三、"古已有之"：明清笔记中的中国中心论

笔记虽然有别于官史，但在一些文化观念的表达上，却较为一致。中国数千年以来形成的华夷观念根深蒂固。明清以降，即便西方先进物质文明的优势日渐凸显，但是中国朝廷仍然自视为世界文明的中心，而把西洋各国视作蛮夷之地，对西洋人形象多有负面描绘。清人屈大均认为，葡萄牙人（佛郎机）生性狡猾残暴，"澳门所居，其人皆西洋舶夷，性多黠慧"②，"惟佛郎机则贼人之桀也，不可不拒"③。徐时栋在《烟屿楼笔记》中将西洋人描述成光着脚、"以手撮饭"的形象。④ 姚元之在其笔记中认为，西洋人的习俗与中国传统礼教相违背，"此天之所以别华、夷也"⑤。因此，明清笔记在关注西方物质文明成果时，带着"中国中心论"的眼光，表现在如下几个方面：

第一，将西洋物品进入中国，写成远夷对天朝的进贡。明清笔记多将西洋使者的礼品视为各国的贡品，并将西方各国描写为天朝主导的朝贡贸易体系之入贡方，与周边藩属国并无差别。明清以降，西方殖民者带着先进、新奇的器物，乘着坚船利炮鼓浪东来，试图与中国展开自由贸易，中国却极力维持着传统朝贡体系。康乾盛世，西方各国觊觎中国广阔的市

---

① （清）昭梿：《啸亭杂录》，中华书局1980年，第468页。
② （清）屈大均：《广东新语》，中华书局1985年，第444页。
③ （清）屈大均：《广东新语》，中华书局1985年，第431~432页。
④ （清）徐时栋：《烟屿楼笔记》卷六，《续修四库全书》第1162册，上海古籍出版社，2002年，第635页。
⑤ （清）姚元之：《竹叶亭杂记》，中华书局1982年，第92页。

场，同时又畏惧中国仍旧看似强大的武力，只能委曲求全，屈就中国的朝
贡体系，与中国进行有限的贸易。明清笔记则用传统的目光，将之视为中
国的朝贡国，将其所献西器视为贡品。清初刘献廷在《广阳杂记》中记
载："丙寅年，荷兰噶嘤吧耀汉连氏甘勃氏，差使者宾先巴芝、通事林奇逢
等，进贡方物四十种。"其中有大自鸣钟一座，镶金鸟铳二十把，镶金马
铳二十把，精细马铳十把，精细小马铳二十把，短小马铳二十把，连火石
一袋，精细鸟铳十把，哆罗绒十五匹，织金大绒毯四领，新哔叽缎八匹，
大琉璃镫一员，琉璃盏异式计五百八十一块，照身大镜二面，照星月水镜
一执，照江河水镜二执等①，均被刘献廷写成贡物。梁廷楠《海国四说》
详细记载了每一年西方各国朝贡贸易的货物品类，如"荷兰道路险远，航
海艰辛，嗣后进贡方物酌量减定。令贡珊瑚、琥珀、哆绒、织金毯、哔叽
缎、自鸣钟、镜、马、丁香、冰片、鸟铳、火石，余均免贡"②。又记载了
乾隆皇帝对英国颁布旨意时的天朝心态："天朝抚有四海，惟励精图治，
办理政务。奇珍异宝，并不贵重。尔国王此次赍进各物，念其诚心远献，
特谕该管衙门收纳。其实天朝德威远被，万国来王，种种贵重之物，梯航
毕集，无所不有，尔国之正使等所亲见。然从不贵奇巧，并无更需尔国制
办物件。"③

　　第二，以中国重农观念为正统，以西方重商主义为异端，将西方手工
或工业产品视为不务正业的奇技淫巧。梁章钜对洋人"善作奇技淫巧及烧
炼金银法，故不耕织而衣食自裕"④ 表现出了不满。之前，屈大均便将西
洋传入的"风琴、水乐之类"，视为"淫巧诡僻而已"⑤。

　　第三，为了抵消西洋物质文明的先进性，固执地认为西器是中国"古
已有之"的东西，表现出"西学中源"倾向。明清笔记在记载西洋奇器

---

① （清）刘献廷：《广阳杂记》卷一，中华书局 1957 年，第 18 页。
② （清）梁廷楠：《海国四说》，中华书局 1993 年，第 209 页。
③ （清）梁廷楠：《海国四说》，中华书局 1993 年，第 242 页。
④ （清）梁章钜：《浪迹丛谈续谈三谈》，中华书局 1981 年，第 79 页。
⑤ （清）屈大均：《广东新语》，中华书局 1985 年，第 444 页。

时，常表达出不屑一顾的态度。精美的西洋器物传入中国，部分文人将西器与中国古代物品进行比附，认为这些器物在中国"古已有之"。钱泳在其笔记《履园丛话》中认为，唐代便发明了类似自鸣钟的计时器："张鷟《朝野佥载》言武后如意中海州进一匠，能造十二辰车，回辕正南则午门开，有一人骑马出，手持一牌，上书'午时'二字，如璿机玉衡十二时，循环不爽，则唐时已有之矣。"① 稍后的徐时栋认为，西洋传入的诸多奇巧之物，"如指南车，量地表，日影尺，晴雨表，无非中华遗法，特彼处专以技艺为仕进之阶，致富之术"②。

四、穷极工巧：明清笔记反映时人对西器的接受及反思

当然，随着西方先进物质文明源源不断地输入中国，中国人的思想观念开始发生变化。在经历了异国文化入侵的短暂不适后，西器的优越性开始得到肯定。自鸣钟增强了国人的时间观念，新式火器在战争中所向披靡，西洋乐器丰富了宫廷的文娱活动，新的历法更为精确、不误农时。清人笔记对此有普遍的反映，书中越来越多地出现"精致""奇巧"等赞美之辞。乾隆时期，"泰西氏所造自鸣钟表，制造奇邪，来自粤东，士大夫争购，家置一座以为玩具"③。成书于同治年间的《庸闲斋笔记》指出，"天下之巧，至泰西而极。泰西之巧，至今日而极"④。对西洋物质文明给予了高度的肯定。

随着西器越来越频繁地出现在人们的生活之中，国人开始理性地承认西洋先进器物确有长于中国传统器物之处。清人赵慎畛在其笔记《榆巢杂识》中比较了西洋时辰表与中国滴漏的优劣，写道："时辰表，来自西洋，每日上弦一次，昼夜周行，随大小针所指，以定时刻、分数，寒暑无异。

---

① （清）钱泳：《履园丛话》十二《艺能》，中华书局 1979 年，第 321 页。
② （清）徐时栋：《烟屿楼笔记》卷六，《续修四库全书》第 1162 册，上海古籍出版社，2002 年，第 635 页。
③ （清）昭梿：《啸亭杂录》，中华书局 1980 年，第 468 页。
④ （清）陈其元：《庸闲斋笔记》，中华书局 1989 年，第 63 页。

按《周礼·挈壶氏》，及冬，则以火爨鼎水而沸之，而沃之。盖因冬水冻，漏不下，故需火炊水沸以沃之也。今洋表冬寒不冻，无藉爨沃，其法为更精耳。"① 他认为西洋计时器要优于传统计时器。

五、"师夷长技"：明清笔记所载时人对西器的仿造

人们常以为"师夷长技"是晚清魏源在《海国图志》中提出后始有之现象。其实，明人笔记中已有迹象。《万历野获编》载，嘉靖十二年（1533），广东巡检何儒招降佛郎机国，得其蜈蚣船铳等制造之法，并于操江衙门仿制火器，"中国之佛郎机，盛传自此始"②。由于明朝重视西式火器的仿制与改进，技术日益成熟，武器日新月异。到明末清初，回头再看明永乐时最先学习过的交阯（即越南，永乐时曾引进其当时先进的"交枪"，即神机枪，用火药发射铁簇箭的火器），发现其武器已经十分落后了。清初屈大均在其笔记《广东新语》中称"交阯……城郭不完，兵止徒卒，器止交枪"，武器只有早已落后于时代的交阯神机枪，"所乘象，闻丛雷大炮，亦辄崩奔"，显然很少遇见过火炮，从而证明交阯"绝无中国长技"③，言语中充满着自信。

清初周亮工在其笔记《闽小记》中记载，福建龙溪县人孙孺理制造的"一寸许之自鸣钟"④，是闽中五项绝技之一。不过，当时仿制技术并不成熟，能仿制西器者寥寥，物以稀为贵，故笔记会记录这些擅于仿制西器的能工巧匠及其作品。昭梿在笔记《啸亭杂录》中提到了火器制造家戴梓，"少有机悟，自制火器，能击百步外"⑤。成书于乾隆时期的《扬州画舫

---

① （清）赵慎畛：《榆巢杂识》，中华书局 2001 年，第 229~230 页。
② （明）沈德符：《万历野获编》卷一七"火药"，中华书局 1959 年，第 443 页。
③ （清）屈大均：《广东新语》卷二《地语·铜柱界》，中华书局 1985 年，第 40 页。
④ （清）周亮工：《闽小记》卷一，上海古籍出版社 1985 年，第 18 页。
⑤ （清）昭梿：《啸亭杂录》，中华书局 1980 年，第 275 页。

录》，将"工隶书，精于制自鸣钟，所蓄碑版极富"的汪大黉与"工诗画，亦工隶书"的陈振鹭并列叙述，下意识地将制造自鸣钟之人归为知识分子而非匠人阶层。①

明清笔记史料为我们展示了西器东传中一幅幅生动的图景，让我们得窥在西洋文明东渐的社会环境下，士大夫和部分国人对西方外来物质文明所作的真实回应。西方先进的物质文明输入中国，必然会对中国传统社会和文化秩序产生影响和冲击。无论官史是否正视，这一现象都将发生。幸有明清笔记记载了这些现象，使我们得以据此体认在西方近代文化冲击下中国社会的漫长转型过程。

第三节　明清小说对西器的普遍反应

在明清载籍中，明清小说虽然具有虚构性，但其对西器的记载有真实的社会背景，反映了作者对美好生活的向往和对西方文明的肯定。在这个远离经学和官方史学的学术边缘地带，作者尽情发挥想象，写尽生活的新变。当然，明清小说对西器的记载，并非均匀着力，而是依据西器传华的深度和广度，呈现出不同的阶段性特征。一般而言，明代小说由于当时西器传入较少，而在描写和反映上比较稀见；清前中期小说在西器开始不断传入和渗透的情况下，对西器记载和描写开始增多和加强；清后期（晚清）由于国门被列强打开，西器以商品的形式大量涌入各通商口岸乃至全国各地，这一时期的小说便广泛地将它作为生活中的陈设和背景，予以大量记载和描写。对明清小说中的西器进行分析，有助于加深对西学东渐和西器东传历史的研究，也有助于从一个侧面加深对明清小说的研究，意义自不待言。

明清小说是中国文化发展历程上的又一里程碑，常与战国文、汉赋、唐诗、宋词、元曲相提并论。学界对明清小说研究的成果车载斗量，但对

---

① 　（清）李斗：《扬州画舫录》，中华书局1960年，第282页。

明清小说中西器描写的研究，成果较少。对明清小说中西器予以关注和探讨的成果，目前所知以昌群于1928年发表的《红楼梦里的西洋物质文明》为最早，虽然只有2700余字，但开启了通过小说探察西洋器物在中国社会传播应用情况的学术大门。① 至20世纪60年代，著名学者方豪撰成《从〈红楼梦〉所记西洋物品考故事的背景》一文，初收入《方豪六十自定稿》②，后与其他相关论文结集为《红楼梦西洋名物考》一书③。自昌群、方豪之后，学者群起对《红楼梦》中所涉西洋器物进行探讨，发表了不少成果④。除此之外，尚未见学者对明清小说中出现的西洋器物作全面的、系统的探讨。笔者不揣冒昧，欲作一尝试。因晚清小说所涉西器太多，且多为人们熟知⑤，故本节专注于明至清中期小说书写西器之研究。

一、明清小说在西器描写上的阶段性特征

明清小说对西洋器物传华的反映，分为三个阶段：明代、清前中期、清后期（即晚清，以鸦片战争为界）。其中前两个时期是本书研究的范围。

第一阶段，明代小说对传华西洋奇器有了初步描写，提到的西器主要

① 昌群：《红楼梦里的西洋物质文明》，《贡献》1928年第3卷第2期，第36~39页。

② 方豪：《方豪六十自定稿》，学生书局1969年，第413~478页。

③ 方豪：《红楼梦西洋名物考》，浙江人民美术出版社2017年。

④ 顾宗达：《〈红楼梦〉中的进口物品与对外贸易》，《红楼梦学刊》1984年第4期；朱松山：《红楼器物谈》，《红楼梦学刊》1987年第4期；杨乃济：《清宫档案所见之〈红楼梦〉器物》，《紫禁城》1987年第4期；张寿平：《〈红楼梦〉中所见的钟与表》，《红楼梦学刊》1995年第4期；王伟瀛：《〈红楼梦〉中的外国货》，《中国档案报》2003年8月15日；原所贤等：《西学东渐的历史明证——〈红楼梦〉中的西洋药考释》，《河南教育学院学报》2007年第2期；刘相雨：《论〈红楼梦〉中的玻璃制品》，《红楼梦学刊》2010年第5辑；王雪羚：《"始知创物智，不尽出华夏"——〈红楼梦〉中的西方器物形象研究》，上海师范大学硕士学位论文2013年；李晓华：《〈红楼梦〉中的西洋药物考》，《红楼梦学刊》2017年第6期；张丽玲：《〈红楼梦〉中的舶来织物察考》，广东省社会科学院硕士学位论文2018年。

⑤ 张慧：《16—20世纪初洋货输入及其影响》，暨南大学硕士学位论文2013年，主要讨论晚清的洋货输入。

是第一批进入中国的西洋火器（佛郎机、发煩、鸟铳）和玻璃制品（眼镜、玻璃盏）等。

　　明代小说中，代表性的《三国演义》《水浒传》和《西游记》，对于西洋器物的记载并不多见。这是因为前两部小说出现在元末明初，当时西器甚少传入中国，故作者对西器没有较多的生活体验，故无从写起；后一部的作者吴承恩虽然经历了西器东传的早期过程，但当时传入西器甚少，他去世那年，利玛窦尚未进入北京，更未在其家乡淮安府活动，因此他也没有西器的体验，故未能在书中予以描写。"在1621年1627年之间至明末，共有一百二十个故事被编入三本集子，这三个集子即《古今小说》《警世通言》和《醒世恒言》。"① 然而，令人诧异的是，在"三言""二拍"这种世情通俗小说中，也没有多少西器出现，显然与作者所处的时代所见西器贫乏有关。万历二十六年（1598）出版的罗懋登所著《三宝太监西洋记》②，开始反映西器传入的某些时代特征，记载了佛郎机炮、大发煩、鸟嘴铳（属火绳枪）、红色玻璃、眼镜等西洋奇器。其第18回《金銮殿大宴百官　三汊河亲排銮驾》中，三宝宣布下西洋的每艘战舰军器配置情况为："每战船器械，大发贡十门，大佛郎机四十座，碗口铳五十个，喷筒六百个，鸟嘴铳一百把，烟罐一千个，灰罐一千个，弩箭五千枝，药弩一百张，粗火药四千斤，鸟铳火药一千斤，弩药十瓶，大小铅弹三千斤，火箭五千枝，火砖五千块，火炮三百个，钩镰一百把，砍刀一百张，过船钉枪二百根，标枪一千枝，藤牌二百面，铁箭三千枝，大座旗一面，号带一条，大桅旗十顶，正五方旗五十顶，大铜锣四十面，小锣一百面，大更鼓十面，小鼓四十面，灯笼一百盏，火绳六千根，铁蒺藜五千个。"③

---

　　① ［美］夏志清著，胡益民等译：《中国古典小说史论》，江西人民出版社2001年，第320页。

　　② 鲁迅指出："《三宝太监西洋通俗演义》……前有万历丁酉菊秋之吉罗懋登叙，罗即撰人。书叙永乐中太监郑和王景宏服外夷三十九国，咸使朝贡事。"鲁迅著《中国小说史略》，上海古籍出版社2006年，第109页。

　　③ （明）罗懋登：《三宝太监西洋记》上，《中国古典文学名著丛书》，华夏出版社2013年，第160页。

显然是冷热兵器兼用，基本上反映了明代中后期的武器状况。第 23 回
《小王良单战番将　姜老星九口飞刀》中，张先锋提到自己与敌手交战时，
"只看见他头摇脖子动，许多鸟铳手、火箭手一齐奔他"。在交战中，张先
锋"连人连马，不知走到了哪里，那里却又是鸟铳、火箭一齐而发"。①
第 33 回《宝船经过罗斛国　宝船计破谢文彬》写道："明日未牌时分，贼
船蜂拥而来，先从西上来起，一片的火铳、火炮、火箭、火弹。"② 除了描
写西洋火器，《三宝太监西洋记》还描写了下西洋沿途诸国向三宝进献玻
璃一事。第 86 回《天方国极乐天堂　礼拜寺偏多古迹》中，阿丹国国王
昌吉剌递给三宝的礼单上有"赤玻璃一十"块。同回，天方国国王笃只里
给三宝的礼单上，开列了"玻璃盏十对"③。玻璃就是西洋传入的珍贵奇
器，被作者写进其小说中。该小说还记载了眼镜。第 50 回《女儿国力尽
投降　满剌伽诚心接待》中，满剌伽国国王西利八儿速剌在给三宝的一张
进贡礼单上，写有"叆叇十枚（状如眼镜，观书可以助明，价值百
金）"④；这十枚眼镜后来进献给了明永乐皇帝朱棣。在第 99 回《元帅鞠
躬复朝命　元帅献上各宝贝》中，三宝奏上满剌伽国的进贡礼单中，便写
有"叆叇十枚"。永乐万岁爷道："叆叇是个甚么？"三宝奏道："眼镜之
类，观书可以助明。"万岁爷道："其赐左右入门办事老臣。"满朝文武百
官称颂道："万岁爷不私所有，真天地无私气象。"⑤ 眼镜出现在中国，最
早是明宣德年间，主要从西域经河西走廊传至甘肃和内地。葡萄牙占领满
剌加后，眼镜又从这里经水路传入中国。《三宝太监西洋记》显然是以明

---

　　①　（明）罗懋登：《三宝太监西洋记》上，《中国古典文学名著丛书》，华夏出版
社 2013 年，第 199～200 页。

　　②　（明）罗懋登：《三宝太监西洋记》中，《中国古典文学名著丛书》，华夏出版
社 2013 年，第 295 页。

　　③　（明）罗懋登：《三宝太监西洋记》下，《中国古典文学名著丛书》，华夏出版
社 2013 年，第 743、748 页。

　　④　（明）罗懋登：《三宝太监西洋记》中，《中国古典文学名著丛书》，华夏出版
社 2013 年，第 434 页。

　　⑤　（明）罗懋登：《三宝太监西洋记》下，《中国古典文学名著丛书》，华夏出版
社 2013 年，第 858 页。

中期的历史事实,附会在明初永乐年间郑和下西洋的史实之上。明末清初小说《明珠缘》描写了袁崇焕经略下的锦州和宁远二城安设有"西洋大炮"①。明末小说家方汝浩在其《禅真逸史》第 37 回中提到了火铳、火箭、火炮等一应火器。② 最适合写进《三宝太监西洋记》的千里镜(望远镜)却并未出现在书中,因为这种西器,利玛窦时才带入中国,在教堂中陈设和展览后,才出现在中国人的生活中,而罗懋登在万历二十六年(1598)便将此书出版了。明末凌濛初在其《初刻拍案惊奇》卷之一《转运汉遇巧洞庭红　波斯胡指破鼍龙壳》中写道:"只见主人走将进去了一会,笑嘻嘻地走出来,袖中取出一西洋布的包来。"又在《二刻拍案惊奇》中,描写"河下船中有个福建公子,令从人将衣被在船头上晒曝,锦绣璨烂,观者无不啧啧。内中有一条被,乃是西洋异锦,更为奇特"③。显然,这条"西洋异锦被"被认为是当时濒海的福建人从西洋商船那里购买的,这样处理,在作者看来是合理的。

　　明代小说提到的佛郎机、发熕、鸟铳、眼镜、玻璃盏、西洋异锦被等西洋奇器,均符合当时的真实情况,是社会现实的艺术表达。

　　第二阶段,清前中期小说④对西洋器物的描写开始增多,提到的西洋器物除了第一阶段出现的西器外,还有自鸣钟、怀表、穿衣镜、玻璃灯、鼻烟壶、各类西洋织物等。自鸣钟虽然在神宗时已由利玛窦带入中国,但民间罕见,难以进入明代小说的创作,清康乾已从粤海关大量引进,并进入皇室和部分士大夫们的生活,因此得以在这一时段的小说中频繁出现,甚至改变了他们的时间观念。鼻烟壶是 17 世纪在欧洲流行的西洋物件,于该世纪后期传入中国,成为清代小说反复提到的西器。西洋织品在购买力不高的民间并无市场,以至于英国部分商人不得不改销鸦片以弥补

---

① 　(清)佚名著,郁默校注:《明珠缘》,漓江出版社 1994 年,第 461 页。
② 　(明)清溪道人著,兑玉校点:《禅真逸史》,齐鲁书社 1986 年,第 565 页。
③ 　(明)凌濛初:《二刻拍案惊奇》,浙江古籍出版社 1997 年,第 424～425 页。
④ 　关于清代小说的基本情况,可参看张俊:《清代小说史》,浙江古籍出版社 1997 年,第 101～104、225～228 页。

亏空，但在皇室和贵族们的生活中却属于常见之物，成为小说经常出现的生活用品。

清前中期小说的代表作是《红楼梦》。其中大量而密集地描述了贾府中存在的各种西器，如自鸣钟、金怀表、西洋穿衣镜、眼镜、玻璃炕屏、玻璃风灯、玻璃芙蓉彩穗灯、西洋鼻烟壶、西洋葡萄酒、金西洋自行船、猩红洋毯、翡翠撒花洋绉裙、大红洋绉裙、石青起花八团倭缎排穗褂、大红洋绉银鼠皮裙、洋巾、茜香国汗巾、哆罗呢狐狸皮袄、哆罗呢对襟褂子、哆罗呢荔枝色箭袖、莲青斗纹锦上添花洋线番羓丝鹤氅、凫靥裘、俄罗斯产雀金裘氅衣、鲛绡帐、洋灰皮呢、洋呢、哗叽、姑绒、天鹅绒、孔雀毛和野鸭毛织成的氅衣、金丝织锁子甲洋锦袄袖、西洋药依弗那等。由于前人已作过细致研究，故本书略而不赘。至嘉庆间，出现了续作《红楼梦》的热潮。由于后人"对原书结尾或相关情节的不满，故而部分改写而成新作。如《红楼梦》之结局，便为多人所不喜"，于是续写"诸作由是而产生"①。续作中，出现了大量与《红楼梦》相似的西器，如自鸣钟、玻璃窗、洋绉等物。

在《红楼梦》之前，有李渔在顺治年间创作的小说《十二楼》。其中《夏宜楼》便集中描写了千里镜、显微镜、焚香镜、端容镜、取火镜等西洋光学玻璃制品，并以千里镜为引线事物，讲述了公子瞿佶（字吉人）用望远镜窥探富家小姐詹娴娴在夏宜楼居住时的闺房生活，在知己知彼后，便托媒人上门提亲，从而一举成功的故事。其中描写千里镜道："这个东西，名为千里镜，出在西洋，与显微、焚香、端容、取火诸镜，同是一种聪明，生出许多奇巧。"其对千里镜的外形和功效有准确的描绘："此镜用大小数管，粗细不一，细者纳于粗者之中，欲使其可放可收，随伸随缩，所谓千里镜者，即嵌于管之两头，取以视远，无遐不到。千里二字，虽属过称，未必果能由吴视越，坐秦观楚。然试千百里之内，

---

① 陈美林、冯保善、李忠明：《章回小说史》，浙江古籍出版社1998年，第182页。

便自不觉其诬。至于十里之中，千百步之外，取以观人鉴物，不但不觉其远，较对面相视者，便觉分明。真可宝也。"还指出西洋光学玻璃制品从引进到仿制的过程："以上诸镜，皆西洋国所产。二百年以前，不过贡使携来，偶尔一见，不易得也。自明朝至今，彼国之中有出类拔萃之士，不为员幅所限，偶来设教于中土，自能制造，取以赠人。故凡探奇好事者，皆得而有之。诸公欲广其传，常授人以制造之法。然而此种聪明，中国不如外国，得其传者甚少。数年以来，独有武陵诸曦庵讳□者，系笔墨中知名之士，果能得其真传。所作显微、焚香、端容、取火及千里诸镜，皆不类寻常，与西洋上著者无异，而近视、远视诸镜更佳，得者皆珍为异宝。"①

　　生活于乾隆中至道光初的李汝珍创作的以唐代海上航行和探险为背景的《镜花缘》，自然会将自己所处的时代背景投射其中，描写鸟枪、连珠枪、自鸣钟、鼻烟壶、眼镜等明清传入的西器。第8回《弃器尘结伴游寰海　觅胜迹穷踪越远山》称"林之洋提著鸟枪火绳，唐敖身佩宝剑"②，显然，这里的鸟枪属于西洋传来的火绳枪。第16回《紫衣女殷勤问字　白发翁傲慢谈文》描写"众水手看见，因用鸟枪打伤一个"③人鱼的情节。第21回《逢恶兽唐生被难　施神枪魏女解围》中描绘了林之洋、多九公等遭遇狻猊（狮子）时，一个魏姓猎户用能放连珠的鸟枪将狻猊击倒。林之洋称连珠枪为"神枪"。多九公称："这阵连珠枪好不利害！若非打倒狻猊，众兽岂能散去。"他们看见这个魏姓猎户"肩上担着鸟枪"。唐敖思忖道："当初魏思温、薛仲璋二位哥哥都以连珠枪出名，自从敬业兄弟兵败，闻得俱逃海外。此人莫非思温哥哥之子？待我问他一声。"因说道："当日天朝有位姓魏的，官名思温，惯用连珠枪，天下驰名，壮士可

---

① （清）李渔：《十二楼·夏宜楼》，上海古籍出版社1992年，第40~55页。

② （清）李汝珍著，张英华校点：《镜花缘》一，中州古籍出版社2010年，第34页。

③ （清）李汝珍著，张英华校点：《镜花缘》一，中州古籍出版社2010年，第77~78页。

是一家?"① 第 50 回《遇难成祥马能伏虎 逢凶化吉妇可降夫》甚至用了"只听枪炮声响成一片，船上众人被他这阵枪炮吓的鸟枪也不敢放"② 的句子来形容。这显然反映了热兵器时代的特点。《镜花缘》中还出现了自鸣钟。第 35 回《现红鸾林贵妃应课 揭黄榜唐义士治河》，写男女颠倒的智佳国女国王欲娶林之洋为后，因见林之洋"十分美貌"，心中大喜，"忙把自鸣钟望了一望"，想早入洞房。③ 第 79 回《指迷团灵心讲射 擅巧技妙算谈天》也描写用自鸣钟计算霹雷的距离。"兰芬指桌上自鸣钟道：'只看秒针就好算了。'登时打了一闪，少刻又是一雷。玉芝道：'闪后十五秒闻雷，姐姐算罢。'兰芬算一算道：'定例一秒工夫，雷声走一百二十八丈五尺七寸。照此计算，刚才这雷应离此地十里零一百二十八丈。'"④ 此外，《镜花缘》还写到了清代才从欧洲引进的鼻烟壶。第 70 回《述奇形蚕茧当小帽 谈异域酒坛作烟壶》写"长人国都喜闻鼻烟"，他们把酒坛买下装潢装潢"竟是绝好的鼻烟壶儿"。紫芝得知后道："原来他们竟讲究鼻烟壶儿。可惜我的'水上飘'同那翡翠壶儿未曾给他看见；他若见了，多多卖他几两银子，也不枉辛辛苦苦盘了几十年。"紫芝"从怀中取出一个翡翠壶儿"⑤。在第 16 回《紫衣女殷勤问字 白发翁傲慢谈文》中，还提到了眼镜。说海外毗骞国有前盘古所存旧案，林之洋等人好奇，想看一看，结果不解其意，被当地官员嗤笑，于是唐敖忙遮饰道："原来舅兄今

---

① （清）李汝珍著，张英华校点：《镜花缘》一，中州古籍出版社 2010 年，第 108~109 页。

② （清）李汝珍著，张英华校点：《镜花缘》一，中州古籍出版社 2010 年，第 273 页。

③ （清）李汝珍著，张英华校点：《镜花缘》一，中州古籍出版社 2010 年，第 186 页。

④ （清）李汝珍著，张英华校点：《镜花缘》二，中州古籍出版社 2010 年，第 435 页。

⑤ （清）李汝珍著，张英华校点：《镜花缘》二，中州古籍出版社 2010 年，第 380~381 页。

日未戴眼镜，未将此字看明。"① 在第 21 回《逢恶兽唐生被难　施神枪魏女解围》中，林之洋等人到学塾参观，发现"里面坐着一位先生，戴着玳瑁边的眼镜"②。

刊行于嘉庆九年（1804），由庾岭劳人创作的《蜃楼志》，也较多记载了西洋奇器传入中国的事实。其第 18 回《袁侍郎查封粤海　胡制宪退守循州》描写了明代粤海关监督赫广大被参抄家后，抄没家产清单中有许多西器：自鸣钟廿八座，洋表大小一百八十二个，洋玻璃屏廿四架，洋玻璃床十六张，洋玻璃灯一百二十对，各色玻璃灯一百八十对，洋玻璃挂屏一百零四件，大红、大青、元青哆啰呢各八百板，大红、大青、元青羽毛缎各八百板，大红、大青、元青哔吱各四百板，贺兰羽毛布各色一千匹，泥金孔雀裘二套，锦缎、大呢、被褥共一千二百十二床，洋毯、氆氇、地毡共四百十八铺，洋玻璃盏大小八十个。③ 这是作者根据明代严嵩、清代和珅抄家的模式，加上清代粤海关的事实予以综合创作，是明清社会的基本写实。

第三阶段，清后期小说对西洋物品的描写成为普遍现象，提到的西器新增了火轮船、铁甲船、克虏伯炮、火车、铁路、电报、电话、火柴、卷烟、洋皂、自来水、面包等。

鸦片战争后，香港岛割让，五口通商，导致西洋商品大量涌入中国。稍后，以蒸汽机为动力的各种西洋机械产品火轮船、铁甲船、火车等交通工具传入中国，更后一点，电报、电话等通信工具随之传入，火柴、卷烟、面包等生活用品也接连传入。晚清小说魏秀仁的《花月痕》、石玉昆的《小五义》、唐芸洲的《七剑十三侠》、张杰鑫的《三侠剑》、海上独啸

---

① （清）李汝珍著，张英华校点：《镜花缘》一，中州古籍出版社 2010 年，第77 页。

② （清）李汝珍著，张英华校点：《镜花缘》一，中州古籍出版社 2010 年，第111 页。

③ （清）庾岭劳人著，宇文点校：《蜃楼志全传》，百花文艺出版社 1987 年，第234 页。

子的《女娲石》、吴趼人的《糊涂世界》和《九命奇冤》、光绪二十年（1894）梁溪司香旧尉创作的《海上尘天影》、曾朴于光绪三十年（1904）接手创作的《孽海花》、李伯元于1903年连载于《绣像小说》上的《文明小史》等，多以上述西器作为书中人物的出行、通信和生活方式。成书于1904年前后的《负曝闲谈》，涉及了洋纱、洋钱、自鸣钟、洋表、铅笔、洋书、玻璃、刀叉、洋写字台、洋蜡烛、洋铁、外国木器、照片、电报、轮船、洋枪、火车、西餐、眼镜、洋烟、钻戒、洋缎子、洋帽子等诸多西器，且出现得特别频繁。1903—1905年刊于《新小说》杂志的《二十年目睹之怪现状》，提到的西器有卷烟机、自鸣钟、洋灯、洋钱、西洋钻戒、洋房、轮船、玻璃窗、玻璃药瓶、玻璃杯、电报、洋布帐子等物。刊于1903—1907年的《老残游记》，提到了自鸣钟、千里镜、西洋药、洋钱、玻璃窗、玻璃漏斗、照相、洋枪、洋灯等。清末的《文明小史》提到了洋灯、自来火、电气灯、洋装（西装）、洋绉、洋缎、洋枪、洋楼、洋钱、洋书等。它们对各类西洋新奇的器物和发明进行广泛的描写，使这些来自西方的事物几乎成了现实小说的普遍背景。小说对西器的大量描写和渲染，真实反映了晚清社会西洋物质文明渗透中国的基本事实。晚清小说所描绘的西洋器物，成为当时人们生活的基本标配，也成为那个时代的显著标志。① 关于晚清小说对西器的描写，不胜枚举，亦非本书研究的范围，故略而不述。

明至清中期小说虽然描述了许多西器，但却有所侧重，小说作者偏好对西洋火器、玻璃制品和西洋钟表的记述。前者偏重于政治军事领域，与国家和军队密切相关；后二者侧重于社会生活领域，与贵族和百姓生活息息相联。下面分三部分予以述论。

二、热兵器的渲染：西洋火器的大量描写

在众多西洋器物中，中国人对火器接触很早、运用最广。1517年，葡

---

① 关于晚清小说的情况，可参考欧阳健：《晚清小说史》，浙江古籍出版社1997年。

萄牙舰队在未经中国政府允许的情况下，开进广州内河。"正德十二年，驾大舶突至广州澳口，铳声如雷，以进贡为名。"① 舰船所载火炮给明朝留下深刻的印象，"铳炮之声，震动城郭"②。其后数年，在葡萄牙与明朝不断的接触与摩擦中，国人进一步了解了西洋火炮的威力。其攻城略地的威力，不但震惊了当朝政府，也触动了明清文人，西洋火器被写入明清小说中。明清小说家在描述激烈战斗场面时，产自葡萄牙的佛郎机、鸟铳（火绳枪）和产自荷兰的红衣大炮出现的最为频繁。

明末小说《明珠缘》提到，袁崇焕经略下的锦州和宁远二城"多贮火药，以备放西洋大炮"。敌人皆知"袁巡抚威名，又怕他西洋炮的利害"③。这里所说的西洋大炮，便是荷兰传入的红夷大炮或从中国东南沿海打捞起来的英国加农炮。

生活于清代乾隆五十九年至道光二十九年（1794—1849）的小说家俞万春，在其《荡寇志》第24回《司天台蔡太师失宠 魏河渡宋公明折兵》中，描写宋江领兵劫敌寨时，命吴用使用佛郎机保住中军和左营，"当时祝永清、祝万年从宋江营后杀出，乘势纵火烧粮，也被神臂弓、佛郎机阻住，不能杀到中军"④。书中不仅描述了佛郎机在阵中防守的作用，同时也描绘了其在进攻中的作用。《荡寇志》第8回《蔡京私和宋公明 天彪大破呼延灼》中，作者在描述天彪攻打梁山时的心理活动中写到："军前多用佛郎机，此城必破。"⑤ 除了佛郎机，《荡寇志》对传华年代稍晚的红衣大炮，也有诸多的书写。书中第二十五回《陈道子炼钟擒巨盗 金成英避难去危邦》写到，吴用为破除妖法，"当取了些猪狗血、大蒜汁将炮子染了，

---

① （明）张燮：《东西洋考》卷五《东洋列国考·吕宋》，中华书局1981年，第93页。

② 《明武宗实录》卷一九四，正德十五年十二月己丑，"中央研究院"历史语言研究所1962年，第3630页。

③ （清）佚名著，郁默校注：《明珠缘》，漓江出版社1994年，第461页。

④ （清）俞万春：《荡寇志》，珠海出版社2007年，第143页。

⑤ （清）俞万春：《荡寇志》，珠海出版社2007年，第55页。

仍叫凌振再装起一座红衣架海炮，炮上也涂了秽物，依旧举火开炮"①。成书于康熙四十二年（1703）的《女仙外史》也将红衣大炮写进了小说："月君一面召令刘元帅进兵攻城，到夜半，同了鲍、曼二师去看北平城形势，以便指示方略。见城堵口排满的红衣炮、子母炮、轰天炮、神机炮不计其数，已知道收服太字，早作准备了。"② 在此书中，红衣大炮被作者视为守城利器反复出现。如第44回《十万倭夷遭杀劫 两三美女建奇勋》中，帝师宣谕道："倭奴指日寇边。孤家自有调度，卿等不须费心。军师吕律可速行文登州府，令海船出洋巡哨，一有声息，便紧闭城门，安设红衣大炮。并沿海各属州、县，俱照此遵行。倭夷决不敢近城。"③ 将红夷大炮视作抵御倭夷的神器，反映了清代小说家对佛郎机炮和红衣大炮有较深刻的认识。

西洋火器中的另一利器鸟铳，也频繁出现于明清小说中。鸟铳即火绳枪，因可以击落飞鸟而得名。"十发有八九中，即飞鸟之在林，皆可射落，因是得名。"④ 文献中记载较多的为日本鸟铳，其源自葡萄牙，后经改进传入中国。鸟铳由枪管、火药池、枪机、枪柄和准星构成。其枪管比明军传统火铳要长，射程较远，精度较高，因而受到重用。明清小说在描绘惨烈战争场面时，常把鸟枪作为排兵布阵的重要选择。如明末小说家方汝浩所著通俗小说《禅真逸史》第37回中，名将张善相令缪一麟、常泰、黄松三将领精兵一万，各带火铳、火箭、火炮一应火器，以冲前锋，张善相在阵形编排上，令"常将军率火军三千在前，缪公端与黄将军率步军七千继后，一半持长枪，一半执短刀，十人相间为一队，连结而进"⑤。冷兵器与热兵器相结合，是十分先进的战术安排。在小说中，鸟枪的威力常被描述

---

① （清）俞万春：《荡寇志》，珠海出版社2007年，第146页。
② （清）吕熊：《女仙外史》，齐鲁书社1995年，第544页。
③ （清）吕熊：《女仙外史》，齐鲁书社1995年，第257~258页。
④ （明）茅元仪：《武备志》卷一二四《军资乘·火六·火器图说三·鸟嘴铳》，华世出版社1984年，第5098页。
⑤ （明）清溪道人著，兑玉校点：《禅真逸史》，齐鲁书社1986年，第565~566页。

得过于夸张，特别是在志怪小说中，鸟铳竟成为降妖除魔的法宝。清乾隆年间著名文人纪昀在其志怪小说《阅微草堂笔记》中，提到"凡妖物皆畏火器""余督学福建时，山魈或夜行屋瓦上，格格有声。遇辕门鸣炮，则踉跄奔逸，顷刻寂然。鬼亦畏火器。余在乌鲁木齐，曾以铳击厉鬼，不能复聚成形"①。

也有不少小说中，并未指明是某一种西洋武器，而代之以"火器""洋枪""洋炮"等称谓。如清代袁枚所撰文言小说《子不语》载："雍正间，奉使鄂勒，素闻有海在北界，欲往视，国人难之。固请，乃派西洋人二十名，持罗盘、火器，以重毡裹车，从者皆乘橐驼随往。"② 这里出现的火器应是清前中期常见的西洋火器。

三、晶莹世界的向往：玻璃制品的描摹

如果说，上一部分是明清小说在政治和军事领域对西洋火器所作的描写和想象的话，那么这一部分则是明清小说在社会生活领域对西洋传入或中国仿制的玻璃及其制品所作的描写和想象。

明清时期传入中国的西洋工艺品制作精美、种类繁多，其中玻璃制品最具代表性。玻璃是欧洲人发明的矿冶产品，中国很早的时候也曾生产，但后来技术失传，元代便有玻璃传入中国，明代时仍将玻璃看得十分珍贵。从晚明传教士利玛窦带入中国的三棱镜，到清宫遍布的西洋玻璃玩偶、各类玻璃窗、玻璃镜、玻璃插屏、玻璃面西洋画片吊屏等，皆为玻璃类的西洋珍品。明清小说家根据历史事实甚或生活经历，将这些玻璃制品写入书中。

明代瞿佑在其《剪灯新话》卷一《水宫庆会录》中，提到了玻璃，说元代至正四年，海洋之神广利请潮州士人余善文撰写宫殿将成时的上梁文，"以玻璃盘盛照夜之珠十，通天之犀二，为润笔之资"③。明著名小说

---

① （清）纪昀：《阅微草堂笔记》，上海古籍出版社 1980 年，第 302 页。
② （清）袁枚：《子不语》，浙江古籍出版社 2017 年，第 252 页。
③ （明）瞿佑：《剪灯新话》，上海古籍出版社 1981 年，第 12 页。

家吴承恩的《西游记》第 17 回《孙行者大闹黑风山 观世音收伏熊罴怪》描述了道人"手拿着一个玻璃盘儿，盘内安着两粒仙丹"的情节。① 第 100 回《径回东土 五圣成真》描写功成喜庆之时，用了"琥珀杯，玻璃盏，镶金点翠；黄金盘，白玉碗，嵌锦花缠"来烘染气氛。② 罗懋登在《三宝太监西洋记》描写的沿途国家向明朝所进之物中，便有"赤玻璃十一"块、"玻璃盏十对"和"叆叇（眼镜）十枚"。③ 冯梦龙的《警世通言》第 9 卷《李谪仙醉草吓蛮书》称"贵妃持玻璃七宝杯，亲酌西凉葡萄酒，命宫女赐李学士饮"④。明末清初，南北鹡鸰史者在《春柳莺》第 4 回《辞玻璃潦倒归僧舍 冒风雨萧条见故人》中，描写了当时监生使用玻璃杯的情形："毕监生叫人取出玻璃杯，斟盈作一官杯，送与铁不锋行令。"通过掷骰子决定饮酒数量，石生获罚二十一杯，于是铁不锋要求他"一定要吃二十玻璃杯"⑤。玻璃酒杯被应用于饮酒这种温馨的生活场景。

清代前期，玻璃制品的应用在全社会虽然并不广泛，但在某些富豪之家已经流行。刊行于乾隆五十六年（1791）的小说《红楼梦》中就出现了大量的玻璃制品，有荣禧堂的玻璃海，元妃省亲时的各色玻璃风灯，林黛玉送给贾宝玉的玻璃绣球灯，以及贾宝玉卧室中的玻璃窗和玻璃镜。小说作者曹雪芹生于康乾盛世，早年在南京江宁织造府亲历了一段锦衣纨绔、富贵风流的生活，他笔下的这些玻璃制品在当时属于上层社会的奢侈品。

由玻璃制作的各种物品，被清代小说写入贵族生活中。首先，由玻璃制作的灯（手照和花灯），被小说反复提到。成书于乾隆十四年（1749）或稍前的吴敬梓的《儒林外史》，在第 21 回《冒姓字小子求名 念亲戚老夫卧病》中写一个老和尚见浦郎偷钱买书念，怜惜说："这里地下冷，又

---

① （明）吴承恩：《西游记》，金城出版社 1998 年，第 96 页。
② （明）吴承恩：《西游记》，金城出版社 1998 年，第 551 页。
③ （明）罗懋登：《三宝太监西洋记》下，《中国古典文学名著丛书》，华夏出版社 2013 年，第 434、743、748 页。
④ （明）冯梦龙：《警世通言》，上海大学出版社 2009 年，第 81 页。
⑤ （清）南北鹡鸰史者：《春柳莺》，《明末清初小说选刊》，春风文艺出版社 1983 年，第 50、52 页。

玻璃灯不甚明亮。"让他到桌子上去念。手照用玻璃作灯笼外罩，内置灯芯，手提以照明。① 嘉庆四年（1799）前成书的《红楼复梦》第18回描写道："时已月转花梢，星移斗柄，外面松大人们也止戏散席，各位大老爷俱告辞回署。祝筠送松柱到意园的绿云堂安歇，又派了两个小旦在那里伺候。然后几对小子掌着玻璃手照，一直送到垂花门口。"② 第68回写道："此时已三更天气，西宅里崇善堂的焰口也将次放完。芳芸、紫箫跟着石夫人先辞了过来，丫头、媳妇们点着几对素玻璃手照并素纱提灯，由如是园慢慢过来。"③ 与玻璃手照相近的是将玻璃制成灯节观赏的花灯。《红楼复梦》第97回还描写了灯节时用玻璃做的灯屏和灯笼："六如阁、致远堂门首俱是灯架。垂花门口一座灯牌楼是龙门跃鲤，垂花门左右一直接到忠恕堂，挂满五色明角灯。忠恕堂一架素玻璃朱砂篆百福图灯屏。中挂一架五蝠捧寿灯，四面俱挂着双连长穗各样玻璃灯，左边是太师少师灯，右边是丹凤朝阳灯。"真是"五色绚烂"④。

其次，由玻璃制成的玻璃屏、屏风或玻璃床，亦被小说所关注。《红楼复梦》讲述在各色花灯中有"一架隶书玻璃屏"⑤。玻璃屏是在玻璃上书写书法，未必有隔开空间之用，而玻璃屏风则显然有隔开空间之功能。《扬州画舫录》也记载苏高三的住所"楼下三间，两间待客，一间以绿玻璃屏风隔之，为高三宴息之所"⑥。玻璃还被制成玻璃暖床。据小说《蜃

① （清）吴敬梓著，张北辰点校：《儒林外史》，敦煌文艺出版社2011年，第155页。
② （清）陈少海：《红楼复梦》，《中国古典小说普及文库》，岳麓书社2014年，第170页。
③ （清）陈少海：《红楼复梦》，《中国古典小说普及文库》，岳麓书社2014年，第635页。
④ （清）陈少海：《红楼复梦》，《中国古典小说普及文库》，岳麓书社2014年，第903页。
⑤ （清）陈少海：《红楼复梦》，《中国古典小说普及文库》，岳麓书社2014年，第903页。
⑥ （清）李斗：《扬州画舫录》卷九《小秦淮录》，中华书局1960年，第199页。

楼志》描绘："明日，备了礼物叩谢申公。单收了洋酒百壶、贺兰羽毛布十匹，其余礼物一并赵璧。万魁过意不去，特地造了一张玻璃暖床、一顶大轿，着儿子送去，再三恳求，申公勉强受了。"①

再次，由玻璃制成的千里镜和眼镜，被较多地写入小说。关于千里镜，除前揭李渔的《夏宜楼》有集中描述外，康熙间吕熊在《女仙外史》第 50 回《蒲葵扇举扫虎豹游魂　赤乌镜飞驱魑魅幻魄》中，也提到过千里镜："次日清晨，景隆大队到来。吕军师登台，用千里镜一照，中军都是皂色旗幡，素粉画成龟蛇星斗之形。"② 道光六年至二十七年（1826—1874）创作的《荡寇志》，提到白瓦尔罕"跳上木排，腰内取出那管千里镜"，打算观察敌情。③ 关于眼镜，李渔在其《李笠翁小说十五种》《乞儿行好事　皇帝做媒人》中写到了眼镜："乡宦是老年的人，眼睛不济，不曾戴得眼镜，看来不大分明，所以打发妇人回去，一来要细看元宝，二来要根究来历。及至妇人去后，拿到日头底下，戴了眼镜，仔细一看，一边是解户的名字，一边是银匠的名字。"④ 生活在康雍乾时代的李绿园，在其《歧路灯》第 55 回《奖忠仆王象荩匍匐谢字　报亡友程嵩淑慷慨延师》中写道："到了孔耘轩书室，智周万脸上挂着近视眼镜，正在那里编次序文。"⑤ 清道光十年（1830）出版的李百川的《绿野仙踪》第 6 回《柳国宾都门寻故主　冷于冰深山遇大虫》，也将眼镜写入书中：王经承想读于冰的信，"国宾付与，王经承从身边取出眼镜，在灯下朗念"⑥。眼镜于明朝宣德年间传入中国，但在明代仅出现在《三宝太监西洋记》中，在清代

---

　　① （清）庾岭劳人著，宇文点校：《蜃楼志全传》，百花文艺出版社 1987 年，第 22 页。

　　② （清）吕熊：《女仙外史》，齐鲁书社 1995 年，第 295 页。

　　③ （清）俞万春：《荡寇志》，珠海出版社 2007 年，第 258 页。

　　④ （清）李渔著，于文藻点校：《李笠翁小说十五种》，浙江文艺出版社 1983 年，第 55 页。

　　⑤ （清）李绿园：《歧路灯》，华夏出版社 1995 年，第 349 页。

　　⑥ （清）李百川原著，吕红点校：《绿野仙踪》，人民中国出版社 1993 年，第 44 页。

前中期小说中则有较高出现频次，说明清代眼镜相对流行，作者的体验也比较丰富。

最后，最令人神往的玻璃窗，被频繁地写进小说，以实现文人士大夫"窗明几净"的生活理想。李绿园在其《歧路灯》第108回《薛全淑洞房花烛　谭篑初金榜题名》中提到轿子上的玻璃窗："那街上看的男女拥挤上来……把榆次公一顶旧轿挤得玻璃窗子成了碎瓷纹。"① 嘉庆九年（1804）刊行的小说《蜃楼志》，根据清中叶的历史事实，描绘了当时富室安装玻璃的状况。书中描写温素馨家的折桂轩，"三面都是长窗，正面是嵌玻璃的，两旁是雨过天晴蝉翼纱糊就的"②。窗户上安装玻璃，却是当时的生活实态。作者若无所见，是编不出来的。三面长窗只安装了正面，其他两面仍然用薄纱糊就，说明温家并不是个特别殷实之家，比不上封疆大吏的阮元了。成书于清嘉庆十九年（1814）的《补红楼梦》描写了贾府安装有玻璃窗的情景："李纨等答应了，便大家都到园子里来。进了暖香坞，只见里外皆是大铜火盆笼着火，玻璃窗里映着园里雪景，甚是好看。"③ 同书还描写道："玻璃窗内望见外面庭中五六棵冰心腊梅，恰才初放，甚是好看，屋内香气扑鼻。"④

此外，由玻璃等材质制成的鼻烟壶等物件，也频繁地出现在清代前中期的小说中。

四、精确时间的追求：西洋钟表的突显

明代虽然对利玛窦带来的大小两架自鸣钟传言纷纷，但西洋钟表主要反映在文人的笔记中，在明代小说中似未发现有所记载。清代前中期则大

① （清）李绿园：《歧路灯》，华夏出版社1995年，第672页。

② （清）庾岭劳人著，宇文点校：《蜃楼志全传》，百花文艺出版社1987年，第30页。

③ （清）嫏嬛山樵著，敖坤点校：《补红楼梦》，内蒙古人民出版社2016年，第222页。

④ （清）嫏嬛山樵著，敖坤点校：《补红楼梦》，内蒙古人民出版社2016年，第397页。

不相同，小说热衷于对钟表进行描写，反映出人们对时间精确性的追求。

西洋机械时钟出现在公元 13 世纪，在公元 1232 年到公元 1370 年，欧洲一共制造出了 39 座时钟。这些早期的机械时钟利用重锤驱动擒动装置运转，制作粗糙，体形庞大，只能摆放在大型的公共场所、修道院和教堂里。① 明后期传教士将这些时钟带入中国，因能自动报时，故称为自鸣钟。随着制钟技术不断发展，到了 16 世纪，纽伦堡造出了怀表。② 耶稣会士罗明坚曾在广州送给总兵黄应甲一块用许多小金属齿轮安装成套的表。③ 清朝伊始，宫廷对钟表的需求逐渐增大，宫中大规模制作钟表的机构——做钟处应运而生。在地方上，江南各省、福建、广州的钟表制造业也不断蓬勃发展。④

随着钟表逐渐被国人接受，清代小说中也越来越多地出现了自鸣钟表的身影。

虽然自鸣钟表作为贡物也出现在清前中期小说中，如《女仙外史》第54 回中，姚襄引领诸蛮使赴皇帝阙下，其中小西洋国进贡之物便有"自鸣钟二口"⑤，但是，该西洋奇器主要还是被清代小说用来烘托日常生活。因此，在众多的清代前中期小说中，自鸣钟作为生活用品跃然纸上。乾隆中后期成书的陈端生的《再生缘》多次写到自鸣钟。其第 74 回《娶新人翁姑心乐》讲："清辰十二好晴天，孟梁二府发妆奁……有几架，自鸣钟配轩辕锁，供两盆，玲珑佛手与香橼。"⑥ 其第 76 回《舞彩宫芝兰毓秀》写道："宫娥对对捧金樽，三人坐下引杯巡。谈谈说说多时候，膳完各自用

① ［英］斯蒂芬·F. 梅森著，周煦良等译：《自然科学史》，上海译文出版社1980 年，第 99 页。

② ［英］斯蒂芬·F. 梅森著，周煦良等译：《自然科学史》，上海译文出版社1980 年，第 99 页。

③ ［意］利玛窦、［法］金尼阁著，何高济等译：《利玛窦中国札记》上册，商务印书馆 2017 年，第 171 页。

④ 参见汤开建、黄春艳：《清朝前期西洋钟表的仿制与生产》，《中国经济史研究》2006 年第 3 期。

⑤ （清）吕熊：《女仙外史》，齐鲁书社 1995 年，第 322 页。

⑥ （清）陈端生：《再生缘》下，中州书画社 1982 年，第 1143 页。

香茗。早又是，一轮皎月当空照，自鸣钟，十下频频亥正临。"① 嘉庆初庾
岭劳人在《蜃楼志》第 3 回描写折桂轩的陈设时，将自鸣钟安设其间。
"这折桂轩三间，正中放着一张紫檀雕几、一张六角小桌、六把六角靠椅、
六把六角马杌，两边靠椅各安着一张花梨木的榻床，洋剧炕单，洋藤炕席，
龙须草的炕垫、炕枕，槟榔木炕几。一边放着一口翠玉小磬，一边放着一
口自鸣钟。"②其第 18 回《袁侍郎查封粤海　胡制宪退守循州》中，叙述
粤海关监督赫广大抄家物品时，便提到了"自鸣钟廿八座、洋表大小一百
八十二个"③。嘉庆十四年（1809）成书的题为安和先生所撰的《警富新
书（七尸八命）》第 21 回《府太爷置酒求谋 简勒先快船赶贿》中称，因
为办案需要贿赂，简勒先用百两工银雇快艇五只，限定八时二刻赶到谭
村，"此日未时初刻开船，布散海面。众快头踊跃，捷如驰马，快逾龙
舟……移时又抵禅山。忽闻夜钟九点……钟声两点（正丑）到谭村"。然
后是"附自鸣钟：一点丑未刀，二点正丑未，三点寅申刀，四点正寅申，
五点卯酉刀，六点正卯酉，七点辰戌刀，八点正辰戌，九点己亥刀，十点
正己亥，十一点子午刀，十二点正子午"④。

　　在有关《红楼梦》的系列小说中，自鸣钟和钟表成为贾府计时的普遍
工具和小说刻画人物的道具。康熙年间曹雪芹创作的《红楼梦》描写了贾
府上下的多架自鸣钟和金质怀表，已为前人所揭示，兹不赘。嘉庆初成书
的《红楼复梦》第 19 回《魏紫箫灯前鸳谱 周婉贞膝上莲钩》描写道：
"莺儿在小榻上正是打盹酣睡，紫箫也不惊动他，自家将灯拨亮，壁上自

---

①　（清）陈端生：《再生缘》下，中州书画社 1982 年，第 1159~1160 页。

②　（清）庾岭劳人著，宇文点校：《蜃楼志全传》，百花文艺出版社 1987 年，第
30 页。

③　（清）庾岭劳人著，宇文点校：《蜃楼志全传》，百花文艺出版社 1987 年，第
234 页。

④　（清）岭南将叟重编，侯会校点：《九命奇冤》，群众出版社 2003 年，第 69~
70 页。

鸣钟正打两下。"① 第 27 回《小郎君伤情抱病 老寿母欢喜含悲》描述道：秋瑞、桂夫人、修云笑着打趣，"正说着，自鸣钟上刚交辰初"②。第 76 回《角先生烧断风流帐 女道士包去穷鬼魂》，宝钗让道士李行云来给众人看香治病，李行云入内后"定了一定神，才瞧见两壁上的嵌玉挂屏、大洋玻璃镜、挂钟、多宝厨"③。这里所说的挂钟，就是自鸣钟。

嘉庆十九年（1814）撰成的《补红楼梦》，在描绘主角们的日常生活时，屡次提到自鸣钟的报时功能。如第 27 回讲：吃午饭前，自鸣钟打了十一下。傅秋芳道："已是午初了，也该吃饭了。"言毕，摆饭于桌。④ 第 33 回述，贾夫人和林黛玉说了半夜的话，无非是生前死后，彼此两地的事情。"听见自鸣钟打了两下，方才睡着。"⑤ 第 35 回中，元宵节孩童们夜玩花灯、烟火，意犹未尽，后因"自鸣钟打了两下了"，李纨道："迟的很了，已经丑正了。我们都要去睡了，明儿早些儿再玩罢。"⑥ 才各自吹了灯分头而去。第 38 回称，贾夫人和贾母闲聊，听到"自鸣钟打了三下"⑦ 才各自归寝。书中的主人公们依照自鸣钟声推算时辰，从而合理安排吃饭、睡觉、起床、玩耍等诸多生活琐事，自鸣钟重要性可见一斑。由上表明，中国人对精确的时间有所追求。

嘉庆二十四年（1819）成书的归锄子所撰《红楼梦补》也反复渲染自

---

① （清）陈少海：《红楼复梦》，《中国古典小说普及文库》，岳麓书社 2014 年，第 176 页。

② （清）陈少海：《红楼复梦》，《中国古典小说普及文库》，岳麓书社 2014 年，第 254 页。

③ （清）陈少海：《红楼复梦》，《中国古典小说普及文库》，岳麓书社 2014 年，第 712 页。

④ （清）嫏嬛山樵著，敖坤点校：《补红楼梦》，内蒙古人民出版社 2016 年，第 235 页。

⑤ （清）嫏嬛山樵著，敖坤点校：《补红楼梦》，内蒙古人民出版社 2016 年，第 284 页。

⑥ （清）嫏嬛山樵著，敖坤点校：《补红楼梦》，内蒙古人民出版社 2016 年，第 305 页。

⑦ （清）嫏嬛山樵著，敖坤点校：《补红楼梦》，内蒙古人民出版社 2016 年，第 323 页。

鸣钟的报时功能。其第 15 回《酆都府冤魂缠熙凤　大观园冷院感晴雯》写道："平儿见凤姐昏晕过去，便记起日里吩咐的话，叫多买金银纸锞烧化。一面要去回王夫人，又叫去园子里通知李宫裁等，并过那边去回贾赦夫妇。贾琏听了听自鸣钟点数，道：'这会儿才交子正初刻，大惊小怪的叨噔人家算什么？你别尽仔瞎闹，我瞧着他还没有断气呢，等到天明再看光景去通信不迟。'"① 其第 16 回《夜守空房老妪疑怪　心无宿愤方物将情》描写潇湘馆上夜的老婆子提了灯笼来接晴雯过去，晴雯无可消遣，独自一个人坐在炕上，因地思人，未免想起林姑娘来。"寒天夜漏正长，屋内并无钟表，远远听得谯楼正交二鼓，窗外忽起一阵风来，吹得竹枝簌簌有声。"② 其第 23 回《寻花公子属意还珠　扫墓佳人伤心泪草》中，麝月向宝玉解释道："刚才平姑娘那里打发小红来问，说二奶奶屋里的自鸣钟坏了，问我们有要修的一搭儿拿去。不是我们这个劳什子也不准了，好多时没有装，放在书柜子上头。我开了扇子拿自鸣钟，记起二爷拿回来那面镜子，瞧一瞧袱子散开，镜子不在里头，还是二爷藏过了呢？"③ 说明当时的自鸣钟经常坏，贾府若修，会一起去修。其第 32 回《委任得人因奴托主　传家存厚薄利轻财》中，冯紫英说有人托他代销四件东西，贾宝玉得知已"销脱了母珠、鲛绡帐，还剩自鸣钟，同那《汉宫春晓图》围屏"，便买下了另两件，他说："围屏、自鸣钟因卖主急等钱使，让了一千银子买下了，明儿他们叫人抬来。围屏摆在缀景阁，时辰钟就搁在我屋子里。"④ 第 36 回《慈姨妈三更梦爱女　呆公子一诺恕私情》写薛姨妈做了一个梦，对林黛玉说："我醒来听听你屋里的自鸣钟，已交子正的光景，

---

① （清）归锄子：《红楼梦补》，《中国古典文学研究丛书》，华夏出版社 2013 年，第 119 页。

② （清）归锄子：《红楼梦补》，《中国古典文学研究丛书》，华夏出版社 2013 年，第 125 页。

③ （清）归锄子：《红楼梦补》，《中国古典文学研究丛书》，华夏出版社 2013 年，第 178 页。

④ （清）归锄子：《红楼梦补》，《中国古典文学研究丛书》，华夏出版社 2013 年，第 252 页。

再也睡不着，等天明就起来了。"① 第47回《延羽士礼忏为超生　登高阁赏梅重结社》写道："晴雯取了（乌云豹）出来与宝玉换上，听自鸣钟点子已交巳正初，忙传宝玉的饭菜，伺候用毕，然后各人都吃了饭。"同回又写道，宝玉跟黛玉回了潇湘馆，黛玉乔嗔带笑，把宝玉推开道："你今夜才到这里来歇，又要参什么禅？我也多吃了几杯酒了，快替我安安顿顿睡觉罢。再来闹我，要撵你出去了。"话未完，听得自鸣钟上已打了四下。宝玉道："果然时候不早了，明儿还要起早呢。"当夜无话，就寝。②

《红楼梦补》在使用"自鸣钟"的同时，也大量提到了"洋表"（时辰表、钟表）。其第25回《金殿传胪荣膺旷典　香闺制锦集贺新婚》载："这里花轿进了大门，往仪门向东一座院落内将花轿暂停，等候吉时。这就是从前元妃归省更衣之所。上房看对钟表，说要等亥初二刻，这会子还是戌正三刻。"③ 嘉庆十年（1805）成书的兰皋主人所撰《绮楼重梦》第2回《连理同生　樗蒲淫赌》称，宝钗生下儿子，"贾政把洋表一看，却是寅初二刻，已交十五的日子"。贾兰道："大喜大喜，这是极贵的吉兆。"④ 第4回《荡妇怀春调俊仆　孽儿被逐返家门》写道：李纨的儿媳甄氏生下头一个女儿时，"王夫人便拿时辰表一看，道：'正交卯初一刻。'"接着，又生下第二个女儿，"看看表，还是卯时交到正三刻了"。不料又生下第三个女儿，"王夫人又把洋表一看，道：'辰初三刻了。'"⑤ 第48回《圆大

---

① （清）归锄子：《红楼梦补》，《中国古典文学研究丛书》，华夏出版社2013年，第277页。

② （清）归锄子：《红楼梦补》，《中国古典文学研究丛书》，华夏出版社2013年，第378、381页。

③ （清）归锄子：《红楼梦补》，《中国古典文学研究丛书》，华夏出版社2013年，第200页。

④ （清）兰皋主人著，敖坤点校：《绮楼重梦》，内蒙古人民出版社2014年，第7页。

⑤ （清）兰皋主人著，敖坤点校：《绮楼重梦》，内蒙古人民出版社2014年，第18~19页。

梦贾府成婚 阅新书或人问难》说贾府中，五个院落做了五处新房。"到了十五日申正，同时发了一式一样的五乘十六人抬的珠灯结彩花轿。扣准洋表，五轿同进门来"。五个新人都按洋表核定的时间，同时进门来拜见贾政。①

在清中期的小说中，时间观念的表达，成了小说家描绘自鸣钟首当其冲的目的。在他们的眼中，自鸣钟已经隐去了展现大国威仪的贡品、体现艺术水准的工艺品等各项功能，成为了具备实用性的计时器。

五、虚构的真实：明清小说对西器的艺术处理

与史书和笔记对西器记载比较真实相比，小说对西器的描写和记载多有虚构和想象成分。这些虚构的现象主要表现在三个方面：

第一，将作者所处时代传入的西器嫁接到此种西器产生之前的时代。这种情况主要出现在历史小说的创作中。明清小说在写历史小说时，往往错位嫁接，将西器传入的时间大为提前，出现小说创作年代与西器传入年代不符的情况。例如明代小说《禅真逸史》的故事背景发生在南北朝时期，而书中在描述战争场面时，出现了诸多的火器。书中第 37 回记，"张善相令缪一麟、常泰、黄松三将领精兵一万，各带火铳、火箭、火炮一应火器，以冲前锋"②。由于此书初刊于明末天启年间，因此书中所述火铳、火炮等，应该是作者对当时入华的鸟嘴铳、佛郎机和红夷大炮体验的艺术投射。这些火器经过作者之笔，"穿越"到了 1000 多年前的魏晋南北朝。再如明末小说《三刻拍案惊奇》（崇祯十六年刊行）描写明靖难之役时的战争，使用的武器却是正德末才传入中国的佛郎机炮："正到济南，与守城参将盛庸，三人打点城守事务方完，李景隆早已逃来，靖难兵早已把城围得铁桶相似。铁参政便与盛参将北城大战，预将喷筒裹作人形，缚在马上，战酣之时，点了火药，赶入北兵阵中。又将神机铳、佛郎机随火势施

① （清）兰皋主人著，敖坤点校：《绮楼重梦》，内蒙古人民出版社 2014 年，第304 页。

② （明）清溪道人著，兑玉校点：《禅真逸史》，齐鲁书社 1986 年，第 565 页。

放，大败北兵。"① 佛郎机炮是正德末、嘉靖初传入中国的葡萄牙火铳，大型的是炮，小型的是枪。这里显然是将后来传入的西式火器提前"预支"了。又如清代小说《女仙外史》，其故事也是以朱棣发动的靖难之役为背景。书中第44回写道：帝师临朝，不待诸臣启奏，即宣谕道："倭奴指日寇边。孤家自有调度，卿等不须费心。军师吕律可速行文登州府，令海船出洋巡哨，一有声息，便紧闭城门，安设红衣大炮。并沿海各属州、县，俱照此遵行。倭夷决不敢近城。唯莱州府城不用设炮，开关以待其人，可一鼓而擒也。"② 文中提到的红衣大炮又称为"红夷大炮"。"红夷"即指荷兰人，明朝官员以为该炮是荷兰人生产，故取名为红夷大炮。此炮发明于1600年前后，是当时世界上最为先进的火炮，而靖难之役发生于建文元年至四年（1399—1402），比红衣大炮问世的时间足足早了200多年。类似的情形还出现在清中期的小说《荡寇志》中，此书的故事背景发生在北宋，而书中多次出现自鸣钟、千里镜、佛郎机、红衣大炮、西洋画等物。这些器物最早于明朝中后期传入中国，显然也被作者作了"穿越"处理。对此种现象，研究者只要注意作者生活的年代是否出现过书中描写的西器即可，不必纠结于书中虚构的历史背景与传华西器的时间差异。

　　第二，明至清中期的小说作者，还将传华西器写入志怪小说中，虚构了西器与妖怪间的奇闻异事。这种虚构，马幼垣称其为"幻设"，指出"幻设与实际性的现实相对，为了造成一个真正超乎现世的背景，幻设尽量超越日常世界的藩篱，而致力于激起读者的好奇感"③。如纪昀在小说《阅微草堂笔记》中，以自述的口吻描绘了他用火器驱散阴霾和厉鬼的超世界的奇异故事："余乡产枣，北以车运供京师，南随漕舶以贩鬻于诸省，土人多以为恒业。枣未熟时，最畏雾，雾浥之则瘠而皱，存皮与核矣。每

① （明）西湖浪子、梦觉道人：《三刻拍案惊奇》第五回《烈士殉君难　书生得女贞》，岳麓书社1993年，第41页。
② （清）吕熊：《女仙外史》，齐鲁书社1995年，第257~258页。
③ 马幼垣：《事实与构想——中国小说史论释》，联经出版事业股份有限公司2007年，第4页。

雾初起,或于上风积柴草焚之,烟浓而雾散;或排鸟铳迎击,其散更速。盖阳气盛则阴霾消也。凡妖物皆畏火器。史丈松涛言:山陕间每山中黄云暴起,则有风雹害稼。以巨炮迎击,有堕虾蟆如车轮大者。余督学福建时,山魈或夜行屋瓦上,格格有声。遇辕门鸣炮,则踉跄奔逸,顷刻寂然。鬼亦畏火器。余在乌鲁木齐,曾以铳击厉鬼,不能复聚成形。(语详《滦阳消夏录》。)盖妖鬼亦皆阴类也。"① 这类记载,亦使得西器的出现显得荒诞不经,其实应该将西器的真实与故事的虚构分开,西器是作者生活年代的真实存在,只是写进虚构的故事之中,让人产生怀疑罢了。

第三,西洋奇器的制作原理,激发了作者的想象力,在小说中虚构了更为离奇的器物,这些想象出来的奇器,不料在百年之后竟然真实存在。俞万春在《荡寇志》中虚构道,刘慧娘曾发明了一个灵巧的钢轮火柜:"这巧法亦是刘慧娘的,名唤'钢轮火柜'。其法用五寸正方铜匣一个,下辅火药,上有一轴,轴上一轮八齿,每齿含一片利锋玛瑙石,旁有一支钢条,逼近玛瑙尖锋。那轴一头有盘肠索,连着一个法条大轮,又一头有小捩子捺住,旁设机轮,与自鸣钟表相似。走到分际,拨脱了捩子,那法条轮便牵动盘肠索,拽得轴轮飞旋,玛瑙尖锋撞着钢条,火星四迸,火药燃发。"刘慧娘等人在飞虎寨"各城墙上都栽埋了地雷,通了药线,只等贼兵到来,便将十数个钢轮火柜,开好机括,四路按着药线处理下,弃寨而逃。"前来攻寨的邹渊、邹润"不知就里,果中其计。当时地雷炸发,将飞虎寨城垣雉堞,尽行化为灰烬",二邹也被炸死。② 作者描绘的这件武器类似德国人在第二次世界大战时期发明的定时炸弹,但此书草创于道光六年(1826),写成于道光二十七年(1847),不可能先知先觉,显然是作者想象的结果。

明清小说所描绘的传华西器,虽然存在与史实不符的虚构成分,但基本上源于客观历史事实。首先,作者杜撰出来的西器,并未脱离作者对当

---

① (清)纪昀:《阅微草堂笔记》,上海古籍出版社1980年,第302~303页。

② (清)俞万春:《荡寇志》,珠海出版社2007年,第204页。

下西方科学技术的认知。如上文提到《荡寇志》中，刘慧娘发明的定时炸弹"钢轮火柜"，是作者根据自鸣钟和西洋火器的机械原理展开的合理想象。其次，凡是小说中提到的西器，都能在作者身处的时代找到原型。如前文穿越到宋朝的自鸣钟、千里镜、佛郎机、红衣大炮，在作者俞万春（1794—1849）生活的时代已是家喻户晓。不管小说的故事背景如何变幻，小说情节是否写实，作者对西器的描绘还是较为客观的。

六、主体性因素：西器书写的作者印记

明清小说属于非写实性著作，受主体性影响之大远超写实作品。作为小说的创作主体，明清小说的作者在观念上、经历上都各有不同，因此在西器的书写上便有差异。

第一，明清小说作者对不同的传华西器有不同的认识，或拒绝，或接受，故在作品中的态度有异。

明清小说家对于某些破坏性和杀伤性很强的西式火器，持批判和否定态度。这与军事家和将领对这些火器大加称赞、进行改进并誉为"中国长技"的态度不同。康熙间吕熊在其所著《女仙外史》中，在描写战争场面时提到西洋红衣大炮的威力，但对火器的残忍性有明确的抨击："点火于药线，掷向敌人船内，硝瓶一裂，声如火炮，着人立刻齑粉。硫球一裂，火焰横飞，着物顷刻灰烬，是最恶不过的火器。"[1] 这显然是从人道立场出发所作的判断。同样，纪昀在其志怪小说《阅微草堂笔记》中也借寓言批判了西洋火器的残忍。书中第十九卷写道："戴遂堂先生讳亨，姚安公癸巳同年也。罢齐河令归，尝馆余家。言其先德本浙江人，心思巧密，好与西洋人争胜。在钦天监，与南怀仁忤（怀仁西洋人，官钦天监正），遂徙铁岭。故先生为铁岭人。言少时见先人造一鸟铳，形若琵琶，凡火药铅丸皆贮于铳脊，以机轮开闭。其机有二，相衔如牝牡，扳一机则火药铅丸自落筒中，第二机随之并动，石激火出而铳发矣。计二十八发，火药铅丸乃

---

① （清）吕熊：《女仙外史》，齐鲁书社 1995 年，第 489 页。

尽，始需重贮。拟献于军营，夜梦一人诃责曰：'上帝好生，汝如献此器使流布人间，汝子孙无噍类矣。'乃惧而不献。"① 这反映了纪昀重视生命的立场，对西式杀人火器持有明确的批判和禁止态度。

而对于钟表这类饱含技术含量且对日常生活有所裨益的西器，明清小说家们则对其颇具欣赏。袁枚在其文言小说《子不语》中描绘了乾隆二十九年（1764）从西洋入贡的一组铜伶十八人的机械装置，"能演《西厢》一部。人长尺许，身躯耳目手足，悉铜铸成；其心腹肾肠，皆用关键凑接，如自鸣钟法。每出插匙开锁，有一定准程，误开则坐卧行止乱矣。张生、莺莺、红娘、惠明、法聪诸人，能自行开箱着衣服。身段交接，揖让进退，俨然如生，惟不能歌耳。一出演毕，自脱衣卧倒箱中。临值场时，自行起立，仍上戏毯"。袁枚在详尽描述完这件西洋机械玩具后，不禁由衷夸赞道："西洋人巧一至于此。"② 他的态度，与道学家们将此类西器斥为"奇技淫巧"的态度完全不同。

第二，明清小说作者所处年代或创作背景，给描写传华西器的作品打上鲜明的时代印记。

明代小说家生活的时代，西器传入较少，虽有备倭寇、御蒙古和抗女真的火器，利玛窦等人亦将自鸣钟、铁丝琴等贡入宫中，但很少流传民间，故小说家们缺乏足够的西器体验经历，在其作品中对西器自然描述较少且相当模糊。明末小说中，描绘的西器一般多为火器，且皆用"火铳""火炮"代替，没有具体的称谓。例如刊于明天启年间的《禅真逸史》，在描述战争场景时，都是诸如此类的叙述："忽听得对阵连声炮响，火箭、火枪如雨点般射将过来，火铳、火炮一齐发作。"③ 只有《明珠缘》这样直接写晚明政局的小说，才直接指明袁崇焕使用的是"西洋大炮"④。

生活在清代前中期的小说作者，所记西器种类明显丰富起来。这一时

① （清）纪昀：《阅微草堂笔记》，上海古籍出版社1980年，第478~479页。
② （清）袁枚：《子不语》，浙江古籍出版社2017年，第271页。
③ （明）清溪道人著，兑玉校点：《禅真逸史》，齐鲁书社1986年，第566页。
④ （清）佚名著，郁默校注：《明珠缘》，漓江出版社1994年，第461页。

期，清朝在与明朝交战中，将缴获过来的荷兰所制红夷大炮改名为"红衣大炮"，用以攻城略地；随着清朝平定天下，开始通过粤海关进口西洋的自鸣钟、洋表、眼镜等物，并在故宫设立造办处，仿制西洋奇器，赏赐给大臣和外来朝贡者，故小说作者不知不觉便将自己见识过的西洋器物写入书中。1703 年成书的《女仙外史》，提到自鸣钟 1 次、千里镜 1 次、水晶玻璃镜 3 次、玻璃瓶 1 次、玻璃盏 2 次、红衣大炮 2 次；描绘武器时，不再笼统地称火炮，而是出现了"红衣大炮"这种称谓明确的西欧产品。袁枚于 1788 年前后创作的《子不语》，提到了西洋机械铜偶及洋货。纪昀创作于 1789—1798 年的《阅微草堂笔记》，提到了自鸣钟、望远镜、西洋画、天主堂。刊行于 1804 年的《蜃楼志》所记西器种类更加丰富，文中提到自鸣钟 1 次、玻璃窗 1 次、洋表 2 次、机械洋偶 1 次、玻璃罩天文器 1 次、洋玻璃屏 2 次、洋玻璃床 1 次、洋玻璃灯 5 次、玻璃盏 1 次、洋酒 1 次、洋琴 1 次。成书于 1814 年的《补红楼梦》，提到自鸣钟有 9 次之多，另外还提到玻璃窗 3 次、玻璃人 1 次、玻璃手照 1 次。成书于清中期的《荡寇志》，出现自鸣钟 2 次、千里镜 2 次、红衣大炮 2 次、佛郎机 1 次、西洋画 2 次、西洋柱 1 次、洋枪 1 次。

至于晚清小说中出现的西器，种类更加丰富，已经成为平常百姓家中的日用品。从纵向上的时间维度来看，不同时期小说中出现的西器种类，基本上符合不同时段西器东传的实际状况。

第三，明清小说作者所处的地域环境，对小说中西器的书写有着深刻的影响。

将西器写入小说的明清作家，以浙江、江苏和广东等沿海地区人士居多。例如《剪灯新话》作者瞿佑，是浙江钱塘（杭州）人；《初刻拍案惊奇》的作者凌濛初，是浙江湖州府乌程县人；《十二楼》的作者李渔，是浙江金华府兰溪县人；《再生缘》的作者陈端生，是浙江杭州人；《子不语》作者袁枚是浙江钱塘（杭州）人；《红楼梦》作者曹雪芹生于江宁（南京）；《女仙外史》作者吕熊是江苏苏州人；《海上尘天影》作者邹弢为江苏无锡人，居上海甚久；《老残游记》作者刘鹗，祖籍江苏省丹徒县人，后移居江苏淮安；《复红楼梦》作者陈少海是广东肇庆人；《荡寇志》作者俞万春是浙江绍兴人，又曾经长期跟随其父在广东的任所生活；《二十年目睹之怪现状》作者吴趼人是广东南海人。描写西器较多的小说作者以江浙人居多，其原因有二，一方面是由于此地经济富裕，社会相对稳定，文化底蕴深厚，文人墨客多聚于此；另一方面是因为江浙地处沿海，在西器通过海上传入的历史大潮中得风气之先，"江苏是早期长江流域西器东传的轴心地区，而江苏以东的上海和浙江地区，除了接受江苏传播过来的西器文明外，还直接接受来自粤闽和北京等地的西洋物质文明"①。在此居住生活的小说家，都受到西洋物质文明的直接触动与感染，因此将所见所闻所感写入小说之中。广东亦是如此，明末传教士利玛窦就是从广东登陆中国，在《复红楼梦》作者陈少海的故乡肇庆站稳脚跟，才一步步将西洋物质文明推介至北京。明清易代，清政府实行海禁，广东成为唯一的外贸口岸，来粤贸易的外国商人，只能通过特许商行——十三行进行管理，其中西交流的程度更甚，广东作者亦是受到西洋物质文明侵染，才能在小说中留下如此多的西洋印记。此外，首都周围的作者亦较容易获得西器的体验和认知，如《镜花缘》的作者李汝珍是直隶大兴人，《阅微草堂笔记》的作者纪昀是直隶献县人，二人均在小说中着力描写了西洋奇器。

第四，明清小说作者对前人作品中西器经验的因袭，致其作品出现了西器的描写。

一些明清小说对西器的描写，并非作者经历之投射，而是因袭同类小说的描写经验。如《红楼梦》作者曹雪芹，作为江宁织造曹寅之孙，经历过西器充斥的豪奢生活，故在小说中，将生活经历投射进去，写尽自鸣钟、洋表、穿衣镜、玻璃制品、鼻烟壶、西洋葡萄酒、洋毯、洋绉裙、倭缎、哆罗呢、雀金裘氅衣、哔叽、西洋药的奢华。但后面几部续《红楼

---

①　谢贵安：《明至清中叶长江流域的西器东传》，《中国文化》2004年第1期，第71~75页。

梦》的作者未必有如此丰富的经历，他们从所续对象《红楼梦》中获得启发，在书中刻画了基本相同的西洋奇器。有人指出："许多作家似乎震慑于《红楼梦》高度的思想艺术成就，创新、超越的胆子极小，故续、仿之作大大地多于创新之作。"① 这当然也包括对《红楼梦》中所描绘的西洋奇器的模仿。几部嘉庆年间成书的《红楼梦》续作，如陈少海的《红楼复梦》（成书于嘉庆四年前，1799 年前）、兰皋主人的《绮楼重梦》（成书于嘉庆十年，1805）、嫏嬛山樵的《补红楼梦》（成书于嘉庆十九年，1814）、归锄子的《红楼梦补》（嘉庆二十四年，1819）均描述了与《红楼梦》相同的西洋奇器。如《红楼复梦》在第 19、27、76 回，《绮楼重梦》在第 2、4、48 回，《补红楼梦》在第 27、33、35、38 回，《红楼梦补》在第 15、16、23、25、32、36、47 回，均描写了自鸣钟和洋表。《红楼复梦》第 18、68 回，《红楼复梦》第 97 回，《补红楼梦》第 25 回，均描写了当时比较珍贵的玻璃制品，如玻璃手照、玻璃灯屏、玻璃灯笼、玻璃床和玻璃窗。这些经验，除了各位作者自身体验之外，也可能有相当一部分来自曹雪芹。

　　总而言之，在世界从分散到统一的过程中，在西洋文明向世界扩散的背景下，明至清中期小说真实地反映了西洋器物传入中国的早期历史进程。虽然不能与晚清小说在生活背景中大量铺叙西器、渲染洋货相比，但明至清中期小说却反映了西器进入中国时润物细无声的特殊过程，是对西学东渐之"渐"的生动诠释。西洋物质文明进入中国是西洋精神文明进入中国的先导，对明至清中期小说书写西器的研究，具有特殊的意义。在西器东传的过程中，明至清中期小说反映了时人对西器的特殊偏好，即对西洋火器在国防和战争中应用的欢迎，对玻璃及其制品创造的晶莹世界的向往，对自鸣钟和洋表计算的精确时间的追求。虽然明至清中期小说虚构了人物、场景和故事情节，甚至出现了西器的时代与故事的时代错位的情形，但其对西器的描写则是作者生活年代和背景的真实写照。将西器安放

---

　　① 向楷：《世情小说史》，浙江古籍出版社 1998 年，第 305 页。

在虚构的故事乃至魔幻的背景中，似乎显得荒诞不经，但究其实只是作者对真实世界所作的一种艺术处理。明至清中期小说以艺术的形式记录了西器东传的过程，虽然受到作者主体性因素的影响，出现了不同于史书的书写倾向和主观判断，但所反映出的对西洋物质文明东传和中西文化交流的历史趋势的感受和认识，则是真实客观且毋庸置疑的。

第六章　结　　语

　　"西器东传"是西学东渐的物质先导，是一种起伏不定且又连续的物质传递、碰撞和交融的文化现象，历经明清几百年的发展，虽时盛时衰，但从未断绝。所传西器主要分为六大类，即军事武器、交通工具、生活用品、艺术物品、科学仪器、图版书籍等。其中事关国家命运的军事武器、科学仪器受到重视，西洋火器传入中国之初便受到政府积极而迅速的仿制。科学仪器特别是天文仪器亦进入观察天象、颁布历法的国家机构钦天监，成为制定新历、掌握农时的有利工具。出于国家战略需要，这两类西洋舶来品极少受到"华夷之辩"的舆论束缚。

　　而三棱镜、自鸣钟、西洋纺织品等生活物品则经历了与火器、天文仪器不同的传播命运。其因缺乏国家急需的济世功能而未能获得普遍认同。率先体用的晚明上层社会对其独特魅力钦羡不已，但囿于"夷夏大防"的心理鸿沟，对其褒奖惜墨如金。不惟如此，上层社会警惕而鄙夷地将其斥为"奇技淫巧"。代表着国家正统价值观的官方史书亦选择性地忽略它们的存在。下层社会亦是以一种惊奇而又不安的心态，小心翼翼地对西器进行观摩和议论。然而，无论国家与社会对这类西器的评价是否正面，都无法改变自利玛窦等西洋传教士将其引进中国之后，其对中国社会所产生的润物细无声的渗透和影响，即使经历改朝换代也未曾中断。直至清朝康乾盛世的到来，社会相对稳定，生活用品的重要性有所提升，清宫造办处对西洋奇器的仿制大量增加。尽管"玩物丧志"的古训言犹在耳，"华夷之辩"的训诫依然高悬，但架不住皇帝对"海外珍奇"的由衷痴迷，康雍乾以后，宫中荟萃的西洋奇器已是琳琅满目。我们从内务府造办处档案中可以得知，紫禁城及皇家园林中已遍布西洋奇器。康熙衣橱中的西装、雍正案几上的西洋眼镜以及乾隆帝在勤政殿、重华殿的书房中摆设的西洋钟表、艺术画作等，都显示出西洋物质文明已堂而皇之地登上大雅之堂。从清代建筑景观以及传世文物中可以看出，部分中西文化在调适过程中已是水乳交融。著名皇家园林圆明园中的西洋楼，屋檐铺设传统的琉璃瓦，下半部分则是欧式的石制结构，中西合璧的同时，又巧妙的把西洋物质文明踩在脚下。紫禁城交泰殿中，东次间设铜壶滴漏，于乾隆十年（1745）制作，乾隆以后不再使用，西次间设有一座自鸣钟，嘉庆三年（1798）制作。这是东西计时器最直接的碰撞，最终至少在功能上，西洋自鸣钟取代了中国传统计时器。故宫博物院中存放的传世文物，亦证明了这种交融。故宫钟表馆中所藏的某些自鸣钟，有着亭台楼阁、佛塔园囿、雕龙画凤的外观。纵观清朝前中期的官方史书，依然稀见对西洋奇器的过多描述，但在时人的笔记小说中，生活类西器已被广泛提及。尽管其中不乏"古已有之"的傲慢态度和"奇技淫巧"的道德评价，但西洋奇器与中国上层社会无法割裂已成为事实。

"西器东传"的途径多种多样，传播的载体以西洋传教士和洋商为主，同时辅以中国使臣从国外带入和在对外战争中俘获等多种方式，最终殊途同归，西器在海路与陆路的辗转中汇入皇宫和京中，成为特权阶级所独享之物和捍卫政权的作战"长技"。随着时间的推移，西器又从上层社会逐渐下沉到普通民众之中。西器向社会的全面传播，不仅得益于全球贸易的日益频繁，更为重要的是国内对西器仿制技术的逐渐掌握。以洋纺织品为例，西洋绒织物初入中国时，中国人还未掌握这种纺织品的生产技术，而到了明末，福建漳州地区已经熟练掌握此种技术，漳绒、漳缎声名远扬，不少民众都穿上了西洋仿制织物。清代以来，随着清宫造办处及东南沿海地区西洋仿制技术的迅速发展，西器制造成本大幅降低。以眼镜为例，在明代淮安关现行征收则例里，每十副眼镜仅按一分例收税，足可见当时眼镜稀有，贸易量微乎其微。① 明人罗懋登在《西洋记》中提到"嗳嘥十枚，价值百金"②。明清易代，清宫造办处开始大量仿制西洋眼镜，致使其价格愈加廉惠。清顺治之后，"其价渐贱，每副值银不过五六钱"。到了康熙中，眼镜的技术壁垒被打破，地方上也能轻易仿制，"苏、杭人多制造之，遍地贩卖，人人可得，每副值银最贵者不过七八分，甚而四五分，直有二三分一副者，皆堪明目，一般用也"③。虽不免夸张，但西洋奇器终于惠及部分民众之事实并非虚言。

仿制西器是国家与社会对"西器东传"所作出的回应，是对先进物质文明的主动汲取。从西洋火器仿制的效用上来看，明代中后期部分火器的仿制与改良达到世界领先水准，但清人入关后，因为弓马骑射的民族传统和日趋稳定的政治环境，导致仿制和改良西洋火器的动力逐渐消退，火器发展陷于停滞，鸦片战争之后，部分开明士大夫才意识到，中国在火器军备上已经落后世界几十年。对西器日用品及工艺品的仿制，可分为官方仿制和民间仿制。官方仿制以清宫造办处为典型，其根据不同的供应对象，制造出上用、赏用和官用仿制品。上用西器为皇帝而造，代表着中国仿制工艺的最高水准，所生产的西式器物如鼻烟壶、珐琅器、自鸣钟等，精美绝伦，无论从制造工艺还是美学旨趣上，大有超越进口产品之势。这类西器往往为了追求极致而不计成本。以造办处仿制西洋钟表为例，耗费在外观雕琢及周边饰品上的成本往往超出钟表本身的价值。赏用及官用仿制品在用料上则相对廉价，在生产上也常批量制作，品质不如前者。明清时期的民间仿制，亦推动了西洋仿制技术的进步。其中以钟表业最为典型，由明至清，钟表业在东南沿海地区持续发展，清代中期，广钟名满天下。1815 年，英国钟表商人查理斯·麦格尼克在信函中指出，中国仿制的钟表令他的生意变得十分艰难。民间生产的面向市民的西洋仿制品，虽然在做

---

① （明）马麟：《续纂淮关统志》，北京方志出版社 2006 年，第 140 页。

② （明）罗懋登：《三宝太监西洋记》中，《中国古典文学名著丛书》，华夏出版社 2013 年，第 434 页。

③ （清）叶梦珠：《阅世编》，上海古籍出版社 1981 年，第 163 页。

工上无法与造办处相提并论，但因价格相对低廉而颇有市场，因而促进了西器在社会上的传播。

明清载籍中对西器的记载，是"西器东传"在中国留下的历史印记。明清官史秉承国家正统观念，对能够提升国家实力的西洋火器和促进农业生产的科学仪器予以记载，并对以朝贡方式进入中国的"西洋贡品"予以书写，而对于承平盛世之长物则惜墨如金。与官史相异，明清笔记小说不受国家意识形态的束缚，真实地反映了社会各阶层接触西器的真实情况。明清笔记的作者生活在西洋先进物质文明不断传入的时代，感受到中国社会从隐到显、从微到巨所发生的变化，在闲暇之际，摆脱了官史书法的约束，随意记载生活琐事，追逐海外奇谈，对传入中国、令人眼花缭乱的西洋奇器，有闻必录，有见辄记，保留了大量的生动史料。从笔记小说中可以感受到，西洋奇器日渐丰富着国人的物质生活，同时改变了时人固守传统的文化心态。

在缕述了"西器东传"在中国的传播内容、途径、区域，对中国各阶层的影响，国人对其接受、汲取、改良，以及中国载籍如何描述这一系列现象之后，还应跳出历史细节，站在更为宏大的角度去理解"西器东传"现象的本质。

第一，明清"西器"传播的必然性与接受的选择性形成复杂关系。

从全球史的角度来看，从中世纪结束到工业革命为止的三个世纪，欧洲从未停止近代化的步伐。15世纪末以来发生的一系列跨时代变革，皆成为"西器东传"的原始动力。地理大发现使西方找到了通向东方的航线，海洋文明浸染下的冒险精神和资本主义的逐利本性，使得大批商人趋之若鹜地前往亚洲，东西方文明产生碰撞，西器东传由此发端。比追逐金钱更具动力的是信仰的支撑，马丁·路德宗教改革之后，经历分化的天主教风雨飘摇，教廷派遣传教士前往亚洲发展信徒，这才开启了利玛窦等人以礼物打开中国大门的征途。西欧近代经历三大思想解放运动（文艺复兴、宗教改革与启蒙运动）后，对于追求科学和真理已经没有了障碍，持续的工业革命使欧洲科技站上了世界最高点，这为西器在亚洲国家长久地充满吸引力提供了技术支持。放眼 15 世纪后的世界，中国只是西方先进物质文明外扩大势中的一部分。欧洲之外的不同国家和地区，都开始受到欧洲物质文化的冲击。1519 年，西班牙入侵墨西哥，1565 年，菲律宾沦为西班牙的殖民地，西洋物质文明从欧洲传至美洲，进而横贯太平洋到达亚洲，马尼拉一度成为东西方货物的转运中心。15 世纪末，葡萄牙人在从西欧通往远东的途中，用西洋火器镇压东非沿岸的居民，1510 年侵占南亚的印度果阿，1511 年后葡萄牙人占领满剌加，此后又在苏拉威西（Sulawesi）、苏门答腊（Sumatra）、加里曼丹（Kalimantan）、爪哇（Java）等地建立商站①，所到之处，皆将西方物质文明强势传入。中国周边国家亦在不同程度上受到西洋物质文明的侵袭。1543 年，一艘开往中国宁波的葡萄牙船因暴风雨漂流到日本九州鹿儿岛县种子岛，岛主种子岛时尧用 2000 两白银的高价买得 2 支葡萄牙人的步枪，并学会仿制。大约从 1500 年至 1800 年的 300 年间，强势的欧洲文明向亚非拉国家渗透。尽管中国处于相对封闭的社会，但作为亚洲大国，在世界大势之下无法独善其身。这是中国对西器的被动接受。

"西器东传"亦始于欧美各国间的激烈博弈。"西器东传"中的西器，包括了最初的海洋霸主葡萄牙与西班牙，后来居上的荷兰与英国、意大利，与中国接壤的俄罗斯，以及新兴资本主义国家美国所带来的西洋器物。他们出于各自的考虑，纷纷携带西洋礼物来华，争取与中国通商的权利。1557 年，葡萄牙人被允许在澳门定居，澳门遂成为西器的集散地，"每一舶至，常持万金，并海外珍异诸物，多有至数万者"②。澳门流出的海外珍奇，经过广东、江西、江苏，沿京杭大运河北上，最终运至北京。葡商为了垄断广州的贸易，曾坚决反对其他国家与中国通商，西班牙、荷兰、英国商人皆受到阻扰，甚至在澳门附近和广东沿海发生过海战。阳江

---

① 参见庞乃明：《火绳枪东来：明代鸟铳的传入路径》，《国际汉学》2019 年第 1 期。

② （明）周玄炜：《泾林续记》，《丛书集成新编》第 89 册，新文丰出版公司 1985 年，第 83 页。

等地有不少西洋沉船，明末地方官员曾从上面打捞出许多红夷大炮和西洋
大炮，运往北京和辽东前线。17 世纪中叶，郑成功收复台湾，荷兰从台湾
败退后不久，便带着马车、盔甲、珠宝、纺织品和眼镜来到北京，试图博
取中国皇帝的好感。荷兰人的努力一直在持续，葡萄牙的利益被逐渐蚕
食。1655 年，荷兰贡使向顺治进献西器，据当事人描述，皇帝和宫廷官员
对其带来的武器、马鞍、大毛毯（alcatijven）、红珊瑚、镜子等所有礼物极
为满意，而代表葡萄牙政府利益的汤若望则站在一旁忧虑万分。清康乾之
后，清朝施行"一口通商"国策，广东成为各国贸易中心，葡、西、荷、
英各国先后携带西洋奇器，在此汇聚和交易。1784 年，美国商船"中国皇
后号"亦到达广州，带来西洋货品。欧美各国在长达 200 多年的时间里，
为了各自的利益而争相笼络中国，客观上推动了西器的传播。

另外，西器东传的另一途径是来华天主教徒的携带。万历年间，自鸣
钟、铁丝琴等承平之物由利玛窦带入紫禁城。人们在谈论利玛窦的成功
时，常常聚焦于他异于常人的学识、意志、情商、沟通技巧以及偶然的运
气成分，似乎说明了他的成功不具有普适性。但是，天主教对传教士的培
养，已经形成了交通中国的独有经验，就算利玛窦失败了，依然会有无数
个意志坚韧、博文通识、精于谋划的传教士，前仆后继地前往中国。

然而并非东传的所有西器明清之人都会全盘接受。中国社会对西器的
接受还受到本国社会自身制度、文化和习俗的制约和影响。例如，对西器
的迎受，与战争或和平的时局有关。如急于在对倭寇、蒙古、后金战争中
求胜的明朝，对东传西洋火器的需要十分迫切。晚明政局动荡、战事频
繁，武器装备的升级势在必行。西洋火器的出现成为晚明续命的良药，顺
应了历史潮流，其传播几乎没有受到任何阻力，反倒为人称颂，被皇帝及
官僚士大夫称为"中国长技"。晚明引进西式火器经历了佛郎机、红夷火
炮、英式加农炮三个阶段。明嘉靖年间引入的佛郎机炮在量产后迅速投入
北方边防，抵御蒙古部落的侵袭。明万历年间引入的红衣大炮被频繁运往
辽东地区，曾击伤后金首领努尔哈赤，还曾将继任者皇太极的营帐击毁。
天启年间徐光启引进的西洋大炮（英式加农炮），成为袁崇焕经略锦州和

宁远的防御利器。明代军事装备的升级，都与战事的发展密切相连。然而，西洋火器对于入主中原后政权已获稳固的清朝，基本上被予以忽略。马戛尔尼赠送乾隆的新式火炮被束之高阁，就是明证。战争时期急需西洋"长技"（火器），而承平之时，则欢迎西洋"长物"（玩赏之物），是中国社会迎拒西器的基本状态。再如，对西器的迎受，还与明清王朝各自的特点有关。明朝作为农耕政权，多以守土保疆为主，故易于接受西洋火炮用以防边，而清朝作为游猎民族建立的政权，长期保持"骑射"传统，故重视弓箭而忽略火器。作为制造西式火器奇才的戴梓，也在遭人构陷后被康熙帝流放到盛京（今沈阳）30 余年，于雍正四年（1726）落寞地死在家乡铁岭。

由此可见，"西器东传"这一历史现象的出现，既是 15 世纪以来外部世界特别是西欧国家的通商诉求导致的必然趋势，也是明清王朝自我需要和相应选择的结果。内外因素共同造就了"西器东传"这一历史进程的发生和演变。

第二，"西器东传"既对中国社会产生积极作用又具有历史局限性。

"西器东传"为中国提供先进的西洋器物，同时也让国人认识了近代世界。在这段历史时期里，中国由明入清，经历过王朝更迭、口岸锁闭、传教士被驱逐，但依然与世界先进文明保持着联结。"西器东传"是中西文化交流的一条纽带，维系了中国与世界的关系。"西器东传"所带来的战争武器和科技产品，一定程度上改变了国家实力，传入的日常生活用品改善了社会各阶层的生活。如自鸣钟的引进，改变了一批国人的时间观念。眼镜的传入，成为部分寒窗苦读的书生们的福音。

"西器东传"成为"西学东渐"的物质先导，令国人能更加直观具体的看待西方物质文化，不至流于空谈。直观与实用的器物拉近了中国与西方国家的文化距离，一部分先进的官僚士大夫在使用西器的同时，引进西学。明人在见识了火器巨大威力后，撰著了军事科技著作《西法神机》和《火攻挈要》。在见识到西洋天文仪器的准确性后，西洋传教士汤若望撰写的《西洋测日历》《历法西传》《新历晓惑》才易被接受。明末清初介绍西洋军事、天文、地理、生物、医学等方面的著作纷纷面世，国内出现学习西学的热潮。传播西器的传教士与士大夫往来密切，顺利进入中国上流社交圈，晚明大学士沈一贯还曾在一次聚会上，当众赞扬了利玛窦描述的欧洲一夫一妻制度。

明清"西器东传"亦开启了近代西器东传的先河。在军事器物上，清代魏源提出的"师夷长技以制夷"，在明代"西器东传"之初便已开启了军事实践。而晚清对列强形成的"船坚炮利"的欧洲印象，在明代也已形成。虽然鸦片战争前的几十年，清朝忽略了对西洋武器的引进与发展，但西洋火炮在战场上的巨大威力，几百年前就获验证。在日用物品上，西器从初入中国的水土不服，到逐渐被中国人所习惯，自鸣钟、眼镜等物带来的方便快捷已经得到认可。这就为近代西器以"洋货"形式大量涌入中国，获得国人不同程度的热衷和青睐，从而加以购买和应用打下了一定的社会基础。

然而，"西器东传"在为中国带来先进物质文明、发生积极作用的同时，也产生了一定的历史局限性。

首先，"西器东传"长久关照上层社会，延误了西器向下层社会的流转。

从国家层面来讲，中央囤积的西器数量和种类远甚地方。"西器东传"最初的动机便是以先进物质文明叩开中国国门。无论是西洋传教士出于传教目的，还是洋商出于输出商品的诉求，"西器东传"注定是走上层路线的。这与中国封建社会中央集权的体制相契合，无论是从国外进入中国的西器，抑或国家与社会仿制的西器，最终无一例外地汇聚中央。每当欧洲带来技术革新的产品，传教士、洋商、东南沿海官员，都热衷于将其呈进给社会阶层的最顶端。同时，各地的能工巧匠也被选召入宫，为皇室服务。于是各类西器在宫中大量壅滞，缺乏下沉的动力。我们从档案中可以看到，大量西洋珍奇闲置府库，直至腐坏生锈、落满尘埃，也未能流向社会大众。这其中不乏可以改善民众生活质量的日常用品，也包括能够促进社会进步的科技产品。

从社会层面来说，西器在民间的分布亦极不均衡。明代除了东南沿海地区部分城市，以及西器东传途径城市的市民有机会接触到普通西器之外，其他省份居民几乎难得一见，更遑论接触精美奇器。直至清代，西洋物质文明高度发展，无论是进口西器还是仿制西器，在数量和种类上都大幅增多，随着成本下降，京城民众开始有能力购置普通西器，但地域间不平等的现象仍然普遍存在。雍正时期遍布宫中的西洋眼镜，于乾隆六十年（1795）在京城市民中成为时尚，嘉庆二十四年（1819）张子秋在其《续都门竹枝词》中向我们展示了京城中"近视人人戴眼镜"的盛况。① 但此时对于宁海州（今为山东省烟台市牟平区）市民来说，眼镜还是一种比较稀罕的西洋奇器，州民因争看眼镜一事，还曾引起命案。

西器在上层社会的壅滞，以及在各地区间传播的不均衡，阻碍了西洋物质文明在全中国的普及，因此"西器东传"历时数百年，只有少数几类西器形成市场，大多数"西器"都没有转化为琳琅满目的商品。这严重打击了地方上对西器生产和改良的积极性。

其次，"西器东传"并未引领中国走向技术和制度层面的全面创新。明末在西洋火器的利用与仿制中曾有过高光时刻，明朝工匠将西洋火器成功改良，达到世界领先水平，明人自豪地称其为"中国长技"。然而明清易代，随着弓马骑射为传统的满族人入主中原，中国人在火器上的探索也停滞了。直到鸦片战争后，中国才重新提出"师夷长技"的口号，此时距明朝将火器称为"中国长技"已近 300 年。清代以来，政府及民间对西器的仿制都未涉及核心技术的创新。清宫造办处仿制的大量西器，大都只是在外观上不断变换花样。我们在查阅清代奏章时常能看到，皇上对西洋鼻烟壶是用珐琅烧造还是玻璃烧造，西洋眼镜片是用茶晶还是水晶来制做，自鸣钟是配以象牙顶还是檀木顶等问题颇为关心，也常因仿制品画样的形

---

① （清）张子秋：《都门竹枝词》，载雷梦水、潘超、孙忠铨、钟山编《中华竹枝词》，北京出版社 1997 年，第 164 页。

制、尺寸不合心意，而命造办处数易其稿，但对于西洋奇器背后蕴含的化学、光学、物理学原理缺乏关注。

明清帝国对待西器较为"功利"，对它的接纳来自即时性的为己所用，如战时发展火器，而承平盛世则忽略之。只要是统治阶级中意的精巧奇器，就算对国家与社会无益，也会不计成本的攫取，而一旦对其失去新鲜感，便打入冷宫。上层社会在物欲层面的肤浅追逐，很难引起时人对西洋先进文明的警惕与哲思。众人对西器的好感亦来自器物本身的优越性，而对于文化优劣和制度差异的评论讳莫如深。直到鸦片战争后，洋务派才开始进行制度层面的思考，但最终提出的仍是中体西用。明代传教士利玛窦曾向神宗进献世界地图集，"希望中国天子认识整个世界的真貌，发现中国以外尚有辽广的天下""但万历皇帝的兴趣……在那玲珑精致的欧式小闹钟"上。① 这恰如其分地说明了时人看待"西器东传"的视角与格局。

最后，中国传统社会的华夷观念，阻碍了西器的良性传播。

明清时期的统治者常以天朝上国自居，明清官史中"天朝物产丰盈，无所不有，原不借外夷货物以通有无"② 的声音占据主流。正是这种扭曲的意识形态，令国人骄傲自满，藐视异国文明。清顺治十二年（1655），沙俄巴伊科夫使团携带西洋奇器到达中国，因不愿向顺治帝叩头而致外交中断，礼物也被中国官员退回。乾隆五十八年（1793），英国马戛尔尼使团又因不肯向乾隆下跪而产生摩擦。中国在对外交往中，始终将他国视为蛮夷，将使团赠礼视为"奉表纳贡"。中国统治者注重形式而轻视内容，在礼仪上与外交使团锱铢必较，对其带来的先进科技产品却弃之不顾。1860 年，当英法联军进入圆明园后，惊奇地发现当年马戛尔尼送给乾隆作为寿礼的两门制造于伍尔维奇皇家军事学院的榴弹炮及其附带的炮架、牵

---

① 沈定平：《明清之际中西文化交流史——明代：调适与会通》，商务印书馆 2001 年，第 387 页。

② 1793 年乾隆给英王的敕谕。转引自［法］佩雷菲特著，王国卿等译：《停滞的帝国——两个世界的撞击》，生活·读书·新知三联书店 1993 年，第 636 页。

引车以及炮弹，委弃于地，根本未受关注。① 此时距马戛尔尼使团访华已有六十年之久。可见，当马戛尔尼携带的西器以"贡物"身份完成了宣扬中国国威的政治使命后，再无用武之地。

明末传教士曾经感叹："这些为数众多的来宾并不是以真正的使节资格到中国来的。他们来是为了赚钱，带来礼物并希望皇帝赏赐。为了不失伟大君王的尊严，这些赏赐远远超过他所收到的礼物的价值。万历年间的神父们曾在这些商人进贡皇上的礼品中看到一把剑，那简直就是一块钢片粗陋地从铁砧上打铸出来的，住在这房子里的某个人给它配了一个斧头手柄一样的木把。此外还有用皮条粗制滥造编成的胸甲，他们还带来马匹，但饲养得极差，一到北京就饿死了。"② 显然这些物品在东传西器中属于次等品。但是，质量的低劣并未影响它们流入中国。这也印证了统治者接纳西器的目的，不仅是为了领略器物的精美，更享受的是这种四方来朝的自豪感。

第三，"西器东传"并非单向运动，还产生逆向作用，反映出中西文化交流的互动性。

"西器东传"是"西学东渐"的有机组成部分，其作为一种文化传播现象而具有互动性。文明之间没有绝对的优劣之分，西洋物质文明传入中国，必然得到中国本土文化的回响。中西文明就是在碰撞与交融中不断前行，博取众长、求同存异才是人类发展的必由之路。

西器传入中国后，无论在材质还是纹样上，都不可避免地沾染了中国元素。在现存于故宫的传世西洋文物中，我们可以看到刻着"寿"字的西洋眼镜、雕刻汉字的西洋温度计、包裹着紫檀木边框的西洋玻璃吊屏、雕龙画凤的自鸣钟以及出现中国纱扇的西洋画，这都是中国传统文化对西洋先进文明的反馈。

---

① 《英法联军洗劫圆明园时，意外发现了大清灭亡真相》，https：//www.sohu.com/a/143232118_ 686264。

② ［意］利玛窦、［法］金尼阁著，何高济等译：《利玛窦中国札记》，中华书局1983年，第413页。

　　中国在吸收西器中的用料、纹样、技法后，融合制成带有中国传统意蕴的物品，甚至远销海外，形成"东器西传"的时尚。其中，清代外销画达到了"东器西传"的顶峰。西洋画传入中国要追溯到明代传教士带来的宗教画像，在清代意大利人郎世宁担任宫廷画师时期到达高峰。中国画师在掌握西洋绘画的技法后，绘制大量画作输出海外。这种外销画使用了西洋透视法、色彩晕染等技巧，有别于传统国画，一经出口受到追捧。画卷中展示的中国自然风光、风土人情、生活日常，成为了西方民众了解中国的一扇窗口，在欧美形成了一股中国热。与外销画类似，外销瓷器输出海外也受到欢迎。其中较为著名的织金彩瓷，是广州彩瓷初期产品的珐琅彩，因其高贵艳丽的特色，备受欧洲王室贵族的喜爱。他们派专员前来购置，甚至带来画样要求中国商人制造。织金彩瓷借鉴了西方传入的"金胎烧珐琅"工艺，并使用西方进口材料制作而成，经历了国外引进—国内创作—远销海外的历史过程。

　　因此我们应当意识到，文化的流动是双向的。西洋物质文明在抵触、融合、仿制过程中，潜移默化地获得了认同，并最终会被本土文化融合。

　　第四，明清"西器东传"中包含"物的属性"，以物察人具有特殊视点。

　　我们应当正确认识"西器东传"中"物的属性"。

　　器物是理性的，而人是感性的。任何一种事物都是单纯的，事物只是事物本身，但是人对所知事物加上自己的思维和判断，就有了好恶感。中国数千年根深蒂固的意识形态，影响了我们对西器直接的判断。

　　我们对西器的历史叙述应当跳出人的主观臆断。"在历史的记忆深处，物比人长久，人因物而立，人去器物还独立存在的局面比比皆是，器物虽然不说话，但承载、凝集着人的历史遗存、风貌与风范。"① 只有跨越了观念认知、价值判断，物反映出最本质的特征，才能还原西器对中国的真实影响。

---

　　① 王一方、耿铭：《让器物说话》，《医学与哲学》2020 年第 5 期。

首先，"西器东传"反映了物以稀为贵的价值规律。利玛窦曾在致高斯塔神父的书信中写道："您如方便给我寄些东西，我将万分高兴，如一些美丽的油画像、精印的印刷品、威尼斯生产的多彩三棱镜等，这在意大利不值几文，但在中国可谓价值连城，我们可以当礼品呈献给中国皇帝或要人。"① 尽管时人囿于社会观念的束缚，对西洋文明进行道德批判，但都无法跨越这条物质规律。

其次，社会成见无法阻止人对美好事物的追求。"华夷之辩"虽然根深蒂固，但时人面对精巧西器时，又禁不住被吸引。明末利玛窦客居肇庆时，曾将西洋奇器放置在教堂的圣堂中，引得游人如织。《利玛窦中国札记》中记载："利玛窦神父单独住在教堂里，在那里接待了异常之多的各个阶层的中国客人。这些来访可能是由收藏的欧洲珍奇而引起的。客人们最称羡的是他为教堂和邻居所竖立的那座钟。它靠一口大铃来报时，不仅把一天的时间告诉过客，而且告诉远处的人；他们始终弄不明白它怎么能不用人敲击就自己发声。"② 皇帝作为封建统治阶层的最高领导者，在政治上居高临下，宣称"天朝富有四海，岂需尔小国些微货物哉?"③ 但是在私下对西洋器物却持赞赏态度。康熙在用西药治好疟疾后，把所余金鸡纳赐给身边的大臣，高士奇便曾获赐此药。他在《田间恭记诗》的注中称："蒙赐金吉那，乃大西洋西野国所产，能已疟。"思想观念上的巨大隔阂，也抵不过物品在日常生活中的方便实用。

最后，大国之间强制性措施无法完全阻隔物对人的吸引力。明神宗晚年下令禁教，将传教士驱逐出境，但由于引进、制造天文仪器和火器的需要，明熹宗即位后又将邓玉函、龙华民、阳玛诺、艾儒略、毕方济、汤若

---

① ［意］利玛窦著，罗渔译：《利玛窦书信集》下册，光启出版社、辅仁大学出版社1986年，第259页。

② ［意］利玛窦、［法］金尼阁著，何高济等译：《利玛窦中国札记》，中华书局1983年，第209~210页。

③ 嘉庆帝敕谕。见故宫博物院编：《清代外交史料》嘉庆朝（四），故宫博物院1932年，第29页。

望、罗雅谷等传教士先后请来北京任职。清朝雍正元年（1723），因与罗马天主教廷产生了礼仪之争，雍正帝采纳闽浙总督保满、福建巡抚黄国材的建议，下令禁教，并限制贸易往来。这被视为清代闭关锁国的开端，但雍正三年（1725）、雍正五年（1727）却将意大利教皇本笃十三世（Benedict XIII）所派使节进献的西器照单全收。乾隆二十二年（1757），乾隆又下令停止厦门、宁波等港口的西洋贸易，仅广州一口通商。这一保守的举动非但没有收窄西器传播的途径，反倒使广州十三行的重要性空前提高，广州市场上洋货云集，呈现出一派繁荣盛景。尽管康雍乾三朝与罗马教廷摩擦不断，对外开放程度有所收缩，但这一时期西洋物质文明在中国发展最为迅速。造办处对西洋奇器的搜集与仿制也未有丝毫的回落，西洋器物遍布皇宫。这说明了人类对先进物质文明的追求不以国家制度、意识形态、个人意志为转移。制度上的不可调和，不会完全阻碍器物层面的流通与变革。

站在全球史、中外文化交流史和物质文化史的角度，回首明清"西器东传"，我们能清晰看到这一历史进程的进步性和局限性。"西器东传"对国家和社会的影响有一种水滴石穿的力量。

现今我国正处于一个新的历史转折点，国力逐渐强大，同时也会不断面临异国物质文明的浸染与挑战。"以史为鉴，可以知兴替"，对"西器东传"历史现象的剖析，有助于我们选择应对异质文化的策略和措施。我们是开怀迎接还是拒之门外，是取其精华还是全盘照搬，是骄傲自满还是妄自菲薄？但愿本书能够给出一定的答案。

参 考 文 献

一、历史文献

（一）档案文献

1. 《清内务府档案文献汇编》编委会编：《清内务府档案文献汇编》，北京：全国图书馆文献缩微复制中心，2004 年。

2. 刘芳辑，章文钦校：《葡萄牙东波塔馆藏清代澳门中文档案汇编》，澳门：澳门基金会，1999 年。

3. 中国第一历史档案馆、澳门基金会、暨南大学古籍所合编：《明清时期澳门档案文献汇编》，北京：人民出版社，1999 年。

4. 中国第一历史档案馆编：《乾隆帝起居注》，桂林：广西师范大学出版社，2002 年。

5. 中国第一历史档案馆译编：《雍正朝满文朱批奏折全译》，合肥：黄山书社，1998 年。

6. 中国第一历史档案馆、承德市文物局编：《清宫热河档案》，北京：中国档案出版社，2003 年。

7. 中国第一历史档案馆、广州市荔湾区人民政府：《清宫广州十三行档案精选》，广州：广东经济出版社，2002 年。

8. 中国第一历史档案馆、文化部恭王府管理中心编：《清恭王府档案总汇：和珅密档》，北京：国家图书馆出版社，2009 年。

9. 中国第一历史档案馆、文化部恭王府管理中心编：《清恭王府档案总汇：永璘秘档》，北京：国家图书馆出版社，2009年。

10. 中国第一历史档案馆、香港中文大学文物馆合编：《清宫内务府造办处档案总汇》，北京：人民出版社，2005年。

11. 中国第一历史档案馆、扬州大学、扬州市档案馆编：《清宫扬州御档》，扬州：广陵书社，2012年。

12. 中国第一历史档案馆、中国海外汉学研究中心合编，安双成译：《清初西洋传教士满文档案译本》，郑州：大象出版社，2015年。

13. 中国第一历史档案馆编：《澳门问题明清珍档荟萃》，澳门：澳门基金会，2000年。

14. 中国第一历史档案馆编：《明清澳门问题皇宫秘档》，杭州：华宝斋书社，1999年。

15. 中国第一历史档案馆编：《明清澳门问题皇宫珍档》，杭州：华宝斋书社，1999年。

16. 中国第一历史档案馆编：《明清宫藏中西商贸档案》，北京：中国档案出版社，2010年。

17. 中国第一历史档案馆编：《清代皇家陈设密档》，北京：文物出版社，2016年。

18. 中国第一历史档案馆编：《清代中哈关系档案汇编》，北京：中国档案馆出版社，2006年。

19. 中国第一历史档案馆编：《清宫内务府奏销档》，北京：故宫出版社，2014年。

20. 中国第一历史档案馆编：《英使马戛尔尼访华档案史料汇编》，北京：国际文化出版公司，1996年。

21. 中国第一历史档案馆编：《中琉历史关系档案》，北京：中国档案出版社，2006年。

22. 中国第一历史档案馆编：《中葡关系档案史料汇编》，北京：中国档案出版社，2000年。

23. 中国第一历史档案馆编：《清中前期西洋天主教在华活动档案史

料》，北京：中华书局，2003 年。

24. 故宫博物馆编：《康熙与罗马使节关系文书》，北京：故宫博物院，1932 年影印；台北：文海出版社有限公司，1974 年。

（二）史料汇编

1. ［俄］尼古拉·班蒂什-卡缅斯基编，中国人民大学俄语教研室译：《俄中两国外交文献汇编（1619—1792）》，北京：商务印书馆，1982 年。

2. 邓实、缪荃孙编：《古学汇刊第三编》，上海：国粹学报社，1912 年。

3. 辅仁大学天主教史料研究中心编：《中国天主教史籍汇编》，台北：辅仁大学出版社，2003 年。

4. 胡秋原：《近代中国对西方及列强认识资料汇编（1821—1861）》第一分册，台北："中央研究院"近代史研究所，1972 年。

5. 刘俊余、王玉川译：《利玛窦书信集》，台北：辅仁大学出版社，1986 年。

6. 农商务省商工局：《清国工艺品匠人调查报告书》（明治四十一年）。

7. 苏联科学院远东研究所编：《十七世纪俄中关系》，北京：商务印书馆，1975 年。

8. 吴相湘主编：《天主教东传文献》，台北：台湾学生书局，1965 年。

9. 吴相湘主编：《天主教东传文献续编》，台北：台湾学生书局，1986 年。

10. 徐珂编：《清稗类钞》，北京：中华书局，1984—1986 年。

11. 张星烺编注，朱杰勤校订：《中西交通史料汇编》，北京：中华书局，2003 年。

12. 周骃方编校：《明末清初天主教史文献丛编（全五册）》，北京：北京图书馆出版社，2001 年。

13. "中央研究院"历史语言研究所编：《明清史料》丙编，北京：北京图书馆出版社，2008 年。

（三）国史政书

1. （明）李东阳等撰，（明）申时行等重修：《大明会典》，扬州：广陵书社，2007 年。

2. （明）王圻纂辑：《续文献通考》，北京：现代出版社，1986 年。

3. "中央研究院"历史语言研究所：《明实录》，台北："中央研究院"历史语言研究所，1976 年。

4. 《清史稿校注》，台北：台湾"商务印书馆"，1999 年。

5. 《清实录》，北京：中华书局，1986—1987 年影印本。

6. 康熙《大清会典》，北京：线装书局，2006 年影印本。

7. 乾隆《大清会典》，北京：线装书局，2006 年影印本。

8. 雍正《大清会典》，北京：线装书局，2006 年影印本。

9. 赵尔巽等：《清史稿》，北京：中华书局，1977 年。

（四）笔记小说（按朝代及著者姓氏汉语拼音排序）

1. （明）蔡汝贤：《东夷图说》，《四库全书存目丛书》，济南：齐鲁书社，1997 年。

2. （明）陈子龙：《明经世文编》，北京：中华书局，1962 年。

3. （明）冯梦龙：《警世通言》，北京：华夏出版社，1994 年。

4. （明）冯梦龙：《醒世恒言》，北京：金城出版社，2000 年。

5. （明）冯梦龙：《喻世明言》，上海：上海古籍出版社，1996 年。

6. （明）冯梦龙辑，周方、胡慧斌校点：《情史》，南京：江苏古籍出版社，1993 年。

7. （明）冯梦龙原著：《东周列国志》，长春：吉林出版集团有限责任公司，2008 年。

8. （明）顾起元：《客座赘语》，北京：中华书局，1987 年。

9. （明）李东阳等：《大明会典》，扬州：江苏广陵古籍刻印社，1989 年。

10. （明）凌濛初：《二刻拍案惊奇》，上海：上海古籍出版社，1998年。

11. （明）刘若愚：《酌中志》，北京：北京古籍出版社，1994年。

12. （明）梦觉道人：《三刻拍案惊奇》，北京：华夏出版社，2012年。

13. （明）清溪道人：《禅真逸史》，北京：华夏出版社，2015年。

14. （明）沈德符：《万历野获编》，北京：中华书局，1959年。

15. （明）谈迁：《枣林杂俎》，北京：中华书局，2006年。

16. （明）王临亨：《粤剑编》，北京：中华书局，1987年。

17. （明）王圻：《续文献通考》，台北：文海出版社，1984年。

18. （明）徐世溥：《江变纪略》，北京：中华书局，1991年。

19. （明）严从简著，余思黎点校：《殊域周咨录》，北京：中华书局，1993年。

20. （明）杨尔曾编撰，佘德余标点：《韩湘子全传》，上海：上海古籍出版社，1990年。

21. （明）叶权：《贤博编》，北京：中华书局，1987年。

22. （明）朱国祯：《涌幢小品》，北京：中华书局，1959年。

23. （清）八咏楼主人：《西巡回銮始末记》，沈云龙编：《近代中国史料丛刊》第83辑，台北：文海出版社，1972年影印本。

24. （清）陈恒庆：《谏书稀庵笔记》，沈云龙编：《近代中国史料丛刊》第41辑，台北：文海出版社，1973年影印本。

25. （清）陈朗：《雪月梅》，北京：华夏出版社，1995年。

26. （清）陈其元：《庸闲斋笔记》，北京：中华书局，1989年。

27. （清）褚人获：《隋唐演义》，北京：华夏出版社，2008年。

28. （清）丁耀亢：《续金瓶梅》，北京：中国戏剧出版社，2000年。

29. （清）伏雌教主：《醋葫芦》，上海：上海古籍出版社，1994年。

30. （清）海天独啸子编：《女娲石》，北京：印刷工业出版社，2001年。

31. （清）何刚德：《客座偶谈》，太原：山西古籍出版社，1997年。

32. （清）纪昀著，吴敢、韦如之校点：《阅微草堂笔记》，杭州：浙江古籍出版社，1998年。

33. （清）继昌：《外交小史》，《清代野史》第1辑，成都：巴蜀书社，1987年。

34. （清）况周颐：《餐樱庑随笔》，沈云龙编：《近代中国史料丛刊续编》第64辑，台北：文海出版社，1979年影印本。

35. （清）况周颐：《眉庐丛话》，沈云龙编：《近代中国史料丛刊续编》第64辑，台北：文海出版社，1979年影印本。

36. （清）嫏嬛山樵：《补红楼梦》，北京：北京大学出版社，1988年。

37. （清）李百川：《绿野仙踪》，北京：华夏出版社，1995年。

38. （清）李斗：《扬州画舫录》，北京：中华书局，1960年。

39. （清）李绿园著，栾星校注：《歧路灯》，郑州：中州古籍出版社，1998年。

40. （清）李渔著，于文藻点校：《李笠翁小说十五种》，杭州：浙江人民出版社，1983年。

41. （清）梁廷楠：《海国四说》，北京：中华书局，1993年。

42. （清）梁廷楠著，骆宾善、刘路生点校：《海国四说》，北京：中华书局，2013年。

43. （清）梁章钜：《浪迹丛谈续谈三谈》，北京：中华书局，1981年。

44. （清）吕熊：《女仙外史》，北京：华夏出版社，1995年。

45. （清）马建忠撰，中国历史研究社编：《东行三录》，上海：上海书店出版社，1982年。

46. （清）南北鹡鸰史者：《春柳莺》，哈尔滨：黑龙江美术出版社，2015年。

47. （清）欧阳兆熊、金安清：《水窗春呓》，北京：中华书局，1984年。

48.（清）钱彩：《说岳全传》，上海：上海古籍出版社，2010 年。

49.（清）钱泳：《履园丛话》，北京：中华书局，1979 年。

50.（清）樵云山人：《飞花艳想》，北京：京城出版社，2000 年。

51.（清）屈大均：《广东新语》，北京：中华书局，1985 年。

52.（清）王之春：《椒生随笔》，沈云龙编：《近代中国史料丛刊》第 29 辑，台北：文海出版社，1968 年影印本。

53.（清）吴敬梓著，冯宝善校注：《儒林外史》，郑州：中州古籍出版社，1994 年。

54.（清）长白浩歌子著，孟庆锡点校：《萤窗异草》，郑州：中州古籍出版社，1986 年。

55.（清）吴研人著，瘦吟山石校点：《二十年目睹之怪现状》，沈阳：春风文艺出版社，1994 年。

56.（清）吴长元辑：《宸垣识略》，北京：北京古籍出版社，1982 年。

57.（清）西州生：《醒世姻缘传》，北京：华夏出版社，2008 年。

58.（清）小和山樵南阳氏著，孙钧等校点：《红楼复梦》，沈阳：春风文艺出版社，1988 年。

59.（清）醒世居士：《明清艳史——八段锦》，北京：大众文艺出版社，2002 年。

60.（清）醒世居士：《杏花天》，延吉：延边人民出版社，2001 年。

61.（清）徐时栋：《烟屿楼笔记》，《续修四库全书》第 1162 册，上海：上海古籍出版社，2002 年影印本。

62.（清）许指严：《十叶野闻》，沈云龙编：《近代中国史料丛刊》第 83 辑，台北：文海出版社，1972 年影印本。

63.（清）烟霞逸士编，王青平校点：《巧联珠》，沈阳：春风文艺出版社，1986 年。

64.（清）烟霞主人编述：《幻中游》，北京：书目文献出版社，1988 年。

65.（清）姚元之：《竹叶亭杂记》，北京：中华书局，1982 年。

66.（清）佚名著，晓卫标点：《明珠缘》，上海：上海古籍出版社，1996 年。

67.（清）佚名：《清代之竹头木屑》，《清代野史》第 7 辑，成都：巴蜀书社，1988 年。

68.（清）佚名：《小八义》，北京：北京燕山出版社，2006 年。

69.（清）佚名：《张文襄公事略》，胡蕴玉等撰：《满清野史四编》，台北：新兴书局，1983 年。

70.（清）于敏中等编：《日下旧闻考》，北京：北京古籍出版社，1985 年。

71.（清）余澜阁：《蜀燹死事者略传》，《清代野史》第 8 辑，成都：巴蜀书社，1987 年。

72.（清）俞万春：《荡寇志》，北京：华夏出版社，2013 年。

73.（清）瘦岭劳人、姬文：《蜃楼志》，北京：华夏出版社，1995 年。

74.（清）裕德菱：《清宫禁二年记》，《清代野史》第 2 辑，成都：巴蜀书社，1987 年。

75.（清）袁枚著，杨名标点：《子不语》，重庆：重庆出版社，1996 年。

76.（清）昭梿：《啸亭杂录》，北京：中华书局，1980 年。

77.（清）赵慎畛：《榆巢杂识》，北京：中华书局，2001 年。

78.（清）周亮工：《闽小记》，上海：上海古籍出版社，1985 年。

79.（清）朱彭寿：《安乐康平室随笔》，北京：中华书局，1982 年。

80.《古本小说集成》编委会编：《古本小说集成：海游记》，上海：上海古籍出版社，1994 年。

81. 侯忠义主编：《明代小说辑刊》，成都：巴蜀书社，1993 年。

82. 孙逊、郑克孟等编：《越南汉文小说集成》第 12 册《桑沧偶录》，上海：上海古籍出版社，2011 年。

二、近人论著（按著者姓氏汉语拼音排序)

（一）著作

1. ［比］高华士：《清初耶稣会士鲁日满常熟账本及灵修笔记研究》，郑州：大象出版社，2007 年。

2. ［德］A. 利奇温著，朱杰勤译：《十八世纪中国与欧洲文化的接触》，北京：商务印书馆，1962 年。

3. ［德］裴化行著，萧濬华译：《天主教十六世纪在华传教志》，上海：商务印书馆，1936 年。

4. ［德］施丢克尔著，乔松译：《十九世纪的德国与中国》，北京：生活·读书·新知三联书店，1963 年。

5. ［德］约翰·尼霍夫原著，［荷］包乐史、［中］庄国土著：《〈荷使初访中国记〉研究》，厦门：厦门大学出版社，1989 年。

6. ［法］费赖之著，冯承钧译：《在华耶稣会士列传及书目》，北京：中华书局，1995 年。

7. ［法］荣振华，耿昇译：《在华耶稣会士列传及书目补编》，北京：中华书局，1995 年。

8. ［法］杜赫德著，郑德弟译：《耶稣会士中国书简选——中国回忆录》第二卷，郑州：大象出版社，2001 年。

9. ［法］伏尔泰著，谢戊申等译：《风俗论》，北京：商务印书馆，1997 年。

10. ［法］加恩（G. Cahen）著，江载华、郑永泰译：《彼得大帝时期的俄中关系史》，北京：商务印书馆，1980 年。

11. ［法］谢和耐著，耿升译：《中国和基督教：中国和欧洲文化之比较》，上海：上海古籍出版社，1991 年。

12. ［法］谢和耐著，耿升译：《中国和基督教：中西文化的首次碰撞》，上海：上海古籍出版社，2003 年增补本。

13. ［荷］包乐史著，庄国土等译：《巴达维亚华人与中荷贸易》，南宁：广西人民出版社，1997 年。

14. ［荷］威·伊·邦特库：《东印度航海记》，北京：中华书局，2001 年。

15. ［捷］严嘉乐著，丛林、李梅译：《中国来信》，郑州：大象出版社，2002 年。

16. ［美］Morse，H. B.：《东印度公司对华贸易编年史》，广州：中山大学出版社，1991 年。

17. ［美］丁韪良著，沈弘等译：《花甲忆记：一位美国传教士眼中的晚清帝国》，桂林：广西师范大学出版社，2004 年。

18. ［美］赖德烈著，陈郁译：《早期中美关系史（1784—1844）》，北京：商务印书馆，1963 年。

19. ［美］史景迁著，章可译：《利玛窦的记忆宫殿》，桂林：广西师范大学出版社，2015 年。

20. ［美］苏尔·诺尔（Ray R. Noll）编，沈保义、顾卫民等译：《中国礼仪之争：西文文献一百篇（1645—1941）》，上海：上海古籍出版社，2001 年。

21. ［美］西敏司：《甜与权利：糖在近代历史上的地位》，北京：商务印书馆，2010 年。

22. ［葡］费尔南·门德斯·平托等著，王锁英译：《葡萄牙人在华见闻录》，海口：海南出版社，1998 年。

23. ［葡］托梅·皮雷斯：《1515 葡萄牙笔下的中国》，中外关系史学会、复旦大学历史系：《中外关系史译丛》第四辑，上海：上海译文出版社，1988 年。

24. ［日］田代和生：《近世日朝通交贸易史の研究》，创文社，1981 年。

25. ［瑞典］龙思泰著，吴义雄、郭德焱、沈正邦译：《早期澳门史》，北京：东方出版社，1997 年。

26. ［西］门多萨著，孙家坤译：《中华大帝国史》，北京：中央编译出版社，2009 年。

27. ［意］柯毅霖著，王志成等译：《晚明基督论》，成都：四川人民出版社，1999 年。

28. ［意］利玛窦、金尼阁：《利玛窦中国札记》，北京：中华书局，1983 年。

29. ［英］格林堡著，康成译：《鸦片战争前中英通商史》，北京：商务印书馆，1961 年。

30. ［英］斯当东著，叶笃义译：《英使谒见乾隆纪实》，上海：上海书店，2005 年。

31. C. R. 博克瑟著，何高济译：《十六世纪中国南部行纪》，北京：中华书局，1990 年。

32. C. R. 博克瑟：《佛郎机之东来》，《中国关系译丛》第 4 辑，上海：上海译文出版社，1988 年。

33. 晁中辰：《明代海禁与海外贸易》，北京：人民出版社，2005 年。

34. 陈国栋：《潘有度：一位成功的洋行商人》，《中国海洋发展论文集》第五辑，台北："中央研究院"中山人文社会科学研究所，1993 年。

35. 陈美东、华同旭：《中国计时仪器通史》近现代卷，合肥：安徽教育出版社，2011 年。

36. 陈平原：《左图右史与西学东渐：晚清画报研究》，香港：三联书店，2008 年。

37. 戴裔煊：《〈明史·佛郎机传〉笺正》，北京：中国社会科学出版社，1984 年。

38. 德礼贤：《中国天主教传教史》，台北："商务印书馆"，1983 年。

39. 董少新：《形神之间——早期西洋医学入华史稿》，上海：上海古籍出版社，2012 年。

40. 方豪：《方豪六十自定稿》，台北：台湾学生书局，1969 年。

41. 方豪：《方豪文录》，北平：北平上智编译馆，1948 年。

42. 方豪：《红楼梦新考》，上海：独立出版社，1944 年。

43. 方豪：《中国天主教史人物传》，北京：中华书局，1988 年。

44. 故宫博物院：《故宫鼻烟壶选粹》，北京：紫禁城出版社，1995 年。

45. 故宫博物院：《故宫钟表》，北京：紫禁城出版社，2008 年。

46. 故宫博物院：《清宫钟表珍藏》，北京：紫禁城出版社，1995 年。

47. 故宫博物院：《日升月恒——故宫珍藏钟表文物》，澳门：澳门艺术博物馆，2004 年。

48. 顾卫民：《基督教与近代中国社会》，上海：上海人民出版社，1996 年。

49. 顾长声：《传教士与近代中国》，上海：上海人民出版社，1991 年。

50. 何新华：《清代贡物制度研究》，北京：社会科学文献出版社，2012 年。

51. 黄庆昌：《清代广州自鸣钟述略》，广州：广东人民出版社，2013 年。

52. 江文汉：《明清间在华的天主教耶稣会士》，上海：知识出版社，1987 年。

53. 蒋梦麟：《西潮·新潮》，长沙：岳麓书社，2000 年。

54. 赖惠敏：《乾隆皇帝的荷包》，北京：中华书局，2016 年。

55. 郎秀华、秦小培：《清宫钟表集萃：北京故宫珍藏》，北京：外文出版社，2008 年。

56. 来新夏：《清人笔记随录》，北京：中华书局，2005 年。

57. 冷东、金峰、肖楚熊：《十三行与岭南社会变迁》，广州：广州出版社，2014 年。

58. 李经纬主编：《中外医学交流史》，长沙：湖南教育出版社，1998 年。

59. 李志刚：《基督教早期在华传教史》，台北：台湾"商务印书馆"，1985 年。

60. 辽宁社会科学院历史研究所、大连市图书馆文献研究室、辽宁省民族研究所历史研究室编：《清代内阁大库散佚满文档案选编》，天津：天津古籍出版社，1992 年。

61. 林永匡：《清代宫廷文化通史》，上海：上海文艺出版社，2014年。

62. 刘登阁、周云芳：《西学东渐与东学西渐》，北京：中国社会科学出版社，2000 年。

63. 刘善龄：《西洋风——西洋发明在中国》，上海：上海古籍出版社，1999 年。

64. 吕启祥、林东海编：《红楼梦研究稀见资料汇编》，北京：人民文学出版社，2001 年。

65. 马伯英、高晞、洪中立：《中外医学文化交流史——中外医院跨文化传通》，上海：文汇出版社，1993 年。

66. 马国贤：《清廷十三年》，上海：上海古籍出版社，2004 年。

67. 毛宪民：《故宫片羽》，北京：文物出版社，2003 年。

68. 隋元芬：《西洋器物传入中国史话》，北京：社会科学文献出版社，2011 年。

69. 万明：《中国融入世界的步履：明与清前期海外政策比较研究》，北京：中国社会科学出版社，2000 年。

70. 汪敬虞：《十九世纪西方资本主义对中国的经济侵略》，北京：人民出版社，1983 年。

71. 王锦光、洪震寰：《中国光学史》，长沙：湖南教育出版社，1986年。

72. 王立新：《美国传教士与晚清中国现代化》，天津：天津人民出版社，1997 年。

73. 王兆春：《中国火器史》，北京：军事科学出版社，1991 年。

74. 吴利明：《基督教与中国社会变迁》，香港：基督教文艺出版社，1981 年。

75. 吴义雄：《在宗教与世俗之间——基督教新教传教士在华南沿海的早期活动研究》，广州：广东教育出版社，2000 年。

76. 熊月之：《西学东渐与晚清社会》，上海：上海人民出版社，1994 年。

77. 徐海松：《清初士人与西学》，北京：东方出版社，2001 年。

78. 谢国桢：《明清笔记谈丛》，上海：上海古籍出版社，1981 年。

79. 徐宗泽：《明清间耶稣会士译著提要》，上海：上海书店出版社，2006 年。

80. 徐宗泽：《中国天主教传教史概论》，上海：上海书店出版社，1990 年。

81. 阎宗临著，阎守诚编：《传教士与法国早期汉学》，郑州：大象出版社，2003 年。

82. 杨天宏：《基督教与近代中国》，成都：四川人民出版社，1994 年。

83. 于桂芬：《西风东渐——中日摄取西方文化的比较研究》，北京：商务印书馆，2001 年。

84. 张荣、张健：《掌中珍玩鼻烟壶》，北京：地质出版社，1994 年。

85. 张维华：《明清之际中西关系简史》，济南：齐鲁书社，1987 年。

86. 张维华：《明史欧洲四国传注释》，上海：上海古籍出版社，1982 年。

87. 章用秀：《盈握珍玩：鼻烟壶的鉴赏与收藏》，天津：百花文艺出版社，2006 年。

88. 赵孟江：《中国眼镜历史与收藏》，成都：四川美术出版社，2004 年。

89. 赵轶峰、万明主编：《世界大变迁视角下的明代中国》，长春：吉林人民出版社，2012 年。

90. 中山大学西学东渐文献馆主编：《西学东渐研究》，北京：商务印书馆，2001 年。

91. 朱培初、夏更起：《鼻烟壶史话》，北京：紫禁城出版社，1992年。

92. Peter Auber. China. An Outline of Its Government, Laws, and Policy: and of the British and Foreign Embassies to, and Intercourse with, that Empire, London: Parbury, Allen & Co., 1834.

93. Richard Walter, George Anson. A Voyage around the World in the Year 1740 to 1744, London, 1748.

94. Ronan, Charles E., S. J. & Oh, Bonnie B. C. eds. East Meets West: The Jesuits in China, 1582—1773. Chicago: Loyola Univ. Press, 1988.

（二）论文

1. ［法］詹嘉玲著，耿昇译：《法国对入华耶稣会士的研究》，《东西交流论谭》第1辑，上海：上海文艺出版社，1998年。

2. ［加拿大］蒂尔贡、李晟文：《明末清初来华法国耶稣会士与"西洋奇器"——与北美传教活动相比较》，《中国史研究》1999年第2期。

3. ［日］中岛乐章：《胡椒与佛郎机：葡萄牙私贸易商人的东亚进出》，《东洋史研究》，京都：2016年。

4. Chien Chung-shu. China in the English Literature of the Eighteenth Century, China Quarterly, 1949（2）.

5. John Hemming. Review: New Light on a Famous Circum-navigation, The Geographical Journal, 1974（10）.

6. 北京紫砂艺术馆：《鼻烟壶起源与收藏》，《艺术市场》2013年第9期。

7. 昌群：《红楼梦里的西洋物质文明》，《贡献》1928年第3卷第2期。

8. 陈慧灵：《鸦片战争前传入中国的西洋乐器》，《音乐探索》2003年第3期。

9. 陈迁：《西乐器的传入和在我国的发展》，《乐器》1985年第4期。

10. 陈伟明：《近年明清中外文化交流史研究述评》，《中国史研究动态》1995 年第 12 期。

11. 陈畏：《明清时期的玻璃、镜及西洋玻璃画》，《名作欣赏》2014 年第 6 期。

12. 陈祖维：《欧洲机械钟的传入和中国近代钟表业的发展》，《中国科技史料》1984 年第 1 期。

13. 戴念：《中国近代机械计时器的早期发展》，《中国计量》2004 年第 2 期。

14. 戴念祖：《明清之际望远镜在中国的传播与制造》，《燕京学报》2000 年第 11 期。

15. 邓可卉：《面东西日晷在清代的发展》，《中国科技史料》1999 年第 1 期。

16. 董建中：《传教士进贡与乾隆皇帝的西洋品味》，《清史研究》2009 年第 3 期。

17. 樊军辉、葛彬、杨江河：《浅谈明清传教士传播天文知识的贡献及其局限性》，《湖南文理学院学报》（社会科学版）2008 年第 4 期。

18. 方豪：《从〈红楼梦〉所记西洋物品考故事的背景》，《方豪六十自定稿》，台北：台湾学生书局，1969 年。

19. 方豪：《伽利略生前望远镜传入中国朝鲜日本史略》，《方豪文录》，北平：北平上智编译馆，1948 年。

20. 樊绩：《从国人对于西洋器物之反应说到文化之接触》，《行素杂志》1935 年第 1 卷第 5~6 期。

21. 冯震宇：《论佛郎机在明代的本土化》，《自然辩证法通讯》2012 年第 3 期。

22. 盖东升：《洋漆，眼镜，金星玻璃——〈红楼梦〉中外洋方物三题》，《艺术信息与交流》2000 年第 2 期。

23. 高晓然：《乾隆瓷制粉彩鼻烟壶》，《紫禁城》1999 年第 4 期。

24. 耿昇：《法国近年来对入华耶稣会士问题的研究》，《中国史研究动态》1987 年第 3 期。

25. 耿昇：《法国学者近年来对中学西渐的研究》（专著部分上），《中国史研究动态》1995 年第 4 期。

26. 耿昇：《法国学者近年来对中学西渐的研究》（专著部分中），《中国史研究动态》1995 年第 5 期。

27. 顾宁：《汤若望进呈顺治皇帝的新法地平日晷》，《中国科技史料》1995 年第 1 期。

28. 顾卫民：《明末耶稣会士与西洋火炮流入中国》，《历史教学问题》1992 年第 5 期。

29. 顾宗达：《〈红楼梦〉中的进口物品与对外贸易》，《红楼梦学刊》1984 年第 4 期。

30. 关雪玲：《康熙朝宫廷中的医事活动》，《故宫博物院院刊》2004 年第 1 期。

31. 关雪玲：《清代宫廷医学研究综述 2003—2012》，《故宫学刊》2014 年第 2 期。

32. 关雪玲：《清宫收藏的雅克·德罗钟表浅析》，《中国历史文物》2007 年第 3 期。

33. 关雪玲：《清宫医药来源考索》，《哈尔滨工业大学学报》（社会科学版）2007 年第 4 期。

34. 郭福祥：《乾隆与眼镜》，《历史月刊》1997 年第 11 期。

35. 郭福祥：《十年来宫廷钟表史研究评述》，《故宫学刊》2014 年第 2 期。

36. 郭立珍：《清朝中期洋货进口对中国消费生活产生的影响》，《兰州商学院学报》2009 年第 2 期。

37. 郭永芳：《清初章回小说〈十二楼〉中的一份珍贵光学史料》，《中国科技史料》1988 年第 2 期。

38. 何桂春：《近十年来中国基督教史研究综述》，《世界宗教研究》1991 年第 4 期。

39. 何桂春：《十年来明清在华耶稣会士研究述评》，《中国史研究动态》1992 年第 5 期。

40. 洪再新：《导读：大航海时代中国都市的艺术生活与文化消费》，[法] 柯律格：《长物——早期现代中国的物质文化与社会状况》，北京：生活·读书·新知三联书店，2015 年。

41. 洪震寰：《眼镜在中国之发始考》，《中国科技史料》1994 年第 1 期。

42. 侯燕俐：《故宫里的古董钟表》，《中国企业家》2005 年第 8 期。

43. 胡光华：《玻璃画：中西会话交流的镜子》，《文化杂志》2002 年冬。

44. 胡源：《明清时期眼镜在京城的流行》，《科技潮》2009 年第 7 期。

45. 黄春艳：《明清之际广州市场的自鸣钟贸易》，《商场现代化》2006 年第 15 期。

46. 黄谷：《乾隆皇帝徵买洋缎洋氄》，《紫禁城》1990 年第 4 期。

47. 纪建勋：《我国制造望远镜第一人薄珏及其与西学关系之考辨》，《史林》2013 年第 1 期。

48. 蒋建国：《晚清广州城市消费文化研究》，暨南大学博士学位论文，2005 年。

49. 金石：《键盘乐器的起源与发展（之十一）古钢琴传入中国之历史溯源（上）》，《音乐生活》2014 年第 11 期。

50. 金石：《键盘乐器的起源与发展（之十二）古钢琴传入中国之历史溯源（下）》，《音乐生活》2014 年第 12 期。

51. 鞠德源：《清代耶稣会士与西洋奇器》，《故宫博物院院刊》1989 年第 2 期。

52. 康志杰：《耶稣会士与火器传入》，《江汉论坛》1997 年第 10 期。

53. 冷东：《广州十三行与清代中期钟表业的发展》，《岭南文史》2012 年第 1 期。

54. 冷东：《十三行与鼻烟、鼻烟壶的发展》，《广州社会主义学院学报》2012 年第 2 期。

55. 李斌：《关于明朝与佛郎机最初接触的一条史料》，《文献》1995年第 1 期。

56. 李理：《清代图像上的西洋钟表》，《荣宝斋》2014 年第 4 期。

57. 李慎：《明清之际西洋眼镜在中国的传播》，暨南大学硕士学位论文，2007 年。

58. 李素芳：《清朝皇帝与西洋钟表》，《紫禁城》2006 年第 2 期。

59. 李晓丹：《康乾时期玻璃窗和玻璃制品探究》，《清史研究》2007年第 3 期。

60. 李晓杰：《清宫西洋音乐》，《紫禁城》1991 年第 5 期。

61. 李映发：《明末对红夷炮的引进与发展》，《西南师范大学学报》（哲学社会科学版）1991 年第 1 期。

62. 李长莉：《晚清"洋货"消费形象及符号意义的演变》，《城市史研究》2013 年第 29 辑。

63. 李竹：《寸天厘地乾坤大——浅说鼻烟壶》，《故宫博物院院刊》2003 年第 3 期。

64. 林金水、代国庆：《利玛窦研究三十年》，《世界宗教研究》2010年第 6 期。

65. 林文照、郭永芳：《佛郎机火铳最早传入中国的时间考》，《自然科学史研究》1984 年第 4 期。

66. 林文照、郭永芳：《明末一部重要的火器专著——〈西法神机〉》，《自然科学史研究》1987 年第 3 期。

67. 刘宝建：《清帝的手动计算器》，《紫禁城》2006 年第 7 期。

68. 刘炳森、马玉良、薄树人：《略谈故宫博物院所藏"七政仪"和"浑天合七政仪"——纪念哥白尼诞生五百周年》，《文物》1973 年第 9 期。

69. 刘鸿亮：《明清时期红夷大炮的兴衰与两朝西洋火器发展比较》，《社会科学》2005 年第 12 期。

70. 刘军：《明清时期海商商品贸易研究（1368—1840）》，东北财经大学博士学位论文，2009 年。

71. 刘善龄：《望远镜传入中国》，《世界知识》2001 年第 1 期。

72. 刘世珣：《底野迦的再现：康熙年间宫廷西药德里鸦噶初探》，《清史研究》2014 年第 3 期。

73. 刘相雨：《论〈红楼梦〉中的玻璃制品》，《红楼梦学刊》2010 年第 5 期。

74. 刘月芳：《清宫做钟处》，《故宫博物院院刊》1989 年第 4 期。

75. 卢汉超：《西方物质文明在近代上海》，《史林》1987 年第 2 期。

76. 罗戟：《时钟之美》，《东南文化》2002 年第 10 期。

77. 毛宪民：《故宫珍藏的眼镜》，《紫禁城》1996 年第 3 期。

78. 毛宪民：《清代宫廷眼镜研究》，《文物世界》2002 年第 1 期。

79. 毛宪民：《清宫望远镜管窥》，《紫禁城》1997 年第 1 期。

80. 孟晖：《玻璃的富贵》，《紫禁城》2009 年第 3 期。

81. 孟晖：《琉璃、玻璃与〈红楼梦〉》，《紫禁城》2004 年第 2 期。

82. 苗圃：《〈红楼梦〉中的玻璃》，《学理论》2008 年第 17 期。

83. 莫小也：《近年来传教士与西画东渐研究评述》，《中国史研究动态》1996 年第 11 期。

84. 聂崇侯：《中国眼镜史考》，《中华眼科杂志》1958 年第 4 号。

85. 欧阳跃峰、叶东：《近代芜湖海关与对外贸易》，《北华大学学报》（社会科学版）2009 年第 6 期。

86. 潘吉星：《温度计、湿度计的发明及其传入中国、日本和朝鲜的历史》，《自然科学史研究》1993 年第 3 期。

87. 彭昆仑：《"汪恰洋烟"新释》，《红楼梦学刊》1990 年第 4 期。

88. 亓昊楠：《揭秘清宫"御制"仿西洋式木楼钟——记一座清宫"御制"西洋式木楼钟的修复》，《文物世界》2013 年第 5 期。

89. 齐凤山、谢宇：《清朝皇家贵族使用的进口钟表》，《中国对外贸易》1994 年第 12 期。

90. 阙碧芬：《明代起绒织物探讨》，《东华大学学报》（社会科学版）

2006 年第 3 期。

91. 任增强：《〈夏宜楼〉中的西洋望远镜》，《科技导报》2014 年第 7 期。

92. 石云里：《从玩器到科学——欧洲光学玩具在清朝的流传与影响》，《科学文化评论》2013 年第 2 期。

93. 舒习龙：《晚清史书编撰体例演变的价值趋向》，《安庆师范学院报》2002 年第 1 期。

94. 苏生文、赵爽：《西方物质文明与晚清民初的中国社会》（上），《文史知识》2008 年第 1 期。

95. 苏生文、赵爽：《西方物质文明与晚清民初的中国社会》（下），《文史知识》2008 年第 2 期。

96. 孙彩霞：《明末清初天主教传华史研究的回顾与反思》，《中州大学学报》2014 年第 2 期。

97. 孙承晟：《明清之际西方光学知识在中国的传播及其影响——孙云球〈镜史〉探究》，《自然科学史研究》2007 年第 3 期。

98. 孙黎生：《掌中珍玩——武汉博物馆藏鼻烟壶赏识》，《收藏家》2013 年第 12 期。

99. 汤伯达：《鼻烟壶：烙上中国印记的西洋舶来品》，《东方收藏》2011 年第 3 期。

100. 汤开建、黄春艳：《明清之际西洋钟表在中国的传播》，《暨南史学》2005 年第四辑。

101. 汤开建、黄春艳：《明清之际自鸣钟在江南地区的传播与生产》，《史林》2006 年第 3 期。

102. 汤开建、黄春艳：《清朝前期西洋钟表的仿制与生产》，《中国经济史研究》2006 年第 3 期。

103. 汤开建：《16 世纪中叶至 19 世纪中叶西洋音乐在澳门的传播与发展》，《学术研究》2002 年第 6 期。

104. 汤开建：《明清之际西洋音乐在中国内地传播考略》，《故宫博物院院刊》2003 年第 2 期。

105. 唐振常：《市民意识与上海社会》，《二十一世纪》1992 年第 6
期。

106. 童力群：《论以"西洋自行船"来确定〈红楼梦〉庚辰本定稿于
乾隆三十五年以后》，《唐都学刊》2006 年第 1 期。

107. 王晨曦：《"康乾盛世"时期小提琴音乐宫廷传播史料考》，《金
华职业技术学院学报》2008 年第 2 期。

108. 王川：《西洋望远镜与阮元望月歌》，《学术研究》2004 年第 4
期。

109. 王广超、吴蕴豪、孙小淳：《明清之际望远镜的传入对中国天文
学的影响》，《自然科学史研究》2008 年第 3 期。

110. 王丽：《近十年基督教在华活动研究综述》，《首都师范大学学
报》（社会科学版）2004 年第 3 期。

111. 王霖：《康熙皇帝弹奏钢琴》，《中国音乐》1991 年第 3 期。

112. 王美秀：《西方的中国基督宗教研究》，《世界宗教研究》1995 年
第 4 期。

113. 王敏：《近代"洋货"入侵与洋货消费观念变迁研究》，《云南大
学学报》（社会科学版）2015 年第 1 期。

114. 王少清：《晚清上海：西方物质文明与新知识群体的近代体验
（1843—1894）》，南开大学博士学位论文，2009 年。

115. 王拴印：《清宫造办处御制金属胎画珐琅鼻烟壶的历史演变及其
艺术特色》，首都师范大学硕士学位论文，2007 年。

116. 王伟瀛：《〈红楼梦〉中的外国货》，《中国档案报》2003 年 8 月
15 日。

117. 王雪羚：《"始知创物智，不尽出华夏"——〈红楼梦〉中的西
方器物形象研究》，上海师范大学硕士学位论文，2013 年。

118. 韦庆远：《清王朝的缔建与红衣大炮的轰鸣》，《中国文化》1993
年第 3 期。

119. 温显贵：《清史稿乐志研究》，上海师范大学博士学位论文，2004年。

120. 邬久益：《明清眼镜盒》，《中国商报》2004年10月21日。

121. 吴海萍、仲一虎：《西学东渐在晚清民初方志发展中的掠影》，《黑龙江史志》2007年第12期。

122. 吴琼：《清代扬琴考》，武汉音乐学院硕士学位论文，2013年。

123. 肖承福：《清前期西洋音乐在华传播研究》，暨南大学硕士学位论文，2010年。

124. 谢贵安：《明代西器东传探研》，《兰州大学学报》2006年第1期。

125. 谢贵安：《明至清中叶长江流域的西器东传》，《中国文化》2004年第1期。

126. 谢贵安：《西器东传与前近代中国社会》，《学术月刊》2003年第8期。

127. 徐爽爽：《关于钢琴传入中国时间的思考——兼说"古钢琴"与现代钢琴的关联》，《文史杂志》2012年第6期。

128. 徐新照：《明末两部"西洋火器"文献考辨》，《学术界》2000年第2期。

129. 徐冶敏：《自动演奏乐器——八音盒的前世今生》，《音乐生活》2006年第9期。

130. 许卫平：《论晚清时期的方志学》，《扬州大学学报》2006年第1期。

131. 杨宝霖：《正德元年佛郎机已来中国》，《文献》1996年第4期。

132. 杨乃济：《清宫档案所见之〈红楼梦〉器物》，《紫禁城》1987年第4期。

133. 杨艳丽：《乾隆皇帝与眼镜》，《文史天地》2014年第1期。

134. 杨泽忠：《利玛窦与西方投影几何之东来》，《科学技术与辩证法》2004年第5期。

135. 杨志军：《近代湖南区域贸易与社会变迁（1860—1937）》，湖南师范大学博士学位论文，2010 年。

136. 叶农：《明清时期广州与西洋钟表贸易》，《广东社会科学》2008年第 2 期。

137. 尹晓冬、仪德刚：《明末清初西方火器传华的两个阶段》，《内蒙古师范大学学报》（自然科学版）2007 年第 4 期。

138. 尹晓冬：《17 世纪传华西洋铜炮制造技术研究——以〈西法神机〉〈火攻挈要〉为中心》，《中国科技史杂志》2009 年第 4 期。

139. 尹晓冬：《明末清初几本火器著作的初步比较》，《哈尔滨工业大学学报》（社会科学版）2005 年第 2 期。

140. 于波：《〈红楼梦〉中织物考辨》，《红楼梦学刊》2005 年第 2 期。

141. 于逢春：《中国疆域底定视域下的西洋火器之海上传入及使用》，《江西社会科学》2013 年第 11 期。

142. 王元林、林杏容：《十四至十八世纪欧亚的西洋布贸易》，《东南亚研究》2005 年第 4 期。

143. 袁宣萍：《清代丝织品中的西洋风》，《丝绸》2004 年第 3 期。

144. 原所贤、暴连英：《西学东渐的历史明证——〈红楼梦〉中的西洋药考释》，河南教育学院学报（哲学社会科学版）2007 年第 2 期。

145. 臧寿源：《重识"玻璃槛"》，《红楼梦学刊》2004 年第 4 期。

146. 张柏春：《明末欧洲式天文仪器的试制与使用》，《中国科技史料》2000 年第 1 期。

147. 张柏春：《明清时期欧洲机械钟表技术的传入及有关问题》，《自然辩证法通讯》1995 年第 2 期。

148. 张柏春：《中国近代机械工程一百年》，《自然辩证法通讯》1991年第 3 期。

149. 张国刚：《耶稣会传教士与欧洲文明的东传——略述明清时期中国人的欧洲观》，《世界汉学》2005 年第 1 期。

150. 张建：《火器与清朝内陆亚洲边疆之形成》，南开大学博士学位论文，2012 年。

151. 张娟、陈四海：《康熙皇帝与古钢琴》，《新疆师范大学学报》（哲学社会科学版）2004 年第 4 期。

152. 张娟：《明清时期西方键盘乐器在中国传播管窥》，陕西师范大学硕士学位论文，2006 年。

153. 张寿平：《〈红楼梦〉中所见的钟与表》，《红楼梦学刊》1995 年第 4 期。

154. 张西平：《百年利玛窦研究》，《世界宗教研究》2010 年第 3 期。

155. 张先清：《1990—1996 年间明清天主教在华传播史研究概述》，《中国史研究动态》1998 年第 6 期。

156. 张一文：《太平军所使用的兵器》，《军事历史》1997 年第 1 期。

157. 张勇：《论西学对中国地方志的影响》，《黑龙江史志》2006 年第 8 期。

158. 赵孟江：《中国眼镜及眼镜文化概况初探》，《中国眼镜科技杂志》2002 年第 3 期。

159. 赵璞珊：《西洋医学在中国的传播》，《历史研究》1980 年第 3 期。

160. 赵树廷：《清代山东对外贸易研究》，山东大学博士学位论文，2006 年。

161. 赵欣：《〈安逊环球航海记〉与英国人的中国观》，《外国问题研究》2011 年第 3 期。

162. 赵轶峰：《论明代中国的有限开放性》，《四川大学学报》（哲学社会科学版）2014 年第 4 期。

163. 赵轶峰：《清前期的有限开放——以贸易关系为中心》，《故宫博物院院刊》2015 年第 6 期。

164. 周策纵：《〈红楼梦〉"王洽洋烟"考》，《明报月刊》1976 年 4 月。

165. 周德钧、汪培、王耀：《近代武汉商业革命述论》，《江汉大学学报》（社会科学版）2008 年第 2 期。

166. 周士琦：《眼镜东传小史》，《寻根》2002 年第 3 期。

167. 周湘：《夷乐与洋琴——清诗中所见西乐东传》，《学术研究》2002 年第 7 期。

168. 周铮：《天启二年红夷铁炮》，《中国历史博物馆馆刊》1983 年第 5 期。

169. 朱培初：《流传清廷的英国钟表》，《紫禁城》1987 年第 2 期。

170. 朱晟：《玻璃·眼镜考及其他》，《中国科技史杂志》1983 年第 2 期。

171. 朱松山：《红楼器物谈》，《红楼梦学刊》1987 年第 4 期。

后　记

此书是我在武汉大学历史学院攻读博士学位期间的毕业论文，其研究时段长达数百年，研究对象为丰富琐碎的西洋器物。因此，论文完稿时，呈现在我面前的"作品"，与我雄心壮志的预期设想天差地别。我发现自己很难在不到三十万字的小书中，将如此恢弘的主题表现得淋漓尽致。虽然我力求从各个方面去还原那段真实历史，但终究只是描绘了其中的几个面向。正因如此，论文完稿已近四年，我却始终没有勇气将其出版。无奈"青椒"们的职称竞争压力巨大，只好在匆忙间再次翻开自己为数不多的"家底"，重新审视，努力修改这件不成熟的作品，以期达到能够出版的水准。

回想起来，论文撰写的过程是极其艰难、痛苦的，但所幸获得了许多前辈与同仁的关心与帮助，令我的不安得到了极大的缓解。首先，我要感谢我的博士生导师张建民教授，在他的肯定、鼓励和巨大帮助下，这篇论文才得以完成；感谢陈锋、谢贵安教授对该选题的认可与支持，并在全文的撰写过程中给予了有益的建议和帮助；感谢李少军、杨国安、周荣、徐斌教授对论文提出的宝贵修改意见；感谢答辩主席彭南生、潘洪钢教授对该文的指导与批评；还要特别感谢两位已经离我而去的老师，一位是我的硕导刘祥学教授，是他引领我走上了史学研究的道路，另一位是武汉大学历史学院的任放教授，当我去医院看望他时，他在病榻上还在问询我博士论文的写作进度。两位恩师虽已远去，但对我的帮助我会铭刻在心。其次，我还要感谢读博期间的室友谢坤、姚磊、何强、肖鹏，感谢彼此的陪伴、鼓励与督促，使我在那个物资并不充裕的时代，能感受到精神上的富足。最后，还要感谢师母王雅红女士，是她的鼓励与推动，才使得这部书稿能够顺利出版。

　　写至结尾，感慨良多。武汉大学于我而言，既是母校亦是家园，它承载了我的童年时光，也为我的学生时代画下了完美句点。珞珈山上春的樱花、夏的香樟、秋的银杏、冬的腊梅，适时地诉说着四季的更替。图书馆闭馆时播放的音乐，落英滑过脸颊的柔软触感，落叶被脚踏出的厚实却清脆的声响，以及每一个夜晚走在昏黄路灯下，被默契传递且拉长的身影，早已刻在我的基因里，成为我生命节律的一部分。那些路过的风景，那些曾经给予我善意帮助、已经离开或仍在身旁的人，我都会心存感激。

谢　盛

2023 年 4 月